21世纪易学家书系

# 术数入门
## ——奇门遁甲与京氏易学

王居恭 著

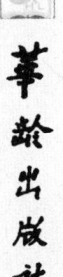

华龄出版社

责任编辑：李成志
责任印制：李未圻

**图书在版编目(CIP)数据**

术数入门/王居恭著.—北京:华龄出版社,2009.9重印
ISBN 978-7-80178-604-3

Ⅰ.术… Ⅱ.王… Ⅲ.方术－中国－古代 Ⅳ.B992

中国版本图书馆 CIP 数据核字(2009)第 001677 号

| | |
|---|---|
| 书　　名： | 术数入门 |
| 作　　者： | 王居恭　著 |

| | | | |
|---|---|---|---|
| 出版发行： | 华龄出版社 | | |
| 地　　址： | 北京市东城区安定门外大街甲57号 | 邮　编： | 100011 |
| 电　　话： | (010) 58122246 | 传　真： | (010) 84049572 |
| 网　　址： | http://www.hualingpress.com | | |

| | | | |
|---|---|---|---|
| 印　　刷： | 三河市九洲财鑫印刷有限公司 | | |
| 版　　次： | 2009年3月第1版　2023年6月第9次印刷 | | |
| 开　　本： | 787×1092　1/16 | 印　张： | 20 |
| 字　　数： | 400千字 | 印　数： | 23001～25000 册 |
| 定　　价： | 48.00元 | | |

**版权所有　翻印必究**

本书如有破损、缺页、装订错误，请与本社联系调换

# 自 序

首先谈易学的从热到冷。逛书店、或逛书市，购得《周易》，都是"标准本"，多是一些编者的白话译解，随编者的理解不同，而译解不同，使读者无所适从。热于学《易》，却坐了冷板凳。这也是我自己的体验。读权威著作（唐）李鼎祚《周易集解》，此书博采汉魏至唐初三十九家易说而成。各家有各家之见，一些见解彼此牴牾，要求真，必须"辩"，而"辩"的依据是什么？在中国古代"典籍"中找资料，也就是不坐冷板凳。

《系辞上》："大衍之数五十（有五），其用四十有九。分而为二，以象两。挂一，以象三。揲之以四，以象四时。归奇于扐以象闰。五岁再闰，故再扐而后挂。……是故四营而成《易》，十有八变而成卦。"用蓍草占卜称为"筮"，这段文字，即是"筮法"，一般读者并不解读这段文字。

《周易》六十四卦，占卜时究竟用哪一卦？这就是起卦，也即是筮法，包括"成卦法"与"变卦法"这就确定占卜时所用是那一卦。

易学大师尚秉和总结自己治易经验时说："未学易，先学筮"，说明"筮法"的重要性。运用现代数学同余运算写出"成卦法"与"变卦法"，这是本书特色之一。

首先，本书研究"京房易"。"京房易"是《易》之主要派别，也是失传之《易》。其主旨是预测，八宫卦之次序，区别于"标准本"之六十四卦，本书纳入"京房易"的八宫卦系统。京房对音律的看法是很严格的。他把音律看作天地宇宙自身内在规则的表现。而这种表现、时代给出答复，是宇宙琴弦。

其星占，如日面之观测，日面变色占，日食之研究等。"风雨寒温入占"，相当于现代的天气预报，其预测日期即是"积算"，或1日，或15日，或30日或一个时辰，或一年。一年之预测，包括灾异。

灾异占，内容很多，不一一列举，如地震之预测，是令人感兴趣之占。

其次，本书研究了"奇门遁甲"，即阐述了其理论基础，又解释了其应用诀窍。新的角度，却容易入手，希望您能从本书有有所收获。

术数学的理论基础就是《易经》，也是《易经》的旁通。在拙著《周易旁通》[①] 的《自序》中，我写到："易学包罗万象，可以从诸多方面去理解。'旁通'本汉魏易学术

---

① 台湾文史哲出版社，1992年出版。

语，本书书名却用此'旁通'字面义。"对《易经》进行研究是必要的，因为它是中华文明的源头；对术数学进行研究也是有必要的，因为它是中国文化最重要的组成部分。

《周易》包括《经》和《传》两部分。《经》由卦符、卦名、卦辞、爻题、爻辞组成，文字不多；《传》或称"十翼"，是解释《经》的。走向两个方向，一是占卜的，一是哲学的。《传》的形成前后七百年，所用典籍、资料难以统计。现代人研究《周易》，为什么眼光不能更广泛一些？

本书就是"旁通"学说的出现和扩展。《周易》学问象是一个"母体"，而术数学就是它的枝叶。

做学问，有纵向和横向两个部分。本书亦然。进行纵向的研究，不失为深度。进行横向的研究，不失为博雅。

作为纵向研究，本书从宇宙之大到原子之微，莫不涉及。古希腊提出物质的"原子"概念，但这是哲学的，而非物理的。《庄子·齐物论》提出地籁、人籁、天籁。地籁是风吹山间林木，以及风吹洞穴之七窍八孔所发出的声音。人籁是人造乐器所发出的声音，天籁是什么？天籁是一个抽象的概念，即"使发声者"。"使发声者"是一个哲学思考。而1968年，物理学家提出"宇宙琴弦"理论，或"超弦"理论。是庄子"天籁"（哲学的）的印证。这个理论认为微观世界里到处都是小小琴弦，它们不同的振动便会合奏出交响乐。它使爱因斯坦的广义相对论与量子力学完全相容了。当时发现微观粒子的情况是物质由电子、上夸克、下夸克、中微子所组成。这小小琴弦比质子小1万亿亿倍，即是质子大小的10—20倍。且"粒子"是三维的，"小小振动的琴弦"是一维的。

作横向研究，我极简单的写了《漫谈永乐大典》一文，中国人应该广泛的了解中国文化，作为"书史"，世界他国罕有为匹。《永乐大典》副本今存全书的百分之三多，百分之六十四多完全毁灭。即使在此残本中有许多《周易》内容，不同于现在的标准本，我仅写出一、二。

《术数入门》务求浅近，希望读者能够轻松入手，最终对术数学有一个深入的认识。让初学易友有所收获，让博雅君子有所会心，是为本书之宗旨。

王居恭

2009年2月9日于北京

# 目 录

**第一章　《周易》的基本概念** ········································ 1
 一　易象与文辞 ······················································ 1
 二　易 ·································································· 9
 三　《周易》中之常见词 ········································ 14

**第二章　易图** ······························································ 25
 一　易卦次序图 ····················································· 25
  易卦次序图说 ····················································· 29
 二　河图 ································································ 32
 三　九宫 ································································ 35

**第三章　周易卦序** ······················································ 41
 一　伏羲八卦序 ····················································· 41
 二　帛书易卦序 ····················································· 47
 三　京房卦 ···························································· 53

| 第四章 | 河图初释 | 57 |
|---|---|---|
| 一 | 河图是河汉之图 | 57 |
| 二 | 河图宇宙结构体系 | 65 |
| 第五章 | 洛书初探 | 69 |
| 一 | 洛书——数字属性图 | 69 |
| 二 | 洛书与周易罗盘 | 75 |
| 三 | 洛书与明堂 | 87 |
| 第六章 | 筮法 | 95 |
| 一 | 天地之数五十有五 | 95 |
| 二 | 成卦法 | 97 |
| 三 | 古筮 | 103 |
| 四 | 变卦法 | 106 |
| 第七章 | 奇门遁甲 | 111 |
| 一 | 引言 | 111 |
| 二 | 奇门遁甲时制 | 114 |
| 三 | 奇门遁甲解题 | 116 |
| 四 | 定局——构造地盘 | 120 |
| 五 | 定干 | 132 |
| 六 | 定星、定门 | 135 |
| 七 | 定神 | 139 |
| 八 | 定色（定宫） | 140 |
| 九 | 地利、人和（象意之一） | 143 |
| 十 | 天地盘十干之组合（象意之二） | 160 |
| 十一 | 八门判定（象意之三） | 166 |
| 十二 | 综合释例 | 174 |
| 第八章 | 京房易 | 179 |
| 一 | 京房生平 | 179 |
| 二 | 京房易卦 | 184 |
| 三 | 构造京房八宫卦 | 185 |
| 四 | 京房易的结语 | 213 |
| 第九章 | 火珠林法 | 215 |
| 一 | 京房易卦及纳甲法 | 215 |
| 二 | 定世应 | 228 |

三　生克运算 ………………………………………………… 229
　　四　时间和状态 ………………………………………………… 237
　　五　用神、原神、忌神、仇神 ……………………………… 244
　　六　卦　例 ……………………………………………………… 251
　　七　难以逾越的鸿沟 …………………………………………… 253

第十章　律吕与古太极图 …………………………………………… 255
　　一　古代音乐 …………………………………………………… 255
　　二　十二律吕的阴阳结构 ……………………………………… 256
　　三　构造古太极图 ……………………………………………… 259
　　四　大乐——京房——宇宙琴弦 ……………………………… 264

第十一章　《永乐大典》中的《周易》 …………………………… 271
　　缘起 ……………………………………………………………… 271
　　一　易乾卦四德之图 …………………………………………… 272
　　二　易阴阳消长 ………………………………………………… 275

第十二章　初探《周易》哲学 ……………………………………… 279
　　一　神道设教 …………………………………………………… 279
　　二　论时 ………………………………………………………… 281
　　三　谈天 ………………………………………………………… 282
　　四　《周易》与庄子 …………………………………………… 290
　　五　《周易》的世界 …………………………………………… 293

附录　漫谈《永乐大典》 …………………………………………… 296

# 第一章 《周易》的基本概念

## 一 易象与文辞

明代一位学者说：

《诗》之妙妙在情

《易》之妙妙在象

《孟》之妙妙在辩

《庄》之妙妙在诗

"象"是《周易》的基本概念。这一概念的形成经过漫长的历史沿革。"人希见生象也，而案其图，以想其生，故诸人所意者，皆谓之象。"（韩非子）人难以看到真的象，只能看到画的象，看到画的象；而想真的象，即想象，也就是"象"，或称易象。

距今2500年至7000年前，我国长江流域与今热带相似，而盛产大象，南人及楚人居息其间。距今4000年前，黄河流域也同样气候炎热，湿润，适合象的生存而产象。传说大舜驯象耕田，正是那个时代的故事。甲骨文的"为"字，从手从象，一只手牵着一头象，驯象做工是"为"的本义。《吕氏春秋·古乐》说："商人服象，为虐于东夷。""商人"即是"南人"，南人即夏族支派有南氏，该部落原居伊洛以南的豫西山区。商汤灭夏，有南氏迁避江汉地区，周人渡淮与南氏部落作战，当时南人以象参战，在世界史上是最早的象战。那么以推断周人是见过象的，把象画作图画，又据图画想见其真象，这即是"想象"。后来凡意念中各种事物都称做"象"。

王弼《周易略例·明象》对易象做了较确切的解释，今摘录一段再加以疏解如下：

| 夫象者，出意者也。 | 同一类意义之事物，可用同一象来表示，此即"夫象者出意者也。"此重在象所包含的意义。 |
| --- | --- |
| 言者，明象者也。 | 语言文字，如卦辞，爻辞等，均为说明卦象或物象的。 |
| 尽意莫若象，尽象莫若言。 | 象最能表达意，言最能表达象。 |

| | |
|---|---|
| 言生于象，故可寻言以观象；象生于意，故可寻象以观意。 | 语言文字来自象，读了它们就能看见象；象出自意由象就能了解意。 |
| 意以象尽，象以言著。 | 意以象而完全表达出来，象以言而显现出来。 |
| 故言者所以明象，得象而忘言；象者所以存意，得意而忘象。 | 语言文字是说明象的，得到象，即可忘掉语言文字；象是存意的，得到意，就可以忘掉象。<br>这里"忘掉"是"弃去""不证"之意。 |
| 得意在忘象，得象在忘言。故立象以尽意，而象可忘也；重画以尽情，而画可忘也。 | 得到意弃去象，得到象弃去语言文字。所以说立象最能表达意，即可弃去象。<br>"重画"指《周易》六十四卦，"情"以"真实"解。六十四卦卦象，真实的表达其所含的意，得到意即可弃去六十四卦卦象。 |

王弼阐述了意、象、言的关系，其模式是：

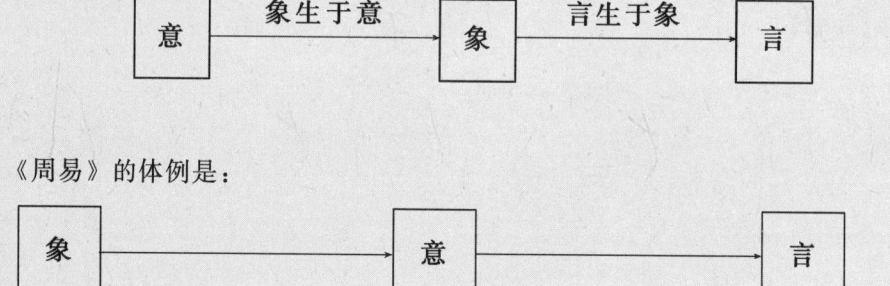

《周易》的体例是：

| 象 | 意 | 言 |
|---|---|---|
| 卦象 | 卦象所包含的意 | 卦辞，爻辞印证其象 |

王弼字辅嗣，魏山阳高平（今山东金乡县西北）人，生于公元226年（魏黄初七年），死于公元249年（正始十年），是魏晋玄学主要创始人之一。仅在世23岁。

卦象不是一次形成的，如三爻卦的八卦卦象：

乾☰ 乾为天　　坤☷ 坤为地　　震☳ 震为雷　　巽☴ 巽为风
坎☵ 坎为水　　离☲ 离为火　　艮☶ 艮为山　　兑☱ 兑为泽

意义甚为简单，卦之象是自然界中最常见的最基本之物，或是自然现象。后来取象就烦琐复杂。《说卦》所说：

乾为天、为圜、为君、为父、为玉、为金、为寒、为冰、为大赤、为良马、为老马、为瘠马、为驳马、为木果。

坤为地、为母、为布、为釜、为吝啬、为均、为子母牛、为大舆、为文、为众、为柄，其于地也为黑。

震为雷、为龙、为玄黄、为旉、为长子、为决躁、为苍筤竹、为萑苇、其于马也为善鸣，为馵足、为作足、为的颡，其于稼也为反生，其究为健、为蕃鲜。

……

到了京房、荀爽一班经师出来，又添了许多东西进去。这种风气始于西汉，极盛于东汉，而三国时代的王弼极力反对，王弼在《周易略例·明象》之后半段提出：

是故触类可为其象，合义可为其征。义苟在健，何必马乎？类苟在顺，何必牛乎？爻苟合顺，何必坤乃为牛？义苟应健，何必乾乃为马？而或者定马于乾，案文责卦，有马无乾，则伪说滋漫，难可纪矣。

大意是：综合各类事物，则成各种象；集合各种意义，可以互相征验。只要合于刚健含义的，不必拘泥于马这一具体的象征。只要合于柔顺含义的，也不必拘泥于牛这一具体的象征。遁卦无坤，六三亦称牛，明夷卦无乾、六二亦称马。牵强附会之说烦琐已极，难以抓住要领。接下来讲：

互体不足，遂及卦变。变又不足，推致五行。一失其原，巧愈弥甚。纵复或值，而义无所取。盖存象忘意之由也，忘象以求其意，义斯见矣。

"互体"乃汉易学家解卦之法，王应麟《郑氏周易序》："郑康成学费氏易，为注九卷，多论互体。以互体求易，《春秋左传》以来有之。凡卦爻，二至四、三至五、两体互交各成一卦，是谓一卦含四卦。……坎☵之六爻，三至五爻四爻为艮☶，二至四爻为震☳。震☳之互体，二至四爻为艮☶，三至五爻为坎☵。"彼此互相包含，故称互体，王弼反对互体。

"卦变"是卦之上下卦，上卦变为下卦，下卦变为上卦，从而解释卦、爻之意义、王弼反对"卦变"。

"推致五行"即用五行相生相克解释卦义，更为王弼反对。

王弼对烦琐的汉代易学是一大破坏，王弼在易学上有破除迷妄的功绩。

唐李鼎祚《周易集解》，其《自序》中说："臣少慕玄风，游心坟籍。历观炎汉，迄今巨唐。采群贤之遗言，议三圣之幽赜，集虞翻、荀爽三十余家。"

统计如下：子夏、孟喜、焦延寿、京房、马融、郑玄、荀爽、九家易（并不详何人），刘表、宋衷、王肃、王弼、何晏、虞翻、陆绩、姚信、翟玄、韩康伯、向秀、王廙、张璠、干宝、蜀才、刘瓛、沈骥士、伏曼容、姚规、崔觐、卢氏、何妥、王凯冲、侯果、朱仰之、蔡景君、孔颖达、崔憬。

"刊辅嗣之野文，补康成之逸象"。

辅嗣即王弼，王弼专言名理，流于老庄；康成即郑玄，郑玄多尚象数，犹存古义。此二家之解《易》，李鼎祚收集在其《集解》中。

"……其王氏《略例》，得失相参，采荼采菲，无以下体……。"

《诗·邶风·谷风》："采荼采菲，无以下体"传："菲，芴也，下体，根茎也"笺："此二菜者，蔓菁与葍之类也，皆上下可食。"

《毛诗·国风》之《邶风·谷风》六章，每章八句，录第一章，如下：

| 习习谷风， | 山谷烈风飒飒吹来， |
| 以阴以雨。 | 阴云密密冷雨凄凄。 |
| 黾勉同心， | 自励自重同心相爱， |
| 不宜有怒。 | 对我发怒实在不该。 |
| 采荼采菲， | 蔓菁也采萝卜也采， |
| 无以下体？ | 难道不采地下茎块？ |
| 德音莫违， | 人的美德可别抛弃， |
| 及尔同死。 | 我愿和你生死不离。 |

读完《谷风》，我们理解李鼎祚对王弼《略例》并非得失参半，而是得大于失。

关于"互体"以例说明。互体是为扩大取象范围而创立的解经方法。西汉京房说："会于中，以四为用，一卦备四卦，为之互。"

归妹䷵上卦为震，下卦为兑。

象曰："归妹，天地之大义也，天地不交而万物不兴。归妹，人之终始也。说以动，所归妹也。征凶，位不当也。无攸利，柔乘刚也。"

所引"象"，内容非常丰富。这里只研究单一的八卦卦象：

归妹䷵ 二至四爻互体为离☲

三至五爻互体为坎☵

上卦为震☳

下卦为兑☱

《说卦传》之后天八卦，即震东、离南、兑西、坎北。此四正卦，又震主春；离主夏，兑主秋，坎主冬。四正卦为三爻卦，各自相重，即成六爻卦。每卦六爻，计二十四爻，每爻对应一个节气。

归妹卦的互体，构成时空合一的宇宙观。互体的特点，是每卦六爻，将其看成互相关联的整体。互体启发联想，使思想不拘泥。

《说卦传》引入时空概念，而萌生孟喜易学。

前面提到李鼎祚对王弼《略例》的基本肯定。在易学史上，象数派与义理派共同促进了易学的发展。李鼎祚是象数派，王弼是义理派，《周易集解》是对"忘象的"王弱的一种反动。《周易集解》是集"存象的"三十多家易学家注疏易而成。

象是《周易》的重要概念。《系辞下》说："是故易者象也。"《周易》的内蕴是卦象，卦象是以象像事物。"仰则观象于天，俯则观法于地，观鸟兽之文，与地之宜，近取诸身，远取诸物，于是始作八卦"。"八卦成列，象在其中矣"。这是谈象的形成过程。

《系辞上》说："见乃谓之象，形乃谓之器。"即出现于宇宙者谓之象，具有形体的象谓之器，这是对象更深层次的理解。

根据高亨《周易大传今注》中《卦象与卦位》、《爻象与爻数》之说，卦符的组合模式可归纳为下述几种类型：

（一）八经卦相重为六十四卦。八经卦乃象八类事物，其同卦相重，仍象一类事物，或有重复之意。异卦相重，刚是两类事物相组合之含义。

巽☴☴巽上巽下，巽为风，重卦象是风相随而吹。观此卦象，可以推行其政事。

  故《象传》："君子以申命行事。"

乾☰以不重象释之仍为天。

豫☷☳震（雷）上，坤（地）下。

《象传》："雷出地奋，豫……"

  奋，振动飞扬。迅奋的雷，出自地上，这即是豫之象。

  《象传》："豫，刚应而志行，顺以动。豫顺以动，故天地如之，而况建侯行师乎！天地以顺动，故日月不过而四时不忒（日月的运行不超过规则，使四时不出偏差）。圣人以顺动，则刑罚清而民服。豫之时义大矣哉！"

（二）六十四卦，每卦六爻，各有其位，称做"爻位"；各有其象，称做"爻象"。爻位与爻象的组合，可以构造出各种易象。

阳爻为阳，为刚；阳爻为阴，为柔，是即爻象。爻位有四种。

（1）上爻

  五爻————天位

  四爻      $2^3=8$ 种状态

  三爻————人位

  二爻————地位

  初爻

地位，人位，天位，各赋以阴阳，即是"状态"，列表如下：

| 位 | 状态 | | | | | | | |
|---|---|---|---|---|---|---|---|---|
| 天 | ⚋ | ⚋ | ⚋ | ⚋ | ⚊ | ⚊ | ⚊ | ⚊ |
| 人位 | ⚋ | ⚋ | ⚊ | ⚊ | ⚋ | ⚋ | ⚊ | ⚊ |
| 地位 | ⚋ | ⚊ | ⚋ | ⚊ | ⚋ | ⚊ | ⚋ | ⚊ |

（2）上爻————上位

五爻————中位

四爻

三爻　　　　$2^4=8$ 种状态

二爻————中位

初爻————下位

（3）上爻————阴位

五爻————阳位

四爻————阴位　　　$2^6=64$ 种状态

三爻————阳位

二爻————阴位

初爻————阳位

（4）

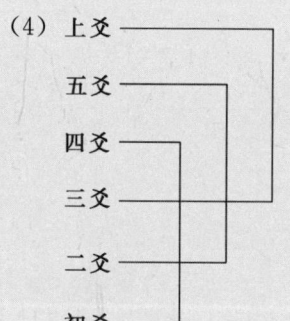

同位　　$2^6=64$ 种状态

前已论及，易象是《周易》的基本概念。《易经》是记述“卦”的。从而所记述的是卦象，卦象的内容是：

卦象——物象
　　　——意象
　　　——法象

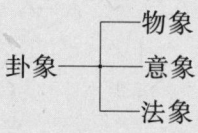

“仰则观象于天”，这里的象是实体，是天象。如天之苍穹，如日月星辰，都是实体，是物象。“失得之象”，“忧患之象”，“进退之象”是意象。“山下出泉，蒙，君子以果行育德”，“山下出泉”是物象，引申为“君子以果行育德”是意象。“天垂象，圣

人则之"，无论物象或意象，圣人仿效之，而制定典章制度，道德规范，行为准则。物象，意象引申为法象。

《系辞上》："是故阖户谓之坤，辟户谓之乾，一阖一辟谓之变。往来不穷谓之通。见乃谓之象，形乃谓之器。制而用之谓之法。利用出入，民咸用之，谓之神。"

胡适在《中国哲学史大纲》卷上中解释：

> 那种开阖往来变化的"现象"，到了人的心目中，便成"意象"。这种种"意象"，有了有形体的仿本，便成种种"器"。制而用之，便成种种"法"，举而措之天下之民，便成种种事业。到了"利用出入民咸用之"，便成神功妙用了。

我的看法是："见"乃"现"之义，凡出现于宇宙者，都谓之"象"。"象"是"道"的显现，"道"显现为有形体之物，即是"器"。换言之，"形而上者谓之道，形而下者谓之器"，而"象"是映象"道"的。

中国文字中有两个特殊的字："龙"和"象"。龙的起源，一说是图腾崇拜，一说是太阳神崇拜。十二肖属中，如鼠、如牛、如虎……十一个是生物。只有龙是古人创造的一种生物，实际并不存在，而象是生物。"象"经过《周易》的引申，其内涵极其

如有人问我，喜欢"龙"，还是喜欢"象"？我的答复是喜欢"象"。"龙"使我想到皇权，以及皇权派生的一切；"象"却使我想到优秀的中国传统文化。

"象"通于《诗》之比兴。刘勰在《文心雕龙》中说："观夫兴之托喻，婉而成章，称名也小，取类也大"。姚际恒说："兴者，当借物以起兴，不必与正意相关也。"以鸟兽草木，雨雪风霜，日月星辰兴起某种思想感情，或象征某种事物、事理。如以雎鸠鸣春求偶，以兴起男女对爱情的追求，这里雎鸠是"象"的作用。

"象"之义又如"如"。"如"是佛家语。如之义："如地之坚相，如水之湿相，谓各各之相，是事相之如也"，这是"如"的一义，即"如"是"象这样子"之义。禅无我、无住、无著。既是"无"，那么如何表述自己的思想感情？如何表达自己对人生、对宇宙的看法？如何表达一种境界或哲理？我们说用"如"的手法来表达，不著一字，尽得风流。"寒波淡淡起，白鸟悠悠下"，"明月松间照，清泉石上流"，"时有落花至，远随流水香"，"妙谛微言，世尊拈花，迦叶微笑""红可枝头春意闹"，寒波、白鸟、明月、清泉、落花、流水、红杏、都是实有之物。把这样子，把这境，"尽得风流"出来，这即是"如"。而在这样子，这境背后有无限深意。

拜伦的诗句：

> 我不是生活于我自身，而我成为
> 围绕着我的一切中的一份，对于我
> 高高的山峰乃是一种情。

"山峰"的"情"化，正是诗人本身的"山峰"。这"山峰"也是"如"。

易象也通于《庄子》、《离骚》。司马迁说庄子"善属书离辞，指事类情"。话虽不多，很值得玩味。"属书离辞"，说庄子写文章的高超手法；"指事类情"，即以"象"来阐述其深邃哲理及超然物外之意境。《逍遥遊》中有北冥之鲲，有传说中的许由，有姑射之山的神人，这都是庄子设置之"象"。旨在说明其透破功名利禄，权势尊位的束缚，而使精神境界逍遥自在，超脱自如。

《离骚》也善属辞取象："皇剡剡其扬灵兮，告余以吉故"。王树枬《离骚注》："此言神往速行之象……扬灵犹显其神也。"又如"忽反顾以流涕兮，哀高邱之无女"，王树枬说："此节之意与《远遊》篇略通……是时怀王入秦不反，故言无女。女以喻君也"。屈子取象"女"实指君。《诗》之比兴与屈子为文，相去远之。北人重实际，故其文朴；楚人思想放达，故取象灵活多变。《离骚》结构，是现实与幻想相交织，故其取象，有具象，有人心营构之象，富瞻而繁复。

来自西域的佛教也是取象说事。"至于丈六金身，庄严色相，以至天堂清明，地狱阴惨，天女散花，夜叉披发，种种诡幻，非人所见，儒者斥之为妄，不知彼以象教，不啻《易》之龙血玄黄，张弧载鬼。是以阎摩变相，皆即人心营构之象而言，非彼做诳诬以惑世也。至于末流失传，凿而实之……以象为教，非无本也。"（章通义·易教下》）

认为佛家之说"廓落难用，虚无难信"，实际这是一种误解。隋唐时代佛教，各派创立的基础是大乘般若学。在我国形成宗派有：天台宗、三论宗、净土宗、唯识宗、律宗、华严宗、密宗禅等。下面略介绍唯识宗。唯识宗的三种"自相"说，集中地概括了其对宇宙和世界的看法。后来的"阿赖耶识"说，是唯识宗认识论的发展。"阿赖耶识"梵文是"家宅"，有收藏之意。唯识宗看来，"阿赖耶识"是收藏一切世界现象的种子仓库。此仓库是世界一切现象的总根据。现象之所以千差万别，完全是子性质不同而产生的。那么，"阿赖耶识"或种子仓库，即是佛家取"象"种现关系，可概括为四种情况：种子生种子，种子生现行，现行生种子，现行生现行。哲学观念的不断深化，"象"也在深化。或曰："象"有着深化的哲学内涵，"象"又是体现此哲学内涵的。

中国本土之学术，是先秦诸子百家之学，《周易》是一部重要典籍。南北朝、隋唐之佛学，受诸印度。佛学取象说事，其末流就是神道鬼道，以象为实。与中国传统文化中的"象"，相去甚远。

"象"可以理解成广义的符号。庄子使用这种符号，荀子使用这种符号，屈原、李白、李商隐使用这种符号，曹雪芹使用这种符号……这种广义符号源远流长，源头即是《周易》一书。

宗白华在《中国美学史中重要问题的初步探索》中谈到"离卦"：

"离"者丽也，古人认为附丽在一个器具上的东西是美的。附丽和美丽的统一，是同古代工艺美术相联系的。这是"离卦"的一个意义。

"离"也者，明也。"明"古字，一边是月，一边是窗。月亮照到窗子上，是为明。而离卦☲本身形状雕空透明，也同窗子有关。这说明《离卦》的美学思想和古代建筑艺术有关。人与外界既有隔又有通，这是中国古代建筑艺术的基本思想。

"离"者"丽"，"丽"并也。两只鹿并跑在草原上，这是美的景象。

贲䷕　艮上，离下，

《象传》："山下有火，贲。"

王廙曰：山下有火，文相照也。夫山之属体，层峰峻岭，峭崄参差，直置其形，已如彫饰。复加火照，弥见文章，贲之象也。

《文心雕龙·情采》有关于"贲卦"的释义：

是以"衣锦褧衣"，恶文太章。贲象穷白，贵乎反本。

[译] 穿漂亮的锦缎衣服，而外面却偏要罩上一件麻布衫，这是因为厌恶所穿锦缎衣服太华丽了。贲卦之象是用白色或无色来装饰。贵在返回事物的本质。

宗白华谈：华丽繁富的美和平淡素净的美，在贲卦中包含了这两种美的对立。"上九，白贲，无咎。"贲本来是斑纹华彩，绚烂的美。白贲则是绚烂又复归于平淡。所以荀子说："极饰反素也。"有色达到无色。例如山水花卉画最后都发展到水墨画，才是艺术的最高境界。所以《易经》的《杂卦》说："贲，无色也。"这里包含了一个重要的美学思想，认为要质地本身放光，才是真正的美。中国人作诗作文，要讲究"绚烂之极，归于平淡"，即白贲的境界。

刘熙载的《艺概》说："白贲占于贲之上爻，乃知品居极上之文，只是本色"。

## 二　易

"易"即变化，为"变易"。《系辞上》："乾以易知，坤以简能"，为"简易"。

再抄出几条：

在天成象，在地成形，变化见矣。

刚柔相摩，八卦相荡。

日月运行，一寒一暑。

刚柔相推而生变化。

六爻之动，三极之道也。

爻者，言乎变者也。

生生之谓易。

通其变，遂成天下之文。

六爻之义，易以贡。

阖户谓之坤，辟户谓之乾，一阖一辟，谓之变。

《周易》以为天地万物的变化，都由于一个"动"字。何以会有动呢？因为天地间有阴与阳两种原力。这两种原力互相作用，互相冲突，互相推挤，于是生出种种运动，种种变化。不必用现代哲学观去阐释《周易》。中国土生土长的《周易》，自身说明自身。"一阴一阳之谓道"，多么精辟！

进一步我们比较老子的"道"和《周易》的"道"。

老子所设置的"道"，是他对经验世界的体悟和抽象。所以其"道"：

（一）有时是指物质世界的实体，亦即宇宙本体。

（二）有时是指支配物质世界或现实事物运动变化的普遍规律。

（三）老子的"道"是对于经验世界的抽象。然后"再抽象"：它超出天地万物，但又周行于天地万物之中；它产生于天地万物之先，且超越天地万物（这是一种"隔"），但又是天地万物的本源。这个"再抽象"，太微妙了，不容易说得明白，老子给出一个"无"字。

第二十五章："有物混成，先天地生。寂兮寥兮，独立而不改，周行而不殆，可以为天地母。……"这就是"无"的具象。

第一章："无，名万物之始；有，名万物之母。"

第四十章："天下之物生于有，有生于无。"

《周易》所提出的"道"，和老子的道不同。"一阴一阳之谓道"，"易与天地准，故能弥纶天地之道"。《周易》所提的道很具体，没有超出经验世界。而老子的道，虽然来之经验世界，但虚拟为抽象的观念。

老子的道和《周易》的道，二者不能混为一谈，然而问题并不这样简单。

老子："道生一，一生二，二生三，三生万物。"

《周易》：太极生两仪，两仪生四象，四象生八卦。

老子的"一"，等同于"有"，等同于《周易》的"太极"。但老子在"一"之前提出一个"道"，这个"道"即是"无"。老子哲学的精彩部分，就是在"有"之先，提出一个"无"。这个"无"既具体又抽象，这是《周易》所不及。

图示如下：

| 老子 | "道" = "无" | "一" = "有" |
|---|---|---|
| 《周易》 | | "太极" |

《周易》的"太极"的"极",比老子的"一"要丰富得多。"一"只能代表"有",而"极"是高是远,引申为"极限","无极而太极"。

**"无极而太极"**[①]

| | |
|---|---|
| 八·一 | 道无始,无始的极为无极。 |
| 八·二 | 从时间底观点而言之,无极为既往,故不知即不能言。 |
| 八·三 | 无极为无,就其为无而言之,无极为混沌,万物之所从生。 |
| 八·四 | 无极为极,就其为极而言之,无极非能而近乎能。 |
| 八·五 | 共相底关联为理,殊相底生灭为势。 |
| 八·六 | 无极为理之未显,势之未发。 |
| 八·七 | 个体底变动,理有固然,势无必至。 |
| 八·八 | 个体底共相存于一个体者为性,相对于其体个体者为体,个体之殊相存于一个体者为情,相对于其体个体者为用。 |
| 八·九 | 情求尽性,用求得体,而势有所依归。 |
| 八·一〇 | 情之求尽性也,用之求得体也,有顺有逆。 |
| 八·一一 | 顺顺逆逆,情不尽性,用不得体,而势无已时。 |
| 八·一二 | 变动之极,势归于理,势归于理则尽顺绝逆。 |
| 八·一三 | 道无终,无终底级为太极。 |
| 八·一四 | 太极为未达,就其可达而言之,虽未达而仍可言。 |
| 八·一五 | 自有意志的个体而言之,太极为综合的绝对的目标。 |
| 八·一六 | 太极为至,就其为至而言之,太极至真、至善、至美、至如。 |
| 八·一七 | 太极为极,就其为极而言之,太极非式而近乎式。 |
| 八·一八 | 居式由能,无极而太极。 |
| 八·一九 | 无极而太极,理势各得其全。 |
| 八·二〇 | 就此全而言之,无极而太极为宇宙。 |
| 八·二一 | 太极绝逆尽顺,理成而势归,就绝逆尽顺而言之,现实底历程为有意义的程序。 |
| 八·二二 | 无极而太极是为道。 |

金岳霖的《论道》一书表面上晦涩难懂,但却是一部立意宏远的体大思精之作。作者熔中西哲学于一炉,其中原创性思想之丰富,在中国现代哲学史上罕见其匹。

金岳霖在《论道·绪论》中说:

最崇高的概念的道,最基本的原动力的道,绝不是空的,绝不会像"式"那样的空。道一定是实的,可是它不只是呆板地像自然律与东西那样实,也

---

[①] 金岳霖《论道》第八章。

不只是流动地像情感与时间那样的实。道可以合起来说，也可以分开来说，它虽无所不包，然而它不像宇宙那样必得其全然后才能称之为宇宙。自万有之合而为道而言之，"道一，自万有之各有其道而言之，道无量"。"道二，仁与不仁而已矣的道"，照本书底说法，是分开来的道。

从知识这一方面说，分开来的道非常之重要，分科治学，所研究的对象都是分开来的道。从人事这一方面着想，分开来说的道也许更是重要，"得志与民由之，不得志独行其道"的道都是人道，照本书底说法，都是分开来的道。

可是，如果我们从"元"学底对象着想，则万物齐一，孰短孰长，超形脱相，无人无我，生有自来，死而不已，而所谓道就是合起来的道，"道一"的道。

《论道》第一章：道，式——能

一·一　道是式——能

一·一　道有"有"，曰式曰能

金岳霖解说：

这里的道是哲学中最上的概念，或最高的境界。这两句话是命题与否颇不敢说。我觉得说这两句话的时候，我们不容易马上就开始说解析的话。从情感方面说，我总觉得印度思想中的"如如"最"本然"，最没有无人底界限。我们既可以随所之而无不如如，在情感方面当然最舒服，中国思想中的"道"似乎不同，我觉得它有由是而之焉的情形。有"是"有"由"，就不十分如如。可是"道"不必太直，不必太窄，它底界限不必十分分明；在它那里徘徊徘徊，还是可以怡然自得的……

完全吃透《论道》，就越出本文范围，现在我们去理解八·一、八·二、八·三、八·四、八·二二。

金岳霖的《论道》是建立在东西方哲学以及逻辑学基础上，即西方哲学·东方哲学·逻辑学·创意四个方面组成。老子提出"无"和"有"哲学概念。《周易》提出"太极"。老子的"无"而形成的"无极"概念，是非直觉的、遥遥领先于西方哲学。

现在解释无极而太极：

（一）无极是无；太极是有。无不是绝对的无，而是混沌。在时间轴上，无极是无始的极；太极是无终的极。

○————无极————————太极————○

无极虽不是道的始，而是道无始的极；太极虽不是道的终，而是道无终的极。

道无终始，无论以什么有量的时间为道的始，在那个时之前，已经有道；无论以什么有量的时间为道的终，在那个时间之后，道仍存在。

（二）"无极"与"太极"都是"极"，都是"极限"的"极"。虽然它们是不可以到达的，然而它们却是现实的。

无极 o←——————————————————→o 太极

（三）太极为至。至是登峰造极的至，至当不移的至，势之所归的至。就其为至而言，太极至真、至善，至如。

（四）就宇宙本体而言，无极是宇宙万物形成以前的混沌。"混沌初开，乾坤始尊"的混沌，未开的混沌是真的混沌。"无极"是"无"；"太极"是"有"。"无"生"有"，绝对的"无"不可能生"有"，所以这里的"无"，只能是混沌。"有"或"太极"是万物的始；是万物动态历程的始。

（五）无极，是天地生成以前的无象；太极，是天地生成之后的有象。出现于宇宙者，谓之象。有形的象，谓之器。象的不断超化，即是宇宙本体；对佛家而言，是宗教境界。

概括言之，"无极"，"太极"有两义：

其一，两个极限，数学表示符号为——→o。这里的概念是"时间"和"变易"。实际在变易中就含有时间的概念。时间和变易无穷尽，必然导出极限。

其二，是象。在时间轴上，假设以天地生成为 0 时间，在此之前为"无象"（即"混沌"）；在此之后是"有象"。图示如下：

```
          无极        o        太极
无极 o←——————————————|——————————————→o 太极
(极限)  (天地生成之前的无象)  (天地生成之后的有象)  (极限)
```

最后引入有关极限的"珠子模型"。珠子模型是谈"知"之本性问题，即"知"总是与"无知"相联系，又是一个"有"与"无"的问题。图示如下：

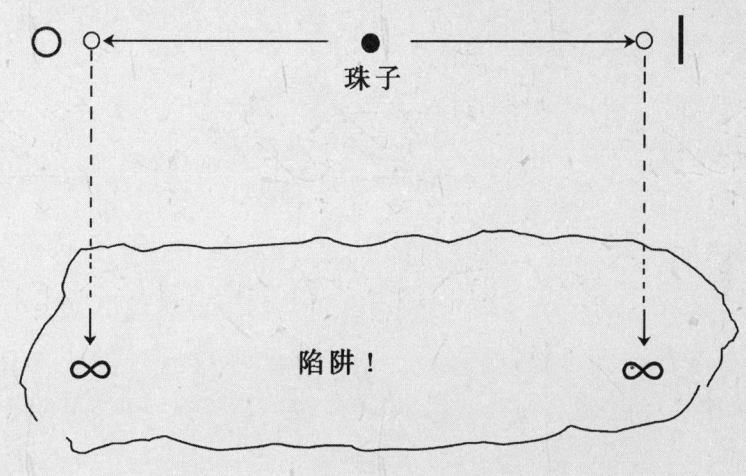

○代表"无知"，|代表"知"。人类认识总是在"无知"与"知"之间。○和|是两极限，永远达不到的。你认为达到"知"，达到真理，注意，小心陷阱！这是一个耐人寻味的认识论问题。"珠子模型"是由 R. A. Lyttleton 提出，他是英国著名的天文学家、宇宙学家、剑桥大学理论天文学教授。"珠子模型"的建立，正是一位著名科学家的哲学思考。这里○与|是认识论的两个"极"。

《周易》很强调"时"字，"时矣哉、大矣"，很强调"变易"，且提出"太极"概念；老子提出一个"无"字；"珠子模型"提出认识论的两个"极"。这是中西哲学的精粹。

## 三 《周易》中之常见词

### (1) 元亨利贞解

元 (1) 开始。《子夏传》："元始也"，乾禀纯阳之始，故能首出庶（众多）物，各得元始开通，和谐贞因。

(2) 元，大也。《乾·彖》："大哉，乾元"。

(3) 元，善也。元为施生之宗，故"元者善之长也。"

(4) 元，层次高之美。《坤·六五》爻辞："黄裳，元吉。"《集解》引干宝："黄，中之色。裳，下之饰。元，善者长也。中美能黄，上美为元，下美则裳。"

(5) 元气，《集解》引《九家易》："元者，气之始也。"

亨 (1) 亨，通畅，《乾·文言》："亨者，嘉之会也"。《正义》："言天地通畅万物，使物嘉美之会聚。"《坤彖》："含弘光大，品物咸亨"《正义》："包含以厚德盛大，故品物皆得亨通。"

(2) 亨，美也，"乾，元亨，利，贞"，《大传》："亨，美也。"

(3) 亨是一种德，亨之音和义都体现这种德，《正义》："乾，元亨利贞者，乾之四德也"。

(4) "亨"等同于"享"祭祀之义。随卦上九爻辞："王用亨于西山"，西山，指岐山，在周都之西，王到岐山祭祀。

利 (1) 纤利，锋利。《系辞上》："二人同心，其利断金"《正义》："二人若同齐其心，其纤利能断截金。金是坚刚之物，能断而截之，盛言利之甚也。"《集注》："断金者，物不能间也，言利刃断物，虽坚金亦可断，不可阻隔也。"《大传》："利，锋利也。"

(2) 和，和谐。乾卦辞："乾，元，亨，利，贞。"《集解》引《子夏传》："元，始也；亨，通也；利，和也；贞，正也。"

(3) 宜，《乾·文言》："利者，义之和也。"《正义》："言天能利物，使物各得其宜。"

(4) 功用，功能《系辞下》："日往则月来，月往则日来，日月相推而明生焉。寒往则暑来，暑往则寒来，寒暑相推而岁生焉。往者屈也，来者信也，屈信相感而利生焉。""信"是"伸"的古字，最后两句是：已往的事情已经屈缩，未来的事情即将伸张，屈缩伸张，互相交感，而用而功用、功能，也就在其中了。《集注》："利者，功也。日月有照临之功，岁序有生成之功也。"

(5) 利贞，二字连用，利益于物而得正。《乾文言》："利贞者，性情也。"《正义》："所以能利益于物而得正者，由性制于情也。"以下又有诸义：和谐正固；宜于正固；阴阳和合；利于变正。

<u>贞</u> 乾卦辞："乾，元，亨，利，贞。"贞，正也。

《子夏传》："元，始也；亨，通也；利，和也；贞，正也。"

近人释义："乾"是卦名，亦即天的功能，天的法则。"元"是大与始；"亨"是通；"贞"是正与固，"固"即是"执著"，执著最重要，纯正如果不能执著，即不能持续，最后结果不会圆满。大意是："天的功能，是万物创始的伟大根元，通行无阻，祥如有益，无所不正，而且执著。"

<u>贞悔</u> 春秋占法术语。就一卦而言，内卦为贞，外卦为悔。《左传》僖公十五年，载秦伯伐晋，卜徒父筮之，遇蛊卦，云："蛊之贞，风也；其悔，山也。"蛊内卦巽，巽为风，外卦艮，艮为山。就变卦而言，本卦为真，之卦为悔。《国语》晋语，"公子亲筮之，曰，尚有晋国？"得贞"屯"悔"豫"，即"屯"卦之初爻，四爻五爻为变爻，所以本卦为"屯"之卦为"豫"。

屯（贞卦即本卦）　　　　豫（悔卦即之卦）

```
▬▬ ▬▬    八         ▬▬ ▬▬   （六）
▬▬▬▬▬   （九）        ▬▬ ▬▬   （九）
▬▬ ▬▬   （六）        ▬▬▬▬▬
▬▬ ▬▬    八         ▬▬ ▬▬
▬▬ ▬▬    八         ▬▬ ▬▬
▬▬▬▬▬   （九）        ▬▬ ▬▬   （六）
```

屯卦之 X = 9+8+8+6+9+8 = 48

寻址数 = 天地数 − X = 55 − 48 = 7

寻址为变爻，以屯卦"九五"爻辞占之。

## （2） 吉吝厉悔咎凶解

**吉** 吉利、福祥。《屯·六四》爻辞："乘马班如，求婚媾，往吉，无不利。"《乾·文言》："与鬼神合其吉凶。"《正义》："与鬼神合其吉凶者，若福善祸淫也。"意为善者予以福，不善者予以祸。即虽筮得吉祥卦，仍可为不吉祥，在于问卜者的状态。

《左传》昭公十二年，南蒯将叛，筮得坤之比卦（坤五爻变），《坤·六五》爻辞："黄裳元吉"。南蒯求问子服惠伯，但不说所求什么。惠伯答曰："如果内心不忠诚，就违背爻辞，一切都归失败。"

**吝** （1）狭私。《同人·六二》："同人于宗，吝。"

《本义》："宗，党也，六二，虽中且正，然有应于上，不能大同，而系于私吝之道也。"

（2）艰难。《屯·象》："屯，刚柔始交而难生。"《屯》之卦象是雷雨并作，阴阳相交，出现艰难，故卦名为《屯》。

又《屯·六三》："即鹿无虞，唯入于林中，君子几不如舍，往吝。""即鹿"逐鹿也。虞，官名，为掌管鸟兽的官。几，求也。舍，捨也。吝，难也。君子逐鹿而无虞官助之，鹿入于林中，则求之不如舍之，仍往求之，亦难得鹿。此象人有所追求，无人相助，而所追求者又难得，则宜知难而止。

（3）吝，鄙视，轻视主义。《观》之《象》说："风行地上，观。先王以省方对民设教。""风行地上"即先王的政令，如风似的布行于地上。先王亲省民众之情况，而设教化，此即"观"的象义。

《观·初六》爻辞："童观，小人无咎，君子吝。"小人指遮民，即老百姓，君子指"士"一般指读书人。"童观"是幼稚的观察事物。"童观，小人无咎"，老百姓观察事物是幼稚的，反而不会有祸事。

卦之六爻，上爻为宇宙，五爻为君王，这里初爻即是遮民，初爻距五爻较远。天高皇帝远，老百姓奔走于衣食，管不着那么多事情，所以不会有祸事；而士永远不满足现实，鄙视现实和朝政。

（4）羞辱。《蒙·象传》："山下出泉，蒙，君子以果行育德。"蒙卦上卦为艮，艮为山，下卦为坎，坎为水。山下流出泉水，犹如启蒙幼童，开始是潺潺细流，最后成为滔滔江河，君子应效法这一象意，培育自己品德。

《蒙·初六》："发蒙，利用刑人，用说桎梏，以往吝。""刑"是惩罚，"桎梏"是刑具，"说"是脱。

"初六"是阴爻，在最下方的位置，象征人最幼稚蒙昧的时期，所以必须"发蒙"，即启发蒙昧。

启蒙，开始要像使用刑罚纠正罪恶，这是有利的。然而刑罚的作用，只在利用刑具告诫，期望刑期无刑，脱去刑具。如果一味使用刑具这是"羞辱"。反而招来反抗，失去启发蒙昧的作用。

"用说桎梏，以往吝"即是说，"脱"去刑具，即不使用刑具，不能使发蒙成为"羞辱"。

（5）蒙昧困顿。《蒙·六四》："困蒙，吝"。

蒙䷃（坎下、艮上）

—— 上九
— — 六四
—— 六二

六四是阴爻，距上九爻及六二爻两阳爻较远，而阴和阳相配合才能有生气，所以这里"吝"是"蒙昧困顿"。

（6）不相宜。《同人》"同"是会同，即突破闭塞的世界，需要人和人之间的和谐。《同人》下卦《离》是火，上卦《乾》是天，火光明，向上升，与天相同，是《同人》的象。这一卦只有一个阴爻，五个阳爻，阳盛之象，也是《同人》的象。《礼记·礼运篇》："大道之行也，天下为公……"，天下为公的大同世界，正是这一卦的理想境界。

《同人》六二："同人于宗，吝。""六二"是阴爻，在下卦中位；"九五"是阳爻，在上卦的中位。"六二"与"九五"两爻阴阳相应是为"中正"。"中正"是吉祥的象征。那么，"同人于宗"即是以"宗族"去理解或阐述象征"世界大同"的《同人》卦，就是"吝"！"吝"是"不相宜"之义。

概括带"吝"的爻辞有十三条；"终吝"的爻辞一条；"贞吝"的爻辞四条。不一一分析。

以上"吝"之义计六条，以补充现代编辞书之不足。现代人读《周易》，一般局限于《周易》的知识面，未能深入到《周易》丰富的内涵。一部珍贵古籍的失传，在"现代观念"的一念之间。

厉 （1）励精自强。《乾》九三："君子终日乾乾。夕惕若。厉。无咎。"

"乾乾"据闻一多考证，当读为悁悁，是忧患。"惕"小心谨慎，"厉"为"励精自强"或"自强不息"。"咎"为过错与灾难。

大意是：君子终日忧患，从早到晚小心谨慎。而励精自强，使无过错与灾难。

阳爻在九三，正月之时，阳气始出，故以人事成天地之功，在于此爻。故君子以之忧患，而思远，朝夕匪懈。

（2）物极必反。《既济·上六》："濡其首，厉。"

《说卦》："离为雉"。雉，通称野鸡，体羽华丽，而《离》，卦形雕空透明，也是一种美，所以"离为雉"。《既济》上卦为坎，下卦为离，"濡"沾湿。坎为水，离为雉，水湿雉之头部以及羽毛，处于极危险境地。然而上六爻是《既济》卦之终极爻，终极必反，转危为安，所以"厉"为"物极必反"义。

《象传》："濡其首，何可久也。"是说：水已经湿透雉的头及其美丽的羽毛，应迅速脱险，不可久留。

（3）厉为"恐惧"。《渐》、《序卦》："物不可以终止，故受之以渐。渐者，进也。"

《渐》上卦为巽风，下卦为艮山。风为"动"山为"静"，静极而动为"渐"，所以"渐"进也。

《渐·初六》："鸿渐于干，小子厉，有言，无咎。"

```
渐
━━━ 上
━━━ 五
━ ━ 四
━━━ 三
━ ━ 二
━━━ 初
```

《渐》上卦为巽，下卦为艮。下卦之初爻与上卦之四爻相应。四爻之上为五爻，四爻之下为三爻。三爻、四爻、五爻，互卦为离。《说卦》："离为雉"前已分析。孔颖达说："离为文明，雉有文章，故离为雉。"那么，"离为文明，鸿有文章，故离为鸿。"也说得通。

《诗·小雅》："鸿雁于飞。"《毛传》："大曰鸿，小曰雁。"鸿即是大雁。

《书·禹贡》："阳鸟攸居"。郑彼注："阳鸟谓鸿雁属，随阳气南北。"即大雁是候鸟，随气候的变化而南北飞，且为群飞。"岸从干""干"即江边。初六爻是阴爻，柔弱，象征小雁。小雁有落伍离群的危险，所以"厉"，"厉"即是"恐惧"。

"鸿飞长幼有序，长在前，幼在后，唯恐失群，故危厉而呼号（有言）长者缓飞以俟。"大雁缓飞以俟，即小雁并无危险（无咎）。以上所引是一位学者的简扼概括，对应《渐》初六爻辞：

"鸿渐于干，小子厉。有言。无咎。"

以上释"厉"之义有三，即"励精自强"；"物极必反"；"恐惧"。而《周易》爻辞中，"厉"计十六条；"有厉"计三条；"贞厉"计八条。不一一作分析。

|悔|《说文》:"悔,恨也。从心每声。"《广雅·释诂》:"悔,恨也。"《诗·云汉》:"宜无悔怒",《毛传》:"悔,恨也。"

《论语·为政篇》:"多见阙殆,慎行其余,则寡悔"。《皇疏》"悔,恨也。"

《系辞上》:"悔吝者,忧虞之象也。"又说:"悔吝者,言乎其小疵也。"

《周易》"悔"计二条;"有悔"计二条;"悔有悔"计二条;"无悔"计七条;"悔亡"计十九条。均为爻辞。

|咎| (1) 过失,罪过,如"咎由自取"。(2) 责备,处分,如"既往不咎"。(3) 凶,如"休咎"即"吉凶"。

《说文》:"咎,灾也,从人从各,各者,相违也。"《吕氏春秋·侈乐篇》:"弃宝者必离其咎。"高诱注:"咎,殃也。"查辞书:(1) 殃,祸害,如"灾殃"。(2) 使受祸害,如"祸国殃民"。

《周易》爻辞"为咎"计一条;"匪咎"计一条;"何咎"计三条;"无咎"计九十三条。

|凶|《说文》:"凶,恶也。象地穿交陷其中也。"《广雅·释诂》:"凶恶也。"高亨注:"盖事有恶果为凶,故'凶'训'恶'。恶果者,祸殃也,故'凶'者,祸殃也。《周易》'凶'字,均为此义。"

《周易》爻辞,"凶"计三十一条;"征凶",计十条;"终凶"计一条;"有凶"计三条;"贞凶"犹言"占凶",计十一条。

### (3) 爻位

在占筮中如何判断吉凶,是吉?还是凶?

《系辞下》所谈的一种判断:"二与四同功而异位……"

下面概说一下"爻位"。

(一)"五爻"为天位,"三爻"为人位,"二爻"为地位。

"五爻"又为君位,夫位,"二爻"又为臣位,妻位。

(二) 阳位,阴位。

奇数爻为阳,即初爻、三爻、五爻为阳位。

偶数爻为阴,即二爻、四爻、上爻为阴位。

(三) 上、中、下三位。

上爻为上位。

上卦之中爻与下卦之中爻为中位。

初爻为下位,即:

```
上爻————上位
五爻————中位
四爻
三爻
二爻————中位
初爻————下位
```

（四）同位，即上下卦相对应之爻，彼此同位，即：

　　初爻、四爻同位。

　　二爻、五爻同位。

　　三爻、上爻同位。

　判定之辞有：刚柔相应；刚柔相胜；刚柔位当与位不当；刚柔得中；刚柔居尊位或居上位或居下位；柔从刚与柔乘刚。计六项。

（一）刚柔相应，构成和谐状态。

　其一，一卦六爻，一爻为阳，其他五爻为阴，其象为诸侯服从王。

　其二，一卦六爻，一爻为阴，其他五爻为阳，五刚阿护一柔。

　其三，三同位爻刚柔相应。即初爻与四爻，二爻与五爻，三爻与上爻，皆一为阳，为刚，一为阴，为柔，为刚柔相应，呈现和谐。

　其四，一卦之两中爻，即二爻与五爻，一为阳，一为阳，构成刚柔相应而和谐。这是同位爻刚柔相应之特例。

（二）刚柔相胜。

　其一，下五爻为阳，上一爻为阴，为"刚胜柔"。

　其二，下五爻为阴，上一爻为阳，为"柔胜刚"。

（三）刚柔位当与位不当。

　初爻、三爻、五爻为阳位；二爻、四爻、上爻为阴位。

　其一，阳爻居阳位或阴爻居阴位，为"当位"、"位正"、"正位"、"得位"、"在位"、"居位"、"位当"。

　其二，阳爻居阴位或阴爻居阳位，为"不当位"、"未当位"、"失位"、"非其位"等。以"当位"，"不当位"释爻辞、"当位"为吉利之象；"不当位"为不吉利之象。

（四）刚柔得中。

　第二爻为下卦之中位，第五爻为上卦之中位，故"得中"专指此二爻而言。"得中"是指此二爻之"阳爻阳刚"，"阴爻阴柔"。分五种情况：

　其一，一刚得中。

渐（下艮，上巽）

　　　——
中　——九五
　　——　——
　　——　——
　　——　——
　　——　——

《象传》："其位刚得中也"此指"九五"爻而言。五爻为君位，所以象君得正中之道。

其二，一柔得中。

同人（下离，上乾）

　　——
　　——
　　——
　　——
中——　——六二
　　——

《象传》："柔得位得中"此指"六二"爻。

二爻为臣位，象臣得正中之道。

其三，双刚得中。

中孚（下兑上巽）

　　——
中　——九五
　　——　——
　　——　——
中　——九二
　　——

《象传》："中正以观天下。"中正乃指六二与九五。居上下卦之中位，为人位，象人以刚健之德守正中之道。

其四，双柔得中。

小过（下艮上震）

　　——　——
中——　——六五
　　——
　　——
中——　——六二
　　——　——

《象传》："柔得中"兼指六二与六五而言。六二与六五皆为柔。双柔得中，象才力弱者得正中之道。

其五，刚柔分中。

观（下坤上巽）

```
━━━━━
━━━━━ 九五
━ ━
━ ━
━ ━ 六二
━ ━
```

《象传》："中正以观天下。"中正乃兼指六二与九五。九五居君位，六二居臣位，象君臣各居其位，各守中正之道。

将以"正中之道"列表如下：

| 《象传》 | 爻位 | 象　意 |
|---|---|---|
| 其位刚得中 | 九五 | 君得正中之道 |
| 柔得位得中 | 六二 | 臣得正中之道 |
| 中正以观天下 | 九二、九五 | 人以刚健之德守正中之道 |
| 柔得中 | 六二、六五 | 才力弱者得正中之道 |
| 中正以观天下 | 六二、九五 | 君臣各居其位各守中正之道 |

（五）刚柔居尊位或居上位或居下位

每卦第五爻为天位，为君位，为尊位；上爻为上位；初爻为下位。阳爻（刚），阴爻（柔）居此三位，各有其意义。前之（四）所论"刚柔得中"已包括了尊位（第五爻）。这里应是刚柔居上爻与居初爻之论。

其一，上爻为阳爻，是为"刚居上位"。

如《履·上九》："元吉。"

《象传》："元吉在上（爻），大有庆也。"

此象人居高贵之位。

其二，上爻为阴爻，是为"柔居上位"。

如《节·上六》："苦节贞凶。"

《象传》："苦节贞凶，其道穷也。"

象人处于穷困之境。

又《乾》卦之特例：

《乾·上九》："亢龙有悔"（极高曰亢）。

《象传》："盈不可久也。"《乾》之上爻为刚，居一卦盈满之位，象飞到天上极高处之龙，以喻富贵权势极大之贵族大人，必将衰败，是早晚的事。

其三，初九或初六，即初爻，无论是阳爻，或阴爻，都处于最低下之位，象人之求安自乐。

（六）柔从刚之柔乘刚。

阳爻（刚）在上，阴爻（柔）在下，为柔从刚，或柔顺刚，为吉利，《象传》以此释卦名、卦义或卦辞。《象传》以此释爻辞。

阴爻（柔）在上，阳爻（刚）在下，为柔乘刚，为不吉利，《象传》以此释卦名、卦义或卦辞。《象传》以此释爻辞。

以上所引文，先是引入《系辞下》的一种判断；再引入《爻位说》；而后引六项"判定语词"。我想这应该说是"发凡起例"。

高亨说：

《易传》常以象数解经，而象数之说，不易掌握，不易记住。古人注《易》为省笔墨，对于象数，往往既述于前，则略于后，此体例未尝不佳，而读之实感困难。反复诵习，不能贯通。

我的看法是：卜师断卦，往往随机应变，可以这样解释，也可以那样解释。规定一些象数规则，实际是应变的机制。

卜师判断吉凶，是随机性和任意性非常灵活。从逻辑学思考，可以归纳出一条释卦通例："对于一件件事实，可以毫无表示；对于另一些事实，却表示之。对于无所表示者，所以它不能假；对于所表示者，所以它必真。"这种判断无以名之，或名为"必然命题。"

所以说卜师和"圣人"是聪明人，不但愚弄下民，也愚弄皇上。而后代人更糊涂，把《周易》完全看作占卜之书，从而否定它的价值。

前引东周占筮实例，《左传》昭公十二年，南蒯将叛，筮得坤之比（坤五爻变），《坤》六五爻辞"黄裳元吉"，即是"大吉祥"之卦意，即"叛将成功"。南蒯问及惠伯，惠伯说："外内倡和为忠，率事以信为共，供养三德为善，非此三者弗当。"易不可占险，虽为吉祥之卦，但未必事事吉祥。"

这样随便就把"大吉祥"否定了。惠伯所应用即是"必然命题"。

《易传》的形成，经历了七百年，在此之前《易经》的形成，也是经过了漫长的历史进程，卦爻辞的形成，以及吉凶之判，是概率统计的结果（虽然当时没有"概率统计"的词语），所以可信的程度较高。

然而人的文化存在（包括占筮），及精神的发展，必须提高到哲学的认识论进行研究，指出占筮之真（概率统计）及占筮之伪（必然命题）。这里我之立论，是"文化悖论"的方法。

再引用《系辞下》："二与四同功而异位，其善不同，二多誉，（远也）；四多惧，近也。柔之为道不利远者，其要无咎，其用柔中也。三与五，同功而异位。三多凶，五多功,贵贱之等也。"

大意是:二爻与四爻均为偶数,偶数为阴,为柔,则以柔顺从为事理(功)。而二爻居于下卦四爻居于上卦,其位不同(异位),其善(吉与不吉)随之也不同,二爻距五爻君之位远,所以吉利,所以多誉;四爻居五爻君之位近,所以多恐惧。而另一方面思考,二爻为柔距君王五爻远,得不到君王保护,所以也不利,虽然如此,但无灾患(无咎),因为二爻居下卦之中位,象以得正中之道。

三爻与五爻均为奇数之爻为刚,五爻为上卦之中位,为正中之位,所以多功绩;三爻为下卦之偏位,刚而自主,所以多凶事。五爻又为君位,这是贵贱等级之分。

以上所论,二爻、四爻均为偶数爻,为阴为柔。但章学诚又提出一说:"严天泽之分则二多誉,四多惧焉。"即上天☰,下泽☱合成履☲,此履之二爻,四爻都是阳爻,而加以判断。这里我不是揭示各种注说的矛盾性,而是揭示其多义性。

"二与四,同功而异位",我们可以简单理解为:二与四爻为不同,但判断事物,具有同一功能,可灵活个例判断。也可以纳入某一系统判断:如"阴位、阳位系统","君位、臣位系统","上位、中位、下位、偏位系统",加以判断。

而即使断占之辞在《易经》中也是即严格又灵活,既确定又随机。

高亨在《周易古经今注》中说:"《周易》一说,所用表示休咎之字凡七:曰利,曰吉,曰吝,曰厉,曰悔,曰凶。此七者,皆《周易》中常见之词,亦重要之词也。"又说:"吉者,福祥也;吝者,艰难也;厉者,危险也;悔者,困厄也;咎者,灾患也;凶者,祸殃也。"

以"厉"字为例。"厉"是危险,但"厉无大咎",即虽然危险,但没有太大的灾患。"贞厉终吉"即使卜得危险,但最后还是吉利,即转不利为有利。顾颉刚从全部《易经》中归纳出一个以"厉"做断占之辞的结构,图示所下:

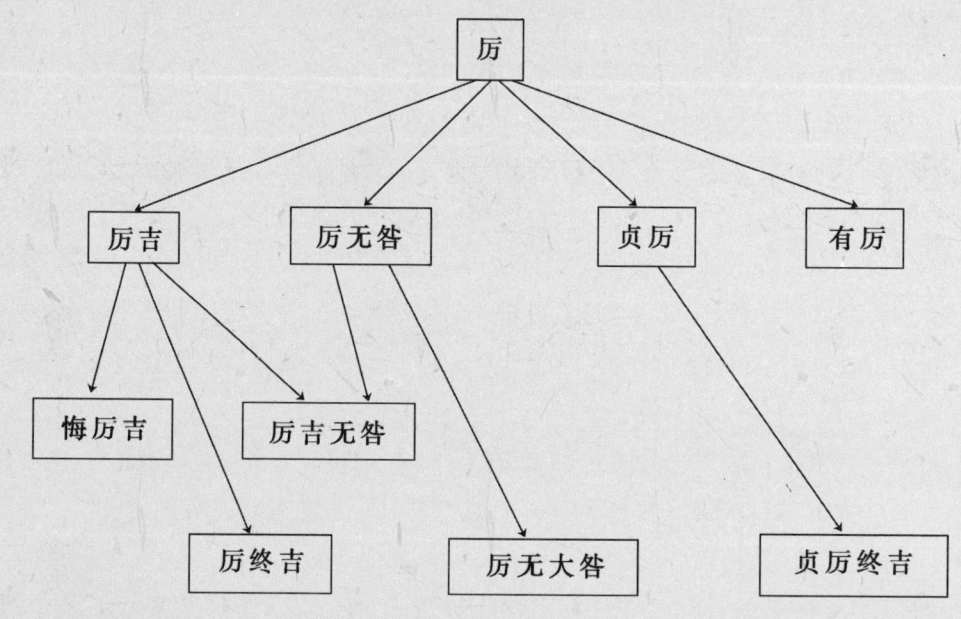

# 第二章 易图

## 一 易卦次序图

易卦次序图简称"易卦图"。"易卦图"表示为易卦的结构，学易者须懂得这种结构。而玩"易卦图"又是一种趣味。分述如下：

### 上经以乾坤始

乾　　　　　　坤

反对　　平对　　反对

### 此二卦为上经卦

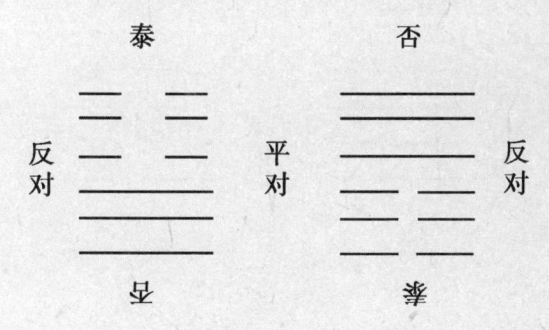

泰　　　　　　否

反对　　平对　　反对

### 此四卦为下经卦

震　　　　　　巽

反对　　平对　　反对

### 下经以既济未济终

　　既济　　　　　　未济

反对　▬▬　▬▬　平对　▬▬▬▬　反对
　　　▬▬▬▬　　　　▬▬　▬▬
　　　▬▬　▬▬　　　▬▬▬▬
　　　▬▬▬▬　　　　▬▬　▬▬
　　　▬▬　▬▬　　　▬▬▬▬
　　　▬▬▬▬　　　　▬▬　▬▬

　　　未济　　　　　　既济

### 上经以坎离终

　　　坎　　　　　　　离

反对　▬▬　▬▬　平对　▬▬▬▬　反对
　　　▬▬▬▬　　　　▬▬　▬▬
　　　▬▬　▬▬　　　▬▬▬▬
　　　▬▬　▬▬　　　▬▬▬▬
　　　▬▬▬▬　　　　▬▬　▬▬
　　　▬▬　▬▬　　　▬▬▬▬

　　　坎　　　　　　　离

### 下经以咸恒始

　　　咸　　　　　　　损

反对　▬▬　▬▬　平对　▬▬▬▬　反对
　　　▬▬▬▬　　　　▬▬　▬▬
　　　▬▬▬▬　　　　▬▬　▬▬
　　　▬▬▬▬　　　　▬▬▬▬
　　　▬▬　▬▬　　　▬▬　▬▬
　　　▬▬　▬▬　　　▬▬　▬▬

　　　恒　　　　　　　巽

## 乾坤共统八卦

乾　　　　　　　　坤

屯　　蒙　　　　需　　讼

师　　比　　　　小畜　履

## 泰否共统十六卦

泰　　　　　　　　否

同人　大有　　　谦　　豫

随　　蛊　　　　临　　观

噬嗑　贲　　　　剥　　复

无妄　大畜　　　颐　　大过

**咸恒损益分统十六卦**

| 咸 | 恒 | 损 | 益 |
|---|---|---|---|
| 遯 | 大壮 | 夬 | 姤 |
| 晋 | 明夷 | 萃 | 升 |
| 家人 | 睽 | 困 | 井 |
| 蹇 | 解 | 革 | 鼎 |

**震艮巽兑分统八卦**

| 震 | 艮 | 巽 | 兑 |
|---|---|---|---|
| 归妹 | 渐 | 涣 | 节 |
| 丰 | 旅 | 中孚 | 小过 |

## 易卦次序图说

《上经》三十卦,《下经》三十四卦。《上经》始于乾坤,终于坎离。《下经》始于咸恒,终于既济未济。

先天八卦行走路径为 S 型,其排序为:乾(南)、兑(东南)、离(东)、震(东北)、巽(西南)、坎(西)、艮(西北)、坤(北)。

后天八卦为环形路径,其排序为:乾(西北)、坎(北)、艮(东北)、震(东)、巽(东南)、离(南)、坤(西南)、兑(西)。

先后天八卦重合为:乾离(南)、兑巽(东南)、离震(东)、震艮(东北)、巽坤(西南)、坎兑(西)、艮乾(西北)、坤坎(北)。

仅研究先天八卦,先天八卦相重成八纯卦:

| 乾 | 坤 | 坎 | 离 |
| --- | --- | --- | --- |
| (1) | (2) | (29) | (30) |
| 震 | 艮 | 巽 | 兑 |
| (51) | (52) | (57) | (58) |

下标数字为卦序

卦之彼此关联有错对,旁通(或称平对),反对,互卦。

(1) 错对,"错",交叉之义

设原卦 A 为上卦,B 为下卦,则

$\begin{matrix} A \\ B \end{matrix} \rightarrow \begin{matrix} B \\ A \end{matrix}$ 此 $\begin{matrix} B \\ A \end{matrix}$ 卦,即为

错对之卦,交叉而倒置,如:

| 泰 | 否 | 咸 | 恒 |
|---|---|---|---|
| ䷊ | ䷋ | ䷞ | ䷟ |
| (11) | (12) | (31) | (32) |
| 损 | 益 | 既济 | 未济 |
| ䷨ | ䷩ | ䷾ | ䷿ |
| (41) | (42) | (63) | (64) |

下标数字为卦序

（2）两卦六爻之间阳爻对阴爻，阴爻对阳爻为旁通，或称平对，如：泰与否，既济与未济。

（3）反对，一卦倒之，而成另一卦，如：

| 屯 | 需 | 损 | 乾 |
|---|---|---|---|
| ䷂ | ䷄ | ䷨ | ䷀ |

（4）互卦，《系辞下》："二与四同功而异位，……三与五同功而异位"，一般都以义理解之，这里以卦画解之，即在六爻卦中，二至四爻构成三爻卦，三至五爻构成三爻卦，此即"互卦"。我们以此推广之，六爻卦中，任意相邻三爻，都可组成三爻卦。此三爻卦之应用有二：

其一，三爻卦为统卦之用，三爻卦可统六爻卦。

其二，三爻卦而成义理之卦，以释卦辞和爻辞。

如蒙卦，艮上坎下，二至四爻，互卦为震，震为足，为动。教育、教导为动的一种方式。

蒙卦卦辞："匪我求童蒙，童蒙求我"，即是并非我去求蒙昧的幼童，而是蒙昧的幼童需我来教导。

为查阅方便绘制卦序图如下：

## 六十四卦卦序图

| 下卦＼上卦 | 乾 ☰ | 坎 ☵ | 艮 ☶ | 震 ☳ | 巽 ☴ | 离 ☲ | 坤 ☷ | 兑 ☱ |
|---|---|---|---|---|---|---|---|---|
| 乾 ☰ | 乾 1 | 需 5 | 大畜 26 | 大壮 34 | 小畜 9 | 大有 14 | 泰 11 | 夬 43 |
| 坎 ☵ | 讼 6 | 坎 29 | 蒙 4 | 解 40 | 涣 59 | 未济 64 | 师 7 | 困 47 |
| 艮 ☶ | 遁 33 | 蹇 39 | 艮 52 | 小过 62 | 渐 53 | 旅 56 | 谦 15 | 咸 31 |
| 震 ☳ | 无妄 25 | 屯 3 | 颐 27 | 震 51 | 益 42 | 噬嗑 21 | 复 24 | 随 17 |
| 巽 ☴ | 姤 44 | 井 48 | 蛊 18 | 恒 32 | 巽 57 | 鼎 50 | 升 46 | 大过 28 |
| 离 ☲ | 同人 13 | 既济 63 | 贲 22 | 丰 55 | 家人 37 | 离 30 | 明夷 36 | 革 49 |
| 坤 ☷ | 否 12 | 比 8 | 剥 23 | 豫 16 | 观 20 | 晋 35 | 坤 2 | 萃 45 |
| 兑 ☱ | 履 10 | 节 60 | 损 41 | 归妹 54 | 中孚 61 | 睽 38 | 临 19 | 兑 58 |

## 二　河图

今录（元）张理《易象图说》中两图。

图一，天地未合之数龙图：

上为"天"之数，共二十五个○；下为"地"之数，共三十个●。上半图纵横是九；下半图纵六横九，是《周易》天地之数观念的图解。

上半图给人一种奇数的感觉；下半图给人一种偶数的感觉，这是古人一种"数觉"。"数觉"和"计数"不同。不仅人类，鸟类也是具此"数觉"的。如鸟巢里有四个鸟蛋，那么可以拿去一个，如果拿去两个，鸟就逃走了，它不会再飞回鸟巢。鸟的数觉能辨别二和三。人的数觉很难检验，因为总和计数的复杂心理混合在一起。这种图形结构与数觉有关，又与星象有关，这是复杂的形成过程。据此推测，其起源较早。

没有什么东西能比那些被遗忘了意义的，神秘的象征符号具有更强烈的吸引力。有谁能说明在这些不可思议的图形里，包含了古人哪些方面的智慧？要探寻起源，探寻原始知识和智慧，我们需要找到相关的可见标志作为证据。大量的被淹没的古籍，是资料之一，地下文物，包括已发现和尚未发现的，也是资源。

（英）E. H. 贡布里希著《图象与眼睛》附标题是："图画再现心理学的再研究"。

作者是在谈艺术，然而给人一种启示，即艺术的图画以及仰望星空，天上的图画，引申到古人的心理层面。

图二，天地生成之数图

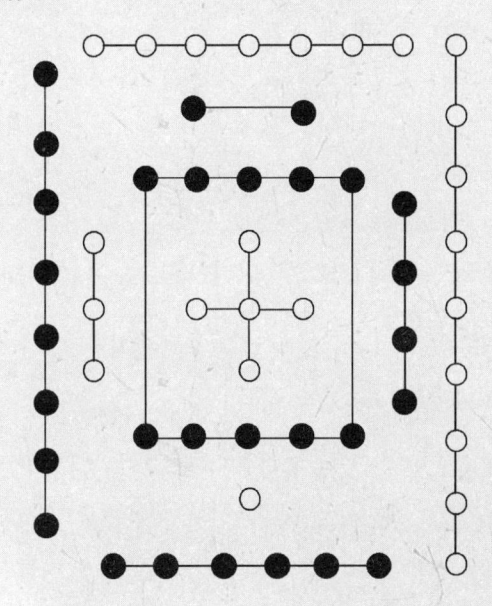

将图一之天地数打乱，重新配置，一、三、五、七、九、为天数，二、四、六、八、十为地数。这里有奇数偶数即天和地的观念；有万物生成之基本要素，同时也是代表万物之符号金木水火土五行观念；有东西南北方位观念；有天地枢纽观念。用图示法表现观念形态也许更直觉，省去许多文字叙述，言简意赅而易于传播。这是古人表达思想的一种方式。

郑玄注"大衍之数"说："天地之数五十有五，天一生水于北，地二生火于南，天三生木于东，地四生金于西，天五生土于中。阳无偶，阴无配，未得相成。地六成水于北与天一并，天七成火于南与地二并，地八成木于东与天三并，天九成金于西与地四并，地十成土于中与天五并。"将此图示如下：

<pre>
            南
           二 七 火

   东         中         西
  三 八 木   五 十 土   四 九 金

           一 六 水
            北
</pre>

其中之"中"为天地运行之"枢纽"。

对某些数字的崇拜，是古代文化特点之一。这些数字构成了古代人的语言。数字的历史究竟多久呢？数字产生的确切时代虽无从稽考，但是有确凿的证据表明它的产生比有文字记载的历史要早几千年。

数字语言在古代人类文化的总体里占有重要位置。《周易》中以及在殷商甲骨文中，以奇数表示阳，以偶数表示阴，就是一种数字语言。数字有极大的稳定性，数字产生后，没有什么改变。可是数字所对应或假借的原来实物和观念，却几经沧桑，现代人很难说得清楚。流传至今的《易》图，我们只能从古籍记载中得到一点信息。

数字对现代人来说主要用于计算，对古代人来说则既是计算，又是概念的符号。古代人对天和地的重视程度，现代人很难理解。顾炎武说："三代以上，人人皆知天文。'七月流火'，农夫之辞也。'三星在天'，妇人之语也。'月离于毕'，戍卒之作也。'龙尾伏晨'，儿童之谣也。后世文人学士，有问之而茫然不知者矣。"即现代人对天和地是淡漠的，古代人是浓厚的。所以数字语言，即数字所代表的概念，首先是天，然后引申到地。以下是天为奇数，地为偶数观念的一种解释模式：

"天一"代表混沌太极。"易有太极，是生两仪，两仪未分，其气混沌。清浊既分，伏者为天，偃者为地。"这里的天，无所谓上下四方，即是宇宙。

然后演化为上天下地的"天"。天，坦也，即平而宽广，坦然高而远也。"东方昊天，东南方阳天，南方炎天，西南方朱天，西方成天，西北方幽天，北方玄天，东北方变天，中央钧天。"这是"九天"的解释。

天神之大者，为昊天大帝，又名天皇大帝，又名太乙。其佐曰五帝，即东方青帝，南方赤帝，西方白帝，北方黑帝，中央黄帝，这是"天五"的解释。

东方岁星，南方荧惑星，西方大白星，北方辰星，中央镇星，加以日、月，谓之"七曜"这是"天七"的解释。

东西南北曰四方，四方之隅曰四维，这即"地四"。

"地东西为纬，南北为经"，"东西为广，南北为轮"，"山为积德，川为积形，周礼大司徒掌天下土地之图,知九州之地域广轮之数"经纬或广轮,即是"地二"。

"夫土地皆有形名,而人莫察焉。有龟龙体,有鳞凤貌;有弓弩势,有斗升象;有张舒形,有塞闭容;有隐真之安,有累卵之危;有膏英之利;有瘠埆之害。"这是地形、地质、地势的描述,为之"地十"。

行文至此,感到一种困惑,这真是"天一、地二"等数字的解释吗?这种模糊性,很难说是一种确切的解释。事实确实如此,河图中十个数字的原始含义,一点痕迹也没有。后人的解释如同词牌填词一样。然而唯其如此,我们才感到河图对中国传统文化的影响,也许比研究一张图更有意义。也唯其如此,十个数字的模式,这种数的规定性,体现周人天的观念和地的观念不是单一的,而有其极丰富的内涵。

何新在《诸神的起源》一书中,对天一,地二等数字语言也给出一种解释:

天一:混沌太极
地二:两向地理方位
天三:日、月、星三光
地四:东西南北四方位
天五:五行
地六:六极六合
天七:七曜
地八:四方四佐
天九:九道九圜
地十:五帝五佐

概括言之,在上古时代,数字是一种符号,或称为"数字语言"。而在运算中,却是一种纯粹的数字,如《系辞上》:"天数五,地数五,五位相得而各有合,天数二十有五,地数三十,凡天地之数,五十有五。……是故四营而成易,十有八变而成卦"。

这里天数是一、三、五、七、九,其相加为二十有五。地数二、四、六、八、十其相加为三十,"四营"指六、七、八、九。

在运算中,即起卦中,这十个数字是纯粹的数。如果注家将这十个数赋以各种意义,就是"画蛇添足"了。

## 三 九宫

"九宫"为八卦配明堂九室数之称。古天子居有九室,四时轮流居之,称为明堂,汉初有"明堂九数"之说:"九南,一北,三东,七西,二西南,四东南,六西北,八东北,五居中央。"九数纵横及对角线相加均为十五。汉代术数家,又取八卦按《说卦》方位配之："万物出乎震，震，东方也。齐乎巽，巽，东南也。齐也者，言万物之絜齐也。离也者，明也，万物皆相见，南方之卦也。圣人南面而听天下，向明而治，盖取诸此也。坤也者，地也，万物皆致养焉，故曰致役乎坤。兑，正秋也，万物之所说也，故曰说言乎兑。乾，西北之卦也，言阴阳相薄也。坎者，水也，正北方之卦也，劳卦也，万物之所归也，故曰劳乎坎。艮，东北之卦也，万物之所成终而所成始也，故曰成言乎艮。"

由震卦开始，创造万物，震卦代表东方，太阳由东方升起，照耀万物，以季节来说，相当于春天。到巽卦使万物整齐，巽卦代表东南方，这时太阳已经升起，普照东南方，使万物鲜明，齐一生长，以季节来说，相当于春夏之间。离卦象征光明，太阳正当中时，照耀南方，使万物显明都可以看到，是代表南方的卦，以季节来说，相当于夏天，帝王坐在北方，面对南方听取天下的政务，象征面对光明，治理天下，就是取法离卦。坤卦象征地，养育万物，所以说，造物主将这一使命，交付给地以方位来说，代表西南，以季节来说，相当于夏秋之间。兑卦象征秋天，正是结实累累，万物喜悦的季节，以方位来说，相当于西方。造物主在乾卦的时刻，发生斗争，因为乾卦代表西北方，太阳在这一方位西沉，明与暗，阴与阳，正在挣扎交替，以季节来说，相当于秋冬之间。坎卦象征水，水不停的流动，是劳动的形象，坎卦为正北方之卦，太阳在这一方向时，已经完全沈没，一片黑暗，正是万物已经劳累，回去休息，季节相当于冬季。艮卦是东北之卦，在这一方位，正当黎明，黑暗即将过去，所以说在艮卦完成一切，以季节来说，相当于冬春之间。

《说卦》又简单概括，卦之"性"：

神也者，妙万物而为言者也。

动万物者，莫疾乎雷。

桡万物者，莫疾乎风。

燥万物者，莫熯乎火。

说万物者，莫说乎泽。

润万物者，莫润乎水。

终万物始万物者，莫盛乎艮。

依《说卦》所定义的八卦方位，画一太乙巡行九宫路线图：

|  | 南 |  |
|---|---|---|
| 巽宫 ☴ 四 | 离宫 ☲ 九 | 坤宫 ☷ 二 |
| 震宫 ☳ 三 | 中央宫 五 | 兑宫 ☱ 七 |
| 艮宫 ☶ 八 | 坎宫 ☵ 一 | 乾宫 ☰ 六 |
|  | 北 |  |

东　　　　　　　　　　　　西

(1) 由《说卦》自然形成后天八卦

(2) 太乙巡行路线为一→二→三→四→五→六→七→八→九

**八卦与四季**

| 巽 春夏之间 | 离 夏季 | 坤 夏秋之间 |
|---|---|---|
| 震 春季 | 中央 | 兑 秋季 |
| 艮 冬春之间 | 坎 冬季 | 乾 秋冬之间 |

上图为西汉戴德所编《大戴礼记》所收之作，产生于战国之前，"明堂九宫"方位。

唐李筌撰《太白阴经》，属兵书。全书分十门，在阵图门中载有九宫数的一种布阵方法，凡入此阵者，从那一方向进入都遇到同等的兵力，即纵、横、对角线，都是十五之数，实际应用，兵数应是十五的倍数。

战国秦汉时古医书《黄帝内经》，使方位合于九宫之数。

东汉以后的术数有太乙、奇门遁甲、六壬三派，都和九宫有关系。《隋书·经籍志·子部·五行类》二百七十种书，大半属于此三派。

前面提到，古天子居有九室，四时轮流居之，称为明堂。此引申之而成"九宫图"，再以《说卦》，自然形成"后天八卦"体系。

王国维《观堂集林》卷三《明堂庙寝通考》，所绘之图，如《宗庙图》，有太室、堂、房；《大寝图》有中庭、堂、室。

"九宫"已经形成一种体系，至唐"九宫"取得"神"的位置，唐玄宗于天宝三年，肃宗于乾元二年，武宗于会昌元年，都曾亲祀九宫贵神。①

一张九宫图产生了一系列文化现象，其影响所及，不可低估。然而当其神格化的时候，数学内容完全被淹没了。而九宫图的价值，正是其数学内容。

提到《奇门遁甲》，《奇门遁甲》是古兵书。"洛书"是纵、横、对角线所布数字，构成十五。"九宫"包括"洛书"。《奇门遁甲》之宫盘图谱，绘制如下：

| 9 | 5 | 7 |
|---|---|---|
| 8 | 1 | 3 |
| 4 | 6 | 2 |

| 1 | 6 | 8 |
|---|---|---|
| 9 | 2 | 4 |
| 5 | 7 | 3 |

南

| 2 | 7 | 9 |
|---|---|---|
| 1 | 3 | 5 |
| 6 | 8 | 4 |

东　　西

北

| 3 | 8 | 1 |
|---|---|---|
| 2 | 4 | 6 |
| 7 | 9 | 5 |

| 4 | 9 | 2 |
|---|---|---|
| 3 | 5 | 7 |
| 8 | 1 | 6 |

| 5 | 1 | 3 |
|---|---|---|
| 4 | 6 | 8 |
| 9 | 2 | 7 |

| 6 | 2 | 4 |
|---|---|---|
| 5 | 7 | 9 |
| 1 | 3 | 8 |

| 7 | 3 | 5 |
|---|---|---|
| 6 | 8 | 1 |
| 2 | 4 | 9 |

| 8 | 4 | 6 |
|---|---|---|
| 7 | 9 | 2 |
| 3 | 5 | 1 |

如果"明堂"来自于"洛书"，那么作为古兵书的《奇门遁甲》之"九宫图"产生于那个时代？它是如何构成的？现在一点内证资料也没有。那么只有"外证"和推测。我的思考是：

时代——算法水平——组合数学

（一）时代，出现在秦汉之际的《九章算术》是一部综合当时数学成就的经典巨著，其成就之一是开平方术和开立方术。如《少广章》第十九题，即是求解方程：

$X^3 = 1\ 860\ 867$　求出：

$X = 123$

《孙子算经》，今人吴承仕《绋斋读书记》说："《孙子算经》旧说以为孙武。详其文义，实为先秦旧书。"首先讲数学在天文，测量方面的应用，再讲度量衡。上卷叙述算记数的制度和算筹乘除法则，中卷说明算筹分数法和开平方法，下卷讲"物不知

---

① 见《唐书·玄宗本纪》、《旧唐书·肃宗本纪》、《旧唐书·礼仪志》。

数",是一次同余式组问题。1852年英国传教士伟列亚将"物不知数"解法介绍到欧洲,西方数学史将这一定理称为"中国的剩余定理"。这是该书的世界性贡献。

算术水平—秦九韶"大衍求一术"——李约瑟等西方学者根据"大衍"[①]之名得之《周易》,推测这一算法与占筮古法有关。《周易》占筮古法是一个算术体系,且提出奇数(余数)概念,这是同余算数的基本概念。

秦九韶在《数书九章》序言中说:"圣有大衍,微寓于《易》,奇余取策,群数皆捐。""捐",舍弃的意思。且秦九韶又将"蓍卦发微"列于《数书九章》八十一问之首。

《系辞上》:"揲之以四。"

"揲",持物于手,按等分之数分组数之为"揲"。

"分揲其蓍、皆以四四为数"。前一"四"为四蓍为一组,而分之。后之"四"即是以四除之运算。即:

$R = R_1 + R_2$

$R_1 \equiv r_1 \pmod 4$

$R_2 \equiv r_2 \pmod 4$

秦九韶之算法如下:

取33策:

"二二揲之余一" $33 \equiv 1 \pmod 2$

"三三揲之余三" $33 \equiv 3 \pmod 3$

"四四揲之余一" $33 \equiv 1 \pmod 4$

九宫图与纵横图的组合,不同于筮法。占卦问卜必须要筮,筮法得以流传。而九宫图与纵横图一经形成,就要除去人造的痕迹。"河出图,洛出书,圣人则之"。河指黄河,洛指洛水。即伏羲时有龙马出于河,身有文如八卦,伏羲取法(圣人则之),以画八卦。禹时有神龟出于洛,背上有文字,禹取法之,以作书,即《洪范》的起源。假如把九个数字的组合讲明,且给出组合法则,那么将使古史中的"神圣"黯然失色。所以先秦文献中看不到九个数字的组合方法。致使中国古代数学的这颗明珠,长期被埋没。

九个数字的组合,我们称之为"组合数学",在世界数学史上,应占据它应有的位置,列表如下:

---

[①] 《周易·系辞上》:"大衍之数五十有五,其用四十有九。"

| 成就 | 创建者 | 国度 | 产生时代 |
|---|---|---|---|
| 九个数字的组合——"组合数学" |  | 中国 | 公元前十世纪 |
| 无理数的发现 | 毕达哥拉斯 | 希腊 | 公元前六世纪 |
| 无限概念的建立 | 芝诺柏拉图亚里士多德 | 希腊 | 公元前四世纪 |
| 极限概念的整理表述 | 阿基米德 | 希腊 | 公元前三世纪 |
| 零记号的发明 |  | 印度 | 公元后初期 |
| 负数 |  | 印度 | 公元后初期 |

# 第二章 易图

# 第三章　周易卦序

《周易》是以卦表现自身，或表达自身，卦是《周易》的主题。本章研究卦的排序。

## 一　伏羲八卦序

"《易》以道阴阳"，"一阴一阳谓之道"，这是中国古代人的思想模式，是中国本土思想，是中国传统文化的精粹。"一阴一阳之谓道"包含了质和数两个方面，即假如认为《周易》是泛泛而谈阴阳变化，或变化的质的规定性，那么问题远远没有完结，实际，《周易》之道阴阳，除了质的规定性，还有量的规定性，伏羲八卦之卦序就是对阴阳的量化。

伏羲八卦的排序是：

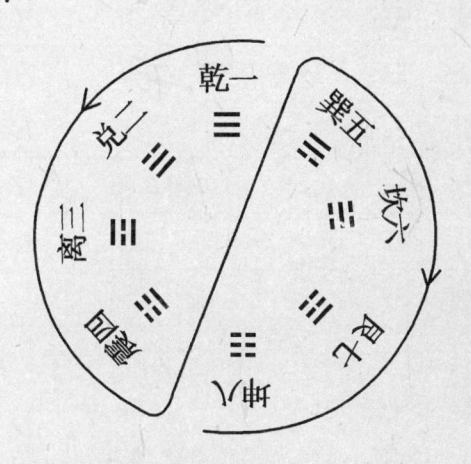

(1)　以"阳"表示一种质能，位于上者质能愈小，从上到下以二倍递增。

如：　　　　　　　—— $2^0$ 阳

　　乾一　　　　　—— $2^1$ 阳　　$2^2+2^1+2^0=7$ 阳

　　　　　　　　　—— $2^2$ 阳

　　　　　　　　　—— 0 阳

　　兑二　　　　　—— $2^1$ 阳　　$2^2+2^1+20=6$ 阳

　　　　　　　　　—— $2^2$ 阳

```
                    ――０阳
坤八              ――０阳    ０＋０＋０＝０阳
                    ――０阳
```

或借用朱子《周易本义》之易图，以面积大小表示含阳量之数量。

| $2^0$ | /////０/// | $2^0$ | /////０/// | $2^0$ | /////０/// | $2^0$ | /////０/// |
|---|---|---|---|---|---|---|---|
| $2^1$ || //////０//////// | $2^1$ || //////０//////// |
| $2^2$ |||| ///////////０//////////// |

伏羲八卦排序，我们只能寻求一种较为合理的解释，假如认为"一定这样"，未免武断。换言之，对古文化的研究，我只提出可能性，而不是确定性。

以面积表示含阳量之数量，列表如下：

| 卦名 | 卦 | 含阳量计量 | 卦序 |
|---|---|---|---|
| 乾 | ☰ | $2^2＋2^1＋2^0＝7$ 阳 | 一 |
| 兑 | ☱ | $2^2＋2^1＋0＝6$ 阳 | 二 |
| 离 | ☲ | $2^2＋0＋2^1＝5$ 阳 | 三 |
| 震 | ☳ | $2^2＋0＋0＝4$ 阳 | 四 |
| 巽 | ☴ | $0＋2^1＋2^0＝3$ 阳 | 五 |
| 坎 | ☵ | $0＋2^1＋0＝2$ 阳 | 六 |
| 艮 | ☶ | $0＋0＋2^0＝1$ 阳 | 七 |
| 坤 | ☷ | $0＋0＋0＝0$ 阳 | 八 |

由三爻之伏羲八卦，爻数向上递增，形成六爻卦，即六十四卦体系。其含阳量计量，仍从上到下二倍率累计。

例如，三爻卦第八序之坤卦，递变为六爻卦之坤、剥、比、观、豫、晋、萃、否，八个卦。其计量列表如下：

| 卦名 | 卦 | 含阳量计量（括号内为二进制计数） | 卦序 |
|---|---|---|---|
| 坤 | ䷁ | $0+0+0+0+0+0=(000000)=0$ 阳 | 0 |
| 剥 | ䷖ | $0+0+0+0+0+2^0=(000001)=1$ 阳 | 1 |
| 比 | ䷇ | $0+0+0+0+2^1+0=(000010)=2$ 阳 | 2 |
| 观 | ䷓ | $0+0+0+0+2^1+2^0=(000011)=3$ 阳 | 3 |
| 豫 | ䷏ | $0+0+0+2^2+0+0=(000100)=4$ 阳 | 4 |
| 晋 | ䷢ | $0+0+0+2^2+0+2^0(000101)=5$ 阳 | 5 |
| 萃 | ䷬ | $0+0+0+2^2+2^1+0(000110)=6$ 阳 | 6 |
| 否 | ䷋ | $0+0+0+2^2+2^1+2^0(000111)=7$ 阳 | 7 |

注：此处卦序为计量卦序，实际卦序是此计量卦序加1。

又如三爻卦第一卦之乾卦，递变为六爻卦之泰、大畜、需、小畜、大壮、大有、夬、乾，其计量列表如下：

| 卦名 | 卦 | 含阳量计量（括号内为二进制计数） | 卦序 |
|---|---|---|---|
| 泰 | ䷊ | $2^5+2^4+2^3+0+0+0=(111000)=56$ 阳 | 56 |
| 大畜 | ䷙ | $2^5+2^4+2^3+0+0+2^0=(111001)=57$ 阳 | 57 |
| 需 | ䷄ | $2^5+2^4+2^3+0+2^1+0=(111010)=58$ 阳 | 58 |
| 小畜 | ䷈ | $2^5+2^4+2^3+0+2^1+2^0=(111011)=59$ 阳 | 59 |
| 大壮 | ䷡ | $2^5+2^4+2^3+2^2+0+0=(111100)=60$ 阳 | 60 |
| 大有 | ䷍ | $2^5+2^4+2^3+2^2+0+2^0=(111101)=61$ 阳 | 61 |
| 夬 | ䷪ | $2^5+2^4+2^3+2^2+2^1+0=(111110)=62$ 阳 | 62 |
| 乾 | ䷀ | $2^5+2^4+2^3+2^2+2^1+2^0=(111111)=63$ 阳 | 63 |

注：上表卦序仍为计量卦序，实际卦序是计量卦序加1。

伏羲八卦按含阳量排序，乾☰排为首卦，坤☷排为末卦。而伏羲六十四卦排序，是由抽象的数学观念形成，即由0到63（数学中0的观念是后来产生的，所以实际排序是1到64）。伏羲六十四卦排序即是二进制，当然我们不必苛求于古人，也用现代人的0、1符号，若用此符号，反而感到蹩脚。阴阳溶化在这种卦的图像中，倒是质与量相结合的最完美的二进制表现形式。

（2）研究卦序在圆图中的 S 型走向，如图：

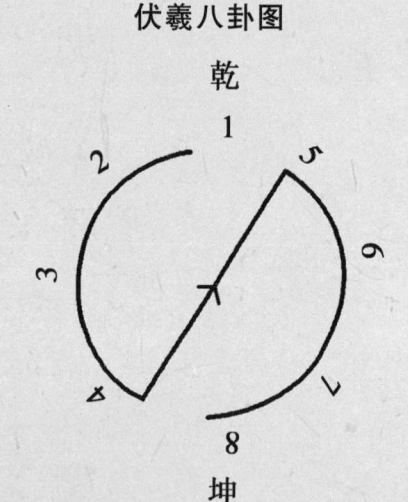

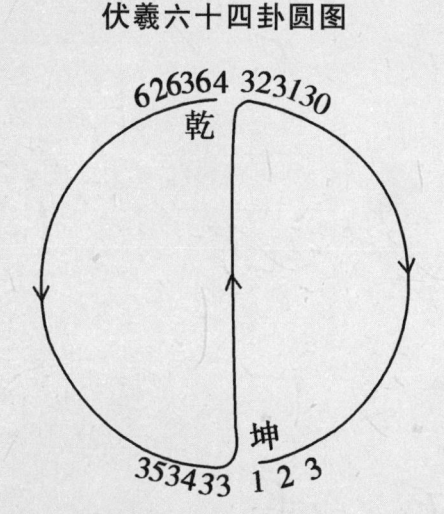

**伏羲八卦图**

乾
1
2
3
4
5
6
7
8
坤

**伏羲六十四卦圆图**

62 63 64　32 31 30
乾
35 34 33　1 2 3
坤

卦的对称性体现为阴爻对应阳爻，阳爻对应阴爻。伏羲八卦图，伏羲六十四卦圆图，严格遵守以圆图中心点为对称中心的这一对称性法则。

如：乾☰对坤☷　　兑☱对艮☶

离☲对坎☵　　震☳对巽☴

如：乾䷀对坤䷁　　晋䷢对需䷄

既济䷾对未济䷿，等等。

卦的含阳量抽象为数，对称两卦含阳量之和为一常数。

伏羲八卦图：1＋8＝9；2＋7＝9；3＋6＝9；

4＋5＝9。

伏羲六十四卦圆图：1＋64＝65；2＋63＝65；

3＋62＝65　等等。

（3）古人对数字的组合观念，产生伏羲六十四卦方图。以上述含阳量计量数字将方图"译"为如下表格：

| 计量上卦下卦 | ☷ 0 | ☶ 1 | ☵ 2 | ☴ 3 | ☳ 4 | ☲ 5 | ☱ 6 | ☰ 7 |
|---|---|---|---|---|---|---|---|---|
| ☷ 0 | 0 | 1 | 2 | 3 | 4 | 5 | 6 | 7 |
| ☶ 8 | 8 | 9 | 10 | 11 | 12 | 13 | 14 | 15 |
| ☵ 16 | 16 | 17 | 18 | 19 | 20 | 21 | 22 | 23 |
| ☴ 24 | 24 | 25 | 26 | 27 | 28 | 29 | 30 | 31 |
| ☳ 32 | 32 | 33 | 34 | 35 | 36 | 37 | 38 | 39 |
| ☲ 40 | 40 | 41 | 42 | 43 | 44 | 45 | 46 | 47 |
| ☱ 48 | 48 | 49 | 50 | 51 | 52 | 53 | 54 | 55 |
| ☰ 56 | 56 | 57 | 58 | 59 | 60 | 61 | 62 | 63 |

注意这里上卦与下卦计量不同：

如上卦之☱计量是 $2^2+2^1+0=$（110）$=6$

而下卦之☱计量是 $2^5+2^4+0=$（110000）$=48$

伏羲八卦图及伏羲六十四卦方圆图（简称伏羲图），是研究易学，研究古代文化经常用到的图谱。《易经来注图解》一书诸多引用伏羲图，如《天与日会圆图》云："姤、大过，为午未两宫之交会"，"秋分，日出观入坎"，"冬至，日与天会复"，"天盘左旋，以内辰宫对外之角、亢、氐；内之巳宫对外之翼、轸。日从右行，到冬至、夏至，与天气相会"。此图以太极为中心，内一圈标以子、丑……亥十二支，即十二宫，内二圈标以自复至坤、十二辟卦，内三圈标以十二月及二十四节气，内四圈标以二十八宿，外圈即是伏羲六十四卦。现代人读此图，是在了解历史，了解古文化，不会读出任何新意。这里我不是妄自非议先儒，而是谈到学易的方法，要有历史观点。易象和天象相关联，这是易学的形成问题，但反过来以伏羲图说明日之运行及天象，不如直接读古历书，古天文志更确切。伏羲图，我认为给予现代人的，是哲学的思考。阴阳及其量的计量与排序，以及对称性结构，是易学公理。从微观世界来说，我们可以想到原子构造，下面摘抄一段物理学史。玻尔1911～1912年在英国学习，"在短短四个月时间内，他以难以置信的强度和专心进行了工作，奠定了他在物理学方面最伟大成就（原子构造理论）的基础"。"玻尔热心地接受了新的模型，而且很快就认识了它的深远含义，特别说来，他指出了原子的有核模型蕴涵着化学性质和放射性质之间的明确区分，前者被认为是属于外层电子的，而后者影响核本身"。"玻尔根据他对金属中电子行为的研究，已经确信经典动力学的适用性在原子范围内将受到一种根本性的限制，而且他也毫不怀疑这种限制将在某种方式下受到普朗克作用量子的支配"（《尼耳斯·

玻尔集》第一卷)。1910年底，即在玻尔到达卢瑟福实验室的前一年，卢瑟福为了说明α射线的大角度散射，已经提出了原子的一种"有核模型"。原子模型的确立，是以实验为基础。科学方法是具体的，针对某一对象的；哲学方法分析的不是某一具体对象，而是诸多对象中的某些共同性或总体。诸如坐标系性、对称性、相对性，等等。哲学是由综合的工作转化为预测的工作。伏羲八卦和六十四卦的框架结构，不是给予我们知识，而是给予我们思考。原子构造无非是研究质能（阴阳）和电子运动（计量），这也正是伏羲卦之模型所蕴涵的质能和计量的思考。

伏羲卦带有根本性的法则，但其究竟是被发现还是被发明，这个问题并不是毫无意义的。要证明一个思维形式的存在，必须弄清它是怎样构造出来的。伏羲卦的基本特征是：（一）强调整体性。六十四卦是整体，八卦是部分；八卦是整体，单爻是部分。把经验的现象分解为各个部分，对它们孤立地一一加以研究，这种方法是把整体看作部分的有机的总和。原始的概念，阳爻、阴爻，是生命的基础，是本质，将其投射向万物和宇宙，于是宇宙整体也是有"生命"的，这种"生命"千差万别，这就是伏羲卦的总和。老子的"道"，中国哲学中的"气"，宋明理学中的"理"，完全可以取象于伏羲六十四卦。（二）强调内在结构，把握深藏于现象中的本质。如伏羲卦表现宇宙内在结构之一，是量的变化和合成；是对称性和相对性。从伽利略和牛顿以来，自然规律中的对称性，已在构造物理理论中起到了作用，对称性的概念来源于几何，伏羲卦不是几何，然而它的思维模式，可以直接通向几何。（三）强调内部因素的研究。从坤至乾六十四卦，计量为0—63，其结构是封闭的、自足的。数学中群的定义，无论八卦重叠，或六爻之变，不出此六十四卦数，是一个封闭体系。但伏羲六十四卦的意义不是阐述此数学概念，其哲学思考是六十四卦包容宇宙万物，每卦都是宇宙内部因素。古人重视内部因素的分析，和内在结构的把握。（四）既强调共时态（静态），也强调历时态（动态）。每卦是静止的，又是互变的。爻变可以引起卦变，即对于一个给定的模式，可以排列出一组转换模式。那么，伏羲卦是怎样构造出来的？谁人构造出来的？这是很难解答的问题，源于古代，但于古无征。我们只能说伏羲卦的真理性是由人的智慧和哲学思考来构造的。

## 二　帛书易卦序

马王堆汉墓帛书易六十四卦又是一种排序。其上卦之八卦前四卦是阳卦，后四卦是阴卦。阳卦、阴卦之区分：一卦之中阳爻、阴爻以少者为主，如 ☳ 为二阴爻一阳爻，称做阳卦。又约定以奇数1、3、5、7表示阳卦，以偶数2、4、6、8表示阴卦。上卦排序为：

$$1 \quad 3 \quad 5 \quad 7 \quad 2 \quad 4 \quad 6 \quad 8$$

键　根　赣　辰　川　夺　罗　筭

☰　☶　☵　☳　☷　☱　☲　☴

（阳）（阳）（阳）（阳）（阴）（阴）（阴）（阴）

下卦八卦为上卦之重新组合，即阳卦阴卦两两相配：

$$1 \quad 2 \quad 3 \quad 4 \quad 5 \quad 6 \quad 7 \quad 8$$

键　川　根　夺　赣　罗　辰　筭

（阳）（阴）（阳）（阴）（阳）（阴）（阳）（阴）

由下卦、上卦组合成帛书易六十四卦。约定下卦以符号（1 2 3 4 5 6 7 8）表之，即其数字按上卦卦序（1 3 5 7 2 4 6 8）移至首位，其他数字次序不变，将六十四卦分为八宫，如此构造每宫首卦为重卦（上卦下卦相同）。

列表如下：

| 上卦＼下卦 | 1 | 2 | 3 | 4 | 5 | 6 | 7 | 8 |
|---|---|---|---|---|---|---|---|---|
| | | | (1 2 3 4 5 6 7 8) | | | | | |
| 1 | 1 1 | 1 2 | 1 3 | 1 4 | 1 5 | 1 6 | 1 7 | 1 8 |
| 3 | 3 3 | 3 1 | 3 2 | 3 4 | 3 5 | 3 6 | 3 7 | 3 8 |
| 5 | 5 5 | 5 1 | 5 2 | 5 3 | 5 4 | 5 6 | 5 7 | 5 8 |
| 7 | 7 7 | 7 1 | 7 2 | 7 3 | 7 4 | 7 5 | 7 6 | 7 8 |
| 2 | 2 2 | 2 1 | 2 3 | 2 4 | 2 5 | 2 6 | 2 7 | 2 8 |
| 4 | 4 4 | 4 1 | 4 2 | 4 3 | 4 5 | 4 6 | 4 7 | 4 8 |
| 6 | 6 6 | 6 1 | 6 2 | 6 3 | 6 4 | 6 5 | 6 7 | 6 8 |
| 8 | 8 8 | 8 1 | 8 2 | 8 3 | 8 4 | 8 5 | 8 6 | 8 7 |

按此排序方法，得出帛书易六十四卦：

| 键宫 | 键 11 | 妇 12 | 掾 13 | 礼 14 | 讼 15 | 同人 16 | 无孟 17 | 狗 18 |
| 根宫 | 根 33 | 泰蓄 31 | 剥 32 | 损 34 | 蒙 35 | 蘩 36 | 颐 37 | 箇 38 |
| 贛宫 | 习贛 55 | 襦 51 | 比 52 | 蹇 53 | 节 54 | 既济 56 | 屯 57 | 井 58 |
| 辰宫 | 辰 77 | 泰壮 71 | 余 72 | 少过 73 | 归妹 74 | 解 75 | 丰 76 | 恒 78 |
| 川宫 | 川 22 | 柰 21 | 嗛 23 | 林 24 | 师 25 | 明夷 26 | 复 27 | 登 28 |
| 夺宫 | 夺 44 | 夬 41 | 卒 42 | 钦 43 | 困 45 | 勒 46 | 隋 47 | 泰过 48 |
| 罗宫 | 罗 66 | 大有 61 | 潜 62 | 旅 63 | 乖 64 | 未济 65 | 筮盖 67 | 鼎 68 |
| 筭宫 | 筭 88 | 少蓺 81 | 观 82 | 渐 83 | 中复 84 | 涣 85 | 家人 86 | 益 87 |

帛书易的研究是一个新课题，特别是卦序问题，就目前学术界的看法，部分摘抄如下：

于豪亮先生认为："汉石经、《周易集解》和通行本，六十四卦排列次序相同，帛书却与之全然不同，因此，帛书本显然是另一系统的本子。""帛书可称为别本《周易》，它的卦序简单，可能是较早的本子，从字体来看，抄本的时代应在汉文帝初年。"①

张政烺先生认为："汉唐石经和通行本《周易》六十四卦次序一样，从《十翼》和一些古书的引文看知是旧本如此。帛书六十四卦大不相同，乃经人改动……筮人一般文化程度不高，为了实用，不求甚解，按照当时通行的八卦次序机械地编造出帛书六十四卦这样一个呆板的形式，自然会便于检查，却把易学上的一些微言奥义置之不顾了。"②

高亨先生认为："此种顺序，在占筮时得到某一卦与变为某一卦，易于寻检《易经》本文，只合于巫术之需要，不具有哲学之意义。"③

刘大钧先生认为："今本六十四卦当初可能是在帛书《易经》六十四卦排列顺序的基础上，按照'二二相耦，非复即变'的原则，多数卦又重新作了排列。""至秦，《周易》未焚，故各种本子传之不绝。后来，今本《周易》被田何传入西汉，成为主要流传的本子，但帛书六十四卦的出土，说明汉初仍有其他本子流传。估计至汉武帝独尊儒术之后，今本《周易》凭借孔子十翼的传说，变成了正统，并被尊为六经之首。其他不合于圣人之传的本子，则被淘汰。"④

研究卦序大略有几个方面：（一）六十四卦是六爻单独成卦，或由八卦重叠而成，（二）组合方式，有序或无序，（三）卦体和卦名的相关性。

我认为伏羲六十四卦，可以是八卦相重，也可以是六爻成卦。数的产生远在有史以前，从数走向计数，使不同质的概念，统一为抽象的数的概念。计数的再前一步，是数的组合，伏羲六十四卦正是古人的组合数学。饶有意义的是伏羲六十四卦既是数学，又触及到质和量这一哲学范畴，已如上述。帛书六十四卦是由八卦重叠而成，其内涵是阴阳组合。通行本六十四卦和帛书六十四卦截然不同，不是八卦相重而是六爻自行成卦。其卦体组合方式，介于有序和无序，但以卦名严格排列而成有序卦。如下表格说明通行本六十四卦非为八卦相重，且卦体为无序卦：

---

① 《帛书周易》，载《文物》一九八四年第三期。
② 《帛书六十四卦跋》，载《文物》一九八四年第三期。
③ 《周易大传今注·卷首附注》。
④ 《周易概论》P327、P335。

| 下卦＼上卦 | ☰ | ☱ | ☲ | ☳ | ☴ | ☵ | ☶ | ☷ |
|---|---|---|---|---|---|---|---|---|
| ☰ | 1 | 43 |  |  |  | 5 | 33 | 11 |
| ☱ |  |  |  |  | 61 |  | 41 | 19 |
| ☲ |  | 49 |  | 55 | 37 | 63 |  | 13 |
| ☳ | 25 | 17 | 21 | 51 |  | 3 | 27 |  |
| ☴ |  |  |  |  | 57 |  |  |  |
| ☵ |  | 47 |  |  | 59 | 29 |  |  |
| ☶ |  | 31 |  |  | 53 | 39 |  |  |
| ☷ |  | 45 | 35 |  | 9 |  | 23 |  |

其中数字是卦序，仅列出奇数卦，其排列是无序的，且无论如何调换上卦、下卦次序，也仍然无序。但偶数卦是奇数卦的平对或反对，即二者之间是有序排列：

```
 1    2    3    5    7    9   11   13   15   17   19   21
 乾   坤   屯   需   师  小畜  泰  同人  谦   随   临  噬嗑
 ☰    ☷   ䷂   ䷄   ䷆   ䷈   ䷊   ䷌   ䷎   ䷐   ䷒   ䷔
 ↔    ↔   ↕   ↕   ↕   ↕   ↕   ↕   ↕   ↕   ↕   ↕
                                                         
 4    6    8   10   12   14   16   18   20   22
                                                         
 23   25   27   28   29   30   31   33   35   37   39   41
 剥  无妄  颐  大过  坎   离   咸   遁   晋  家人  蹇   损
 ䷖   ䷘   ䷚   ䷛   ䷜   ䷝   ䷞   ䷠   ䷢   ䷤   ䷦   ䷨
 ↕    ↕   ↔   ↔   ↔   ↔   ↕   ↕   ↕   ↕   ↕   ↕
                                                         
 24   26           32   34   36   38   40   42
                                                         
 43   45   47   49   51   53   55   57   59   61   62   63
 夬   萃   困   革   震   渐   丰   巽   涣  中孚 小过  既济
 ䷪   ䷬   ䷮   ䷰   ䷲   ䷴   ䷶   ䷸   ䷺   ䷼   ䷽   ䷾
 ↕    ↕   ↕   ↕   ↕   ↕   ↕   ↕   ↕   ↔   ↕   ↕
                                                         
 44   46   48   50   52   54   56   58   60        64
```

其中符号↔表示平对关系，即两卦之间阴阳爻互易。符号↕表示反对关系，即一卦是另一卦之倒置。

如： 革
    ䷰ ↕ 表示革卦是鼎卦的倒置。
    鼎

或以 革䷰ ↕ ䷱鼎 表示之。

或以 革䷰ ↕ ＝䷱鼎 表示，此一方式表示一种运算关系。

六十四卦中，上卦下卦为同一卦，称做纯卦，纯卦有八：

乾 坤 坎 离 震 巽 艮 兑
☰ ☷ ☵ ☲ ☳ ☴ ☶ ☱

上卦下卦为平对卦，称做交卦，交卦有八：

泰 否 咸 恒 损 益 既济 未济

我们研究交卦卦名及象意（仅举泰、否两卦为例）：

泰：尚秉和注："阳性上升，阴性下降，乃阴在上，阳在下，故其气相接相交而为泰。泰，通也。"象曰："则是天地交而万物通也。上下交而其志同也。"

否：尚秉和注："阳上升，阴下降，乃阳即在上，阴即在下，愈去愈远，故天地不交而为否。否，闭也。"《象》曰："则是天地不交，而万物不通也。上下不交，而天下无邦也。"

尚氏注，以质能即"气"来解释卦体，且取象为矢量场：☷↓，☰↑。

泰为 ☷↓☰↑ 相交为泰，为能，万物之交化。

否为 ☰↑☷↓ 不交为否，为闭塞，万物不能交化。

尚氏将卦体、卦名，极其自然相关联。

清代著名学者王树枬氏，严律汉人家法，著《费氏古易订文》十二卷，该书刊行极少，其见解区别于现行《易》书者。王氏从古文字学考证，泰的内涵（初九爻辞）为"伟"，为"美"，充实了☰之象意。

通行本六十四卦卦序，《上经》以纯卦乾坤为首，终之纯卦坎离。来知德注："坎离者，乾坤之家，阴阳之府。"《下经》以交卦咸恒为首，终以交卦既济、未济。终止即既济，未终止即未济，既济未济意为相续而循环。

以上讨论，通行本六十四卦，虽卦体无序，但以卦体、卦名合参之，则有严格的次序。有学者认为《序卦》牵强附会，"非《易》之蕴也"，"盖因卦之次，托以明义"而已。[①] 尚秉和则认为"《上经》始乾坤，终坎离，而以否泰为枢纽。《下经》始咸恒，终既未济，而以损益为枢纽。其间次序，皆有深意。"[②]

帛书《易》与通行本《易》有四句话，为诸学者引用研究，帛书《系辞》："天地定立（位），[山泽通气]，火水相射，雷风相榑（薄）"。通行本《说卦》："天地定位，山泽通气，雷风相薄，水火不相射。"为了比较研究，列出（一）帛书六十四卦下卦序列：

键☰——天
　　　　＞天地定位
川☷——地

---

① 韩康伯语。
② 《序卦》注。

```
艮 ☶ —— 山
            ⟩山泽通气
兑 ☱ —— 泽
坎 ☵ —— 水
            ⟩水火相射
离 ☲ —— 火
震 ☳ —— 雷
            ⟩雷风相薄
巽 ☴ —— 风
```

（二）伏羲八卦序列：

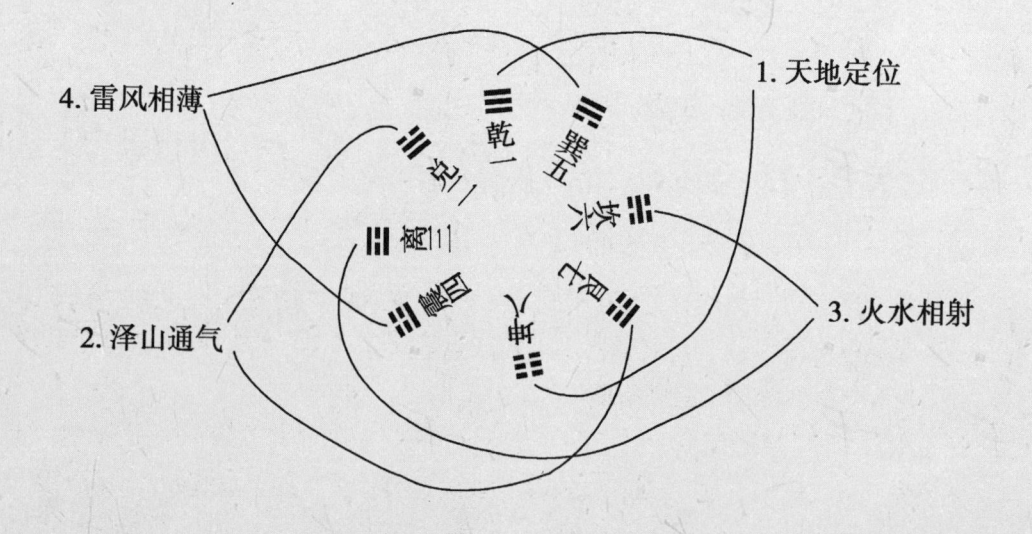

4. 雷风相薄　　　　　　　　　　　1. 天地定位

2. 泽山通气　　　　　　　　　　　3. 火水相射

通行本《说卦》的四句话实际讲的是伏羲八卦，但不能据此说明通行本六十四卦是八卦相重，否则通行本卦序完全可以是伏羲六十四卦序，而非现在之卦序。帛书下卦，又是伏羲八卦之重新组合。我认为帛书《易》和通行本《易》，这两种不同系统的本子的四句话，可以用伏羲八卦订正，比较合乎情理。表述如下：

| 帛书《系辞》 | 天地定位，山泽通气，火水相射，雷风相薄 |
| 通行本《说卦》 | 天地定位，山泽通气，雷风相薄，水火不相射 |
| 帛书下卦 | 天地定位，山泽通气，水火相射，雷风相薄 |
| 订正（伏羲八卦） | 天地定位，泽山通气，水火相射，雷风相薄 |

## 三　京房卦

　　《周易》可分为两套系统，一是卦体：八卦和六十四卦，是符号系统，是象数之学，学易所以通其象，学易所以通其数。另一套系统是卦名、卦辞、爻辞以及十翼，是语言文字系统，学易所以通其辞。就语言文字言之，清皮锡瑞《经学通论·易经》："贾、董汉初大儒，其说《易》皆明白正大，主义理，切人事，不言阴阳数术，盖得《易》之正传。"义理和人事，是人世间所关心的事。义理和人事又离不开哲学范畴，哲学是思辨，那么一部《周易》的时态，是过去时，现在时，现在进行时，未来时。但也有从另一角度研究《周易》，黎子耀《周易秘义·绪言》：

　　"现在真相大白，确切知道：《易经》是一部殷周奴婢起义史。"《易》无达诂，有人说易学是一圆形结构，处处可进，处处可出。但读书有倾向性，史学家从《易》中看见史，而着眼于人生者，从《易》中想得到的是哲理的启迪，也即"人事"和"义理"。

　　卦体系统是否也有这种朦胧性？卦体是确定的，千变万化，仅仅是六十有四卦。但方东美先生指出："学易的人应知道，作《易》者在未画卦以前，他的思想寄托于何种意象世界。"王船山也说："画前有易，非无易也。""画前有易，故画生焉，画者画其画前之易也。"我们先研究京房卦体结构，然后研究其画前之易。据《汉书》，我们知道京房是被称为易学之异党，其易学所以不传。实际京房易卦，有其独特结构，值得重视。京房易卦以八纯卦：乾、坤、坎、离、震、巽、艮、兑为八宫首卦，顺六爻之自下而上渐变原则，与游魂、归魂之法，组成六十四卦。即初爻变，二爻变，三爻变，四爻变，五爻变，第六爻不能变，乃复四爻变，此即谓游魂，而后下卦复归于本卦，此即谓归魂。京房的学说是"四易说"。将其分划为：

　　初爻变，二爻变，为一易。

　　三爻变，四爻变，为二易。

　　五爻变，游魂，为三易。

　　归魂，为四易。

　　如乾宫之八卦：

☰　乾为天
☴　天风姤　　初爻变
☶　天山遁　　二爻变
☷　天地否　　三爻变
☴　风地观　　四爻变

☷ 山地剥　　五爻变

☲☷ 火地晋　　游魂

☲☰ 火天大有　归魂

京房易卦数学构造是：

（一）每宫八种状态彼此不相交（两种状态相同，称做交）。

（二）八纯卦为四组平对卦：

$A_1$　$\overline{A}_1$　$A_2$　$\overline{A}_2$　$A_3$　$\overline{A}_3$　$A_4$　$\overline{A}_4$

☰↔☷　☳↔☴　☵↔☲　☶↔☱

平对卦之两宫共十六卦，彼此不相交。

设以 a、b、c 表示爻，相应变爻是 $\bar{a}$、$\bar{b}$、$\bar{c}$，平对之两宫卦，模式是：

| 0 | 1变 | 2变 | 3变 | 4变 | 5变 | 游魂 | 归魂 |
|---|---|---|---|---|---|---|---|
| a | a | a | a | a | a | a | a |
| b | b | b | b | b | $\bar{b}$ | $\bar{b}$ | $\bar{b}$ |
| c | c | c | c | $\bar{c}$ | $\bar{c}$ | $\bar{c}$ | c |
| a | a | a | $\bar{a}$ | $\bar{a}$ | $\bar{a}$ | $\bar{a}$ | a |
| b | b | $\bar{b}$ | $\bar{b}$ | $\bar{b}$ | $\bar{b}$ | $\bar{b}$ | b |
| c | c | $\bar{c}$ | $\bar{c}$ | $\bar{c}$ | $\bar{c}$ | $\bar{c}$ | c |
| $\bar{a}$ | $\bar{a}$ | $\bar{a}$ | $\bar{a}$ | $\bar{a}$ | $\bar{a}$ | $\bar{a}$ | $\bar{a}$ |
| $\bar{b}$ | $\bar{b}$ | $\bar{b}$ | $\bar{b}$ | $\bar{b}$ | b | b | b |
| $\bar{c}$ | $\bar{c}$ | $\bar{c}$ | $\bar{c}$ | c | c | $\bar{c}$ | $\bar{c}$ |
| $\bar{a}$ | $\bar{a}$ | $\bar{a}$ | a | a | a | a | $\bar{a}$ |
| $\bar{b}$ | $\bar{b}$ | b | b | b | b | b | $\bar{b}$ |
| $\bar{c}$ | c | c | c | c | c | c | $\bar{c}$ |

或以上下卦表之，模式是：

| 0 | 1变 | 2变 | 3变 | 4变 | 5变 | 游魂 | 归魂 |
|---|---|---|---|---|---|---|---|
| A | A | A | A | B | C | D | D |
| A | B | C | $\overline{A}$ | $\overline{A}$ | $\overline{A}$ | $\overline{A}$ | A |
| $\overline{A}$ | $\overline{A}$ | $\overline{A}$ | $\overline{A}$ | B | C | D | D |
| $\overline{A}$ | B | C | A | A | A | A | $\overline{A}$ |

两宫十六卦，两两不相交：

| 下卦＼上卦 | A | Ā | B | C | D | B′ | C′ | D′ |
|---|---|---|---|---|---|---|---|---|
| A | 1 | 12 |  |  | 8 | 13 | 14 | 15 |
| Ā | 4 | 9 | 5 | 6 | 7 |  |  | 16 |
| B | 2 |  |  |  |  |  |  |  |
| C | 3 |  |  |  |  |  |  |  |
| D |  |  |  |  |  |  |  |  |
| B′ |  | 10 |  |  |  |  |  |  |
| C′ |  | 11 |  |  |  |  |  |  |
| D′ |  |  |  |  |  |  |  |  |

（三）$A_1$、$\bar{A}_1$、$A_2$、$\bar{A}_2$、$A_3$、$\bar{A}_3$、$A_4$、$\bar{A}_4$，两两不相交，因此由此八纯卦组成之六十四卦亦两两不相交。

其次，研究"画前之易"。方东美先生说："四易说——大多数汉儒统称一卦的初二两爻为地易，三四两爻为人易，五六两爻为天易，京氏为完成他的学说，便捏造谓：孔子易云有四易，一世二世为地易，三世四世为人易，五世六世为天易，游魂、归魂为鬼易。"京房自行构造一种卦体结构，说明秦汉之际，六十四卦的形式还未定于一尊，六十四卦属于数学范畴。但京房又不得不托言孔子，这是当时时代背景使然。

我感兴趣的是"四"字，京房造卦也是以"四"的观念，然后在数学形式上来完成。太极生两仪，两仪生四象，四象生八卦，那么，（一）太极，（二）两仪，（三）四象，（四）八卦，构成卦爻系统。卦爻取象，则是宇宙形成的四过程。《老子》："道生一，一生二，二生三，三生万物。"是直接说明宇宙生成的四过程。

秦九韶"蓍卦发微"列于《数书九章》八十一问之首。在序言中又云："圣有大衍，微寓于易，奇余取策，群数皆捐。衍而究之，探隐知原。"他将《周易》占筮之法，看得极其重要。而《周易》占筮，四营而成卦，又以四营而变卦。《周易》用数来说明宇宙的生成，又认为根据数能够预知天地万物的变化，于是以数来定占筮之法。"四"是算法的结果，又给予哲学的思考。现代人接受到的是这一古代数学哲学信息：

```
哲学思想 ↘
           四 —信息→ 现代人
    算法  ↗
```

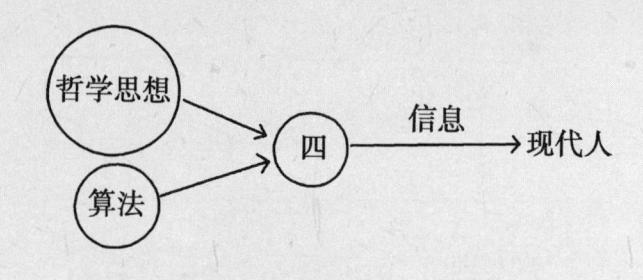

  研究画前之易，就是研究古人思想中的文化观念和哲学观念。《易纬·乾凿度》："圣人因阴阳，定消息，立《乾》《坤》，统天地。夫有形者生于无形，则《乾》《坤》安从生，故曰：有太易，有太初，有太始，有太素。太易者，未见气，太初者，气之始，太始者，形之始，太素者，质之始"太易、太初、太始、太素，是宇宙构成的四个阶段，立《乾》《坤》即立六十四卦，是这种客体的抽象。在秦汉哲学家中，以及先秦哲学家中，没有一个如《乾凿度》作者提出宇宙构造说得这样明细。这种哲学观念的流传，远在《乾凿度》成书以前，《周易》、《老子》不是凭空而生，这是错综复杂的思想史。

  构造卦体的全部手续，是将事物排列成序列。对应和序列，这两大原理，已经深深渗透进全部数学，不仅如此，实际渗透进精密思想的全部领域。一些数字，不是单纯的数，而是原始的文化和语言。一些数学哲学语言，被现代人所沿用，太易、太初、太始、太素，仍然是现代的宇宙创生学说。这就是研究画前之易的文化价值和哲学价值。

# 第四章　河图初释

## 一　河图是河汉之图

在数学上，一般认为条条道路都回到希腊。如无穷小这个概念的演变过程，地点在西欧，时间在十七、十八世纪，但这一概念的起源，却在古希腊柏拉图时代。无限的问题和无理数问题，也出于希腊之土。然而问题远非如此单一，以无限概念而言，仅举中国古代的惠施为例。惠施约生于公元前365年，与庄子在大梁论学约在公元前334年，可惜其著述全部散失。《庄子·天下篇》记惠施的"历物之意"曰："至大无外，谓之大一；至小无内，谓之小一。"是说万物之至大至小都是无限的，即现代的无穷大，无穷小概念。这是中国本土哲学。

其次谈到数字问题，对数字的崇拜至希腊毕达哥拉斯学派的哲学中得到最高表现。他们认为偶数是可以分解的，是阴性的，是属于地上的。奇数是不可分解的，是阳性的，属于天上的。又每一个数，都与人的某种性质相合。但世界另一大区域中国，其产生"河图"与"洛书"，不仅是对数字崇拜问题，而本身就包含着数学内容，包含着离散值及连续无穷值的概念。奇怪的是在"美"T.丹齐克的著作中，对中国的"洛书"，仅仅看作神话。他说："奇怪得很，我们在中国的神话里，找到与这十分一致的情形。中国的奇数象征：白，昼，热，日，火；偶数反过来，象征黑、夜、冷、物、水、地。用数字排成一个圣图，叫做《洛书》，如果用适当的方法使用它，就会有神奇的性质。"我们不能怪外国学者粗浅之见，只怪国人宣扬中国古文化太少。华罗庚会设想用河图、洛书与地球外高级生命交流信息，这是一位现代数学家，对河图、洛书的重视，笔者极尊重这一见解。

进一步比较古代世界各大区域对数字的观念。古希腊是以圆点代表数的，且数的运算是依直觉观念。毕达哥拉斯认为任一级的平方数，是其同级的三角形数和它的前一级的三角形数之和。即三角形数，是这一学派的基本体，这一基本体，仅限于数学观念。假如河图也看作基本体，却抽象为宇宙模式。

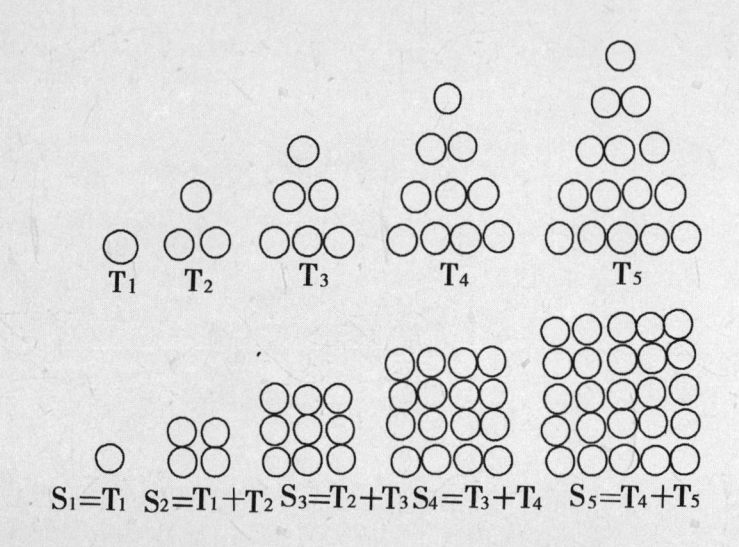

$T_1 \quad T_2 \quad T_3 \quad T_4 \quad T_5$

$S_1=T_1 \quad S_2=T_1+T_2 \quad S_3=T_2+T_3 \quad S_4=T_3+T_4 \quad S_5=T_4+T_5$

巴比伦人在公元前三世纪已较频繁地用数学方法记载和研究天文现象。而在公元前 1800 年—前 1600 年间已使用较系统的以 60 为基数的数系，但其表示数，是用楔形文字：

我们再提到玛雅文化。对于玛雅数学的了解主要来自一些残剩的玛雅时代的石刻，对这些石刻上象形文字的释读表明，其记数符号，如 1～9，记为：

这与中国古代筹算法极其相似。筹算在中国起源很早。

世界各大文化区，记数及其符号大致相同，又与天文星象符号趋于一致。十四世纪以前的星图，只有中国保存下来。三国时代，吴国陈卓在公元 270 左右将甘德、石申、巫咸三家所观测的恒星，用不同方式绘在同一图上，有星 1464 颗。此星图虽已失传，但从绢制敦煌星图上可知其大概。此敦煌古星图现藏英国伦敦博物馆，其中符号有：

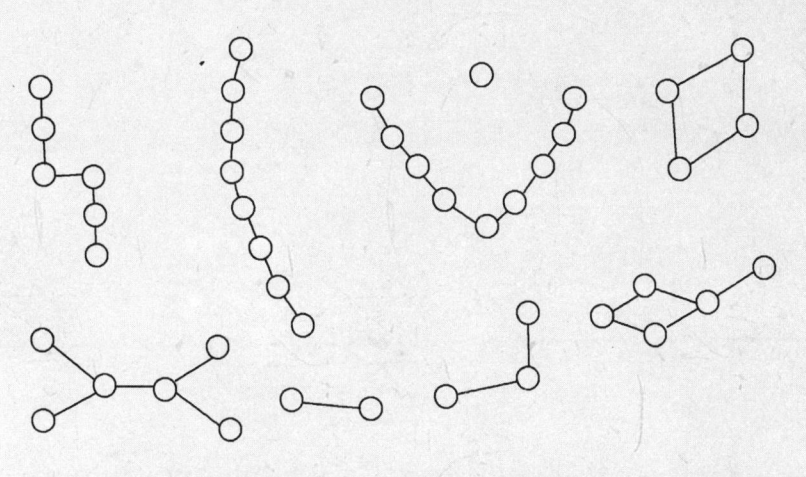

又如苏颂《新仪象法要》中所附的星图，虽是宋代星图，但我们可以读到在宋以前那遥远的古代，关于星空的信息。其中符号有：

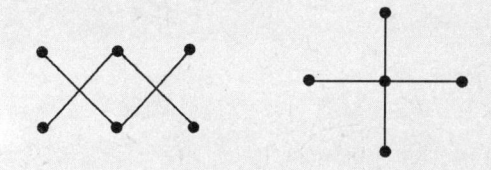

那么古代数字符号与天文符号又发生了联系。这里提出两个问题：

第一：象觉和计数。

第二：典范。

T. 丹齐克说："人类在进化的蒙昧时期，就已经具有一种才能，这种才能，因为没有更恰当的名字，我姑且叫它为数觉。由于人有了这种才能，当在一个小的集合内，增加或者减去一样东西的时候，尽管他未曾直接知道增减，他也能够辨认到其中有所变化。"我联想到中国商周时代能够"观象制器"主要是"观象"，天象也是象，如长期观察星象排列，直觉为：

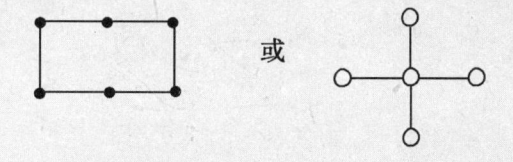

或

这种图像，我姑名为"象觉"图像，它是思维的标记。

如果以奇数代表天，偶数代表地，则如下图：

这是象觉图像的抽象。这种抽象，已经包含着数字运算，即天数二十五、地数三十。我想这可能是河图的最初形成过程。天地之基本象觉图像各为五，或与古人之金、木、水、火、土构成宇宙万物的这五种原质有关。且上半图之基本象觉图像直接给人以奇数的感觉，下半图之基本象觉图像直接给人以偶数的感觉。当然这只是推理一途，此古图之原始含义，难能搞清楚。如以"一言以蔽之"未免武断，而不作推论，在于古无征的情况下，又如何去理解古人？

第二，是以学术史观点研究问题。库恩在其名著《科学革命的结构》一书中，提出一个极重要的中心观念：典范。余英时教授解释说：

典范可以有广狭二义：广义的典范，指一门科学研究中的全套信仰、价值和技术，因此又可称为学科的型范。狭义的典范，是指一门科学在常态情形下，所共同尊奉的楷模。这个狭义的典范，也是学科的型范中的一个组成部分，但却是最重要、最中心的部分。

又说：

典范不仅指示科学家的解决疑难问题的具体方式，并且在很大程度上提供科学家以选择问题的标准。

亚里士多德的物理学、牛顿原理、哥白尼天文学、弗洛伊德心理学，都起着典范的作用。而另一方面留下了许多新问题，让后来人可以继续研究下去。

中国古文化中的河图、洛书是否起典范作用，值得考虑，但河图、洛书已包括了漫长的中国古代历史时期的一种信仰和价值，而且给后人留下了许多疑问，研究者历久不衰，就其内涵，不得不弄清楚。

古代人类首先研究自身，种族的繁衍，是一个极其重大问题，性行为是极其严肃的事。《易·系辞》曰："夫乾，其静也专，其动也直，是以大生焉。夫坤，其静也翕，其动也辟，是以广生焉。"乾、坤是男女性器官，专、直、翕、辟是状态词。其形象若此，这是最初形成阴阳观念。以此投向宇宙，宇宙分阴、分阳。数字的产生，较之文字更为古老，数字作为符号表象，较之以文字表意，也更为古老。河图正是古人的一种数字或符号表象图，即宇宙形成、宇宙构造以河图为典范。

将天地之数的象觉图像重新排列，以●为阴，以○为阳，太阴太阳是十与五数字，使其居中，周围排列一、二、三、四、六、七、八、九，不妨假设如图：

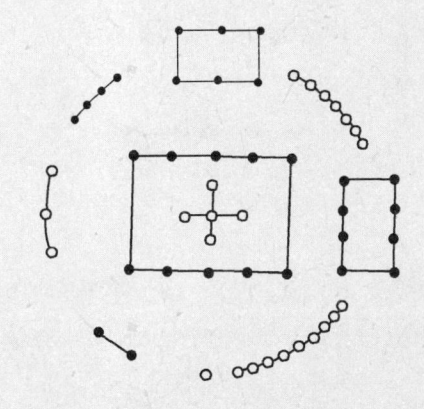

宇宙永恒不变的思想，在西方，在康德以前的时代起主导作用。在中国古文化中，如《周易》、《老子》、《庄子》诸书中主张宇宙是变化的。三国时代的杨泉在《物理论》中曰：

气发而升，精华上浮，宛转随流，名曰之天河，一曰云汉，众星出焉。

这种观点同康德主张的星体由气云收缩而成，是十分相似的。可惜这些思想、只停留在哲理性阶段，没有发展成系统的科学理论。但从另一角度考虑，哲学和数学哲学更具有一般性和抽象性，这或许是古人宇宙演化观点的价值所在。

中国古文化传统观念，运动变化的机制是阴和阳，阴阳交错形成生命和运动。《周易》言有数而后有象，有象而后有形。以奇偶两数的排列和组合，说明天地万物的形成，即宇宙构成是以数为本。伽利略名言："哲学写在这部宏伟的书（我指的是宇宙）中，这部书一直翻开在我们面前，可是我们不能理解它，除非我们首先学会了解其中所写的语言和说明其中所写的符号。这本书是用数学语言写的，而它的符号是三角形，圆，以及其他几何图形，没有这些图形，人就不可理解这部书中的每一个单词。"伽利略意为人类要洞察宇宙基本结构，就在于掌握宇宙中的数学真理。这个信念，在西方科学思想史上，被称为"宇宙的和谐"。"宇宙的和谐"，在科学和哲学中，是指自然界存在和数的巧合。追求这个和谐，或者说探索和寻找自然界的结构和规律的"一致性"和"简单性"，是无数哲学家和科学家的一种鲜明倾向。

中国古代数作为符号：第一性质是顺序性，第二性质是对称性，第三性质是阴阳相错。以此探索宇宙结构，而形成河图：

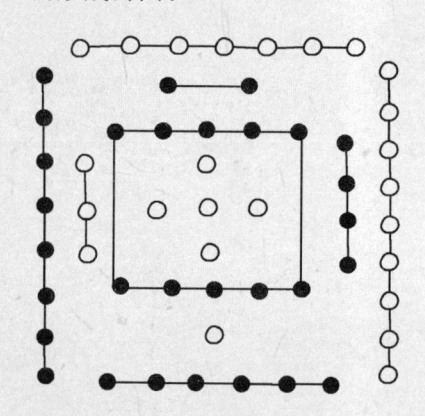

此图表现为：

（一）顺序性——一、三、七、九为阳之序，二、四、六、八为阴之序。

（二）阴阳相错——即一，六；三，八；二，七；四，九两两相错。

（三）对称性——外环阴六阳七对称，阴八阳九对称。内环阳三阴四对称，阳一阴二对称。

明来知德曰："虽曰一六在下，二七在上，其实皆阳上而阴下。虽曰三八在左，四九在右，其实皆阴左而阳右。虽曰以五生数统五成数，其实皆生数在内，而成数在外。虽曰阴阳皆自内达外，其实阳奇一三七九，阴偶二四六八，皆自微而转盛。彼欲分裂某几点置之某处，而更乱之，盖即此太极河图观之哉。但阴阳左右，虽旋转无定在也。而拘拘执河图虚中五十无位之说，是又不知阴阳合于中心，而土本天地之中气也。"来氏研究河图的结果认为河图是数的严格排列，排列为旋转模式。以此模式观之，阳上而阴下；阴左而阳右；生数在内，成数在外；阳奇一三七九，阴偶二四六八皆从小到大。数——一定位，遵守上下、左右、内外以及数序的法则，以表示天地气之运行。

来氏分析是极其明细的，此一大胆推理，揭开了先秦时代隐藏于河图中的秘义。古人观象，由象觉而数，宇宙和谐体现为数的顺序、阴阳和对称。层层思维，绘制河图。它像一首朦胧诗，由来氏来释义。来氏以其说，绘制河图，名曰太极河图：

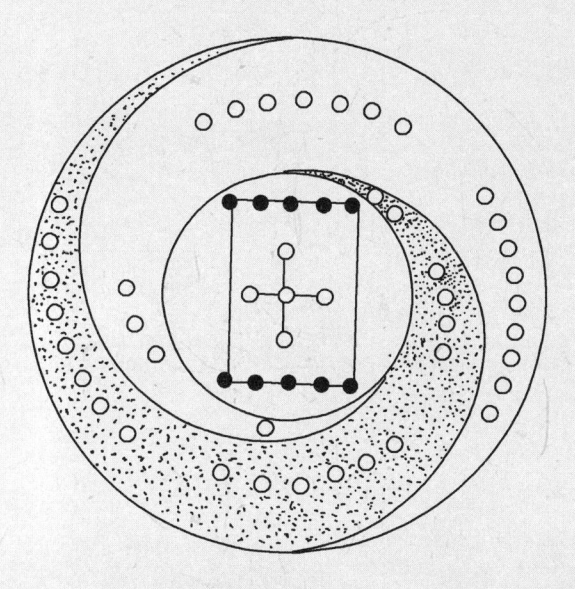

数是离散值，来氏进一步将此离散值连续化，于是脱离了上下、左右、内外的数的位置观念，即数"虽旋转无定在也"。河图深化为宇宙之气的连续图形，来氏绘制河图连续图如下：

这里让我们引进康德（1724～1804）的星云说，康德认为太阳系是由气云形成的，气云原来很大，由自身引力而收缩，最后聚集成行星，卫星，以及太阳。拉普拉斯（1749～1827）进一步证明在万有引力作用的体系中，气云收缩，角动量是不变的。只要初始的气云，具有角动量，收缩以后，它就会形成具有一定方向旋转的盘状结构的天体系统：

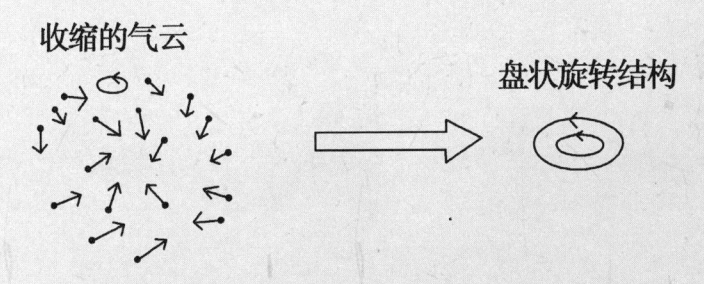

**收缩的气云**　⟹　**盘状旋转结构**

1785年，F. W.赫歇耳第一个研究了银河系结构，他用恒星计数方法得出银河系恒星分布为扁盘状，太阳位于盘面的中心。1918年，沙普利研究球状星团的空间分布，发现太阳的位置并不在银河系的中心。银盘中间厚，外边薄，中间部分称做核球，核球是恒星密集区域。太阳在银河系内位于猎户臂附近。银河系示意图（俯视）如下：

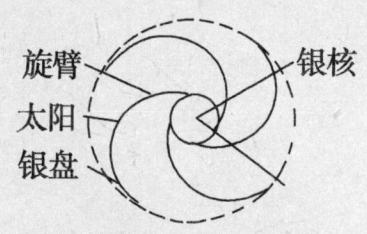

许多河外星系称为漩涡星系，就是因为它们都是盘状结构，类似于银河系。

来知德绘制河图连续图，见于《易经来注图解》一书，此书最初刊刻于万历二十九年（1602）。经典力学的奠基人牛顿生活的年代是1642～1727年间，康德，拉普拉斯的星云说在此以后。来氏图和基于经典力学的现代银河系图，以及更大的体系漩涡星系图极其相似。或者说后者是前者的复制。来氏对易的解释云："乾坤者万物之男女也，男女者一物之乾坤也……乾坤男女相为对待，气行乎其间，有往有来，有进有退，有常有变……此易所由名也。盈天地间，莫非男女，则盈天地间莫非易也。"来氏提出气和阴阳，用"易"一字概括。气广泛指为物质，阴阳则是物质运动的机制。来氏对易的解释是哲学的，与现代数学的严密推导和科学观测的现代科学无关。但也正由于此，来氏将古河图所内涵信息，传递到现代：河图是银河系统图，是河汉之图。和谐的宇宙象觉观念，其一般性、抽象性，较之实证的现代科学，有别一种意义在。

"释义学"可以广泛地定义为对于意义的理解和解释的理论或哲学。"释义学"一词，最早出现在古希腊文中，它的词根是Hermes。Hermes是古希腊神话中专司向人传递诸神信息的使者，使诸神的意旨变得可知而有意义。来氏正是将尘封的河图，放射出异彩，使此象觉图像，变得可以理解。文献和典籍需要训诂，来氏训诂的方法，是将"神"的意旨，即一种信息符号，放在整个《易经》产生的大时代中去考察。所以不失其为真。河图是河汉之图。

## 二 河图宇宙结构体系

首先，来氏以气和阴阳的观念，将离散的十个数符号的河图连续化，构造河汉之图。由于来氏不具有现代天文学、经典力学以及现代数学知识，所以对河图的释义，较之现代人有先入之见者，毫无牵强附会处，笔者指出这一点，很重要。

其次，有两种宇宙概念，一种是自然科学的宇宙概念，一种是哲学的宇宙概念，前者指一定时代观测所及的整个天体系统，后者不是指具体的某一对象，而是渗透于所有这些对象中的某共同性或总体。哲学思维与科学思维，哲学方法与科学方法，并不能作简单的类比。来氏以象觉图像和哲学解释河图，是广义的，既是银河系统图，又是更大的河外星系图，其意义不在具体的宇宙结构，而是给出一般模式。此模式不仅上溯往古，也面向未来。

其三，现代人对于天文的观念，除专业者外，一般来说是淡漠了。时代愈古远，天文观念愈切。顾炎武《日知录》云："三代以上，人人皆知天文。七月流火，农夫之辞也；三星在天，妇人之语也；月离于毕，戍卒之作也；龙尾伏辰，儿童之谣也。后世文人学士，有问之而茫然不知者矣。"河图产生的时代，也正是人们极重视天文的时代，是以符号表象，表意的时代，古河图的产生，势所必然。

按易学历史，有汉易、宋易。宋代之陈抟、刘牧、邵雍及朱熹，很重视易图的研究。或自创，或师承，或稽之于古。易图或称无文字之易，对河图、洛书的研究，形成易学研究史上独树一帜的图书之学。但至清初，王夫之、黄宗羲、黄宗炎、毛奇龄等著名学者，皆对河图、洛书的可信性提出疑问。黄宗炎云："周易未经秦火，不应独禁其图，转为道家藏匿二千年，至陈抟而始出。"认为河图、洛书及先天诸图，乃宋人据《系辞》及《乾凿度》等所臆造。

一九七七年春，考古队在阜阳县双古堆发掘了西汉汝阴侯墓，在出土文物中，有一"太乙九宫占盘"。一九七八年第八期《文物》简报说："太乙九宫占盘的正面是按八卦和五行属性排列的，九宫的名称和各宫节气的日数与《灵枢经·九宫八风篇》篇首的图完全一致，小圆盘的刻画则与河图、洛书完全符合。"此证明在汉初或先秦，已有河图、洛书，否定了清代学人图书晚出的见解。上文笔者所论，一种象觉图像的形成，只能在古代，那是一个没有文字，或文字草创的时代，这一推论，是符合实际的。

宋代易学家关于图书的讨论，兹引《朱熹答袁机仲书》：

熹窃为生于今世而读古人之书，所以能别其真伪者，一则以义理之所当否而知之，二则以其左验之异同而质之，未有舍此两途而能直以臆度悬断者也。熹于世传河图洛书之旧，所以不敢不信者，正以其义理不悖，而验证不差尔。来教必以为伪，则未见有以指其义理之谬，证验之差也。而直欲以臆度悬断之，此熹所以未敢曲从而不得不辨也。

图书创自往古，以穷造化之奥秘，至宋代有陈邵及朱始显于世。下面介绍与图书相关的朱子宇宙构造学说。

日本学者山田庆儿专攻自然科学史，有《通向未来的问题》、《走向混沌之海》、《朱子的自然哲学》、《授时历之道》等著述。在《空间·分类·范畴》一文中，论及朱子宇宙构造。他说："据完成了浑天宇宙论的南宋朱熹说，最初在宇宙中充满了连续性的物质而同时又是能的一种气。他把这个原始状态叫做混沌未分，并且预先假定这种气整体性地旋转，当旋转的速度逐渐增大以后，由于摩擦，产生重浊的渣滓，集结于中心而形成地，剩下的轻清的气便形成了天，在地的周围旋转。由于气快速地进行旋转，便产生了刚性，因此，地被支撑在宇宙的中心。"山田庆儿据此绘制朱子宇宙构造矢量场：

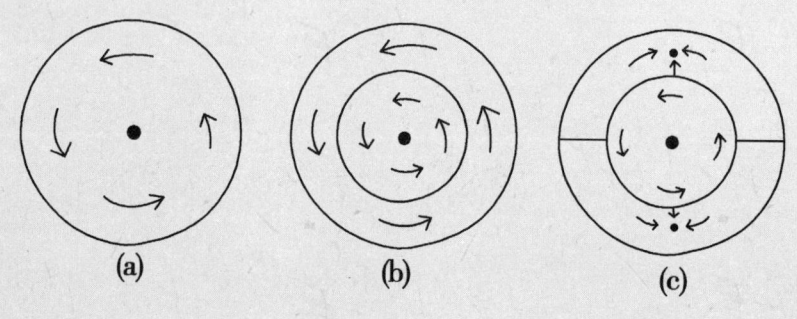

（a）整体旋转的矢量场，则混沌。
（b）同心圆构造，空间内外区分。
（c）外部空间分为两部分，且矢量场支撑着内部的地。

山田庆儿对中国古代宇宙演变论的这一普遍性主题，认为有两种互异的哲学表现。其一是易学的；其二是老子和庄子的。其宇宙构造图式为：

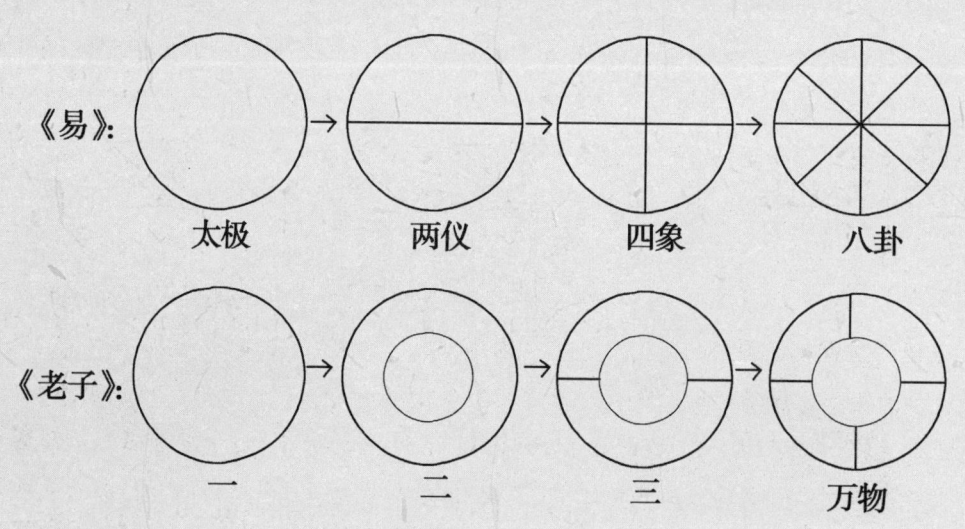

《易》：太极 → 两仪 → 四象 → 八卦

《老子》：一 → 二 → 三 → 万物

山田庆儿云:"道生一的道是无,可以说是从无生有,一生二不是把空间分割为上下,而是分割为内外,二生三则是把外部空间分割为上下。外部空间再行分割遂产生万物,但内部空间总是单一的,原封不动的。"笔者认为,《老子》宇宙论模式的内外分割,属于河图体系。朱子宇宙论模式是张衡浑天说的发展;其内外分割是《老子》模式;旋转矢量的气及能,是河图模式。框图是:

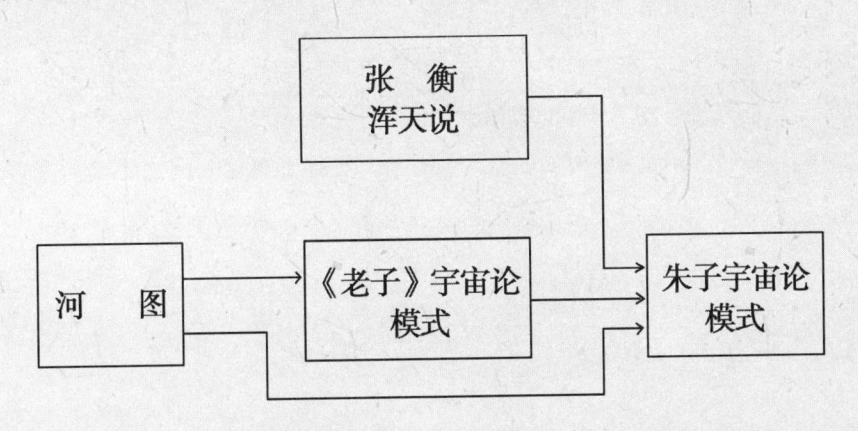

```
                    ┌──────────┐
                    │ 张  衡   │
                    │ 浑天说   │
                    └────┬─────┘
                         │
                         ▼
┌────────┐     ┌──────────┐     ┌──────────┐
│ 河  图 │────▶│《老子》宇宙论│────▶│ 朱子宇宙论│
│        │     │   模式    │     │   模式    │
└────────┘     └──────────┘     └──────────┘
```

现在再回到康德宇宙演化学的方法论。1755年,三十一岁的康德匿名发表了《宇宙发展史概论》一书,在书中提出太阳系起源和演化的"星云说",是人类历史上第一个科学的天体演化学说。惜湮没近五十年,直到拉普拉斯"星云说"问世,才一起受到人们的重视,被称为"康德——拉普拉斯星云说"。康德认为吸引和排斥是宇宙生成的基础。由于引力和斥力的相互作用,决定了宇宙各天体之间的相互联系,形成了宇宙的有规则结构。康德不仅用引力斥力的结合解释太阳系的形成,而且用来解释恒星世界的运动和发展。他把排斥和吸引相互作用所引起的运动,叫做"自然界的永恒生命"。康德自豪地说:"我凭借小小的一点猜测,作了一次冒险的旅行,而且已经看到了新大陆的边缘,勇于探索的人将登上这个新大陆。"

天体的起源和演化,是难度很大的基本理论问题。我国著名天文学家戴文赛教授认为吸引和排斥的含义不只局限于机械的接近和分离,收缩和膨胀。吸收和发射,电离和复合等也都是吸引和排斥的矛盾。太阳的排斥因素,主要是组成太阳的微观粒子热运动所产生的气体压力;太阳内部产生的辐射对外部产生的辐射压力;太阳自转产生的惯性离心力等。戴天赛对排斥观念所作的阐述是很重要的。

吸引和排斥,下述观念,即戴氏所论;上溯是阴和阳的中国古代易学观念。河图给予宇宙的解释,是阴和阳形成的宇宙运动结构形式。河图湮没二千年,至明代,来氏将其连续化,构造漩涡状拓扑图形(来氏河图),等同于康德——拉普拉斯银河系结构及更大的河外星系结构。笔者统称之为河图宇宙结构体系。框圆如下:

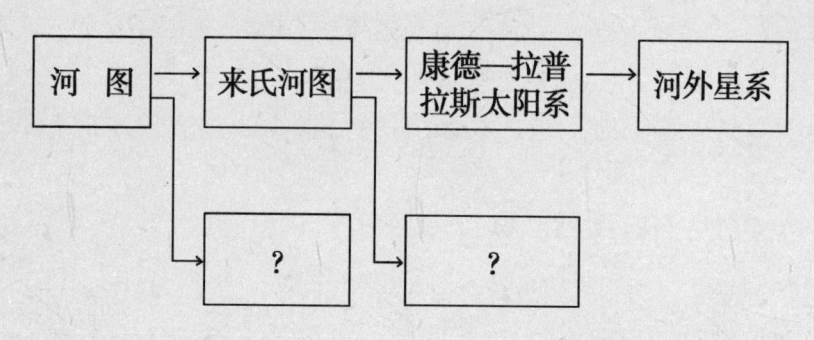

```
河 图 → 来氏河图 → 康德—拉普拉斯太阳系 → 河外星系
      ↓            ↓
      ?            ?
```

其中有问号的框图，是未知的，即待探索和研究的领域。

上述对河图的认识，是初步的，也是粗浅的，有待于深化，使之精确与完善。

# 第五章　洛书初探

　　河图为体，洛书为用，即河图是中国古代宇宙本体论，以为体；洛书是以河图之本原数字，以为用。如用于地理方位、兵家布阵、古建筑等，今略述之。

## 一　洛书——数字属性图

　　将 $n^2$ 个自然数，按一定关系填进 $n^2$ 个格子中，呈现阴阳对称，奇偶相间——这是数字的一种属性。一般称为纵横图，笔者或称之为数字属性图。中国先秦时代已经产生了这种运算的数学方法，在拙著《漫说周易》一书中，对产生这种运算的时代背景已论及之。这里仅将如何绘制（略去数学推导）此数字属性图，介绍如下：

　　设 n＝3

　　(1) 将 $3^2$＝9 个方格外加台阶，且将 $3^2$＝9 个自然数依主对角线方向顺序填进格子中。

　　(2) 将台阶上的数字移入相距较远的空格内，即得九宫数字属性图，或简称九宫图。1、3、7、9 为阳，2、4、6、8 为阴。

　　横行、纵列、对角线数字和均为 15。

　　设 n＝5，$5^2$＝25，构造二十五宫图，方法同上。(1) 将 25 个方格，外加台阶，且将 25 个自然数依主对角线方向顺序填入格子。(2) 将台阶上数字移入较远的空格，即得二十五宫图。

```
            1
          6   2
       11   7   3
     16   12   8   4
   21   17   13   9   5
     22   18   14   10
       23   19   15
         24   20
            25
```

| 11  | (24) | 7    | (20) | 3    |
|-----|------|------|------|------|
| (4) | 12   | (25) | 8    | (16) |
| 17  | (5)  | 13   | (21) | 9    |
| (10)| 18   | (1)  | 14   | (22) |
| 23  | (6)  | 19   | (2)  | 15   |

横行、纵列、对角线数字和均为 65。

设 n＝7，$7^2$＝49，将 49 个方格组成的 7 次方阵外加台阶，按主对角线方向顺序填上自然数：

```
                    1
                  8   2
               15   9   3
            22   16  10   4
         29   23   17   11   5
      36   30   24   18   12   6
   43   37   31   25   19   13   7
      44   38   32   26   20   14
         45   39   33   27   21
            46   40   34   28
               47   41   35
                  48   42
                    49
```

将台阶上的数字移入较远的空格内。但台阶上有两个数字以上者，其相对位置不变，如 1、9；41、49；43、37；13、7。

横行、纵列、对角线数字和，均为 175。

| 22 | (47) | 16 | (41) | 10 | (35) | 4 |
|---|---|---|---|---|---|---|
| (5) | 23 | (48) | 17 | (42) | 11 | (29) |
| 30 | (6) | 24 | (49) | 18 | (36) | 12 |
| (13) | 31 | (7) | 25 | (43) | 19 | (37) |
| 38 | (14) | 32 | (1) | 26 | (44) | 20 |
| (21) | 39 | (8) | 33 | (2) | 27 | (45) |
| 46 | (15) | 40 | (9) | 34 | (3) | 28 |

设 $n=4$，$4^2=16$，构造十六宫图。将 16 个方格，依次填入 16 个自然数。中心为轴，图形旋转 180°，但保持对角线上数字 1、16、11、16 及 4、7、10、13 不动，即为十六宫图：

| 1 | 2 | 3 | 4 |
|---|---|---|---|
| 5 | 6 | 7 | 8 |
| 9 | 10 | 11 | 12 |
| 13 | 14 | 15 | 16 |

| 1 | (15) | (14) | 4 |
|---|---|---|---|
| (12) | 6 | 7 | (9) |
| (8) | 10 | 11 | (5) |
| 13 | (3) | (2) | 16 |

横行、纵列、对角线上数字和，均为 34。设 $n=8$，$8^2=64$，将 64 个自然数顺序填入 64 个方格，称为 8 次自然方阵。把 8 次方阵分为 4 个四次方阵，图形绕中心旋转 180°，但诸对角线上数字保持不动，即得六十四宫图。

| 1 | 2 | 3 | 4 | 5 | 6 | 7 | 8 |
|---|---|---|---|---|---|---|---|
| 9 | 10 | 11 | 12 | 13 | 14 | 15 | 16 |
| 17 | 18 | 19 | 20 | 21 | 22 | 23 | 24 |
| 25 | 26 | 27 | 28 | 29 | 30 | 31 | 32 |
| 33 | 34 | 35 | 36 | 37 | 38 | 39 | 40 |
| 41 | 42 | 43 | 44 | 45 | 46 | 47 | 48 |
| 49 | 50 | 51 | 52 | 53 | 54 | 55 | 56 |
| 57 | 58 | 59 | 60 | 61 | 62 | 63 | 64 |

| 1 | (63) | (62) | 4 | 5 | (59) | (58) | 8 |
|---|---|---|---|---|---|---|---|
| (56) | 10 | 11 | (53) | (52) | 14 | 15 | (49) |
| (48) | 18 | 19 | (45) | (44) | 22 | 23 | (41) |
| 35 | (39) | (38) | 28 | 29 | (35) | (34) | 32 |
| 33 | (31) | (30) | 36 | 37 | (27) | (26) | 40 |
| (24) | 42 | 43 | (21) | (20) | 46 | 47 | (17) |
| (16) | 50 | 51 | (13) | (12) | 54 | 55 | (9) |
| 57 | (1) | (6) | 60 | 61 | (3) | (2) | 64 |

横行、纵列、对角线上数字和均为260。

以上举例阐明奇次方阵，4的整倍数的偶数方阵，都有求出的方法。其他 n=6、10、14 等非4的整倍数的偶数方阵，求起来比较费事，本书从略。

横行、纵列、对角线数字和的计算公式为：

$$S_n = \frac{(1+n^2)\,n}{2}$$

设 n=3　　$S_3 = \frac{(1+3^2)\,3}{2} = 15$

n=5　　$S_5 = \frac{(1+5^2)\,5}{2} = 65$

n=7　　$S_7 = \frac{(1+7^2)\,7}{2} = 175$

n=4　　$S_4 = \frac{(1+4^2)\,4}{2} = 34$

n=8　　$S_8 = \frac{(1+8^2)\,8}{2} = 260$

一般认为，如果人类和宇宙间其它有智力的生命体相遇，最好的联络办法，是用数学作信息媒介。事实上，从柏拉图时代起，人们普遍认为数学是不依赖于人类对它的认识而独立存在的，因而具有绝对真理的性质。于是数学家的工作就在于发现这种真理。爱因斯坦在其回忆录中曾惊奇几何学对世界的规定性。中国先秦时代，洛书数字的组合排列用在地理方位上是阴阳的规定性。洛书数字自然与先天八卦结合在一起。

兑☱ 4　乾☰ 9　巽☴ 2

离☲ 3　　　　　坎☵ 7

艮☶ 8　坤☷ 1　震☳ 6

下面将谈及洛书又与六十四卦相结合。

一般认为数学的能力来自人类智能糅合直观与推理的才能，可见数学的生机主要来自直观。当然，在数学的最终成果中，所有的直观痕迹通常都被抹去。洛书的构造是一种直观图像，在中国传统文化中，不仅将其直观形式千变万化，且将其最大数九，抽象为一种意识观念，洛书不仅被抹去直观痕迹，且越出数学领域。

再谈一种纵横图的结构，十七世纪 de la Loubere 的构造方法，5 阶纵横图是：

$$\begin{bmatrix} 17 & 24 & 1 & 8 & 15 \\ 23 & 5 & 7 & 14 & 16 \\ 4 & 6 & 13 & 20 & 22 \\ 10 & 12 & 19 & 21 & 3 \\ 11 & 18 & 25 & 2 & 9 \end{bmatrix}$$

几年前，明尼阿波利斯的 T.E.Lobeck 将此图形用圆周率 π 加以改造。方法是 5 阶纵横图中的数字，对应 π 中的位数，然后将 π 中该位的数字，置换纵横图中的数字。如数字 1，查得 π 中第 1 位数是 3，以 3 置换 1；如数字 13，查得 π 中第 13 位数是 9，以 9 置换 13。写出 π 的前 25 位数字：

π＝3.141592653589793238462643

则置换为：

$$\begin{bmatrix} 17 & 24 & 1 & 8 & 15 \\ 23 & 5 & 7 & 14 & 16 \\ 4 & 6 & 13 & 20 & 22 \\ 10 & 12 & 19 & 21 & 3 \\ 11 & 18 & 25 & 2 & 9 \end{bmatrix} \longrightarrow \begin{bmatrix} 2 & 4 & 3 & 6 & 9 \\ 6 & 5 & 2 & 7 & 3 \\ 1 & 9 & 9 & 4 & 2 \\ 3 & 8 & 8 & 6 & 4 \\ 5 & 3 & 3 & 1 & 5 \end{bmatrix} \begin{matrix} -24 \\ -23 \\ -25 \\ -29 \\ -17 \end{matrix}$$

$$\phantom{xxxxxxxxxxxxxxxxxxxxxxxxxxxx} 17\ 29\ 25\ 24\ 23$$

行的数字和写在图的右侧，列的数字和写在图的下方，令人惊奇的是每个列的和，都对应地等于一个行的和。

这种对应关系完全是一种巧合，但巧合中有内在的某种规律性，我们称之为"型律"。大自然也展现出各种迷人的型律——原子结构、雪花、漩涡星系、蜂房，都表现出数学和自然规律之间的巧合。

中国古代传统观念，认为气是构成天地万物的始基物质。西周伯阳父认为："天地之气，不失其序。"[①] 气是有秩序的存在。春秋时医和提出："天有六气。六气曰阴阳风雨晦明也。"[②] 明清之际的王夫之对气本体论学说概括为："凡虚空皆气也，聚则显，显则人谓之有；散则隐，隐则人谓之无。神化者，气之聚散不测之妙，然而有迹可见；性命者，气之健顺有常之理，主持神化而寓于神化之中，无迹可见……盖阴阳者气之二体，动静者气之二几，体同而用异则相感而动，动而成象则静，动静之几，聚散、出入，形不形之从来也。"[③] 王夫之认为整个宇宙充满了"气"，气只有聚散、往来而没有增减、生灭。所谓有无虚实等，都是气的聚散、往来、屈伸的运动形态。更进一层，他强调气是阴阳变化的实体。现代物理世界的能与场是矢量，古代的气表示为阴阳，而实际上，阴阳也是场的观念。纵横图是阴阳的型律（下图：○表示阳，●表示阴）。

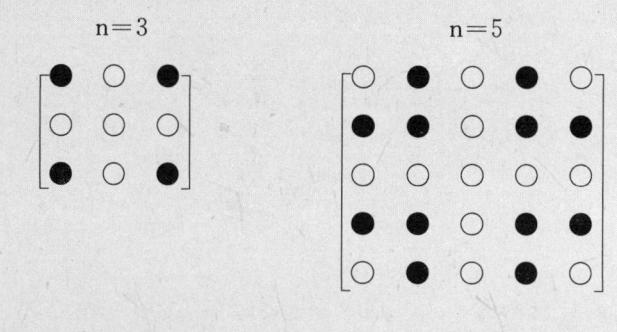

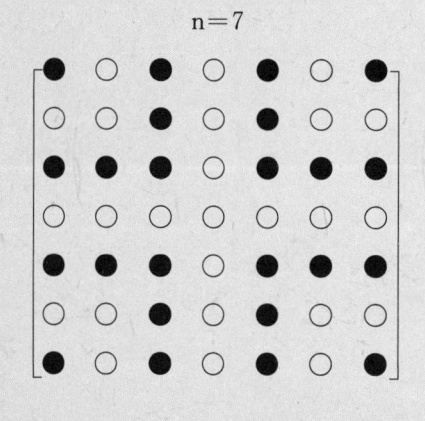

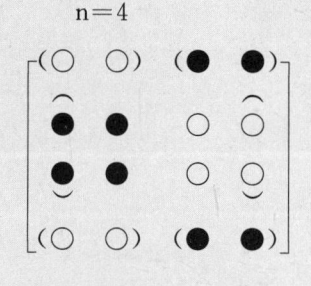

--------

[①] 《国语·周语》。
[②] 《左传·昭公元年》。
[③] 《张子正蒙注·太和篇》。

$$n=8$$

这是极有规则的阴阳结构图形。着重提出两点，第一，最外层一圈阴阳相间，第二，n=奇数时，基本是洛书结构形式。

又需说明：（一）先天八卦以阳量之递减排序，即 ☰（111）为一，☱（110）为二，☲（101）为三，☳（100）为四，☴（011）为五，☵（010）为六，☶（001）为七，☷（000）为八。（二）对称位置，卦爻之间阴阳为偶，即 ☰↔☷ ☱↔☶ ☲↔☵ ☳↔☴，所以先天八卦布在圆周上是S型走向。（三）洛书又与先天八卦相对应，致使洛书的排序是９４３８２７６１或１６７２８３４９。洛书序是先天八卦和洛书自身阴阳之变的合参系统。

## 二　洛书与周易罗盘

罗盘亦称罗经，测定方位，用于堪舆学。《淮南子·天文训》："堪舆徐行，雄以音知雌。"许慎注："堪天道，舆地道也。"朱骏声《说文通训定声》："盖堪为高处，舆为下，天高地下之义也。"《史记·日者列传》记有堪舆家。《汉书·艺文志》记有《堪舆金匮》十四卷。堪舆学是中国神秘文化的一部分，其存在有无价值，笔者不想涉及这一艰涩的题目。但它盘踞在人们生活上、心理上由来已久，这是无可改变的史实。笔者这里所述，是以洛书数构造罗盘的方法研究，且仅限于此。

罗盘中心开一井，叫做"天池"，亦称"太极"。天池中有一磁针，叫做"金针"，即指南针。它所指的南北方向，就是先天八卦的乾坤方向。乾坤之间画一红线，谓之"天地定位"。这一红线在子午位置，故又称"子午线"。从天池向外数，一般罗盘分为三十层。最外一层（第三十层）顺时针方向刻有０°～３６０°圆周度。

第六层是"二十四山方位","山"表示方向,即将一圆周分为二十四方位,其对应关系是:

| 二十四山 | 圆周度 |  | 方位 | 五行 | 洛书数 | 阴阳 |
|---|---|---|---|---|---|---|
| 壬 | 337.5 | 352.5 | 北 | 水 | 3 | ○ |
| 子 | 352.5 | 7.5 |  | 水 | 7 | ○ |
| 癸 | 7.5 | 22.5 |  | 水 | 7 | ○ |
| 丑 | 22.5 | 37.5 | 东北 | 土 | 4 | ● |
| 艮 | 37.5 | 52.5 |  | 土 | 6 | ● |
| 寅 | 52.5 | 67.5 |  | 木 | 3 | ○ |
| 甲 | 67.5 | 82.5 | 东 | 木 | 9 | ○ |
| 卯 | 82.5 | 97.5 |  | 木 | 8 | ● |
| 乙 | 97.5 | 112.5 |  | 木 | 1 | ○ |
| 辰 | 112.5 | 127.5 | 东南 | 土 | 7 | ○ |
| 巽 | 127.5 | 142.5 |  | 木 | 2 | ● |
| 巳 | 142.5 | 157.5 |  | 火 | 4 | ● |
| 丙 | 157.5 | 172.5 | 南 | 火 | 6 | ● |
| 午 | 172.5 | 187.5 |  | 火 | 3 | ○ |
| 丁 | 187.5 | 202.5 |  | 火 | 4 | ● |
| 未 | 202.5 | 217.5 | 西南 | 土 | 8 | ● |
| 坤 | 217.5 | 232.5 |  | 土 | 1 | ○ |
| 申 | 232.5 | 247.5 |  | 金 | 7 | ○ |
| 庚 | 247.5 | 262.5 | 西 | 金 | 8 | ● |
| 酉 | 262.5 | 277.5 |  | 金 | 4 | ● |
| 辛 | 277.5 | 292.5 |  | 金 | 2 | ● |
| 戌 | 292.5 | 307.5 | 西北 | 土 | 3 | ○ |
| 乾 | 307.5 | 322.5 |  | 金 | 9 | ○ |
| 亥 | 322.5 | 337.5 |  | 水 | 8 | ● |

表中:●表示阴,○表示阳。

二十四山，以二十四个符号表示，即八天干：甲、乙、丙、丁、庚、辛、壬、癸；十二地支：子、丑、寅、卯、辰、巳、午、未、申、酉、戌、亥；四卦：乾、坤、艮、巽。研究的方法，是以洛书为参考系，将干支卦各意象字纳入此洛书数。

（一）天干配洛书：

| 丁 | 甲 | 辛 |
|---|---|---|
| 4 | 9 | 2 |
| 壬 3 |  | 7 癸 |
| 8 | 1 | 6 |
| 庚 | 乙 | 丙 |

（二）地支配洛书：

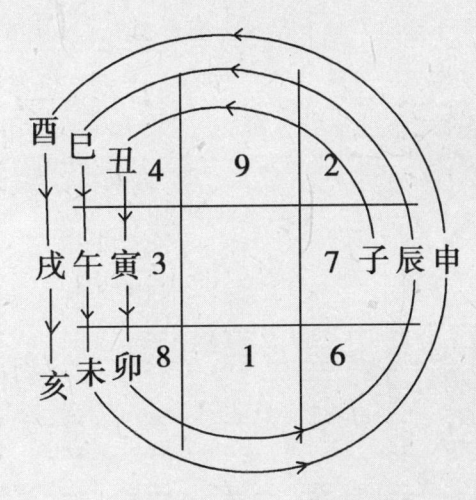

| | | |
|---|---|---|
| 酉 巳 丑 4 | 9 | 2 |
| 戌 午 寅 3 | | 7 子 辰 申 |
| 亥 未 卯 8 | 1 | 6 |

（三）四卦配洛书：

| | 乾 | 巽 |
|---|---|---|
| 4 | 9 | 2 |
| 3 | | 7 |
| 8 | 1 | 6 |
| | 坤 | 艮 |

易经以阴阳为变化机制，洛书数偶阴奇阳决定二十四山干支卦符号之阴和阳。

二十四山对应五行，甚为复杂，各有所宗，各有所用，有大五行，或称洪范五行；双山三合五行；八卦五行；玄空五行；四经五行；纳音五行；正五行等。不便一一标出，表中所列为正五行，亦称正五龙。

罗盘阐释空间方位，基于《易经》象数之学。牟宗三先生在精研《易经》的基础上，将人类知识分为四种形态：

（一）局限于耳目感官的常识闻见形态。

（二）基于概念的现代科学抽象形态。

（三）超越概念而归于直观的术数具体形态。

（四）超越具象的道心境界形态。

第二层次的科学抽象形态，即是现代自然科学。特征之一，是量的抽象，以量控质，基石是几何学的、数学的、形式逻辑的。特征之二，是主客体的对峙，人和自然界被分隔，人是主动的，自然界是被动的，人逐渐认识自然界，自然界为我所用，但是自然界的各种现象均是被逻辑地、机械地、一般地认识到。第三层次是术数的具体形态，典型的例子即是《易经》的象和数，人和自然界之间是一种谐调关系，是相感和交触。术数的表现形式是具体取象，换言之，不是量的抽象，而是质的具体和有机，超越概念，不存在量与质之间的断层面。术数取象构成象的网，称做"运神通化，连属事物"。由于术数大多在民间私下传授，留下的文字资料不多。而极少的文字资料中，良莠混杂，且真理与谬误，仅一步之差。二十四山方位是基于术数和取象的具体形态，天干是象，地支是象，五形是象，八卦是象，以象构造其应用系统。

第二十二层为外盘六十四卦，第十五层为内盘六十四卦，以伏羲六十四卦方图，对应洛书数，构造此内、外盘。

**伏羲六十四卦方图**

南

| | 列1 | 列2 | 列3 | 列4 | 列5 | 列6 | 列7 | 列8 | |
|---|---|---|---|---|---|---|---|---|---|
| 行1 | ䷀ 1/1 | ䷪ 6/1 | ䷍ 7/1 | ䷡ 2/1 | ䷐ 8/1 | ䷈ 3/1 | ䷈ 4/1 | ䷋ 9/1 | 行之取向 |
| 行2 | 1/6 | 6/6 | 7/6 | 2/6 | 8/6 | 3/6 | 4/6 | 9/6 | |
| 行3 | 1/7 | 6/7 | 7/7 | 2/7 | 8/7 | 3/7 | 4/7 | 9/7 | |
| 行4 | 1/2 | 6/2 | 7/2 | 2/2 | 8/2 | 3/2 | 4/2 | 9/2 | 列之取向 |
| 行5 | 1/8 | 6/8 | 7/8 | 2/8 | 8/8 | 3/8 | 4/8 | 9/8 | |
| 行6 | 1/3 | 6/3 | 7/3 | 2/3 | 8/3 | 3/3 | 4/3 | 9/3 | |
| 行7 | 1/4 | 6/4 | 7/4 | 2/4 | 8/4 | 3/4 | 4/4 | 9/4 | |
| 行8 | 1/9 | 6/9 | 7/9 | 2/9 | 8/9 | 3/9 | 4/9 | 9/9 | |

北

行与列按行之取向及列之取向，且以子午线分界左旋及右旋布于圆周上，构成内外盘之六十四卦：

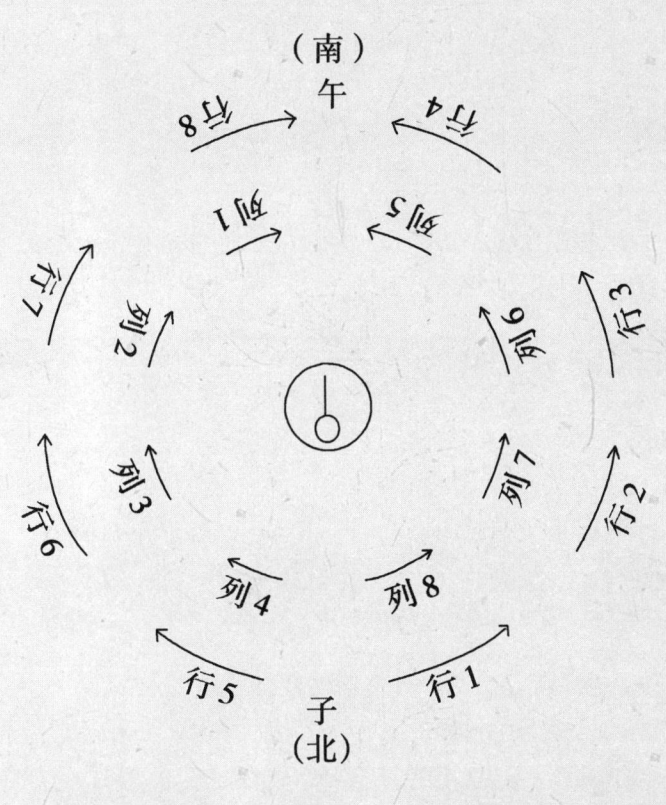

（一）外盘即伏羲六十四卦方位图之圆图，且圆图和方图按上述法则对应。

（二）行矢量上卦洛书数均为：1 6 7 2 8 3 4 9

行与行之区别是在下卦之不同。

如：行1——$\begin{pmatrix} 1\,6\,7\,2\,8\,3\,4\,9 \\ 1\,1\,1\,1\,1\,1\,1\,1 \end{pmatrix}$

行2——$\begin{pmatrix} 1\,6\,7\,2\,8\,3\,4\,9 \\ 6\,6\,6\,6\,6\,6\,6\,6 \end{pmatrix}$

行3——$\begin{pmatrix} 1\,6\,7\,2\,8\,3\,4\,9 \\ 7\,7\,7\,7\,7\,7\,7\,7 \end{pmatrix}$

............

行8——$\begin{pmatrix} 1\,6\,7\,2\,8\,3\,4\,9 \\ 9\,9\,9\,9\,9\,9\,9\,9 \end{pmatrix}$

列矢量下卦洛书数均为：9 4 3 8 2 7 6 1

列与列之区别是在上卦之不同。

如：列8——$\begin{pmatrix} 9\,9\,9\,9\,9\,9\,9\,9 \\ 9\,4\,3\,8\,2\,7\,6\,1 \end{pmatrix}$

列7——$\begin{pmatrix} 4\,4\,4\,4\,4\,4\,4\,4 \\ 9\,4\,3\,8\,2\,7\,6\,1 \end{pmatrix}$

列6——$\begin{pmatrix} 3 & 3 & 3 & 3 & 3 & 3 & 3 & 3 \\ 9 & 4 & 3 & 8 & 2 & 7 & 6 & 1 \end{pmatrix}$

..........................

列1——$\begin{pmatrix} 1 & 1 & 1 & 1 & 1 & 1 & 1 & 1 \\ 9 & 4 & 3 & 8 & 2 & 7 & 6 & 1 \end{pmatrix}$

（四）行矢量上卦之洛书数，即１６２７８３４９布于外盘，列矢量下卦之洛书数，即９４３８７２６１布于内盘。

（五）按洛书数或六十四卦一圆周分为六十四方位，同一方位之内外盘洛书数合10。

如：$\begin{cases} 内盘列8：９４３８２７６１ \\ 外盘行1：１６７２８３４９ \end{cases}$

9，1合10；4，6合10；3，7合10；8，2合10；
2，8合10；7，3合10；6，4合10；1，9合10。

余仿此。

（六）对称方位（差180°之方位）外盘洛书数合10。

如：外盘$\begin{cases} 行2：１６７２８３４９ \\ 行7：９４３８２７６１ \end{cases}$

余仿此。

同理，对称方位内盘洛书数合10。

如：内盘$\begin{cases} 列6：９４３８２７６１ \\ 列3：１６７２８３４９ \end{cases}$

余仿此。

（七）洛书数合10，表现两卦体的对偶。

如内盘之履☱₄与外盘之剥☶⁶

实际盘面，内盘仅画出下卦，外盘仅画出上卦，而构成：

（内）履☱4↔（外）剥☶6

两卦相应爻阴阳对偶，体现于洛书数，即为4，6合10。

又如内盘之否☷₁与外盘之否☰⁹

盘面为（内）否☷1↔（外）否☰9

1，9合10。

内、外盘构造，画出315°～360°（0°）为例：

外盘之对称方位也是合10。（见73页图）

如：（外）坤☷¹ ←对称→ （外）乾☰⁹

（外）剥☷☶ 6 ←对称→ （外）夬☱☰ 4

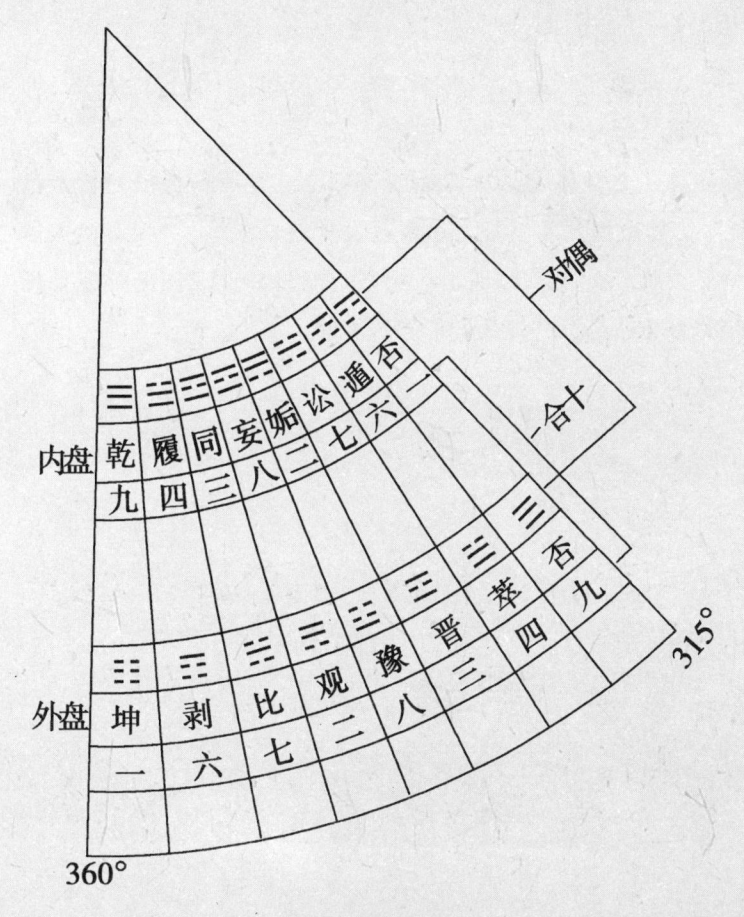

（外）比☵☷ 7 ←对称→ （外）大有☲☰ 3

如前所述，实际外盘标出为上卦，内盘标出为下卦。外盘对称方位之上卦，又等同于其同方位内盘之下卦。

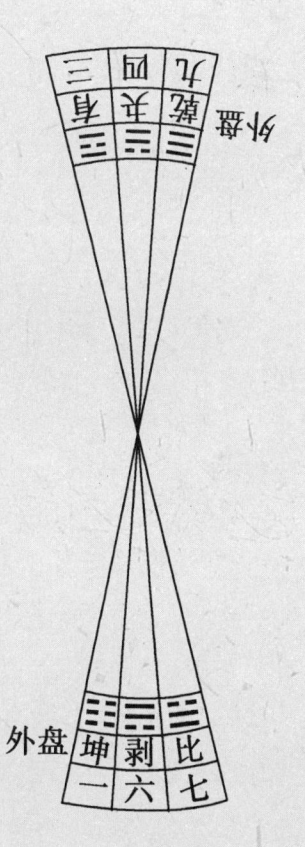

（外盘）坤☷ 1 ─┬─ 对　称 ──（外盘）乾☰ 9
　　　　　　　└─ 同方位 ──（内盘）乾☰ 9

（外盘）剥☶ 6 ─┬─ 对　称 ──（外盘）夬☱ 4
　　　　　　　└─ 同方位 ──（内盘）履☱ 4

（外盘）比☵ 7 ─┬─ 对　称 ──（外盘）大有☲ 3
　　　　　　　└─ 同方位 ──（内盘）同人☲ 3

余仿此。

第五章　洛书初探

〇八一

洛书数字体现了伏羲六十四卦的序列性、对称性、方位性。合十方位是一种形式结构，赋予多种象意，以解释方位组合关联性。六十四卦的洛书化，其内涵极其丰富，不是泛泛谈述阴阳变化。

定义先天八卦之序为"卦序"，即乾一，兑二，离三，震四，巽六，坎七，艮八，坤九。定义洛书数为"数序"，即乾九，兑四，离三，震八，巽二，坎七，艮六，坤一。"数序"主炁，"卦序"主形，炁形交生。

炁形都表现为数字，卦序含于卦体本身，在盘面中不标出。盘面所标出的数是洛书数，即数序。"形"指形体，如山川树木、日月星辰，大自然景象等。"炁"以人体而言，指元炁、元神、元精、元性、元情。地理学指场，指能，如地球磁场，即是场的一种形态。七政星对地球的影响，是又一种场的形态，等等。

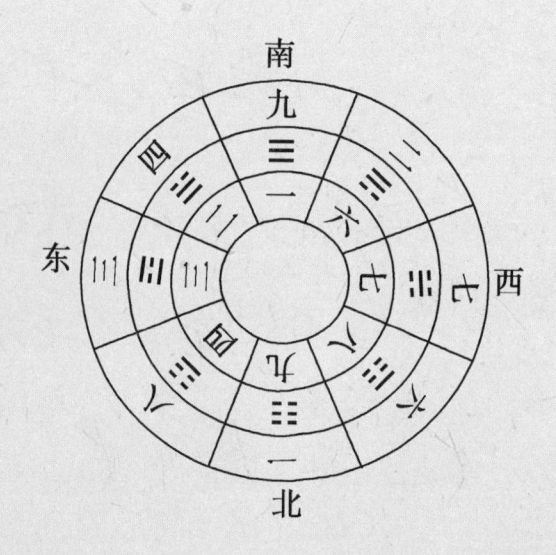

炁形交生，如南，九一合十；北，一九合十；东，数序卦序均为三；西，数序卦序均为七，体现方位的和谐。如寺庙，如古塔，如故宫，如住房，取南北东西正方位，正是这种地学理论的实现。或者说，古往今来的建筑物，验证了数序卦序交生的和谐性。

炁形交生，先天八卦，决定四正四隅八个方位。再细分则是六十四卦决定六十四个方位。每八卦为一类，六十四卦分为八类，即贪狼、左辅、破军、武曲、右弼、巨门、禄存、文曲。类的划分，由卦体的变换。贪狼为先天八卦之重卦；右弼，上卦为先天八卦，下卦为上卦之对偶卦；贪狼各卦，初爻变为左辅；二爻变为破军；三爻变为武曲；右弼各卦，初爻变为巨门；二爻变为禄存；三爻变为文曲。

例如：

乾（贪狼） → 姤（左辅）

→ 同人（破军）

→ 履（武曲）

余仿此。六十四卦之八类，列表如下：

| 类＼洛书 | 贪狼 | 左辅 | 破军 | 武曲 | 右弼 | 巨门 | 禄存 | 文曲 |
|---|---|---|---|---|---|---|---|---|
| 9 | 乾 9/9 | 姤 9/2 | 同人 9/3 | 履 9/4 | 否 9/1 | 无妄 9/8 | 讼 9/7 | 遁 9/6 |
| 4 | 兑 4/4 | 困 4/7 | 随 4/8 | 夬 4/9 | 咸 4/6 | 革 4/3 | 大过 4/2 | 萃 4/1 |
| 3 | 离 3/3 | 旅 3/6 | 大有 3/9 | 噬嗑 3/8 | 未济 3/7 | 睽 3/4 | 晋 3/1 | 鼎 3/2 |
| 8 | 震 8/8 | 豫 8/1 | 归妹 8/4 | 丰 8/3 | 恒 8/2 | 大壮 8/9 | 小过 8/6 | 解 8/7 |
| 2 | 巽 2/2 | 小畜 2/9 | 渐 2/6 | 涣 2/7 | 益 2/8 | 观 2/1 | 中孚 2/4 | 家人 2/3 |
| 7 | 坎 7/7 | 节 7/4 | 比 7/1 | 井 7/2 | 既济 7/3 | 蹇 7/6 | 需 7/9 | 屯 7/8 |
| 6 | 艮 6/6 | 贲 6/3 | 蛊 6/2 | 剥 6/1 | 损 6/4 | 蒙 6/7 | 颐 6/8 | 大畜 6/9 |
| 1 | 坤 1/1 | 复 1/8 | 师 1/7 | 谦 1/6 | 泰 1/9 | 升 1/2 | 明夷 1/3 | 临 1/4 |

表中第八行之下卦洛书数是18769234，即为类序，贪狼一，左辅八，破军七，武曲六，右弼九，巨门二，禄存三，文曲四。类、卦名、上卦、洛书数、布于盘面，如下图：

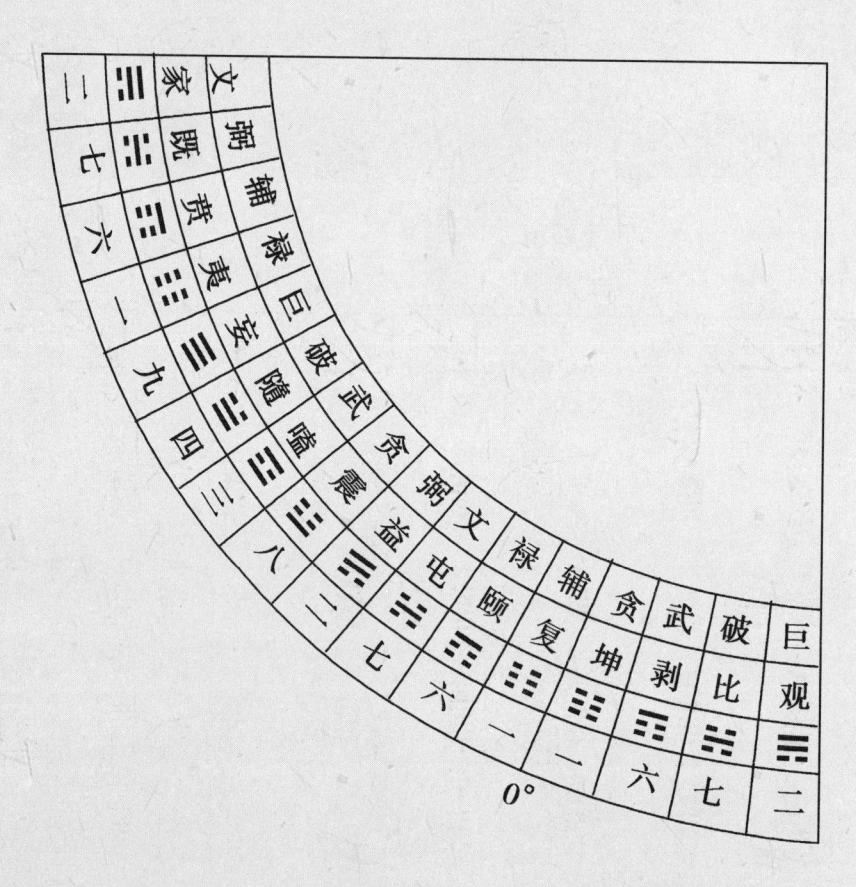

实际盘面，如震刻为☳八，颐刻为☶六，此为罗经最初盘面，如古籍之初刻本，不作校改。

　　地理学分为两派。一派是"形法派"，其学理是"气者，形之微，形者气之著。气隐而难知，形显而易见。《经》曰：地有吉气，土随而起，化形之着于外者也。气吉，形必秀润、特达、端庄；气凶，形必粗顽、欹斜、破碎。"这是气形相应，而大自然之形，中国古建筑之形，又是美学原则的具体体现。所以说风水学是环境科学，是环境景观学，在建筑史和建筑文化上，有其特殊地位。一派是"理法派"，其学理是"地径是山川，原有形迹之可见，天纪是气候，未有形迹之可窥，故必罗经测之，定其位而察其气。"理法派以罗盘测定山川、地势、形气，是以八卦、干支、五行、七政为其理论四大纲，且更抽象为洛书数，可概括为"炁形交生"以及象数之学，"炁"是更广义的"气"。

　　理法派测方位表示为矢量，如龙水、如山向。龙示地形地势之动态，水在地理上是极重要的因素，是有无生气的表征。龙水矢量，既指地势，也指水势。山向矢量指所测物之坐向。二矢量有一定关联，但不能机械理解。六十四卦龙山水向法，即此二矢量之关联变换，为罗盘测地较简单之例。计有贪狼、左辅、破军、武曲、右弼、巨门、禄存、文曲各八局，共六十四局。如文曲八局之一局：

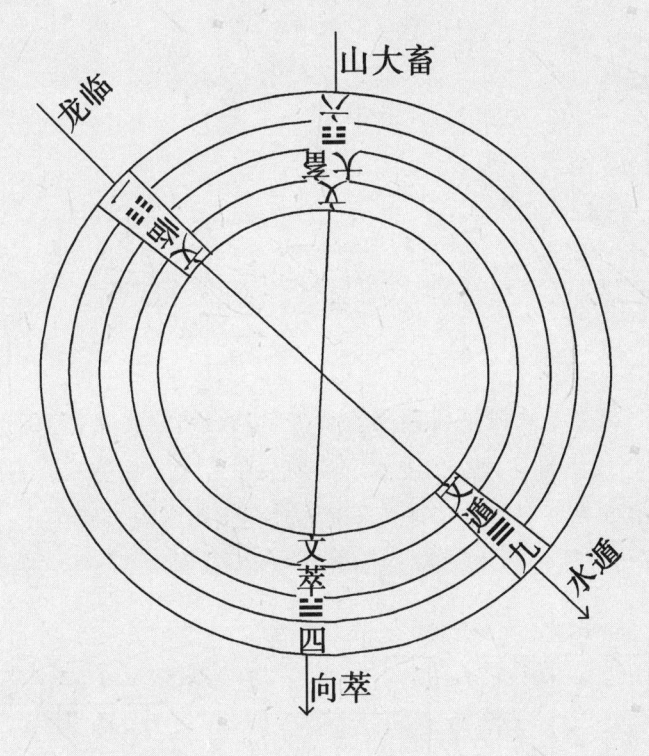

以洛书数表示龙水、山向两矢量之谐调关系。

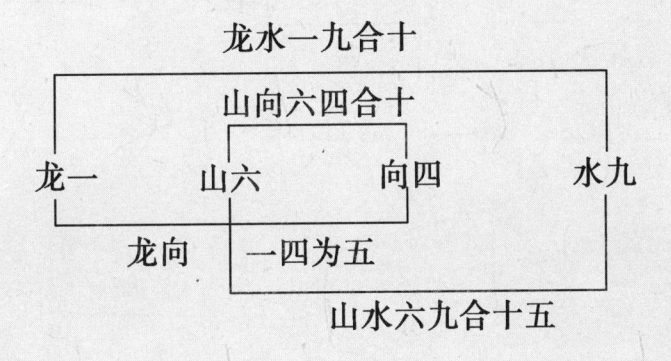

龙水一九合十
山向六四合十
龙一　　山六　　向四　　水九
龙向　一四为五
山水六九合十五

数字模式是：

　　龙＋水＝10
　　山＋向＝10
　　龙＋向＝15（或5）
　　山＋水＝5（或15）

八局表示为：

$$\begin{bmatrix} 龙 & 山 & 向 & 水 \\ 1 & 6 & 4 & 9 \\ 2 & 7 & 3 & 8 \\ 3 & 8 & 2 & 7 \\ 4 & 9 & 1 & 6 \\ 6 & 1 & 9 & 4 \\ 7 & 2 & 8 & 3 \\ 8 & 3 & 7 & 2 \\ 9 & 4 & 6 & 1 \end{bmatrix}$$

洛书除去中宫之数五，则四正四隅之诸矢量均合十。将洛书几何变换投射于圆周构成六十四方位，致使通过圆心的龙水、山向矢量合十。而贪狼、右弼之八类圆周分划和洛书数结合，可赋予各种地形地势象意，这是堪舆学内容所在。

### 洛书几何变换

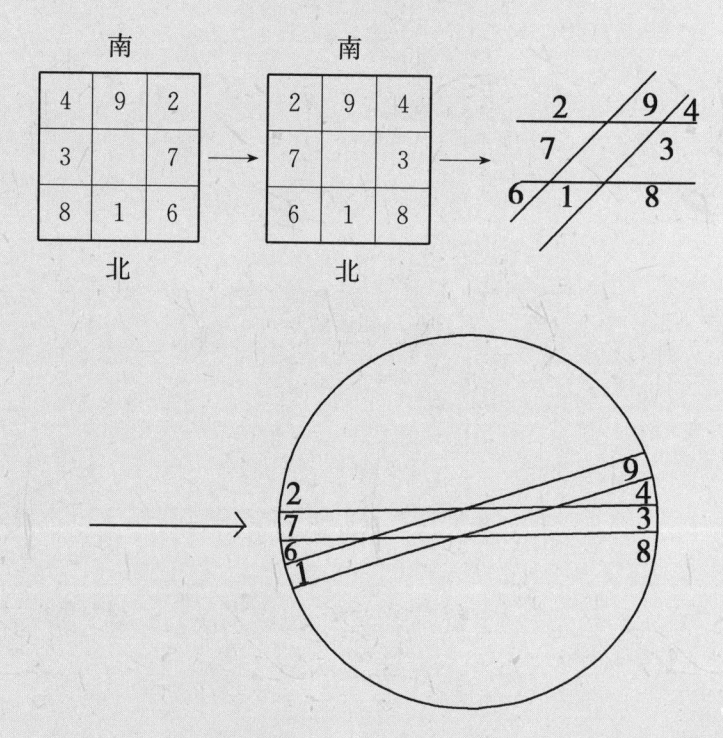

说明如下：洛书→绕南北轴翻转180°→直角坐标变换为斜角坐标→投射圆周。笔者旨在洛书，不在罗盘，罗盘象意以及爻形交生之实际应用，此略而不论。

## 三　洛书与明堂

最初我对明堂发生兴趣，是读清江永《河洛精蕴》中《法洛书制明堂图》一文。后又读杨鸿勋《建筑考古学论文集》，有《从遗址看西汉长安明堂（辟雍）形制》一文，对明堂建筑有详细论述。明堂是值得研究的中国古建筑，而后世宫室建制，深受其影响。又读王治心《中国宗教思想史大纲》，"宗教是文化的一部分，从宗教的进化途径上，可以看出民族文化进展的痕迹"。关于周代宗教思想的变迁，其论述有《明堂制度与宗教》，研究明堂与宗教是个大题目。总之，明堂和中国古文化发生了深切的联系，研究明堂、研究洛书，也是在寻求中国古文化的源头。

"明堂制"一词见于许多古籍文献，既指明堂建置及明堂布局建筑结构；又指古帝王在此宫室中祀上帝、祭祖先、朝诸侯、承贤、国子教育、飨射、献俘、治历、望气、告朔、行政等一切活动。所以，以明堂的应用，惠栋说"故为大教之宫"。"明堂"其名不一，蔡邕说："取其宗祀之貌则曰清庙；取其正室之貌则曰太庙；取其尊崇则曰太室；取其堂则曰明堂；取其四门之学则曰太学；取其四面周水园如璧则曰辟雍。异名而同实，其实一也。"再如《尸子》及《考工记》所载："神农曰天府，黄帝曰合宫，陶堂曰衢室，有虞曰总章，夏曰世室，殷曰阳馆，又曰重屋，周曰明堂。"也是异名而同实。从各种异名，我们可以理解明堂的内涵。如以"明堂"一词而言，蔡邕谓："《易》曰：离也者，明也……圣人南面而听天下，乡明而治……故虽有五名而主以明堂也。"明堂制是古帝王之活动，是古宫室之建造，"法洛书"是最佳模式。"法洛书"要在广泛的意义上去理解，即阴阳、五行、方位、四时，洛书数字都包括进去。洛书模式与明堂制相关联，又与建筑美学以及建筑风水相关联，后者属于民俗学课题，而二者又互为印证。中国古建筑，多采用意象以达到内容与形式之统一，法洛书是意象之一端。

在上古时代，据《易经》所称，是"上古穴居而野处，后世圣人易之以宫室。"因此，在神话中有相当多的神是穴居在山洞中的，后来才有宫室的建造。王国维《观堂集林·明堂庙寝通考》云："室者，宫室之始也……而扩其外而为堂，扩其旁而为房，或更扩堂之左右而为箱为夹为个（三者异名同实）"，"个"，读若"介"。又云："后庭前堂，左右有房，有户牖以达于堂，有侧户以达于房，有向以启于庭，东北隅谓之宧，东南隅谓之窔，西南隅谓之奥，西北隅谓之屋漏，其名如斯其备也。故室者，又宫室之主也，明乎室为宫室之始及宫室之主，而古宫室之制始可得而言焉。"关于明堂之制又云："明堂之制，外有四堂，东西南北，两两相背，每堂又各有左右二个，其名则月令诸书谓之青阳太庙、青阳左个、青阳右个。明堂太庙、明堂左个、明堂右个。总章太庙、总章左个、总章右个。玄堂太庙、玄堂左个、玄堂右个。"又云："盖太室之地，在寻常宫室中本为广廷，太室虽上有重屋，然太室屋与四宫屋之间，四旁通明，汉时犹谓之通天屋。"王氏绘制明堂图如下：

|  |  | 房 | 玄堂太庙 | 房 |  |  |
|---|---|---|---|---|---|---|
|  |  |   | 右个 | 左个 |   |   |
|  |  | 室 |   | 室 |   |   |
| 右个 | 房 |   |   |   | 房 | 左个 |
| 总章太庙 | 室 | 　 | 太室 | 　 | 室 | 青阳太庙 |
| 左个 | 房 |   |   |   | 房 | 右个 |
|  |  | 室 |   | 室 |  |  |
|  |  | 房 | 明堂太庙 | 房 |  |  |
|  |  | 右个 |  | 左个 |  |  |

此图对明堂诸名称的理解，可资参考，但明堂由简而繁，所以实际情况要复杂得多。

《大戴礼记》云："明堂者，古有之也。"卢注云："明堂之作，其代未得而详也。"案《淮南子》言，神农之世祀于明堂。《大戴礼记》编定于东汉时期，收录的文章都产生在公元前，其中有很多篇属于战国时期的作品。如《夏小正》篇，相传是夏代遗书，这是我国现存的最古老的月令。据此说明《大戴礼记》所记，是三代明堂可征信资料。清惠栋学《易》而悟明堂之布局结构，著《明堂大道录》八卷，三代明堂制，其所引《大戴礼记》之《盛德》篇较为详细。[①] 录之如下：

明堂者，古有之也。凡九室，一室而有四户八牖，三十六户，七十二牖。以茅盖屋，上圆下方。……外水曰辟雍。……明堂月令。赤，缀户也，白，缀牖也。二九四七五三六一八。堂高三尺，东西九筵，南北七筵，上圆下方。九室十二堂，室四户，

---

[①] 案：《大戴礼记》到唐代已佚失四十六篇，所存至今只有三十九篇，《盛德第六十六》和《明堂第六十七》都属《盛德第六十六》，实为一篇，不应该分作两篇。其详细论述见王文锦为《大戴礼记解诂》所写的《前言》。

户二牖，其宫方三百步。

惠栋又据《通典》补入：

堂方百四十四尺，坤之莢也。屋圆径二百一十六尺，乾之□也。太庙明堂方三十六丈，通天屋径九丈，阴阳九六之变。圆盖方载，六九之道。八闼以象八卦，九室以象九州，十二宫以应十二辰，三十六户七十二牖，以四户八牖乘九室之数也。户皆外设而不闭，示天下不藏也。通天屋高八十一尺，黄钟九九之实也。二十八宿列于四方，亦七宿之象也。堂高三尺以应三统。四乡五色，各象其行，外博二十四丈，以应节气也。

又据《隋书·宇文恺传》补入：

凡人民疾、六畜疫、五谷灾者，生于天道不顺。天道不顺，生于明堂不饰。故有天灾，则饰明堂也。

明堂起源很古，用于祀、祭、朝诸侯、行政，当然是极重要之所在。其建造必要与一些数字相符合，这是古人的一种观念。影响到后世，如北京故宫，也含有数的观念，北京四合院，也是洛书模式，含有数的观念。所以研究明堂制，其一是研究古宫室，其二是研究民俗学。古人给出符合一些数字的建造模式，这就形成一种习惯，即使后代人完全不顾这些数字的意义，但习惯犹存。洛书又合于五行：五为太室为土，九为明堂为火，一为玄堂为水，七为总章为金，三为青阳为木，二、四、六、八是个。

地下发掘遗址，有西汉长安之明堂。[①] 汉武帝崇尚儒术，儒臣们建议在长安城南立明堂，但未能付诸实施。西汉末年王莽执政，在长安建立明堂辟雍，称帝后，又建立其宗庙。1956年至1957年在西安市西郊大土门村，发掘毁于火的遗址，即是王莽所建立的明堂。它是以中央土台为中心，四面设堂、室的一座建筑。据发掘报告，明堂建在一个直径为6200厘米的圆形夯土基座之上。在其中央筑有大方台，从夯土边缘计算台南北长1680厘米，东西长1740厘米。台的四面均有墙、柱遗迹，可以看出四面有对称的堂、室布置。《汉书·平帝纪》有"义和刘歆等四人使治明堂、辟雍"的记载，由此我们得知这座明堂是在刘歆的领导下，设计和督造建成的。杨鸿勋先生在其文中绘制有"汉长安明堂辟雍复原图"，其中一层平面图简化如下：

---

[①] 详细论述见杨鸿勋《建筑考古学论文集·从遗址看西汉长安明堂（辟雍）形制》。

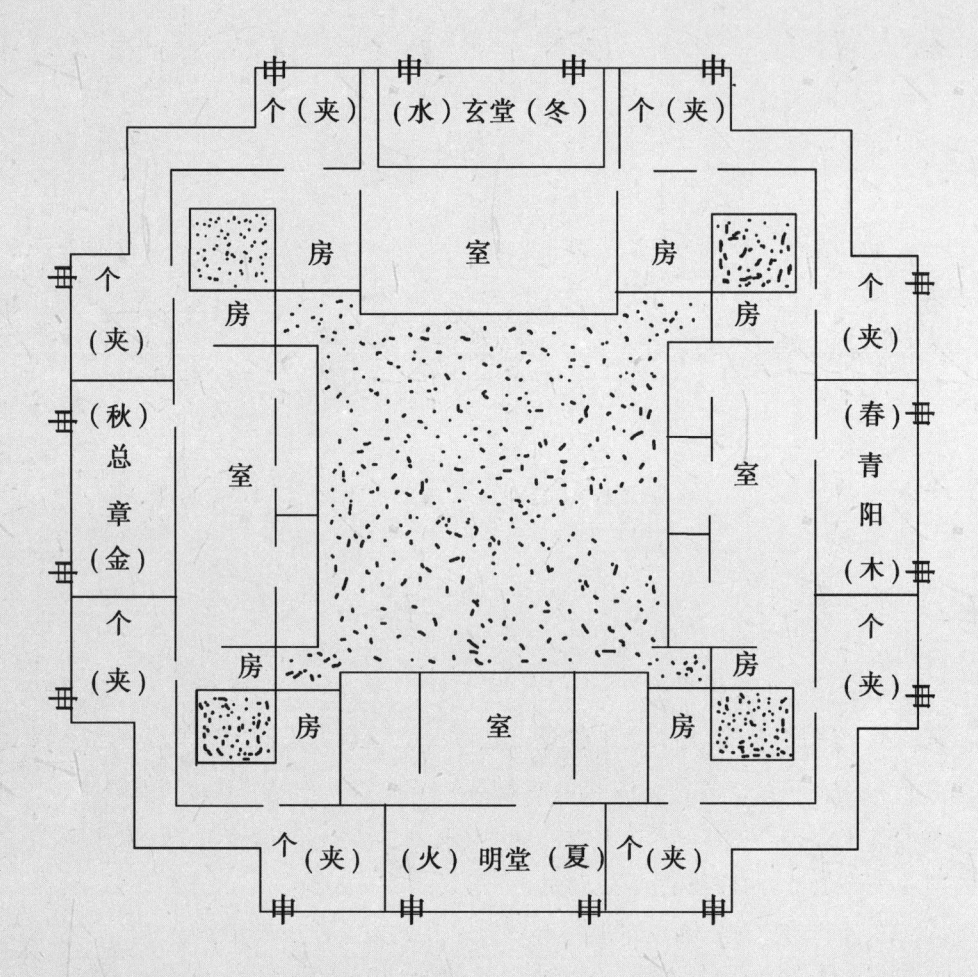

杨鸿勋先生说："王莽出于政治目的托古改制，自喻周公摄政，想大朝诸侯于明堂之位，以服天下。为此建立明堂，其式样当然是要周制的。从经学上说，他与刘歆基本属于古文学派，由他们设计、审定的明堂，自然也是力求遵照古制。古文不详的地方，或从今文典籍。这座明堂的布置，应从《考工记》周制五室之说，作五室。遗址已表明了四面的四室，其余的一室即中央太室，按刘歆所说：'内有太室'，则太室应在周围四室的中间。……至于太室平面是方是圆，遗址中央方台上部已经损失，无迹可寻，复原判断仅凭文献。"据此明堂遗址，其基本结构是洛书模式：

| 六<br>个（夹） | （水）玄堂（冬） | 八<br>个（夹） |
|---|---|---|
| 七<br>（金）总章（秋） | 五<br>太室<br>（土） | 三<br>（木）青阳（春） |
| 二<br>个（夹） | （火）明堂（夏） | 四<br>个（夹） |

由此我们看出，洛书、五行、春夏秋冬四时以及东西南北中五方位，紧密联系，这是古人建造明堂的核心观念。五行在一年四季和方位定向中，各有其所旺季节和所主方向。木旺于春，所主方位在东；火旺于夏，所主方位在南；金旺于秋，所主方位在西；水旺于冬，所主方位在北；土旺四季，所主方位在中。或言之，木之生长向阳，东方是太阳初升方位；火性如南方之炎热，火主方位在南；金清凉肃杀，西方正是太阳落山，草木不生的地方；水澄澈寒冷，而北方水冰地寒；土厚实适中，有利于万物生长，中央地处东西南北中间，所以土对应中央。其于洛书，则是三木、九火、七金、一水、五土，三、九、七、一、五为阳之数，明堂之"明"，是阳之内涵。明堂的使用，基本是秦人之法，见于《吕氏春秋·十二纪》。《礼记·月令》将其归纳为："孟春，天子居青阳左个；仲春，居青阳太庙；季春，居青阳右个。孟夏，居明堂左个；仲夏，居明堂太庙；季夏，居明堂右个。中央土，居太庙太室。孟秋，居总章左个；仲秋，居总章太庙；季秋，居总章右个。孟冬，居玄堂左个；仲冬，居玄堂太庙；季冬，居玄堂右个。"表述如下：

| 四时 | 天子居处 | 洛 书 | |
|------|---------|------|------|
| 孟春 | 青阳左个 | 八 | |
| 仲春 | 青阳太庙 | 三 | 合十五 |
| 季春 | 青阳右个 | 四 | |
| 孟夏 | 明堂左个 | 四 | |
| 仲夏 | 明堂太庙 | 九 | 合十五 |
| 季夏 | 明堂右个 | 二 | |
| 孟秋 | 总章左个 | 二 | |
| 仲秋 | 总章太庙 | 七 | 合十五 |
| 季秋 | 总章右个 | 六 | |
| 孟冬 | 玄堂左个 | 六 | |
| 仲冬 | 玄堂太庙 | 一 | 合十五 |
| 季冬 | 玄堂右个 | 八 | |

  天子居处是严格按四时十二个月居此十二堂，一季居三堂，合于洛书十五之数。古人对数字的崇拜，尤其对洛书的崇拜，创造了许多古代文化，明堂制即其一例。现代人为理性主义所浸润，是以算术及数字本身去理解数，看不到数字之外更为广泛的含义。可是如果我们以历史的透视眼光来看，就会采取一种比较宽宏的态度了。明堂的功能是"布政之宫"，《文献通考·卷七十二·郊社六》云："明堂者，王者之堂也。谓王者所居以出教令之堂也。夫王者所居非谓王者常居也。……其制必凛然森严，肃然清净，王者朝诸侯、出教令之时，而后居焉。"即明堂非王者所常居，而是朝诸侯出教令时的居处。内容与形式的统一，明堂是一种形式，其建构必符合于中国文化中的两个重要观念：一是天道观念，一是数字观念。《大戴礼记·盛德》云："故明堂，天

法也，礼度，德法也，所以御民之嗜欲好恶，以慎天法，以成德法也。刑法者，所以威不行德法者也。"明堂天法所在，意谓自然法则，人事法则所在之所。德法即王者躬行心德，垂为法象，如《易》所云："君子以制数度，议德行。"御是理，即理性，慎，读若顺。明堂制是顺天道，以成德法，使民之嗜欲好恶，具有理性。如德法行不通，则威之以刑法。故明堂建构形式，又取象天之星座，人与天地达到和谐统一。《礼记·明堂阴阳录》曰："明堂之制，周旋以水，水行左旋以象天。内有太室，象紫宫；南出明堂，象太微；西出总章，象五潢；北出玄堂，象营室；东出青阳，象天市。"刘歆也说："王者师天地，体天而行。是以明堂之制，内有太室，像紫微宫，南出明堂，像太微。"其次是数字观念，更确切地说，是符号观念。二九四七五三六一八是五行生成之数，为明堂九室所取之法。这种传统文化以洛书为法，充斥于诸多地下遗址和古籍文献。从文化的角度考察，我们可以解释许多文化现象。

古国都建置按洛书模式，分划为九区，如下图所示。北一区为市，市四面皆有门，每日市门开，则商贾有货，俱入市，所谓日中为市。中区为宫，洛书为五，宫为宫屋，处理日常事务之处。南九区是朝，君臣谋政事之处。朝之左为祖，祭祖之处。朝之右为社，① 古者自天子至庶民皆得封土立社，以祈福报功，其所祀之神曰社，其祀神之所亦曰社。其它四区是居民区。朝为九，市为一，两个居民区为三、七，宫为五。均为阳。天子、民及经济区是建置之本。

北

| 居民区 六 | 市 一 | 居民区 八 |
|---|---|---|
| 居民区 七 | 宫 五 | 居民区 三 |
| 社 二 | 朝 九 | 祖 四 |

西　　　　　　　　　　　　　　东

南

---

① 社为土地之神，见《白虎通·社稷》。

北京天坛是世界著名古建筑。其建构，无论形体、颜色、数字配合，都体现一种文化观念。单士元《故宫札记》一书有详细论，笔者摘抄所需要者。天坛建成于明永乐十八年（1420年），那时北京无外城，所以天坛属北京南郊。祀天的典礼，下限时间在周代，起源很古，祀天为大祀之首，每年举行，古代以南为阳，洛书为九，表示天是阳性。于嘉靖十九年（1540年）天坛又改建，更符合古制，即南面是圜丘坛，北面是大享殿，圆形建筑从此开始。冬季祀天在圜丘，春季祈谷和秋季报享在大享殿。圜丘坛是天坛主要部分，取以数字象征，如坛高三层取阳数；圜丘第一成（层）径九丈，即取九；第二成十五丈，取三个五；第三成二十一丈，取三个七。第一成栏板，每组九块分四组，第二成栏板，每组十八块，九的二倍，分四组，第三成栏板二十七块，九的三倍，分四组。凑九之数，我们说也是洛书传统。概括言之，九或九的倍数，源于洛书，明堂制，古代国都区域划分，宫廷建构，都以洛书或洛书数为模式。

# 第六章 筮法

用蓍草占卜叫"筮"。"筮"在周代是很庄重的事情。专门设置占筮的屋子叫"蓍室"，在蓍室的中央筑台，长五尺，宽三尺，以作占筮之用。

蓍，多年生草本，高二三尺，筮用其茎。《博物志》说："蓍千岁而三百茎，故知吉凶。"《史记》说："（蓍）生满百茎者，其下必有神龟守之"。《易经》用蓍来占筮，蓍也因问占者的地位不同而分若干等级：天子之蓍九尺，诸侯七尺，大夫五尺，士三尺。

《周易》的占筮已脱离原始阶段，专事占卜的"筮人"才能掌握。将蓍盛在椟中，椟用竹筒，或坚木和布漆制作，直径约三寸，长度约为蓍长的尺寸，有底和盖。从占筮的用具来看是很讲究的。占筮的仪式见朱熹《周易正义·筮仪》：

设木格于椟南……设香炉一于格南。

香盒一于炉南，日柱香，致敬。

将筮，则洒扫拂拭。

涤砚一，注水，笔一，墨一，黄漆板一，于炉东。

东上，筮者斋洁衣冠北面，盥手焚香致敬。

## 一 天地之数五十有五

《易》为象数之学，讲究"象"与"数"，此一义。《易》又讲究"变易"，"易简"，这是第二义。以"数"言之，《易》的最大数为十，区别于《奇门遁甲》九宫运算之最大数为九。《易》以奇数为天、偶数为地，所以《系辞上》说：

天一地二，天三地四，天五地六，天七地八，天九地十。天数五，地数五，五位相得而各有合。天数二十有五，地数三十，凡天地之数五十有五。此所以成变化而行鬼神也。

无论天数地数不是静止的，而是"变易"的，所以天数之变为一→三→五→七→九，地数之变为二→四→六→八→十，所以成变化而行鬼神也。概括天地变化之数，即是"易简"。

《系辞上》："易简而天下之理得矣。"天下之理，莫不由于易简而各顺其分位。唐孔颖达《周易正义》说：

若能行说易简静，任物自生，则物得其性矣。故《列子》云："不生而物自生，不化而物自化。"若不行易简，法令兹章，则物失其性也。《老子》云："水至清则无鱼，人至察则无徒。"又《庄子》云："马剪剔羁绊，所伤多矣。"是天之理未得也。

一到十天地之十个数字，是动态的，递变的是变易的，是时间序曲，何必将此十个数字烦琐的赋以各种名目，使其失去自性。所以我以"易简"立论。当然是一己之见。而各家有各家之见，一些见解可以引出新的话题。

李鼎祚《周易集解》：

天一　水甲　"天一生水于北"
地二　火乙　"地二生火于南"
　　　甲乾乙坤　相得合木
天三　木丙　"天三生木于东"
地四　金丁　"地四生金于西"
　　　丙艮丁兑　相得合火
天五　土戊　"天五生土于中"
地六　水己　"地六成水于北"
　　　戊坎己离　相得合土
天七　火庚　"天七成火于南"
地八　木辛　"地八成木于东"
　　　庚震辛巽　相得合金
天九　金壬　"天九成金于西"
地十　土癸　"地十成土于中"
　　　天壬地癸　相得合水

一个最基本的概念，八卦布局或先天卦或后天卦，应是八个方位，而此注释，仅四正方位且卦相重，所以不作探索。

## 二　成卦法

《系辞上》:"大衍①之数五十,其用四十有九。分而为二,以象两;挂一,以象三;揲②之以四,以象四时;归奇以扐,③以象闰。五岁再闰,故再扐而后挂。天一、地二、天三、地四、天五、地六、天七、地八、天九、地十。天数五,地数五,五位相得而各有合。天数二十有五、地数三十,凡天地之数五十有五。此所以成变化而行鬼神也。"

### 大衍之数五十有五

大演天地之数以十筮,备五十五策蓍草。④

### 其用四十有九

只用四十九策,其他六策不用。

### 分而为二以象两

将四十九策任意分为两部分,以象两仪。

### 挂一以象三

任意分之两部分中,再任意在其一部分中取出一策,以象天地人,此取出之一策而挂之不用。

将以上所述,概括如下:

"大衍之数五十有五,其用四十有九"

　　即　　$R' = 49$

"分而为地二以象两"

　　即　　$R' = 49 = R'_1 + R'_2$

"挂一以象三"

　　即　　$R' = 49 = 1 + (R'_1 - 1) + R'_2$

　　1 象征天

　　$(R'_1 - 1)$ 象征地

　　$R'_2$ 象征人

即然 1 象征天,或象征造物主,或象征太极,只能挂而不用,那么实际参与人间

---

① 衍,演。
② 揲,音舌,持也。
③ 扐,音勒,筮时,将蓍置于指间。
④ 用脱"有五"两字,今更正见前之说明,否则讲不通。

世运算的策为：$R'-1=(R'_1-1)+R'_2=48$

即 $49-1=48$

令　　$R=R'-1$　$R'_1-1=R_1$　$R'_2=R_2$

则　　$R=48=R_1+R_2$

### 揲之以四以象四时

持而以四分之，以象春夏秋冬四时。

前述 $R=48$ 策，将其任意分为两部分 $R_1$ 及 $R_2$。此两部分各以四策分之，数学运算，即是以 4 除之。

设 $R=48$ 策，任意分之　$R_1=19$　$=29$

则"揲之以四"即是：

$R_1/4=19/4$　$R_2/4=29/4$

### 归奇于扐，以象闰

奇是余数。$R$ 任意分为 $R_1$、$R_2$。$R_1$、$R_2$ 各以 4 策为一组分之，其所分后所得之余（奇）策，或一策、或二策，或三策，或四策，挟（扐）在无名指与中指间。

以数学运算，如上例任意分得 $R_1$、$R_2$ 之数：即 $R_1/4=19/4$，余 3 策，$R_2/4=29/4$，余 1 策，将此 3 策与 1 策"扐"之。实际"扐"并不重要，我们可以理解为将此 1 策与 3 策放置一旁不用，此象农历之一次置闰。置闰后，可运算之策为：

$R=48$ 策 $-(3$ 策 $+1$ 策$)=44$ 策

第一变完成。

### 五岁再闰，故再扐而后挂

中国历法或称"阴历"，或称"农历"。所以称"阴历"是地球和月亮的关系，表现为朔、望、上弦，下弦。所以称"农历"是地球与太阳的关系，表现为春、夏、秋、冬四季和二十四节气。所以中国历准确称为"阴历、阳历、干支、三合历"。

关于地球、月亮、太阳三者的运行不是以历法年为基准，而是以三天体真实的运行关系为基准，称为"回归年"以区别于"历法年"。"回归年"与"历法年"的差异（这里略去我烦琐的计算与数据，仅称"差异"）使在 19 个回归年中有 7 个闰月年，与 12 个无闰月年，即"19 年 7 闰"。"五岁再闰"仅是个约数。

第一变为象闰，第二变，即是"五岁两闰"。

引入具体计算方法，即是带余数的除法：

$a=mq+r$　$0\leqslant r<m$

其中　　$a$——被除数

　　　　$m$——除数

q——商

r——余数

将 o≤r<m 改为 o<r≤m

则 a=mq+r　　o<r≤m

改写为：a≡r（modm）　　o<r≤m

r 为余数　m 为除数

modm 读为"模 m"

即是"同余"运算，简单的 4 个性质：

(1) a≡a（modm）

(2) a≡b（modm）

则 b≡a（modm）对称性

(3) a≡b（modm）

b≡c（modm）

则 a≡c（modm）传递性

(4) a≡b（modm）

c≡d（modm）

则 a+c≡b+d（modm）

a－c≡b－d（modm）

a≡b（mdom）的代数式：

a－b=mk

或 a=b+mk

以此代数运算，即可验证 4 个性质的正确性。

### 成卦法的同余运算

| 大衍之数五十有五，其用四十有九。 | $R'=49$ |
|---|---|
| 分而为二以象两 | $R'=49=R'_1+R'_2$ |
| 挂一以象三 | $R'=49=1+(R'_1-1)+R'_2$ |
| | 1 象征天，象征造物主，象征太极，故挂而不用 |
| | $R'-1$　象征地 |
| | $R'_2$　象征人 |
| | $R'-1=(R'_1-1)+R'_2=48$ |
| | 令 $R=R'-1$，$R_1=R'_1-1$，$R_2=R'_2$ |
| | 则 $R=48=R_1+R_2$ |

### 第一变

| | |
|---|---|
| 揲之以四，以象四时。<br>归奇于扐，以象闰。<br>（而后挂） | $R = 48 = R_1 + R_2$<br>$R_1 \equiv r_1 \pmod 4$<br>$R_2 \equiv r_2 \pmod 4$<br>$\quad 0 < r_1 \leqslant 4$<br>$\quad 0 < r_2 \leqslant 4$<br>$0 < r_1 + r_2 \leqslant 4$ 或 $8$<br>$48 - 4 = 44$<br>$48 - 8 = 40$ |

### 第二变

| | |
|---|---|
| 五岁再闰，故再扐而后挂。<br>第二变为五岁之第一闰。 | 一变之后，可用之策为：<br>$R = 44 = R_1 + R_2$<br>$R = 40 = R_1 + R_2$<br>$R_1 \equiv r_1 \pmod 4$<br>$R_2 \equiv r_2 \pmod 4$<br>$0 < r_1 \leqslant 4$<br>$0 < r_2 \leqslant 4$<br>$0 < r_1 + r_2 \leqslant 4$ 或 $8$<br>挂之不用<br>$44 - 4 = 40$<br>$44 - 8 = 36$<br>$40 - 4 = 36$<br>$40 - 8 = 32$ |

### 第三变

| 五岁再闰，故再扐而后挂。 | 二变之后，可用之策为： |
|---|---|
| 第三变为五岁之第二闰。 | $R = 40 = R_1 + R_2$ |
| | $R = 36 = R_1 + R_2$ |
| | $R = 32 = R_1 + R_2$ |
| | $R_1 \equiv r_1 \pmod{4}$ |
| | $R_2 \equiv r_2 \pmod{4}$ |
| | $0 < r_1 \leq 4$ |
| | $0 < r_2 \leq 4$ |
| | $0 < r_1 + r_2 \leq 4$ 或 $8$ |
| | 挂之而不用 |
| | $40 - 4 = 36$ |
| | $40 - 8 = 32$ |
| | $36 - 4 = 32$ |
| | $36 - 8 = 28$ |
| | $32 - 4 = 28$ |
| | $32 - 8 = 24$ |
| | 三变之后，可用之策为：36、32、28、24 |

《系辞上》："是故四营而成《易》，十有八变而成卦。"

荀爽曰："营者，谓七八九六也。"

陆绩曰："分而为二以象两"，一营也。"挂一以象三"，二营也。"揲之以四以象四时"，三营也。"归奇于扐以象闰"，四营也。谓四度营为，方成《易》之一爻者也。

荀爽之注"营"为七八九六，仅是最后结论，未知其由来。"营"字义之一是"度"，陆绩之"四度营"写出筮法四过程。近人著作谓："揲之以四去营求，而构成《易》筮数变化"。读这些注解，仍不明白"四营"之义。我思考一个问题，就是对《系辞》不敢怀疑一字。其一"天地之数五十有五"脱去"五"字，不敢补上。其二，三变的结果，其策数是36、32、28、24，应"揲之以四"，即以4分之，得出9、8、7、6。此9、8、7、6、即是"四营"或称"营数"。而《系辞》对三变之后之策未作处理。

"四营"9、8、7、6非同时筮得，仅筮得四数之一。奇数9、7为阳，偶数8、6为阴。

──9（老阳　可变之爻）
──8（少阴　不变之爻）
──7（少阳　不变之爻）
— —6（老阴　可变之爻）

三变得一爻，其次序是初爻，二爻，三爻，四爻，五爻，上爻，十八变得六爻，即一卦。

例：　第一变

R＝48

任意分之，设 $R_1=11$　$R_2=37$

$11\equiv 3\ (mod4)$

$37\equiv 1\ (mod4)$

$r_1+r_2=3+1=4$　挂而不用

$R=48-(r_1+r_2)=48-4=44$

第二变

R＝44

任意分之　设 $R_1=14$，$R_2=30$

$14\equiv 2\ (mod4)$

$30\equiv 2\ (mod4)$

$r_1+r_2=2+2=4$　挂而不用

$R=44-(r_1+r_2)=44-4=40$

第三变

R＝40

任意分之　设 $R_1=24$　$R_2=16$

$24\equiv 4\ (mod4)$

$16\equiv 4\ (mod4)$

$r_1+r_2=4+4=8$　挂而不用

$40-(r_1+r_2)=40-8=32$

32"揲之以四"即 32/4＝8

— —8（少阴，不变之爻）

三变求得初爻，类此求二爻，三爻……上爻。

## 三　古筮

方东美在《中国形上学中之宇宙与个人》一文中说：

《易经》一书，是一部体大思精，而又颠扑不破的历史文献。其中含有：

（一）一套历史发展的格式。其构造虽极复杂，但层次却有条不紊。

（二）一套完整的卦爻符号系统，其推演步骤悉依逻辑严谨法则。

（三）一套文辞的组合，凭藉其语法交错连繫的应用，可以发抉卦爻间彼此意义衔接贯串处。

此三者乃是一种"时间论"之序曲或导论，从而引申出一套形上学原理，藉以解释宇宙秩序。

以上三点，是中国哲学基础；是中国形上学。关于（二），任何一个符号系统必须满下列三个条件：

1. 符号系统。有穷个或可数无穷个原始符号，并以连接运算构成"字"的集合。
2. 形成规则。
3. 变形规则。

《易经》的卦爻符号系统是满足此三个条件的。《易经》的卦爻符号系统区别于现代逻辑符号系统，且有其特殊性。如数理逻辑的分子命题：P∨Q（P∧（P→Q））→Q

但卦爻符号系统，是以一爻或数爻表示原子命题，以爻的所在位置定义命题联结词，则一个卦就是一个分子命题。

关于（三）卦辞和爻辞构成《易经》的文辞系统。这一系统是卦辞和爻辞的组合；本卦卦辞和之卦卦辞的组合；卦辞内部的各辞之间的组合；陈述语句和判断语句的组合。这一系统的运算即是"变卦法"。

高亨《周易古经今注》记载有东周筮法，即《左传》、《国语》所记之筮事，列表如下：

| 六爻皆不变 | （1）《左传》僖公十五年 | （2）《左传》成公十六年 | （3）《国语》晋语 |
|---|---|---|---|
|  | 蛊　――　七<br>　　――　八<br>　　――　八<br>　　――　七<br>　　――　七<br>　　――　八 | 复　―　八<br>　　―　八<br>　　―　八<br>　　―　八<br>　　―　八<br>　　――　七 | 泰　―　八<br>　　―　八<br>　　―　八<br>　　――　七<br>　　――　七<br>　　――　七 |

| | | |
|---|---|---|
| 一爻变 | (1)《左传》昭公十二年<br><br>坤（本卦）　　比（之卦）<br>— —　八　　　— —　八<br>— —　六　　　——　九<br>— —　八　　　— —　八<br>— —　八　　　— —　八<br>— —　八　　　— —　八<br>——　八　　　— —　八 | (2)《左传》哀公九年<br><br>泰（本卦）　　需（之卦）<br>— —　八　　　— —　八<br>— —　六　　　——　九<br>— —　八　　　— —　八<br>——　七　　　——　七<br>——　七　　　——　七<br>——　七　　　——　七 |
| | (3)《左传》僖公二十五年<br><br>大有（本卦）　　睽（之卦）<br>——　七　　　——　七<br>— —　八　　　— —　八<br>——　七　　　——　七<br>——　九　　　— —　六<br>——　七　　　——　七<br>——　七　　　——　七 | (4)《左传》庄公二十二年<br><br>观（本卦）　　否（之卦）<br>——　七　　　——　七<br>——　七　　　——　七<br>— —　六　　　——　九<br>— —　八　　　— —　八<br>— —　八　　　— —　八<br>— —　八　　　— —　八 |
| | (5)《左传》昭公五年<br><br>明夷（本卦）　　谦（之卦）<br>— —　八　　　— —　八<br>— —　八　　　— —　八<br>— —　八　　　——　七<br>——　七　　　— —　八<br>— —　八　　　— —　八<br>——　九　　　— —　六 | (6)《左传》襄公二十五年<br><br>困（本卦）　　大过（之卦）<br>— —　八　　　— —　八<br>——　七　　　——　七<br>——　七　　　——　七<br>— —　六　　　——　九<br>——　七　　　——　七<br>— —　八　　　— —　八 |
| | (7)《左传》僖公十五年<br><br>归妹（本卦）　　睽（之卦）<br>— —　六　　　——　九<br>——　七　　　— —　八<br>— —　八　　　——　七<br>——　七　　　——　七<br>——　七　　　——　七<br>——　七　　　——　七 | (8)《左传》昭公七年<br><br>屯（本卦）　　比（之卦）<br>— —　八　　　— —　八<br>——　七　　　——　七<br>— —　八　　　— —　八<br>— —　八　　　— —　八<br>— —　八　　　— —　八<br>——　九　　　— —　六 |
| | (9)《左传》闵公二年<br><br>大有（本卦）　　乾（之卦）<br>——　七　　　——　七<br>— —　六　　　——　九<br>——　七　　　——　七<br>——　七　　　——　七<br>——　七　　　——　七<br>——　七　　　——　七 | (10) 略 |
| 三爻变 | (1)《国语》晋语<br><br>屯（本卦）　　豫（之卦）<br>— —　八　　　— —　八<br>——　九　→　— —　六<br>— —　六　→　——　九<br>— —　八　　　— —　八<br>— —　八　　　— —　八<br>——　九　→　— —　六 | (2)《国语》周语<br><br>乾（本卦）　　否（之卦）<br>——　七　　　——　七<br>——　七　　　——　七<br>——　九　→　— —　六<br>——　九　→　— —　六<br>——　九　→　— —　六<br>——　九　→　— —　六 |

| 五爻变 | 略 |
|---|---|

六爻皆不变之（1），《左传》僖公十五年。摘抄如下（一己之见，据资料，略加疏解）：

| | |
|---|---|
| 卜徒父筮之，<br><br>"吉"。涉河候车败。<br><br>诘之，对曰："乃大吉也。三败，必获晋君。"<br><br>其卦遇蛊（巽下艮上）曰："千乘三去，三去之余，获其雄狐。"<br><br>夫狐蛊，必其君也。蛊之贞，风也，其悔山也。岁云秋矣，我落其实，而取其材，所以克也。实落材亡，不败，何待？ | 卜徒父，秦之卜人，名徒父。掌三兆、三易、三梦之法。筮得卦为"吉"。渡黄河，侯的车子毁坏。<br><br>秦伯问卜徒父，怎么是吉？<br><br>答之："是大吉大利！打败他们三次，必然俘获晋国国君。"<br><br>把一千辆兵车三次驱除，三次驱除之余，获得了雄狐。"雄狐"应是晋国国君。"三去"即三驱。<br><br>"千乘三去，三去三余，获其雄狐"，这是"繇（音遥）词"，不见于《周易》，是夏商古占。<br><br>"狐蛊"是"雄狐"的变辞。蛊的内卦是巽风，外卦是艮山。时令到了秋去了，我们的风、吹过山上，吹落了他们的果实，还取得他们的木材，因此就可以战胜。果实落地，木材丧失，不败，还等待什么？（描述时令之利） |

《太史公自序》，其中一段话：

  三五不同龟，四夷各异卜，然各以决吉凶。略窥其要，作《龟策列传》第六十八。

[译]：夏、商、周三王之龟占，其法不相同，四方之少数民族，也有卜法，其法也不相同。窥其大要，作《龟策列传》第六十八。

查阅《龟策列传》有龟占、有策占。策占，即是筮法。"王者决定诸疑，参以卜筮，断以蓍龟，不易之道也"十筮即是蓍草占，这句话的疏解是：最后的决疑，既有十筮，也有龟占。

以上，《左传》、《国语》以及《史记》之论，我们了解，由"成卦法"得一卦，而最后卦之判定有一定规则。

## 四 变卦法

上述"成卦法",最后之数字九、八、七、六称为"四营"。这四个数字的不同组合称为"营数"以 X 表示。

设六爻都是九,则营数为五十四、设六爻都是六、则营数是三十六。五十四是最大营数,三十六是最小营数,则三十六≤X≤五十四。

变卦法实际是在成卦法基础上的一种"寻址"运算,打一个比方,成卦法是硬件系统,变卦法是以营数 X 寻址的软件系统。

以下为书写及计算方便起见,一律改为阿拉伯数字,即九、八、七、六,改为 9、8、7、6,营数改为

36≤X≤54　天地数五十五,改为 55。

例1. 设由成卦法求得

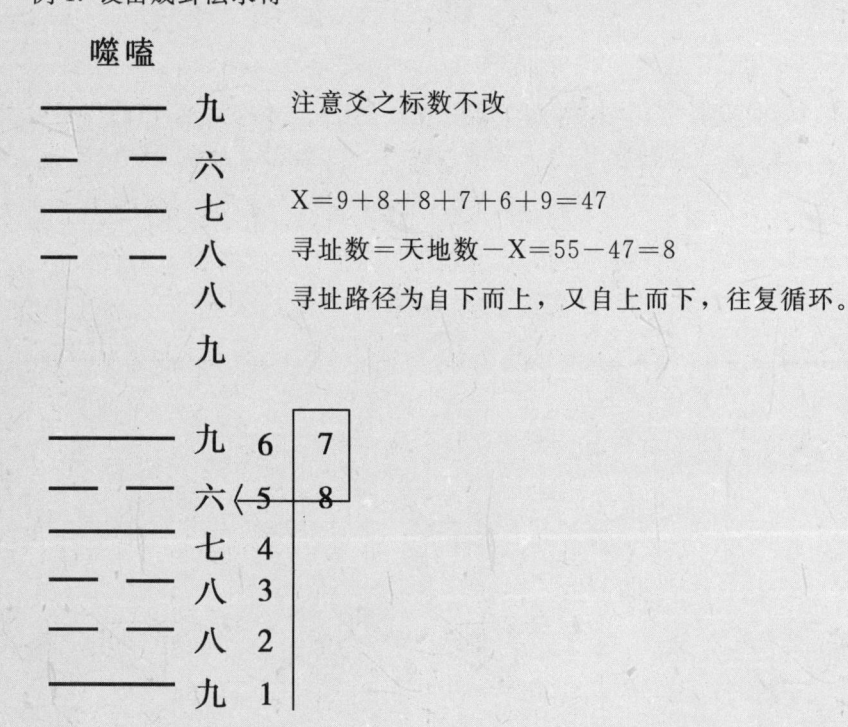

噬嗑

―――――　九　　注意爻之标数不改
― ―　　六
―――――　七　　X＝9＋8＋8＋7＋6＋9＝47
― ―　　八
― ―　　八　　寻址数＝天地数－X＝55－47＝8
―――――　九　　寻址路径为自下而上,又自上而下,往复循环。

―――――　九　6 │ 7
― ―　　六←5 │ 8
―――――　七　4
― ―　　八　3
― ―　　八　2
―――――　九　1

例2. 设由成卦法求得坤卦

```
  坤
一 一 六  6 │ 7
一 一 八 ⟨5   8  17⟩
一 一 六  4 │ 9  16
一 一 六  3 │10  15
一 一 六  2 │11  14
一 一 六  1 │12  13
```

X＝6＋6＋6＋6＋8＋6＝38

寻址数＝天地数－X

　　　＝55－38＝17

占筮的目的是问事之吉凶。共六十四卦，即有六十四卦辞。每卦六爻，384 爻辞。再加"用九""用六"两条爻辞。卦辞，爻辞之采用，由变卦法之寻址决定。

根据《左传》《国语》所载占筮实例，作如下概括。

（一）六爻皆为不变爻，以本卦卦辞占之，无需寻址。

如筮得升卦
```
一 一八
一 一八
一 一八
─── 七
─── 七
一 一八
```
以升卦卦辞占之

（二）六爻都是变爻，也无需寻址，又分三种情况：

(1) 乾卦以"用九"爻辞占之。
```
───九
───九
───九
───九
───九
───九
```

"用九，见群龙无首，吉"

(2) 坤卦以"用六"爻辞占之。
```
一 一六
一 一六
一 一六
一 一六
一 一六
一 一六
```

"用六，利永贞"

(3) 除乾、坤二卦、其他六十二卦以之卦卦辞占之。如筮得一卦，其中变爻一一六，变为一九。其中一一六变为一九，所得之卦，即是"之卦"。如筮得既济卦：

```
    既济           未济
── ──六      ─────九
─────九      ── ──六
── ──六      ─────九
─────九      ── ──六
── ──六      ─────九
─────九      ── ──六
```

既济是本卦，未济是之卦。即以之卦之未济卦辞占之。

（三）六爻都不变之卦，和六爻全变之卦不需寻址运算。而一般为一爻变——五爻变，需寻址运算。又分两种情况。

（1）如"寻址数"所指为变爻，即以该爻爻辞占之。例如筮得井卦。

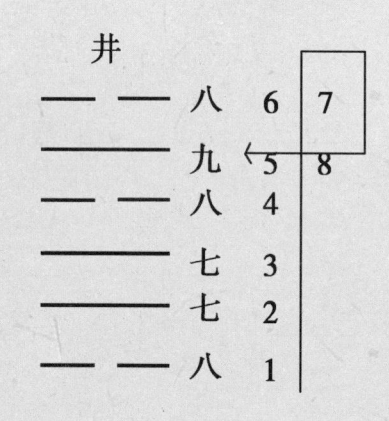

```
  井
── ──八    6  7
─────九  ← 5  8
─────八    4
─────七    3
─────七    2
─────八    1
```

$X = 8+7+7+8+9+8 = 47$

寻址数 = 天地数 − X

$\qquad = 55 - 47 = 8$

以井卦"九五"爻辞占之。

再例，如筮得姤卦

```
  姤
─────七    6  7
─────九    5  8
─────七    4  9
─────七    3  10
─────七    2  11
── ──六  ← 1  12
```

$X = 6+7+7+7+9+7 = 43$

寻址数 = 天地数 − X

$\qquad = 55 - 43 = 12$

以姤卦"初六"爻辞占之。

（2）寻址数所指为不变爻，则以本卦所含之变爻数决定，又分三种情况：

其一，本卦有一变爻，或二变爻，由本卦卦辞占之。

其二，本卦有三变爻，由本卦卦辞和之卦卦辞合占。

其三，本卦有四变爻或五变爻由之卦卦辞占之。

例1、筮得困卦（二变爻）

困

```
— —  八 ←6
———  九   5
———  七   4
— —  八   3
———  九   2
— —  八   1
```

X＝8＋9＋8＋7＋9＋8＝49
寻址数＝天地数－X
　　　＝55－49＝6
二爻、五爻为变爻，即二变爻，
寻址指向为上爻，即不变爻以
本卦（困卦）卦辞占之。

例2、筮得三变爻屯卦

屯（本卦）
```
— —  八
———  九
— —  六
— —  八
— —  八
———  九
```

豫（之卦）
```
— —  八
— —  六
———  九
— —  八
— —  八
— —  六
```

屯卦（本卦）之X：X＝9＋8＋8＋6＋9＋8＝48
寻址数＝天地数－X＝55－48＝7
寻址为屯卦上爻为八，不变爻，本卦，之卦合占例了，筮得艮卦（五爻变卦）。

艮（本卦）
```
———  九   6 | 7
— —  六   5 | 8
— —  六   4 | 9
———  九   3 | 10
— —  八 ←2 | 11
— —  六   1 |
```

随（之卦）
```
— —  六
———  九
———  九
— —  六
— —  八
———  九
```

以之卦卦辞占之。

**变卦法寻址判定表**

| 状态 | 寻址 | 占辞 |
|---|---|---|
| 六爻为不变爻 | 无需寻址 | 本卦卦辞 |
| 六爻为变爻 | 无需寻址 | 乾"用九"爻辞 |
| | | 坤"用六"爻辞 |
| | | 其他卦，之卦卦辞 |
| 一爻变至五爻变 | 寻址变爻 | 该变爻爻辞 |
| 一爻变或二爻变 | 寻址不变爻 | 本卦卦辞 |
| 三爻变 | | 本卦、之卦卦辞 |
| 四爻变或五爻变 | | 之卦卦辞 |

# 第七章 奇门遁甲

## 一 引言

奇门遁甲是洛书之用，确切些说，是以洛书为"坐标"系，而定局定盘。其在《四库全书·子部·术数类》。笔者先介绍文献资料，对奇门遁甲有一般历史的认识。

《遁甲演义》二卷，《四库提要》：

明程道生撰。……考《大戴礼》载明堂古制，有二九四七五三六一八之文，此九宫之法所自昉，而《易纬·乾凿度》载太乙行九宫尤详，遁甲之法，实从此起。……其法以九宫为本，纬以三奇六仪八门九星，视其加临之吉凶，以为趋避。以日生于乙，月明于丙，丁为南极，为星精，故乙丙丁皆谓之奇。而甲本诸阳首，戊己下六仪分丽焉，以配九宫，而起符使，故号遁甲。其离坎分宫，正授超神，闰奇接气，与历律通。开休生之取北方三向，与太乙通。龙虎蛇雀刑囚旺墓之义，不外于乘承生克，与六壬星命通。至风云纬候，无不赅备。故神其说者以为出自黄帝风后，及九天元女，皆依托，固不待辨，而要于方技之中最有理致。考《汉志》所列惟风后六甲，风后孤虚而已，于奇遁尚无明文，至梁简文帝《乐府》，始有三门应遁甲语。《陈书·武帝纪》，遁甲之名遂见于史，则其学殆盛于南北朝。《隋志》载有伍子胥遁甲文，信都芳《遁甲经》，葛秘《三元遁甲图》等十三家。其遗文世不概见。唐李靖有《遁甲万一诀》，胡乾有《遁甲经》，俱见于史志。至宋而传其说者愈多。………

《奇门遁甲赋》一卷，《四库提要》：

不著撰人名氏。考焦竑《经籍志》，遁甲书七十二家，以赋名者宋邱浚《天乙遁甲赋》及员卓《遁甲专征赋》而已。是编论奇门而不及于天乙，亦不主于用兵，殆非浚、卓遗本。其于奇仪飞伏之理，词意明简，尚不至于荒诡。末附以烟波钓叟歌。……其赋中注释，则大抵江湖术士撮拾浮谈，无所阐发也。

《黄帝奇门遁甲图》一卷，《四库提要》：

不著撰人名士，所载惟阴阳十八局及入门凡例，而余法皆不详。……文辞鄙拙，亦不类宋人，殆好事者依托为之也。

《奇门要略》一卷，《四库提要》：

不著撰人名氏，大都撮拾《奇门五总龟》之说，略加诠次。于得奇得门得使，毫无所发明。即超神接气亦未之及。而以为得宋平章赵公之传，书末复援刘基、徐达以神其术，此术家诞妄之习，不足究诘也。

《太乙遁甲专征赋》一卷，《四库提要》：

不著撰人名氏，考焦竑《经籍志》，有明员卓《遁甲专征赋》，其名与此相合。或即卓书，或后人所拟作，莫能详也。其书以递甲论行军趋避之用，不外《烟波钓叟歌》中之意，别无所发明。且以太乙命名，而篇中绝无一语及太乙九宫计神主客者，尤为不可解矣。

《遁甲吉方直指》一卷，《四库提要》：

明王巽撰，巽自号秦台子，兰阳人。官钦天监五宫司历。是书前有自序，谓永乐中，上巡狩北京，增大统壬遁历书，命巽及冬官正皇甫仲和灵台郎汤铭等推演遁甲，删诸凶时，专注吉门以利用。因集为此书。盖亦壬遁历之略例也。然术家主趋避，未有不明于所避，而可以获吉者。专选吉方以求验，殊非古法矣。

《奇门说要》一卷，《四库提要》：

明郭仰廉编。仰廉始末未详。是书即阴阳十八局起例立成之说，别无要指。盖亦从诸书钞撮而成者。

以上所录书目七种，除《遁甲演义》为两江总督采进本，其余六种是浙江范懋柱私人进献本。所以四库本关于奇门遁甲书范围有限，然其提要评议比较公允。

奇门遁甲著述，又见于《古今图书集成》[①]。其所收辑奇门遁甲，摘其要者，内容为《烟波钓叟歌》，《景佑遁甲符应经》，《遁甲穿壬》等。

元马端临《文献通考·经籍考四十七》载：《遁甲万一诀》一卷，《遁甲经》一卷，《景佑遁甲玉函符应经》二卷，《遁甲选时图》二卷。其于《遁甲万一诀》按语："遁甲之书见于《隋志》，凡十三家，则其学之来，亦不在近世矣。以休、生、伤、杜、景、死、惊、开八门，推国家之吉凶，通其学者以为有验，未之尝试也。"这里说明两点：第一，奇门遁甲以八门推算国家之吉凶。第二，《文献通考》撰者虽在介绍奇门遁甲之神奇推算，但"未之尝试也"，态度是严谨的。

《隋书·经籍志》载：《黄帝阴阳遁甲》六卷。《遁甲决》一卷，吴相伍子胥撰。《遁甲文》一卷，伍子胥撰。《遁甲经要钞》一卷。《遁甲万一诀》二卷。《遁甲九元九局立成法》一卷。《遁甲肘后立成囊中秘》一卷，葛洪撰。《遁甲囊中经》一卷。《遁甲囊中经疏》一卷。《遁甲立成》六卷。《遁甲立成》一卷。[②]《遁甲叙三元五历六成》一

---

[①] 此亦一大类书，编辑印刷历顺、康、雍三朝。草创于顺治朝，主其事者为陈梦雷，重修于康熙朝，印成于雍正朝。计三十二典，六千一百零九部，共一万卷。

[②] 按，与上书名同。

卷，郭引远撰。《遁甲六成法》一卷，临孝恭撰。《遁甲穴隐秘处经》一卷。《黄帝九元遁甲》一卷，王琛撰。《黄帝出军遁甲式法》一卷。《遁甲法》一卷。《遁甲术》一卷。《阳遁甲用局法》一卷，临孝恭撰。《杂遁甲钞》四卷。《三元遁甲上图》一卷。《三元遁甲图》三卷。《遁甲九宫八卦图》一卷。《遁甲开山图》三卷，荣氏撰。《遁甲返覆图》一卷，葛洪撰。《遁甲年录》一卷。《遁甲支手诀》一卷。《遁甲肘后立成》一卷。《遁甲行日时》一卷。《遁甲孤虚记》一卷，伍子胥撰。《遁甲孤虚注》一卷。《遁甲九宫亭亭白奸书》一卷。《遁甲要用》四卷，葛洪撰。《遁甲秘要》一卷，葛洪撰。《遁甲要》一卷，葛洪撰。《遁甲》三十三卷，后魏信都芳撰。《三元遁甲》六卷，许昉撰。《三元遁甲》六卷，刘毗撰。《遁甲时下决》三十三卷。《阳遁甲》九卷。《阴阳遁甲》十四卷。《遁甲三奇》三卷。《遁甲三元九甲立成》一卷。《遁甲推时要》一卷。《三正遁甲》一卷，杜仲撰。《遁甲》三十五卷。

不厌其烦地写下这些书目（未全抄录），非为笔者偏爱，假如笔者介绍奇门遁甲譬作一棵小树，那么同时也要看到大树和森林。余嘉锡《古书通例》云："《隋书》十志本为《五代史》而作，其篇第编入《隋书》，俗呼为《五代史志》。六朝以前目录书皆亡，仅此书《经籍志》见其崖略，故读古书者必取资焉。"按，《隋书》十志，是由于梁、陈、齐、周、隋各书均无志，太宗诏修《五代史志》，编入《隋书》。《经籍志》上溯后汉，把千年来的名贤著述，都网罗进，使后人得以寻找图书存亡的痕迹，对于访求文献有莫大便利。而奇门遁甲的研究成果及其发展，也可以由目录见其梗概。

藏书情况，有美国国会图书馆藏《景佑遁甲符应经》上部三卷，下部三卷，共六册，明钞本。宋杨维德等撰。有阴阳遁十八局，课四千三百二十，"法神道而设教育"，"有龙甲之秘经"。

北京图书馆藏《太乙集》，不分卷，残，十六册，不详撰人。《易纬·乾凿度》云："太一取其数，以行九宫。"郑玄注："太一者，北辰之神名也。神所居，故亦名之曰宫。天一下行，犹天子出巡狩，省方岳之事，每率则复。太一下行八卦之宫，每四乃还于中央，中央者北神之所居，故因谓之九宫。"按此为后世太乙、九宫、遁甲之所从出。是书有阴遁、阳遁各七十二局。王重民按："《存目》卷百十有《太乙成书》八卷，其内容似大致与是书相同，《成书》凡五周，为三百六十局，疑是书亦应有三百六十局也。"

北京图书馆藏《遁甲日用涓吉奇门五总龟》二卷，四册，明刻本。不著撰人。卷内有："蔡新"、"葛山"、"海宁陈鳣观"、"小李山房图籍"、"柯溪藏书"等印记。

此外，如《汉书·艺文志》、《唐书·经籍志》、《宋史·艺文志》、《明史志》、《明史列传》、《清史稿》、《千顷堂书目》，汉墓出土文献以及坊间流传，不下二百种。在漫长的历史时代，奇门遁甲的形成和研究，是一种文化现象，不管人们肯定或否定此一现象，但它盘踞在人们生活中已久，我们不能改变这一史实。这里对奇门遁甲的介绍，并不含着主观的提倡。

## 二 奇门遁甲时制

从出土的甲骨文，发现有完整的六十干支表，殷人就是以六十日为一周，周而复始地记日。殷代干支记日，顺序循环，没有中断地连续使用到今天，这是世界最早的记日法。

从战国开始一直至今，又用干支纪年，六十年为一周期。有了干支记日、记年，在历史时间轴上划出等分的年间隔，日间阳，使人们对历史事件的年、月、日、时不会因朝代及历法的变更而发生差错，同时也使预测天象更准确。奇门遁甲的时制，即以干支纪年、记月、记日、记时，而定局定盘。

其次，略述中国古历法，以探求奇门遁甲始年的确定。中国古天文学是利用圭表量测每日中午表影的长度及其变化，直接定出冬至日期。中国"古六历"[①] 皆以 $365\frac{1}{4}$ 日为一回归年（多至时刻至下一冬至时刻），故又称"四分历"。十二个朔望月比一回归年少十一天，需要设置闰月来调节季节，十九个回归年有七个闰月，即：

19 个回归年 = 12×19+7 = 235 个朔望月

$$1 \text{ 朔望月} = \frac{365\frac{1}{4} \times 19}{235} = 29\frac{499}{940} \text{ 日}$$

古六历中，仅《颛顼历》用到公元前104年，汉武帝改历为止。

$29\frac{499}{940}$ 按连分数展开的最佳近似值为 $29\frac{43}{81}$，汉武帝时的《三统历》[②] 即以：

$1 \text{ 朔望月} = 29\frac{43}{81}$ 日

为"八十一分法"的原始数据。八十一分法，即将一日分为八十一分。

$1 \text{ 朔望月} = 29\frac{43}{81} \times 81 = 2392$ 分

置闰周期 = 235 朔望月 = 2392×235 = 562120 分

$1 \text{ 回归年日数} = (562120 \times 19) \div 81 = 365\frac{835}{1539}$ 日

即经过1539年才能得一整日。

---

① 战国时期制定的《黄帝历》、《颛顼历》、《夏历》、《殷历》、《周历》、《鲁历》。
② 又称《太初历》。

又置闰周期 235 朔望月与交食周期 135 朔望月的最小公倍数是 6345 朔望月。

6345 朔望月 $= \dfrac{6345}{235} \times 19 = 513$ 年

1539 年恰为 513 年的 3 倍，如果冬至时刻为年之始，朔旦为月之始，夜半为日之始，1539 年是一周期。

干支记日，每 60 日一循环。

1539 年 $= 365 \dfrac{833}{1539} \times 1539 = 562120$ 日

562120 与 60 的最小公倍数是 1686360。

$1686360$ 日 $= \dfrac{1686360}{365 \dfrac{835}{1539}} = 4617$ 年

冬至、朔旦、夜半，且为甲子日，则周期是 4617 年。

又计算五星会合周期：

木星大周 = 1728 年会合 1583 次

金星大周 = 3456 年会合 2161 次

土星大周 = 4320 年会合 4375 次

火星大周 = 13824 年会合 6469 次

水星大周 = 9216 年会合 29041 次

1728、3456、4320、13824、9216 的最小公倍数是 138240，138240 与 19 之最小公倍数是 2626560。即每经 2626560 年，五星会终与日月会岁，称之为"七曜齐同"。

经 $2626560 \times 9 = 23639040$ 年，冬至、朔旦、夜半、七曜，同复于甲子日。23639040 年定义为太极上元。《汉书·律历日》说："五星会终，触类而长之，以乘章岁，为二百六十二万六千五百六十（2626560），而与日月会。三会为七百八十七万九千六百八十（7879680），而与三统会。三统二千三百六十三万九千零四十（23639040），而复于太极上元"。"太极上元"包含有天体起源、宇宙演化的思想。即如老子所述，宇宙的形成，是从无名的、混沌的、无形的质，演化为有名的、清楚的、有形的宇宙万物。《三统历》即以冬至、朔旦、夜半、日月五星齐同，且在甲子日，定为有形的天地万物的开始。从数字考察，也许毫无意义，但别一种含义，却是一种哲学的高度概括。

奇门遁甲时制，受太极上元及历元（历法起算的时刻）的哲理性影响，其年盘开始的年份，仿历元定为公元前 2637 年（甲子年），或公元前 1377 年（甲子年）。其日盘、时盘又紧密和冬至、夏至以及二十四节气相联系。

按史学观点，历史不能离开时间范畴，从而我国史学表素质很高。如《史记》之

《三代世表》、《十二诸侯年表》、《六国年表》、《秦汉之际月表》等，其体例取自前人，是中国优秀史学传统。从史学表我们可以看出，历史事件固定在某一时刻，或许是偶然的、随机的，但研究其全过程，却包含着必然因素。虽然史学研究的是在时间进程中，历史事件和历史人物活动，奇门遁甲研究的是在时间进程中，某一军事行动的方位部署，后来演变为在时间进程中一个人的行动取舍，而更具体化为在某时间，某方位有利或不利。但其研究方法，仍然是在个别现象中，找出规律性的因素。所以司马迁说："历人取其年月，数家隆于神运。"

奇门遁甲产生于一个"历史的民族"。[①] 司马迁自称，他写《史记》的目的，是"究天人之际，通古今之变，成一家之言"。"究天人之际"，说明他继承了古代巫史不分的传统，古代巫史不仅秉笔记录当代发生的事件，且为宫廷预测和决疑。"通古今之变"，说明他力图用历史作为借鉴，发现历史事件中有规律性的东西。奇门遁甲正是预测和决疑的一种模式。

天文历法以及"史"的观念，是生成奇门遁甲的因素，且奇门遁甲是在中国传统术数中，唯一将时空有机地联系在一起。

## 三　奇门遁甲解题

首先谈什么是文化？国内外的"文化"定义不下几十种，《天人象》一书的作者谢松龄先生不着一字于"文化"的厘定，却道出一种文化观："文化是现象，是人类体验所现之象"，而"文化创造是精神历史的展现。人类的文化创造，是意显现为象，象着明为言的过程。"这是地道的中国式的文化观。文化创造乃是"意→象→言"的过程。吕建福先生评《天人象》一书，文章标题就是《忘象求意》，他说："情绪性的否定传统，一旦作为一种潜意识（底蕴）存在，那么，这种潜意识的另一面就是对西方文化的情绪性的肯定，对中国文化的无理由的偏视。所谓中西文化比较，大量关于西方文化的论述只是起了证明中国文化'有病'的作用。西方文化似乎是一面鉴照中国文化憔悴病容的光洁的镜子。在这种氛围中，令人高兴的是，我们终于见到了一本道地的研究中国文化的新著：《天人象：阴阳五行学说史导论》。说它是'道地的'，不仅因为其专题是道地的中国文化——阴阳五行和方技术数，而且因为其研究方法也是道地的中国方法——忘象求意。"

又说：全书一气贯之，通过阴阳五行学说及天文、律历、风水、命相等各种中国本土的"方技术数，展示出其中的深层蕴涵——天地人大一统"的体验世界。这也是

---

① 外国著作称中国语。

海外诸现代大儒的共同看法："中国文化自来即有其一贯之统绪存在"，"总以大一统为常道"，此即中国文化的"一本性"，（牟宗三等《为中国文化敬告世界人士宣言》）。《天人象》的作者则由向来为现代文化人类学视为"民俗"的方技术数，展示出同样的"深层结构"——体验世界。这就使我们对中华五千年之"泱泱"大文化有了更深入且更具体的理解。这一种"理解"不同于通常概念名言的条分缕析的知解，其深入具体之程度，视各人由言入象的历程中不执著言象的去执程度而定。

西方文化着重于理性、逻辑推理和证实。中国传统文化中的"易象"，是中国术数的深层结构所展示的体验世界。是天地人系统的"一本性"。体验世界是无可论证的。奇门遁甲虽然具有一定方法构造其模式，但对模式的解释却是一种体验和意会。基于此，构造模式的基本元素是"赋象"的符号，这些符号是：

三奇——乙、丙、丁。

六仪——戊、己、庚、辛、壬、癸。

八门——休门、生门、伤门、杜门、景门、死门、惊门、开门。

九星——天蓬星、天芮星、天冲星、天辅星、天禽星、天心星、天柱星、天任星、天英星。

八神——直符、螣蛇、太阴、六合、勾陈（阴遁白虎）、朱雀（阴遁玄武）、九地、九天。

九宫（九气）——一白、二黑、三碧、四绿、五黄、六白、七赤、八白、九紫。

关于奇门遁甲的建构，有以下几点说明：

其一，《易·系辞》："天五地六"，六是大地。古占法，除奇门遁甲外，又有六壬与太乙，世称"三式"。以五行生于水，故曰"壬"，又"天一生水，地六成之"，故曰"六"。六壬法：以天上十二辰分野，为之天盘，以地上十二支方位，为之地盘，天盘随时间运转，地盘则一定不易。分野说是占星术的一块基石，所谓"分野"即是天上星象与地面某地相对应。一般论者，认为要研究古代和中世纪的天文学史，离开占星术是寸步难行的，因为截止到十七世纪左右的天文学史，几乎同时就是占星术发展史。笔者认为占星术本身有它的价值在，既不能给予肯定，但也不必全盘否定。汉代人就想把一切事物归纳到宇宙论体系中去，因此对分野说比较重视，有了分野说，就把天地人系统化起来。值得重视的是这种思考。古代的天地人系统，区别于现代的天地人系统，现代是以物理的数学的推理为基础，古代却是体验为基础。而现代物理的数学的方法，也绝不能包罗万象。六壬的天盘地盘是天地关系的模式，而非实体的反映。

又如七政星学，是根据实星而定方位的。所谓实星是指实际存在具有实体的星，即太阳、月亮、木星、火星、土星、金星、水星七星，总称为七政星。相对地奇门遁甲是以三奇、九星等"虚星"来定方位的。它们构成一个体验世界，同时又是一个符号世界和取象世界。

其二，奇门遁甲以洛书为构建框架，构成十八个地盘，即十八个坐标系。或称十八局（阴遁九局，阳遁九局）。这里洛书表示方位，即四正、四隅，这是奇门遁甲的空间。局的构造是将九干（甲除外）有序地布入洛书内。

如阳一局地盘：

| 洛书序 | 1 | 2 | 3 | 4 | 5 | 6 | 7 | 8 | 9 |
|---|---|---|---|---|---|---|---|---|---|
| 九　干 | 戊 | 己 | 庚 | 辛 | 壬 | 癸 | 丁 | 丙 | 乙 |

| 辛 4 | 乙 9 | 己 2 |
|---|---|---|
| 庚 3 | 壬 5 | 丁 7 |
| 丙 8 | 戊 1 | 癸 6 |

如阴九局地盘：

| 洛书序 | 1 | 2 | 3 | 4 | 5 | 6 | 7 | 8 | 9 |
|---|---|---|---|---|---|---|---|---|---|
| 九　干 | 乙 | 丙 | 丁 | 癸 | 壬 | 辛 | 庚 | 己 | 戊 |

| 癸 4 | 戊 9 | 丙 2 |
|---|---|---|
| 丁 3 | 壬 5 | 庚 7 |
| 己 8 | 乙 1 | 辛 6 |

地盘的构造很简单，九干即九个有序元素，按现代数学群论中的轮换运行，而布于洛书。

阳局轮换是：（戊己庚辛壬癸丁丙乙）

阴局轮换是：（乙丙丁癸壬辛庚己戊）

各轮换一轮构成阴阳十八局。奇门遁甲书一般称阳九局是"顺布六仪逆布三奇"，阴九局是"顺布三奇逆布六仪"。

九干布局（地盘）与时间有关，而构成奇门遁甲时空统一系统。这种特殊的十八个坐标系，是由真实时间与空间象化的体验世界。

据地盘九干之布局，再依所用之时间、构造、"三奇六仪天盘"、"八门人盘"、"九星天盘"、"八神盘"、"九宫盘"。三奇乙丙丁，象意是日月星，即日为乙奇，丙为月奇，丁为星奇。"奇"字可释为"神奇"、"奇异"、"妙用"，是日、月、星的修饰字（按五行说释"奇"，较确切，此从略）。六仪戊己庚辛壬癸，内涵是时间。无论年、月、日、时，都由六十干支纪之，"六十"一甲子，"六十"一循环，如下表：

| 戊— | 甲子 | 乙丑 | 丙寅 | 丁卯 | 戊辰 | 己巳 | 庚午 | 辛未 | 壬申 | 癸酉 |
| 己— | 甲戌 | 乙亥 | 丙子 | 丁丑 | 戊寅 | 己卯 | 庚辰 | 辛巳 | 壬午 | 癸未 |
| 庚— | 甲申 | 乙酉 | 丙戌 | 丁亥 | 戊子 | 己丑 | 庚寅 | 辛卯 | 壬辰 | 癸巳 |
| 辛— | 甲午 | 乙未 | 丙申 | 丁酉 | 戊戌 | 己亥 | 庚子 | 辛丑 | 壬寅 | 癸卯 |
| 壬— | 甲辰 | 乙巳 | 丙午 | 丁未 | 戊申 | 巳酉 | 庚戌 | 辛亥 | 壬子 | 癸丑 |
| 癸— | 甲寅 | 乙卯 | 丙辰 | 丁巳 | 戊午 | 己未 | 庚申 | 辛酉 | 壬戌 | 癸亥 |

六行、十列，每行有十个时间单位，为一组。六十时间单位，共六组。每组取一字代之，如第一组（第一行）代之以"戊"，第二组（第二行）代之以"己"，等等。则六仪代六十干支。"仪"可释"象"，"《易》之妙，妙在象"的"象"。所以六仪之六个字，可以赋予各种物象、意象，内涵极广垠。

九干之外的"甲"代表"太乙"（"泰一"或"太一"）即天帝，太乙主天，如人主主地。"甲"也是象，其意象是一种神秘的力量。具体构造天盘时，"甲"并不出现，而是隐遁于六仪之中，故称"遁甲"。

奇门遁甲根据所用时间，将各种符号分布于洛书空间内，构成赋象的符号系统。取象过程是不断积累，不断修订，逐步认识，而最后形成反映真实天地人关系的方位预测。笔者设想用现代概率统计的方法，验证其反映客观事物的真实程度，然而人事复杂，牵涉因素太多，天地人大系统是否能用数学方法以及现代科学方法完全给予解决，这是存疑的问题。但是概率统计不失为验证客观规律的一种手段（笔者是数学工作者，对数学有一种偏爱），试看下例：

巴特开惠茨根据普鲁士军队的统计报告，计算过十个连队中的骑兵在连续二十年的时间内，因受马的践踏以致死亡的人数。将每年每队中因马践踏死亡的人数算作随机事件，则统计结果表明，此随机事件服从波松分布。

但问为什么服从波松分布？谁也说不清楚。我们只能承认这种统计规律性。论证

（实际是验证）奇门遁甲的真实程度，也存在类似情况。现在有人提出"包涵着生命信息的宇宙背景能量"，以及"人体能量流"，这是"场"的概念。人与方位的关系，实际是场的作用。笔者认为未弄清楚这种"场"的运动形式，对研究问题，并无实际效用。

数学论证，是一种辅助手段，场的概念尚在逐步认识阶段，我们只能回到深层次的"意"、"象"世界。奇门遁甲的研究方法是"会"，即体验。定局定盘模式及取象赋意，正是一种体验轨迹。

## 四　定局——构造地盘

前面谈到将九干顺逆"轮换"，布入洛书，而形成阴阳十八局，如表所示：

**地盘十八局九干分布表**

| 九干分布 洛书数 局 | 1 | 2 | 3 | 4 | 5 | 6 | 7 | 8 | 9 |
|---|---|---|---|---|---|---|---|---|---|
| 阳一局 | 戊 | 己 | 庚 | 辛 | 壬 | 癸 | 丁 | 丙 | 乙 |
| 阳二局 | 乙 | 戊 | 己 | 庚 | 辛 | 壬 | 癸 | 丁 | 丙 |
| 阳三局 | 丙 | 乙 | 戊 | 己 | 庚 | 辛 | 壬 | 癸 | 丁 |
| 阳四局 | 丁 | 丙 | 乙 | 戊 | 己 | 庚 | 辛 | 壬 | 癸 |
| 阳五局 | 癸 | 丁 | 丙 | 乙 | 戊 | 己 | 庚 | 辛 | 壬 |
| 阳六局 | 壬 | 癸 | 丁 | 丙 | 乙 | 戊 | 己 | 庚 | 辛 |
| 阳七局 | 辛 | 壬 | 癸 | 丁 | 丙 | 乙 | 戊 | 己 | 庚 |
| 阳八局 | 庚 | 辛 | 壬 | 癸 | 丁 | 丙 | 乙 | 戊 | 己 |
| 阳九局 | 己 | 庚 | 辛 | 壬 | 癸 | 丁 | 丙 | 乙 | 戊 |
| 阴九局 | 乙 | 丙 | 丁 | 癸 | 壬 | 辛 | 庚 | 己 | 戊 |
| 阴八局 | 丙 | 丁 | 癸 | 壬 | 辛 | 庚 | 己 | 戊 | 乙 |
| 阴七局 | 丁 | 癸 | 壬 | 辛 | 庚 | 己 | 戊 | 乙 | 丙 |
| 阴六局 | 癸 | 壬 | 辛 | 庚 | 己 | 戊 | 乙 | 丙 | 丁 |
| 阴五局 | 壬 | 辛 | 庚 | 己 | 戊 | 乙 | 丙 | 丁 | 癸 |
| 阴四局 | 辛 | 庚 | 己 | 戊 | 乙 | 丙 | 丁 | 癸 | 壬 |
| 阴三局 | 庚 | 己 | 戊 | 己 | 丙 | 丁 | 癸 | 壬 | 辛 |
| 阴二局 | 己 | 戊 | 乙 | 丙 | 丁 | 癸 | 壬 | 辛 | 庚 |
| 阴一局 | 戊 | 乙 | 丙 | 丁 | 癸 | 壬 | 辛 | 庚 | 己 |

所谓"构造地盘",即是按年、月、日、时,确定用哪一局。地盘分作年盘、月盘、日盘、时盘。

[年盘]:一年一局,六十年一元,上中下三元,一百八十局为一大循环,阴遁。

[月盘]:十个月一局,五年一元,一元六局,上中下三元,三元十八局,阴遁。

[日盘]:一日一局,六十日一元,上中下三元,三元一百八十局,阴阳遁。

[时盘]:十时辰一局,五日六局为一元,上中下三元共十八局,与二十四节气相关联,阴阳遁。

具体做法分述如下:

(一) 年盘一年一局,使用阴遁,年干支60,阴遁9局,60与9的最小公倍数是180。180分做三元,60局为一元。阴遁轮换为:(9 8 7 6 5 4 3 2 1)

**年干支与上中下三元阴遁对应表**

上元5局衔接中元4局,中元8局衔接下元7局,下元2局衔接上元1局。构成180局大循环。是60的倍数,也是9的倍数。

年盘"历元"确定为公元前1377年,即公元前1377年为起始上元甲子年。

180年是三元一大循环，则

$$（前1377）\equiv（前117）\pmod{180}$$

公元前117年，是又一上元甲子年

```
├─────•••••••••──┼──────┼──────┼──────┼──────→ 公元
前1377年      前117年   前57年   4年    64年（纪年）
上元甲子      上元甲子  中元甲子 下元甲子 上元甲子
```

以此推算公元64年是上元甲子，则

64+180=244年　　　上元甲子

64+2×180=424年　　上元甲子

64+3×180=604年　　上元甲子

••••••••••

∴ 64+180k（k=0、1、2……）为上元甲子设所求年为A

A=64+180k+a（k=0、1、2……）

即 A−64=180k+a

a为A−64除以180的余数

写成同余式：

$$A-64\equiv a\pmod{180} \tag{1}$$

求得a以后，

$$A-a=64+180k \quad 为上元甲子 \tag{2}$$

例　1991年（从农历正月初一，即阳历2月15日算起）定盘。

由（1）式　1991−64≡1927≡127（mod 180）

　　　即　a=127

由（2）式　A−a=1991−127=1864　为上元甲子

　　　　　1864+60=1924　为中元甲子

　　　　　1924+60=1984　为下元甲子

则　1984—甲子

　　1985—乙丑

　　1986—丙寅

　　••••••••••

查"年干支与上中下三元阴遁对应表"之"下元"盘，1991为辛未年，阴九局。
再查"地盘十八局九干分布表"，按此构造1991年地盘：

| 癸 4 | 戊 9 | 丙 2 |
|---|---|---|
| 丁 3 | 壬 5 | 庚 7 |
| 己 8 | 乙 1 | 辛 6 |

（二）月盘十个月一局。一年十二月，十与十二的最小公倍数是六十，六十个月即五年，五年一元，一元六局。月盘用阴遁，六局与阴遁九局完全对应，六与九的最小公倍数是十八，即十八局，十八局是上中下三元的一大循环。十八局为十五年。又，月干支与年干支相关联，六十年是十五年的四倍，即六十年有四个上中下三元的大循环。

```
[10月、12月]＝60月
 一局    一年      |
              [6局  9局]＝18局
         五年   阴遁   |
                   [15年、60年]＝60年
                    一甲子  四大循环
```

月盘的构造，先由年干支定三元，如下表：

| 年干\年支 | 甲 | 乙 | 丙 | 丁 | 戊 | 己 | 庚 | 辛 | 壬 | 癸 |
|---|---|---|---|---|---|---|---|---|---|---|
| 子 |  | 上 |  | 下 |  | 中 |  | 中 |  | 上 |
| 丑 |  | 上 |  | 下 |  | 下 |  | 中 |  | 上 |
| 寅 | 中 |  | 上 |  | 下 |  | 下 |  | 中 |  |
| 卯 | 中 |  | 上 |  | 上 |  | 下 |  | 中 |  |
| 辰 | 下 |  | 中 |  | 上 |  | 上 |  | 下 |  |
| 巳 |  | 下 |  | 中 |  | 中 |  | 上 |  | 下 |
| 午 | 上 |  | 下 |  | 中 |  | 中 |  | 上 |  |
| 未 |  | 上 |  | 下 |  | 下 |  | 中 |  | 上 |
| 申 | 中 |  | 上 |  | 下 |  | 下 |  | 中 |  |
| 酉 |  | 中 |  | 上 |  | 上 |  | 下 |  | 中 |
| 戌 | 下 |  | 中 |  | 上 |  | 上 |  | 下 |  |
| 亥 |  | 下 |  | 中 |  | 中 |  | 上 |  | 下 |

次依下表由月干支定局（月盘用阴局）：

| 三元 | 月干月支 | 甲 | 乙 | 丙 | 丁 | 戊 | 己 | 庚 | 辛 | 壬 | 癸 |
|---|---|---|---|---|---|---|---|---|---|---|---|
| 上元 | 子 | 2 |   | 9 |   | 8 |   | 7 |   | 6 |   |
|  | 丑 |   | 2 |   | 9 |   | 8 |   | 7 |   | 6 |
|  | 寅 | 6 |   | 1 |   | 9 |   | 8 |   | 7 |   |
|  | 卯 |   | 6 |   | 1 |   | 9 |   | 8 |   | 7 |
|  | 辰 | 7 |   | 5 |   | 1 |   | 9 |   | 8 |   |
|  | 巳 |   | 7 |   | 5 |   | 1 |   | 9 |   | 8 |
|  | 午 | 8 |   | 6 |   | 5 |   | 1 |   | 9 |   |
|  | 未 |   | 8 |   | 6 |   | 5 |   | 1 |   | 9 |
|  | 申 | 9 |   | 7 |   | 6 |   | 5 |   | 1 |   |
|  | 酉 |   | 9 |   | 7 |   | 6 |   | 5 |   | 1 |
|  | 戌 | 1 |   | 8 |   | 7 |   | 6 |   | 5 |   |
|  | 亥 |   | 1 |   | 8 |   | 7 |   | 6 |   | 5 |
| 中元 | 子 | 5 |   | 3 |   | 2 |   | 1 |   | 9 |   |
|  | 丑 |   | 5 |   | 3 |   | 2 |   | 1 |   | 9 |
|  | 寅 | 9 |   | 4 |   | 3 |   | 2 |   | 1 |   |
|  | 卯 |   | 9 |   | 4 |   | 3 |   | 2 |   | 1 |
|  | 辰 | 1 |   | 8 |   | 4 |   | 3 |   | 2 |   |
|  | 巳 |   | 1 |   | 8 |   | 4 |   | 3 |   | 2 |
|  | 午 | 2 |   | 9 |   | 8 |   | 4 |   | 3 |   |
|  | 未 |   | 2 |   | 9 |   | 8 |   | 4 |   | 3 |
|  | 申 | 3 |   | 1 |   | 9 |   | 8 |   | 4 |   |
|  | 酉 |   | 3 |   | 1 |   | 9 |   | 8 |   | 4 |
|  | 戌 | 4 |   | 2 |   | 1 |   | 9 |   | 8 |   |
|  | 亥 |   | 4 |   | 2 |   | 1 |   | 9 |   | 8 |

| 三元 | 月干月支 | 甲 | 乙 | 丙 | 丁 | 戊 | 己 | 庚 | 辛 | 壬 | 癸 |
|---|---|---|---|---|---|---|---|---|---|---|---|
| 下元 | 子 | 8 |  | 6 |  | 5 |  | 4 |  | 3 |  |
|  | 丑 |  | 8 |  | 6 |  | 5 |  | 4 |  | 3 |
|  | 寅 | 3 |  | 7 |  | 6 |  | 5 |  | 4 |  |
|  | 卯 |  | 3 |  | 7 |  | 6 |  | 5 |  | 4 |
|  | 辰 | 4 |  | 2 |  | 7 |  | 6 |  | 5 |  |
|  | 巳 |  | 4 |  | 2 |  | 7 |  | 6 |  | 5 |
|  | 午 | 5 |  | 3 |  | 2 |  | 7 |  | 6 |  |
|  | 未 |  | 5 |  | 3 |  | 2 |  | 7 |  | 6 |
|  | 申 | 6 |  | 4 |  | 3 |  | 2 |  | 7 |  |
|  | 酉 |  | 6 |  | 4 |  | 3 |  | 2 |  | 7 |
|  | 戌 | 7 |  | 5 |  | 4 |  | 3 |  | 2 |  |
|  | 亥 |  | 7 |  | 5 |  | 4 |  | 3 |  | 2 |

例 1991年2月15日（农历正月初一）——1992年2月3日（农历十二月三十日）为辛未年，查表为中元（定位）。[定局]：

| 正 月 | 庚寅 | 阴二局 |
|---|---|---|
| 二 月 | 辛卯 | 阴二局 |
| 三 月 | 壬辰 | 阴二局 |
| 四 月 | 癸巳 | 阴二局 |
| 五 月 | 甲午 | 阴二局 |
| 六 月 | 乙未 | 阴二局 |
| 七 月 | 丙申 | 阴一局 |
| 八 月 | 丁酉 | 阴一局 |
| 九 月 | 戊戌 | 阴一局 |
| 十 月 | 己亥 | 阴一局 |
| 十一月 | 庚子 | 阴一局 |
| 十二月 | 辛丑 | 阴一局 |

正月一六月地盘：

| 4 丙 | 9 庚 | 2 戊 |
|---|---|---|
| 3 乙 | 5 丁 | 7 壬 |
| 8 辛 | 1 己 | 6 癸 |

七月一十二月地盘：

| 4 丁 | 9 己 | 2 乙 |
|---|---|---|
| 3 丙 | 5 癸 | 7 辛 |
| 8 庚 | 1 戊 | 6 壬 |

（三）日盘一日一局，六十局为一元，三元一百八十局。冬至→夏至为阳局，冬至最近之甲子日为阳一局（上元起局），多至后第二个甲子日为阳七局（中元起局），冬至后第三个甲子日为阳四局（下元起局）。夏至→冬至为阴局，夏至最近之甲子日为阴九局（上元起局），夏至后第二个甲子日为阴三局（中元起局），夏至后第三个甲子日为阴六局（下元起局）。如下之圆图：

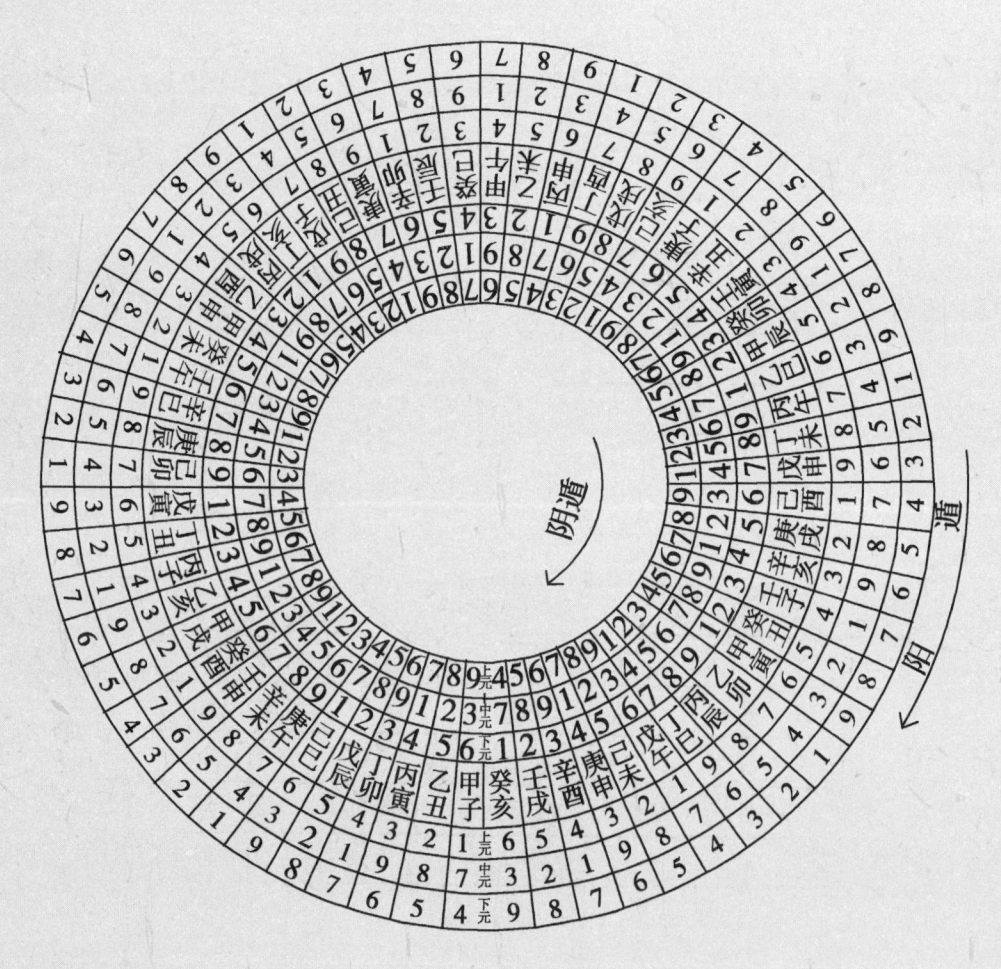

例1　1990年2月5日（正月初十），日干支为辛丑，在近冬至第一甲子后，阳局上元，查表为阳二局。

例2　1991年11月19日（农历十月十四），日干支为癸巳。

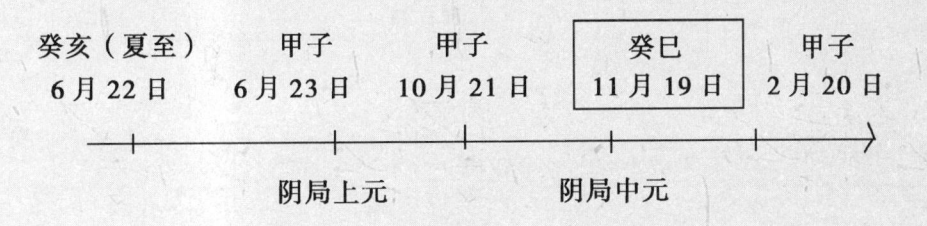

```
癸亥（夏至）    甲子        甲子       │ 癸巳 │    甲子
6月22日       6月23日    10月21日   │11月19日│  2月20日
──┼───────────┼──────────┼─────────┼─────────┼──→
         阴局上元              阴局中元
```

查表，阴局中元11月19日癸巳为阴一局。

（四）时盘与月盘相似，但时盘分阴局、阳局，且上元起局与二十四节所在宫数（洛书数）相关。十时（20小时）一局，一元六局（五日），三元（十五日）十八局，六十日四个三元。

```
[10时   12时] = 60时
 一局    一日      │
                [6局    三元] = 18局
                 一元           │
                            [15日   60日] = 60日
                             三元   一甲子  四个三元
```

构造时盘分三步：

(1) 由日干支定上中下三元。
(2) 由二十四节气定三元起局。
(3) 由时辰定局。

第一步：查下表，由日干支定上中下三元。[①]

第二步：由二十四节气定上元起局。二十四节气按后天八卦布于洛书内，如冬至、小寒、大寒，布于一宫（☵宫），且冬至之上元起局为一（宫数）。如立春、雨水、惊蛰，布于八宫（☶宫），立春之上元起局为八（宫数），以此类推。

---

① 相似于由年干支定月盘之上中下三元。

| 日干<br>日支 | 甲 | 乙 | 丙 | 丁 | 戊 | 己 | 庚 | 辛 | 壬 | 癸 |
|---|---|---|---|---|---|---|---|---|---|---|
| 子 | 上 |   | 下 |   | 中 | 中 |   | 上 |   |   |
| 丑 |   | 上 |   | 下 |   | 下 |   | 中 |   | 上 |
| 寅 | 中 |   | 上 |   | 下 | 下 |   | 中 |   |   |
| 卯 |   | 中 |   | 上 |   | 上 |   | 下 |   | 中 |
| 辰 | 下 |   | 中 |   | 上 | 上 |   | 下 |   |   |
| 巳 |   | 下 |   | 中 |   | 中 |   | 上 |   | 下 |
| 午 | 上 |   | 下 |   | 中 | 中 |   | 上 |   |   |
| 未 |   | 上 |   | 下 |   | 下 |   | 中 |   | 上 |
| 申 | 中 |   | 上 |   | 下 | 下 |   | 中 |   |   |
| 酉 |   | 中 |   | 上 |   | 上 |   | 下 |   | 中 |
| 戌 | 下 |   | 中 |   | 上 | 上 |   | 下 |   |   |
| 亥 |   | 下 |   | 中 |   |   |   | 上 |   | 下 |

冬至到夏至为阳局，阳局之一宫三节气上元起局顺序轮换：（一二三四五六七八九）。如立春为八，雨水为九，惊蛰为一。夏至到冬至为阴局，阴局之一宫三节气上元起局逆序轮换：（九八七六五四三二一）。如立秋为二，处暑为一，白露为九。

各节气上中下三元，一元六局，阳局顺序推之，阴局逆顺推之：

如冬至（阳局）

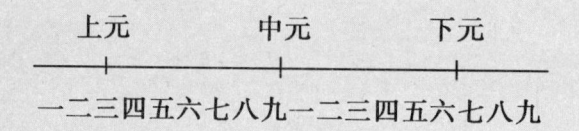

```
       上元         中元         下元
       ┼──────────┼──────────┼
       一二三四五六七八九一二三四五六七八九
```

如立冬（阴局）

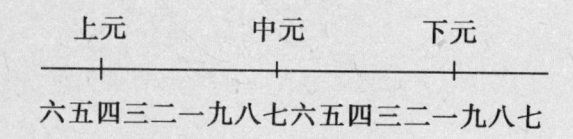

```
       上元         中元         下元
       ┼──────────┼──────────┼
       六五四三二一九八七六五四三二一九八七
```

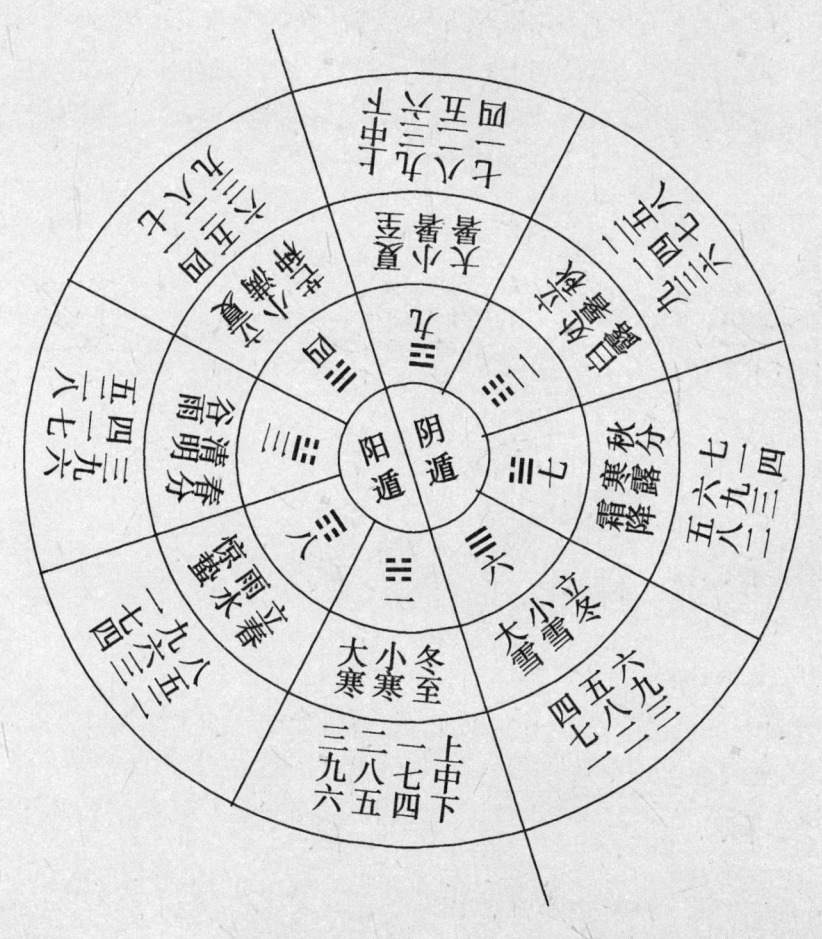

以上，由干支定三元（第一步），再由节气定三元起局。日干支与节气的关系是"超神"、"接气"、"正授"、"置闰"。分述如下：

"超神"　"甲日"、"己日"简称"甲己日"是日干支"甲x"与"己x"略去支之称谓。甲己日与三元起局的关系是：

上元起局：甲子日、己卯日、甲午日、己酉日。

中元起局：甲寅日、己巳日、甲申日、己亥日。

下元起局：甲辰日、己未日、甲戌日、己丑日。

上元起局之甲子、己卯、甲午、己酉四日又称为"四仲日"。

甲己日在先，节气在后，谓之"超神"。如1990年之正月初三是甲午日，初九立春，则立春之上元起局定在初三（甲午上元起局），超神六天。

[接气]　节气在先，甲己日在后，谓之"接气"，如：

　　　　庚申日（立春）　　甲子日（立春之上元起局）

立春之上元起局在后于立春之甲子日，而立春之日（庚申日）是大寒下元。

[正授] 甲己日与节气相重，谓之"正授"。如节气恰在"四仲日"，则正用上元起局。

[置闰]，以下例说明，1939年农历，其中·表示上元起局。

正月初八甲午日·  
正月十六惊蛰  } 超神八天

正月廿三己酉日·  
二月初一春分  } 超神八天

二月初八甲子日·  
二月十七清明  } 超神九天

二月廿三己卯日·  
三月初二谷雨  } 超神九天

三月初九甲午日·  
三月十七立夏  } 超神九天

三月廿三己酉日·  
四月初四小满  } 超神十天

四月初九甲子日·  
四月十九芒种  } 超神十天

四月廿四己卯日·  
五月初六夏至  } 超神十一天

五月初十甲午日·  
五月廿二小暑  } 超神十二天

五月廿五己酉日·  
六月初八大暑  } 超神十三天

六月初十甲子日·  
六月廿三立秋  } 超神十三天

六月廿五己卯日·  
七月初十处暑  } 超神十四天

七月十一甲午日·  
七月廿五白露  } 超神十四天

按此计算，则超神天数愈累积愈长，长到十三天或十四天的程度。这时就需要"置闰"。置闰点设在芒种、夏至之间，及大雪、冬至之间，仅此两点。

这样改正如下：

四月初九甲子日·┐
四月十九芒种　　┘超神十天

四月廿四己卯日·　置闰点，仍用芒种上元起局。所谓"闰"，可以理解为"重复一遍"。

五月初六夏至　　┐
五月初十甲午日·┘接气四天

五月廿二小暑　　┐
五月廿五己酉日·┘接气三天

六月初八大暑　　┐
六月初十甲子日·┘接气二天

第三步：由时辰定局。一日二十四小时，分为十二时辰，如23—1时，为子时（时辰），1—3时为丑时，3—5时为寅时……如果时辰以干支纪，则23—1时为甲子，为丙子，为戊子，为庚子，为壬子。而甲子时辰在甲日、己日，丙子时辰在乙日、庚日，戊子时辰在丙日、辛日，庚子时辰在丁日、壬日，壬子时辰在戊日、癸日。这样，时辰干支与日干发生关系，这种关系归纳如下表：

| a+5 | a+4 | a+3 | a+2 | a+1 | a | 阳局 |
|---|---|---|---|---|---|---|
| a-5 | a-4 | a-3 | a-2 | a-1 | a | 阴局 |
| 甲寅 3-5 | 甲辰 7-9 | 甲午 11-13 | 甲申 15-17 | 甲戌 19-21 | 甲子 23-1 | 甲 |
| 乙卯 5-7 | 乙巳 9-11 | 乙未 13-15 | 乙酉 17-19 | 乙亥 21-23 | 乙丑 1-3 | 乙　甲日,己日 |
| 丙辰 5-9 | 丙午 11-13 | 丙申 15-17 | 丙戌 19-21 | 丙子 23-1 | 丙寅 3-5 | 丙 |
| 丁巳 6-11 | 丁未 13-15 | 丁酉 17-19 | 丁亥 21-23 | 丁丑 1-3 | 丁卯 5-7 | 丁　乙日,庚日 |
| 戊午 11-13 | 戊申 15-17 | 戊戌 19-21 | 戊子 23-1 | 戊寅 3-5 | 戊辰 7-9 | 戊 |
| 己未 13-15 | 己酉 17-19 | 己亥 21-23 | 己丑 1-3 | 己卯 5-7 | 己巳 9-11 | 己　丙日,辛日 |
| 庚申 15-17 | 庚戌 19-21 | 庚子 23-1 | 庚寅 3-5 | 庚辰 7-9 | 庚午 11-13 | 庚 |
| 辛酉 17-19 | 辛亥 21-23 | 辛丑 1-3 | 辛卯 5-7 | 辛巳 9-11 | 辛未 13-15 | 辛　丁日,壬日 |
| 壬戌 19-21 | 壬子 23-1 | 壬寅 3-5 | 壬辰 7-9 | 壬午 11-13 | 壬申 15-17 | 壬 |
| 癸亥 21-23 | 癸丑 1-3 | 癸卯 5-7 | 癸巳 9-11 | 癸未 13-15 | 癸酉 17-19 | 癸　戊日,癸日 |

上、中、下三元之起局定在甲日、己日（符头），时盘为十时辰一局，表中纵列即以十时辰一局划分，表中 a 为起局局数，以后局数，阳局逐次加一，阴局逐次减一。

例　1975年正月十九日之时盘。

　　查万年历

　　初七甲午日・⎤
　　　　　　　　⎬超神两天
　　初九雨水　　⎦

　　十七甲辰日　雨水下元起局，为阳三局。

　　十九丙午日

查上表之丙日，则十九日 0—11 时为：

　　a＋2＝阳五局

十九日　11—24 时为：

　　a＋3＝阳六局

## 五　定干

地盘（坐标）上构造奇仪天盘，称为"定干"。用事干支所对应六仪（见六仪十干表），与用事干支之"干"构成"仪——干"对，如用事干支为"丁酉"，查表六仪为"辛"，构成"辛——丁"对，相当于地盘之辛"飞"于丁上，其他奇仪顺序"飞升"定位。

例一，阴四局丁酉时定干。如上述构成"辛——丁"对，即阴四局地盘之"辛"飞升于地盘之"丁"上。其他奇仪，以中宫为轴心——飞升旋转定位。

### 六仪十干表

| 十干＼六仪 | 甲 | 乙 | 丙 | 丁 | 戊 | 己 | 庚 | 辛 | 壬 | 癸 |
|---|---|---|---|---|---|---|---|---|---|---|
| 戊 | 甲子 | 乙丑 | 丙寅 | 丁卯 | 戊辰 | 己巳 | 庚午 | 辛未 | 壬申 | 癸酉 |
| 己 | 甲戌 | 乙亥 | 丙子 | 丁丑 | 戊寅 | 己卯 | 庚辰 | 辛巳 | 壬午 | 癸未 |
| 庚 | 甲申 | 乙酉 | 丙戌 | 丁亥 | 戊子 | 己丑 | 庚寅 | 辛卯 | 壬辰 | 癸巳 |
| 辛 | 甲午 | 乙未 | 丙申 | 丁酉 | 戊戌 | 己亥 | 庚子 | 辛丑 | 壬寅 | 癸卯 |
| 壬 | 甲辰 | 乙巳 | 丙午 | 丁未 | 戊申 | 己酉 | 庚戌 | 辛亥 | 壬子 | 癸丑 |
| 癸 | 甲寅 | 乙卯 | 丙辰 | 丁巳 | 戊午 | 己未 | 庚申 | 辛酉 | 壬戌 | 癸亥 |

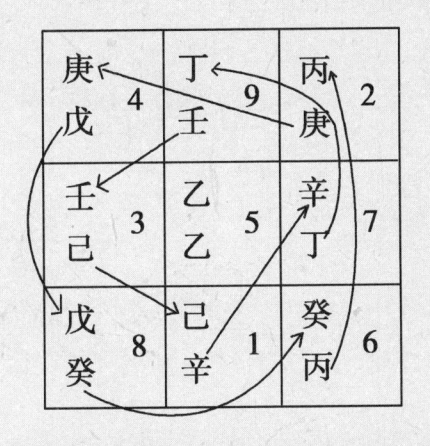

| 庚戊 4 | 丁壬 9 | 丙庚 2 |
|---|---|---|
| 壬己 3 | 乙乙 5 | 辛丁 7 |
| 戊癸 8 | 己辛 1 | 癸丙 6 |

如果用事干支所对应之"仪",恰在中宫,由于算法的决定,中宫为旋转轴心,所以所对应"仪"不能飞出,这时用节气所在宫之干代替所对应之"仪",如下例。

例二,雨水阳五局丁卯时定干。

查六仪十干表丁卯时所对应之仪为戊,而阳五局地盘之戊恰在中宫,戊不能飞出。查前面圆图,雨水在八宫,阳五局地盘八宫是辛。借辛构成"辛——丁"对,即辛飞于丁上,其他奇仪,顺序飞升旋转定位,如下图:

| 己乙 4 | 癸壬 9 | 辛丁 2 |
|---|---|---|
| 庚丙 3 | 戊戊 5 | 丙庚 7 |
| 丁辛 8 | 壬癸 1 | 乙己 6 |

同理,由算法决定,用事干支所对应仪也不能飞入中宫,如下例。

例三，白露阴二局丁丑时定干。

| 壬 4 丙 | 癸 9 庚 | 己 2 戊 |
|---|---|---|
| 戊 3 乙 | 丁 5 丁 | 辛 7 壬 |
| 庚 8 辛 | 丙 1 己 | 乙 6 癸 |

阴二局地盘中宫为丁，丁丑时所对应仪为己，构成"己——丁"对，但己不能飞入中宫。查前面之圆图，白露在二宫，地盘二宫为戊，借戊构成"己——戊"对。即己飞于戊上，其他奇仪顺序飞升旋转定位。

又一种状态，即用事干支为甲子、甲戌、甲申、甲午、甲辰、甲寅（称做"六甲"），时干均为甲，但甲不属于奇仪，甲为太乙，太乙行九宫，隐遁于六仪。此时天盘、地盘相同，类似于数学中之"不动置换类"。

例四，阳八局甲子时定干。

构造阳八局地盘，天盘与地盘同。

| 癸 4 癸 | 己 9 己 | 辛 2 辛 |
|---|---|---|
| 壬 3 壬 | 丁 5 丁 | 乙 7 乙 |
| 戊 8 戊 | 庚 1 庚 | 丙 6 丙 |

## 六　定星、定门

静态星、门位置如下图：

| 辅 4 杜 | 英 9 景 | 芮 2 死 |
|---|---|---|
| 冲 3 伤 | 禽 5 | 柱 7 惊 |
| 任 8 生 | 蓬 1 休 | 心 6 开 |

九星排序是：　蓬　芮　冲　辅　禽　心　柱　任　英
　　　　　　　(1)　(2)　(3)　(4)　(5)　(6)　(7)　(8)　(9)

八门排序是：　休　生　伤　杜　景　死　惊　开
　　　　　　　(1)　(8)　(3)　(4)　(9)　(2)　(7)　(6)

下面数字为所在宫数。定星时，九星以九宫序或顺或逆运动。定门时，八门以中宫为轴心转动。

［定星］求时干支之符头（查六仪十干表，"符头"即时干支所对应之仪）。符头所在宫之星（静态）称为"直符"，直符按九宫序阳顺阴逆行至时干所在宫（地盘），其他八星顺序行至各宫。

例一，阳三局丁卯时。

丁卯时符头为戊，戊在三宫，三宫之星为冲，冲为直符，丁卯时之丁在九宫，即冲由三宫按阳顺路线行至九宫：

　　　冲 3→4→5→6→7→8→9
相应：辅 4→5→6→7→8→9→1
　　　禽 5→6→7→8→9→1→2
　　　心 6→7→8→9→1→2→3
　　　柱 7→8→9→1→2→3→4
　　　任 8→9→1→2→3→4→5
　　　英 9→1→2→3→4→5→6
　　　蓬 1→2→3→4→5→6→7
　　　芮 2→3→4→5→6→7→8

实际作图不必写出全部路径，写出如右之首尾矩阵即可，推算极简单。

```
冲→３ ９
 ４ １
直４ ９
 ５ ２
符５ １
 ６ ３
 ６ ２
 ７ ４
 ７ ３
 ８ ５
 ８ ４
 ９ ６
 ９ ５
 １ ７
 １ ６
 ２ ８
 ２
```

例二，阴五局丙子时定星。

丙子时符头为己（见六仪十干），阴五局地盘时干丙在七宫，而符头己在四宫。

| 柱 4 己 | 冲 9 丁 | 禽 2 乙 |
|---|---|---|
| 心 3 戊 | 任 5 庚 | 蓬 7 壬 |
| 芮 8 癸 | 辅 1 丙 | 英 6 辛 |

写出九星行进路径（阴逆）：

直符 → 辅 4→3→2→1→9→8→7
　　　禽 5→4→3→2→1→9→8
　　　心 6→5→4→3→2→1→9
　　　柱 7→6→5→4→3→2→1
　　　任 8→7→6→5→4→3→2
　　　英 9→8→7→6→5→4→3
　　　蓬 1→9→8→7→6→5→4
　　　芮 2→1→9→8→7→6→5
　　　冲 3→2→1→9→8→7→6

| 蓬 4 己 | 心 9 癸 | 任 2 辛 |
|---|---|---|
| 英 3 庚 | 芮 5 戊 | 辅 7 丙 |
| 禽 8 丁 | 柱 1 壬 | 冲 6 乙 |

概括言之，阳局九星行进路线为九宫顺序。阴局九星行进路线为九宫逆序。但无论阳局、阴局，其首尾矩阵首数字、尾数字皆为顺序，作图时只要计算出直符之首尾数字，其他八星之首尾数字，即可按顺序写出。如例一，直符冲3→9，例二，直符辅4→7，则可写出其首尾矩阵：

$$\overset{冲}{\underset{}{\begin{matrix}辅\\禽\\心\\柱\\任\\英\\蓬\\芮\end{matrix}}}\begin{pmatrix}3\\4\\5\\6\\7\\8\\9\\1\\2\end{pmatrix}\to\begin{pmatrix}9\\1\\2\\3\\4\\5\\6\\7\\8\end{pmatrix}\qquad\overset{辅}{\underset{}{\begin{matrix}禽\\心\\柱\\任\\英\\蓬\\芮\\冲\end{matrix}}}\begin{pmatrix}4\\5\\6\\7\\8\\9\\1\\2\\3\end{pmatrix}\to\begin{pmatrix}7\\8\\9\\1\\2\\3\\4\\5\\6\end{pmatrix}$$

| 辅 4<br>庚 | 英 9<br>丁 | 芮 2<br>壬 |
|---|---|---|
| 冲 3<br>辛 | 禽 5<br>己 | 柱 7<br>乙 |
| 任 8<br>丙 | 蓬 1<br>癸 | 心 6<br>戊 |

一种特例，时干支如为六甲，即甲子、甲戌、甲申、甲午、甲辰、甲寅，则九星按静态位置布局，不必计算。

例三，阴六局甲申时定星。写出阴六局地盘，九星即以静态定位。

[定门] 时干支符头所在宫之门（静态），称为"直使"。符头所在宫为直使运行起点，按时干序阳顺、阴逆定位。随之，其他七门旋转定位。

中宫不设门，如符头在中宫，则节气所在宫之门为使，借入中宫。或二宫之门为直使，借入中宫。二宫为后天八卦坤所在宫。借入后，运行仍如上述。

如按干序直使行进中宫，中宫不能定位，则直使定位移至节气所在宫，或移至二宫。

如时干为六甲，则八门按静态位置定位。

例一，阴四局辛卯时定门。

辛卯符头为庚，庚在二宫，即死门为直使。直使行进路线是：

二宫→一宫→九宫→八宫→七宫→六宫→五宫→四宫
　甲　乙　丙　丁　戊　己　庚　辛

（辛卯时）

死门定位在四宫，其他门旋转定位。

例二，冬至，阳四局，庚辰时定门。

| 4 戊 死 | 9 壬 惊 | 2 庚 开 |
|---|---|---|
| 3 己 景 | 5 乙 | 7 丁 休 |
| 8 癸 杜 | 1 辛 伤 | 6 丙 生 |

庚辰时符头为己，阳四局己在中宫，中宫不设门，冬至所在宫为一宫，一宫为休门，休门借入中宫为直使。或二宫之死门借入中宫为直使。其行进路线是：

五宫→六宫→七宫→八宫→九宫→一宫→二宫
　甲　乙　丙　丁　戊　己　庚

（庚辰时）

| 4 戊 惊 | 9 癸 开 | 2 丙 休 |
|---|---|---|
| 3 乙 死 | 5 己 | 7 辛 生 |
| 8 壬 景 | 1 丁 杜 | 6 庚 伤 |

| 4 戊 杜 | 9 癸 景 | 2 丙 死 |
|---|---|---|
| 3 乙 伤 | 5 己 | 7 辛 惊 |
| 8 壬 生 | 1 丁 休 | 6 庚 开 |

例三，阳六局，戊申时定门。

戊申符头为壬，阳六局壬在一宫，一宫是休门，休门为直使。其行进路线是：

一宫→二宫→三宫→四宫→五宫
　甲　乙　丙　丁　戊

（戊申时）

直使不能进入五宫，设节气为雨水，雨水在八宫，则直使休门移至八宫，其他门旋转定位。

第二法是直使移至二宫（坤宫），其他门旋转定位。这种定位方法较为简便。按此法，则阳六局戊申时定门为：

| 丙 伤 4 | 辛 杜 9 | 癸 景 2 |
|---|---|---|
| 丁 生 3 | 乙 5 | 己 死 7 |
| 庚 ㊡ 8 | 壬 开 1 | 戊 惊 6 |

| 丙 惊 4 | 辛 开 9 | 癸 ㊡ 2 |
|---|---|---|
| 丁 死 3 | 乙 5 | 己 生 7 |
| 庚 景 8 | 壬 杜 1 | 戊 伤 6 |

## 七　定神

八神是：大直符、螣蛇、太阴、六合、勾陈、朱雀、九地、九天。八神中之"直符"容易和前述定星中之直符相混，所以写作"大直符"，或简称一"符"字。八神定位极简单，分阳局、阴局，其静态位置如下：

阳　局

| 合 4 | 陈 9 | 雀 2 |
|---|---|---|
| 阴 3 | 地 5 | 7 |
| 蛇 8 | 符 1 | 天 6 |

阴　局

| 雀 4 | 陈 9 | 合 2 |
|---|---|---|
| 地 3 | 5 | 阴 7 |
| 天 8 | 符 1 | 蛇 6 |

定位时，将时干所在宫，置以大直符，其他七神相应旋转定位。如时干在中宫，且为阳局，则大直符定位在二宫（坤宫），阴局则大直符定位在八宫（艮宫）。方法不唯一，一说为无论阳局阴局，如时干在中宫，大直符定位均在二宫。

## 八　定色（定宫）

定色，又称做定宫。颜色的排序是：一白，二黑，三碧，四绿，五黄，六白，七赤，八白，九紫。色的定位，可绘制如下圆盘：

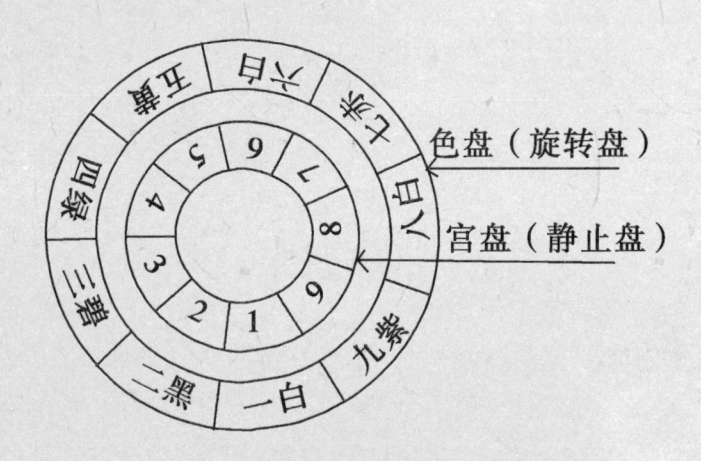

色盘（旋转盘）
宫盘（静止盘）

旋转色盘，使某色对准宫盘之中宫，其他色即相应定位。定色分年盘、月盘、日盘、时盘。

[年盘]，将与局数相同的色数对准中宫，如阴一局即将一白对准中宫，阴二局即将二黑对准中宫，等等。

例　1991年（辛未）年盘定色。

根据前述公式：

1991－64＝1927（mod 180）

1991－127＝1864 年为上元甲子年

1864＋60＝1924 年为中元甲子年

1864＋120＝1984 年为下元甲子年

查年盘之圆图，辛未年在下元，为阴九局。即将九紫对准中宫，如下图：（参照次页上图）

以中宫颜色定年，1991年称做"九紫之年"。

[月盘]，下表为年支与月支交会数字表。将此数字对准中宫，其他色相应定位。此表的制定是定义子年寅月为八白之月，而后逐月逆推，子年卯月即为七赤之月，等等。

| 八白 4 | 四绿 9 | 六白 2 |
| --- | --- | --- |
| 七赤 3 | 九紫 5 | 二黑 7 |
| 三碧 8 | 五黄 1 | 一白 6 |

| 月支<br>年支 | 寅 | 卯 | 辰 | 巳 | 午 | 未 | 申 | 酉 | 戌 | 亥 | 子 | 丑 |
| --- | --- | --- | --- | --- | --- | --- | --- | --- | --- | --- | --- | --- |
| 子午卯酉 | 八 | 七 | 六 | 五 | 四 | 三 | 二 | 一 | 九 | 八 | 七 | 六 |
| 丑未辰戌 | 五 | 四 | 三 | 二 | 一 | 九 | 八 | 七 | 六 | 五 | 四 | 三 |
| 寅申巳亥 | 二 | 一 | 九 | 八 | 七 | 六 | 五 | 四 | 三 | 二 | 一 | 九 |

例　丁酉年癸丑月定色。酉，丑交会数字是六，六入中宫。其他色数相应定位。

| 五 4 | 一 9 | 三 2 |
| --- | --- | --- |
| 四 3 | 六 5 | 八 7 |
| 九 8 | 二 1 | 七 6 |

[日盘]，不论阴局、阳局，将与局数相同之色数对准中宫。

例　1991年12月14日定色。

查万年历，1991年12月14日是戊午，在夏至后第三个甲子日，为阴遁下元，查前述之日盘定局圆图，戊午日为阴六局。即将六白对准中宫，如下图：

| 五 4 | 一 9 | 三 2 |
| --- | --- | --- |
| 四 3 | 六 5 | 八 7 |
| 九 8 | 二 1 | 七 6 |

六白→中宫
七八九一二三四五
6 7 8 9 1 2 3 4

[时盘]，下表为日支与时支交会数字表，分阴局和阳局，交会数字即为色数，进入中宫，其他色相应定位。

| | 时支<br>日支 | 子 | 丑 | 寅 | 卯 | 辰 | 巳 | 午 | 未 | 申 | 酉 | 戌 | 亥 |
|---|---|---|---|---|---|---|---|---|---|---|---|---|---|
| 阳 | 子午卯酉 | 一 | 二 | 三 | 四 | 五 | 六 | 七 | 八 | 九 | 一 | 二 | 三 |
| | 丑未辰戌 | 四 | 五 | 六 | 七 | 八 | 九 | 一 | 二 | 三 | 四 | 五 | 六 |
| | 寅申巳亥 | 七 | 八 | 九 | 一 | 二 | 三 | 四 | 五 | 六 | 七 | 八 | 九 |
| 阴 | 子午卯酉 | 九 | 八 | 七 | 六 | 五 | 四 | 三 | 二 | 一 | 九 | 八 | 七 |
| | 丑未辰戌 | 六 | 五 | 四 | 三 | 二 | 一 | 九 | 八 | 七 | 六 | 五 | 四 |
| | 寅申巳亥 | 三 | 二 | 一 | 九 | 八 | 七 | 六 | 五 | 四 | 三 | 二 | 一 |

例一，阳局，癸酉日，未时。阳局日支酉，时支未，交会数字为八，八进入中宫，定色如下表：

| 七<br>4 | 三<br>9 | 五<br>2 |
|---|---|---|
| 六<br>3 | 八<br>5 | 一<br>7 |
| 二<br>8 | 四<br>1 | 九<br>6 |

八九一二三四五六七 → 中宫
6 7 8 9 1 2 3 4

例二，阴局，甲子日，庚午时。阴局日支子，时支午交会数字为三，三进入中宫，定色如下表：

| 二<br>4 | 七<br>9 | 九<br>2 |
|---|---|---|
| 一<br>3 | 三<br>5 | 五<br>7 |
| 六<br>8 | 八<br>1 | 四<br>6 |

三四五六七八九一二 → 中宫
6 7 8 9 1 2 3 4

## 九　地利、人和（象意之一）

奇门遁甲具有天时、地利、人和三要素，且因目的不同而有立向和坐山之别，立向应用于旅游、迁移、经商等场合，坐山应用于工程的兴建等场合。以时间区分，十五日以内的移动（旅行、出差或迁移等）使用时盘；十五日到六个月的移动，使用日盘；超过六个月的移动使用月盘。

奇门遁甲派系很多，本节介绍是其中一派。按此派提法，天时对占卜影响甚微，主要是地利，即地理方位是吉凶判断的主要因素，地理方位和九宫（定色）的联系，是奇门遁甲的时空相，其次是人和，人和指在某方位可获得他人的协助与合作等。

略去天时盘，这里介绍人和盘和地利盘。人和盘由两种宫盘组合构成，即：

时盘：由日宫盘、时宫盘组成。
日盘：由月宫盘、日宫盘组成。
月盘：由年宫盘、月宫盘组成。

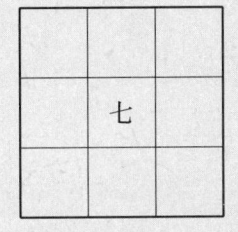

|  |  |  |
|---|---|---|
|  |  |  |
|  | 七 |  |
|  |  |  |

例　阴七局，甲子日，庚午时人和盘。日宫盘制定，即不论阴局阳局，将与局数相同之色数（宫数）进入中宫。阴七局，即将"七"进入中宫。

时宫盘制定，日支为子，时支为午，查前述之表（本章第八节）子午交会数字为三，"三"进入中宫，其他色相应定位。其中"八"（北方）是人和吉方。为便于查阅，将北鸿山人著《三元奇门遁甲》人和盘摘抄如下，此表分A组、B组：[①]

南

| 二 | 七 | 九 |
|---|---|---|
| 一 | 三 | 五 |
| 六 | ⑧ | 四 |

东　　　　　　西

北

| 组<br>盘 | A | B |
|---|---|---|
| 时盘 | 日之宫盘 | 时之宫盘 |
| 日盘 | 月之宫盘 | 日之宫盘 |
| 月盘 | 年之宫盘 |月之宫盘 |

---

① 注：画圈者为吉方。

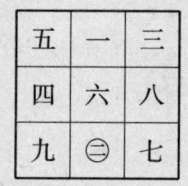

A

|   |   |   |
|---|---|---|
|   |   |   |
|   | 一 |   |
|   |   |   |

B

| 一 | 六 | 八 |
|---|---|---|
| 九 | 二 | 四 |
| 五 | 七 | ㊂ |

| 七 | 三 | 五 |
|---|---|---|
| ㊅ | 八 | 一 |
| 二 | 四 | 九 |

南

| 四 | ㊈ | 二 |
|---|---|---|
| 三 | 五 | 七 |
| 八 | 一 | 六 |

东　　西

北

| ㊁ | ㊆ | ㊈ |
|---|---|---|
| 一 | 三 | ㊄ |
| ㊅ | 八 | 四 |

| ㊇ | ㊃ | ㊅ |
|---|---|---|
| ㊆ | 九 | ㊁ |
| ㊂ | ㊄ | 一 |

| 五 | 一 | 三 |
|---|---|---|
| 四 | 六 | 八 |
| 九 | ㊁ | 七 |

| 三 | 八 | 一 |
|---|---|---|
| 二 | 四 | 六 |
| ㊆ | 九 | 五 |

| 九 | 五 | 七 |
|---|---|---|
| 八 | 一 | 三 |
| 四 | 六 | 二 |

| 六 | 二 | ㊃ |
|---|---|---|
| 五 | 七 | 九 |
| 一 | 三 | 八 |

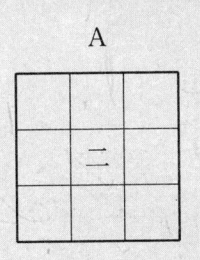

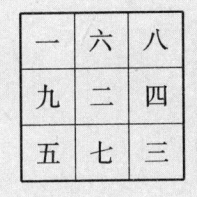

A

|   |   |   |
|---|---|---|
|   | 二 |   |
|   |   |   |

B

| 一 | 六 | 八 |
|---|---|---|
| 九 | 二 | 四 |
| 五 | 七 | 三 |

| 七 | 三 | ㊄ |
|---|---|---|
| 六 | 八 | 一 |
| 二 | 四 | 九 |

　　　　南
| 四 | 九 | 二 |
|---|---|---|
| 三 | 五 | 七 |
| ㊇ | 一 | 六 |

东　　　　西　　北

| 二 | 七 | 九 |
|---|---|---|
| 一 | 三 | 五 |
| 六 | 八 | ㊃ |

| 八 | 四 | 六 |
|---|---|---|
| ㊆ | 九 | 二 |
| 三 | 五 | 一 |

| 五 | ㊀ | 三 |
|---|---|---|
| 四 | 六 | 八 |
| 九 | 二 | 七 |

| ㊂ | ㊇ | ㊀ |
|---|---|---|
| 二 | 四 | ㊅ |
| ㊆ | ㊈ | ㊄ |

| ㊈ | ㊄ | ㊆ |
|---|---|---|
| ㊇ | 一 | ㊂ |
| ㊃ | ㊅ | 二 |

| 六 | 二 | 四 |
|---|---|---|
| 五 | 七 | 九 |
| 一 | ㊂ | 八 |

第七章　奇门遁甲

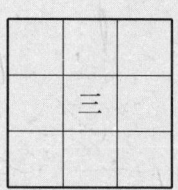

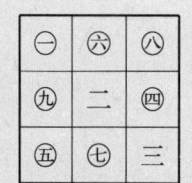

A

|   |   |   |
|---|---|---|
|   | 三 |   |
|   |   |   |

B

| ㊀ | ㊅ | 八 |
|---|---|---|
| ㊈ | 二 | ㊃ |
| ㊄ | ㊆ | 三 |

| 七 | 三 | 五 |
|---|---|---|
| 六 | 八 | 一 |
| 二 | ㊃ | 九 |

南

| ㊃ | ㊈ | ㊁ |
|---|---|---|
| 三 | 五 | ㊆ |
| ㊇ | ㊀ | ㊅ |

东　　西

北

| 二 | 七 | 九 |
|---|---|---|
| 一 | 三 | 五 |
| 六 | 八 | 四 |

| 八 | 四 | ㊅ |
|---|---|---|
| 七 | 九 | 二 |
| 三 | 五 | 一 |

| 五 | 一 | 三 |
|---|---|---|
| 四 | 六 | 八 |
| ㊈ | 二 | 七 |

| 三 | 八 | 一 |
|---|---|---|
| 二 | 四 | 六 |
| 七 | 九 | 五 |

| 九 | 五 | 七 |
|---|---|---|
| ㊇ | 一 | 三 |
| 四 | 六 | 二 |

| 六 | ㊀ | 四 |
|---|---|---|
| 五 | 七 | 九 |
| 一 | 三 | 八 |

第七章　奇门遁甲

A

|   |   |   |
|---|---|---|
|   | 四 |   |
|   |   |   |

B

| 一 | 六 | 八 |
|---|---|---|
| ㊈ | 二 | 四 |
| 五 | 七 | 三 |

| 七 | ㊂ | 五 |
|---|---|---|
| 六 | 八 | 一 |
| 二 | 四 | 九 |

南

| 四 | 九 | 二 |
|---|---|---|
| 三 | 五 | 七 |
| 八 | 一 | ㊅ |

东　　　西

北

| ㊂ | ㊆ | 九 |
|---|---|---|
| ㊀ | 三 | ㊄ |
| ㊅ | 八 | 四 |

| 八 | 四 | 六 |
|---|---|---|
| 七 | 九 | 二 |
| 三 | ㊄ | 一 |

| ㊄ | ㊀ | ㊂ |
|---|---|---|
| 四 | 六 | 八 |
| ㊈ | ㊁ | ㊆ |

| 三 | 八 | 一 |
|---|---|---|
| 二 | 四 | 六 |
| 七 | 九 | 五 |

| 九 | 五 | ㊆ |
|---|---|---|
| 八 | 一 | 三 |
| 四 | 六 | 二 |

| 六 | 二 | 四 |
|---|---|---|
| 五 | 七 | 九 |
| ㊀ | 三 | 八 |

第七章　奇門遁甲

一四七

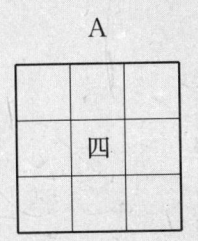

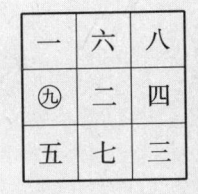

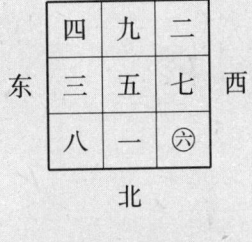

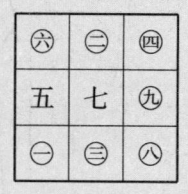

A

|   |   |   |
|---|---|---|
|   | 五 |   |
|   |   |   |

B

| 一 | 六 | 八 |
|---|---|---|
| 九 | 二 | 四 |
| 五 | 七 | 三 |

| 七 | 三 | 五 |
|---|---|---|
| 六 | 八 | 一 |
| 二 | 四 | 九 |

南

| 四 | 九 | 二 |
|---|---|---|
| 三 | 五 | 七 |
| 八 | 一 | 六 |

东　　　　　西

北

| 二 | 七 | 九 |
|---|---|---|
| 一 | 三 | 五 |
| 六 | 八 | 四 |

| 八 | 四 | 六 |
|---|---|---|
| 七 | 九 | 二 |
| 三 | 五 | 一 |

| 五 | 一 | 三 |
|---|---|---|
| 四 | 六 | 八 |
| 九 | 二 | 七 |

| 三 | 八 | 一 |
|---|---|---|
| 二 | 四 | 六 |
| 七 | 九 | 五 |

| 九 | 五 | 七 |
|---|---|---|
| 八 | 一 | 三 |
| 四 | 六 | 二 |

| 六 | 二 | 四 |
|---|---|---|
| 五 | 七 | 九 |
| 一 | 三 | 八 |

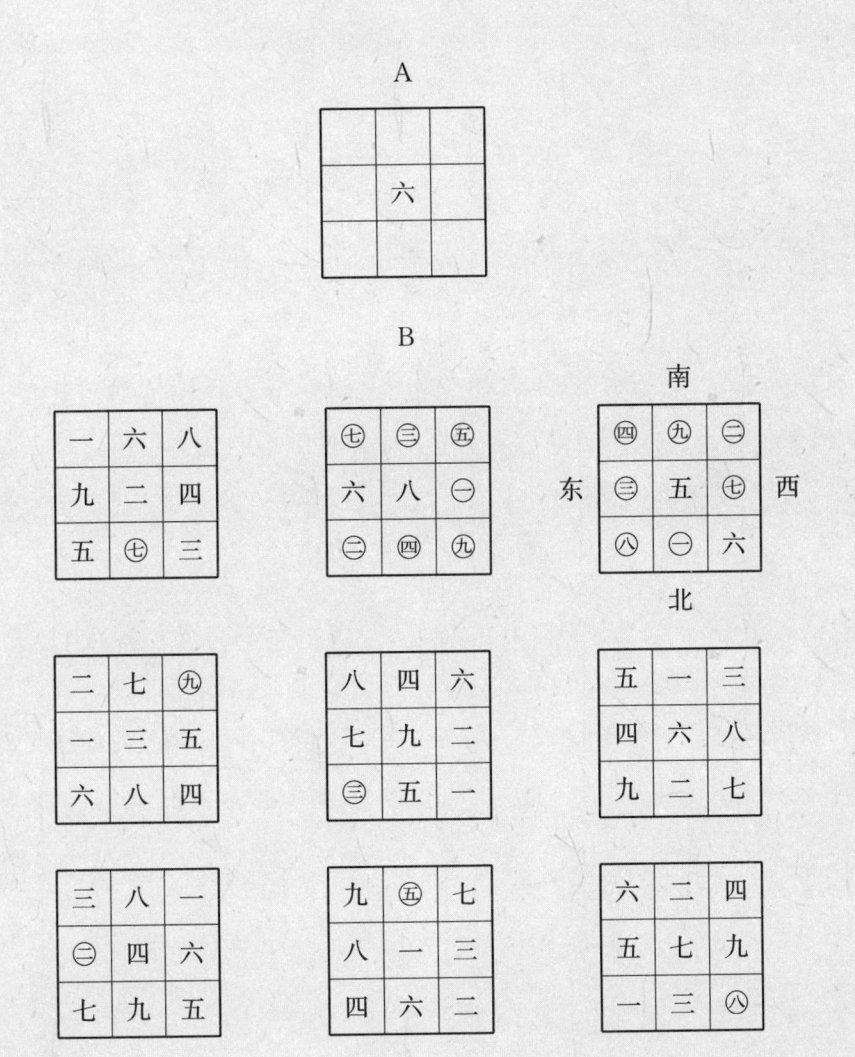

A

|   |   |   |
|---|---|---|
|   | 六 |   |
|   |   |   |

B

| 一 | 六 | 八 |
|---|---|---|
| 九 | 二 | 四 |
| 五 | ⑦ | 三 |

| ⑦ | ③ | 五 |
|---|---|---|
| 六 | 八 | 一 |
| ① | ④ | 九 |

　　　　　南
| ④ | ⑨ | 二 |
|---|---|---|
| ③ | 五 | ⑦ |
| 八 | ① | 六 |
东　　　　　　西
　　　　　北

| 二 | 七 | ⑨ |
|---|---|---|
| 一 | 三 | 五 |
| 六 | 八 | 四 |

| 八 | 四 | 六 |
|---|---|---|
| 七 | 九 | 二 |
| ③ | 五 | 一 |

| 五 | 一 | 三 |
|---|---|---|
| 四 | 六 | 八 |
| 九 | 二 | 七 |

| 三 | 八 | 一 |
|---|---|---|
| ① | 四 | 六 |
| 七 | 九 | 五 |

| 九 | ⑤ | 七 |
|---|---|---|
| 八 | 一 | 三 |
| 四 | 六 | 二 |

| 六 | 二 | 四 |
|---|---|---|
| 五 | 七 | 九 |
| 一 | 三 | ⑧ |

第七章　奇門遁甲

一四九

A

|   |   |   |
|---|---|---|
|   | 七 |   |
|   |   |   |

B

| 一 | ⑥ | 八 |
|---|---|---|
| 九 | 二 | 四 |
| 五 | 七 | 三 |

| 七 | 三 | 五 |
|---|---|---|
| 六 | 八 | 一 |
| 二 | 四 | ⑨ |

南

| 四 | 九 | 二 |
|---|---|---|
| ③ | 五 | 七 |
| 八 | 一 | 六 |

东　　　　西

北

| 二 | 七 | 九 |
|---|---|---|
| 一 | 三 | 五 |
| 六 | ⑧ | 四 |

| ⑧ | ④ | ⑥ |
|---|---|---|
| 七 | 九 | ② |
| ③ | ⑤ | ① |

| ⑤ | ① | ③ |
|---|---|---|
| 四 | 六 | ⑧ |
| 九 | ② | 七 |

| 三 | 八 | ① |
|---|---|---|
| 二 | 四 | 六 |
| 七 | 九 | 五 |

| 九 | 五 | 七 |
|---|---|---|
| 八 | 一 | 三 |
| ④ | 六 | 二 |

| 六 | 二 | 四 |
|---|---|---|
| 五 | 七 | 九 |
| 一 | 三 | 八 |

第七章　奇門遁甲

A

| | | |
|---|---|---|
| | 八 | |
| | | |

B

| 一 | 六 | 八 |
|---|---|---|
| 九 | 二 | 四 |
| ㊄ | 七 | 三 |

| 七 | 三 | 五 |
|---|---|---|
| 六 | 八 | 一 |
| 二 | 四 | 九 |

南

| 四 | 九 | ㊂ |
|---|---|---|
| 三 | 五 | 七 |
| 八 | 一 | 六 |

东　　　西

北

| 二 | ㊆ | 九 |
|---|---|---|
| 一 | 三 | 五 |
| 六 | 八 | 四 |

| 八 | 四 | 六 |
|---|---|---|
| 七 | 九 | 二 |
| 三 | 五 | ㊀ |

| 五 | 一 | 三 |
|---|---|---|
| ㊃ | 六 | 八 |
| 九 | 二 | 七 |

| 三 | 八 | 一 |
|---|---|---|
| 二 | 四 | 六 |
| 七 | ㊈ | 五 |

| ㊈ | ㊄ | ㊆ |
|---|---|---|
| 八 | 一 | ㊂ |
| ㊃ | ㊅ | ㊁ |

| ㊅ | ㊁ | ㊃ |
|---|---|---|
| ㊄ | 七 | ㊈ |
| ㊀ | ㊂ | 八 |

第七章　奇门遁甲

一五一

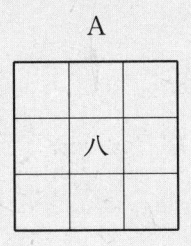

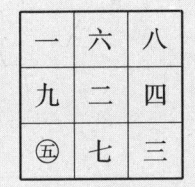

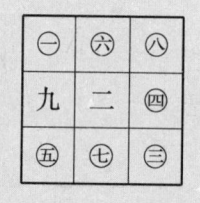

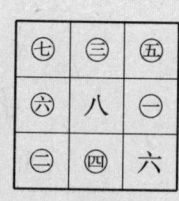

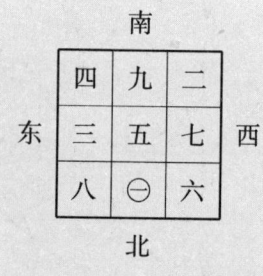

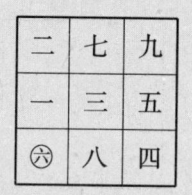

A

|   |   |   |
|---|---|---|
|   | 九 |   |
|   |   |   |

B

| 一 | ⑥ | 八 |
|---|---|---|
| 九 | 二 | ④ |
| ⑤ | ⑦ | 三 |

| ⑦ | ③ | 五 |
|---|---|---|
| ⑥ | 八 | ① |
| ② | ④ | 六 |

　　　　　　南
| 四 | 九 | 二 |
|---|---|---|
| 三 | 五 | 七 |
| 八 | 一 | 六 |
东　　　　　　西
　　　　　　北

| 二 | 七 | 九 |
|---|---|---|
| 一 | 三 | 五 |
| ⑥ | 八 | 四 |

| 八 | 四 | 六 |
|---|---|---|
| 七 | 九 | 二 |
| 三 | 五 | 一 |

| 五 | 一 | ③ |
|---|---|---|
| 四 | 六 | 八 |
| 九 | 二 | 七 |

| 三 | ⑧ | 一 |
|---|---|---|
| 二 | 四 | 六 |
| 七 | 九 | 五 |

| 九 | 五 | 七 |
|---|---|---|
| 八 | 一 | 三 |
| 四 | 六 | ② |

| 六 | 二 | 四 |
|---|---|---|
| ⑤ | 七 | 九 |
| 一 | 三 | 八 |

第七章　奇門遁甲

例：求公元 2000 年农历四月之人和。

按本章第八节计算，1991 年辛未在下元为阴九局，则：

1991　　阴九局
1992　　八
1993　　七
1994　　六
1995　　五
1996　　四
1997　　三
1998　　二
1999　　一
2000　　九

2000 年庚辰为阴九局，即 A—九

年为庚辰，四月为辛巳、辰巳交会数字为二，即 B—二，查前表：

| A—九 | B—二 | 　 |
|---|---|---|
| 一 六 八 | | 除正东方位 |
| 九 九 二 四 | | 外，都是人 |
| 五 七 三 | | 和吉方。 |

其次是六十四卦地利象意判定。有高级判定，从卦画直接分析，得出意象；有初级判定，即从易卜等书，取既定文辞。本节仅介绍操作方法，不作判定，方法如下：

洛书布入三爻卦（先天八卦），是为上卦，如图：

| 兑 | 乾 | 巽 |
|---|---|---|
| 离 | | 坎 |
| 震 | 坤 | 艮 |

八方位同一下卦，上下卦组成六爻卦。下卦由局数、干支、宫数三参数决定，以空间坐标表示，则为（设例为阳七局，时宫盘中宫为四，丙午时，求出下卦为巽）：

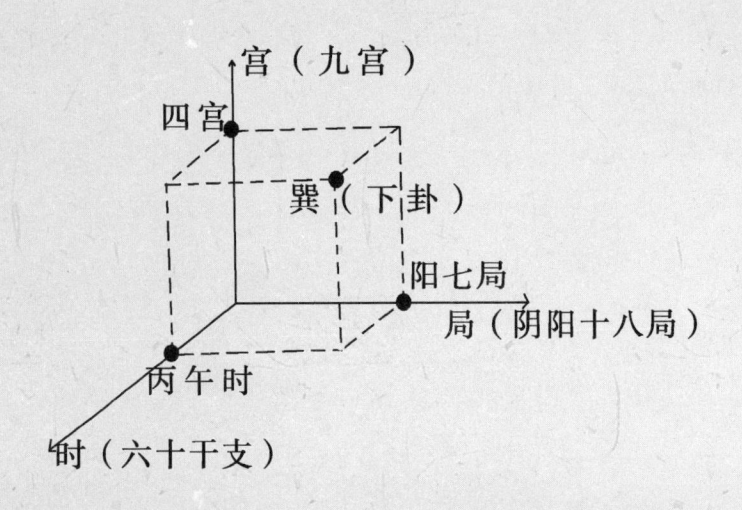

则阳七局，丙午时地利象意盘为：

为便于查阅，将此空间坐标化作两种表格，一为十八局与六十干支表，求出对应一白之卦；二为一白之卦与二黑、三碧、四绿、五黄、六白、七赤、八白、九紫相对应之卦。列二种表格如下。第一表格是"干支、局——一宫下卦表"，此谓"定宫（定色）"为一宫，即"一"进入中宫所对应之下卦。

| 一宫下卦\干支\局 | 甲子 | 甲戌 | 甲申 | 甲午 | 甲辰 | 甲寅 | 乙丑 | 乙亥 | 乙酉 | 乙未 | 乙巳 | 乙卯 |
|---|---|---|---|---|---|---|---|---|---|---|---|---|
| 阳一局 | 坤 | 坤 | 坤 | 坤 | 坤 | 坤 | 兑 | 兑 | 艮 | 坤 | 坤 | 震 |
| 阳二局 | 坤 | 坤 | 坤 | 坤 | 坤 | 坤 | 兑 | 艮 | 坤 | 坤 | 震 | 巽 |
| 阳三局 | 坤 | 坤 | 坤 | 坤 | 坤 | 坤 | 艮 | 坤 | 坤 | 震 | 巽 | 巽 |
| 阳四局 | 坤 | 坤 | 坤 | 坤 | 坤 | 坤 | 坤 | 震 | 巽 | 巽 | 乾 |
| 阳五局 | 坤 | 坤 | 坤 | 坤 | 坤 | 坤 | 震 | 巽 | 巽 | 乾 | 兑 |
| 阳六局 | 坤 | 坤 | 坤 | 坤 | 坤 | 震 | 巽 | 巽 | 乾 | 兑 | 兑 |
| 阳七局 | 坤 | 坤 | 坤 | 坤 | 坤 | 巽 | 巽 | 乾 | 兑 | 兑 | 艮 |
| 阳八局 | 坤 | 坤 | 坤 | 坤 | 巽 | 乾 | 兑 | 兑 | 艮 | 坤 |
| 阳九局 | 坤 | 坤 | 坤 | 坤 | 乾 | 兑 | 兑 | 艮 | 坤 | 坤 |

| 一宮下卦局\干支 | 丙寅 | 丙子 | 丙戌 | 丙申 | 丙午 | 丙辰 | 丁卯 | 丁丑 | 丁亥 | 丁酉 | 丁未 | 丁巳 |
|---|---|---|---|---|---|---|---|---|---|---|---|---|
| 阳一局 | 坎 | 离 | 坤 | 乾 | 坤 | 坎 | 巽 | 坤 | 兑 | 巽 | 坤 | 兑 |
| 阳二局 | 离 | 坤 | 乾 | 坤 | 坎 | 离 | 坤 | 兑 | 巽 | 坤 | 兑 | 坎 |
| 阳三局 | 坤 | 乾 | 坤 | 坎 | 离 | 震 | 兑 | 巽 | 坤 | 兑 | 坎 | 乾 |
| 阳四局 | 乾 | 坤 | 坎 | 离 | 震 | 艮 | 巽 | 坤 | 兑 | 坎 | 乾 | 离 |
| 阳五局 | 坤 | 坎 | 离 | 震 | 艮 | 坎 | 坤 | 兑 | 坎 | 乾 | 离 | 巽 |
| 阳六局 | 坎 | 离 | 震 | 艮 | 坎 | 离 | 兑 | 坎 | 乾 | 离 | 巽 | 坤 |
| 阳七局 | 离 | 震 | 艮 | 坎 | 离 | 坤 | 坎 | 乾 | 离 | 巽 | 坤 | 兑 |
| 阳八局 | 震 | 艮 | 坎 | 离 | 坤 | 乾 | 乾 | 离 | 巽 | 坤 | 兑 | 巽 |
| 阳九局 | 艮 | 坎 | 离 | 坤 | 乾 | 坤 | 离 | 巽 | 坤 | 兑 | 巽 | 坤 |

| 一宮下卦局\干支 | 戊辰 | 戊寅 | 戊子 | 戊戌 | 戊申 | 戊午 | 己巳 | 己卯 | 己丑 | 己亥 | 己酉 | 己未 |
|---|---|---|---|---|---|---|---|---|---|---|---|---|
| 阳一局 | 坤 | 坎 | 乾 | 离 | 坤 | 艮 | 震 | 艮 | 震 | 艮 | 坤 | 离 |
| 阳二局 | 坎 | 乾 | 离 | 坤 | 艮 | 震 | 艮 | 震 | 艮 | 坤 | 离 | 乾 |
| 阳三局 | 乾 | 离 | 坤 | 艮 | 震 | 艮 | 震 | 艮 | 坤 | 离 | 乾 | 坎 |
| 阳二局 | 离 | 坤 | 艮 | 震 | 艮 | 震 | 艮 | 坤 | 离 | 乾 | 坎 | 坤 |
| 阳五局 | 坤 | 艮 | 震 | 艮 | 震 | 坤 | 坤 | 离 | 乾 | 坎 | 坤 | 震 |
| 阳六局 | 艮 | 震 | 艮 | 震 | 坤 | 坎 | 离 | 乾 | 坎 | 坤 | 震 | 艮 |
| 阳七局 | 震 | 艮 | 震 | 坤 | 坎 | 乾 | 乾 | 坎 | 坤 | 震 | 艮 | 震 |
| 阳八局 | 艮 | 震 | 坤 | 坎 | 乾 | 离 | 坎 | 坤 | 震 | 艮 | 震 | 艮 |
| 阳九局 | 震 | 坤 | 坎 | 乾 | 离 | 坤 | 坤 | 震 | 艮 | 震 | 艮 | 坤 |

| 宫下卦\干支\局 | 庚午 | 庚辰 | 庚寅 | 庚子 | 庚戌 | 庚申 | 辛未 | 辛巳 | 辛卯 | 辛丑 | 辛亥 | 辛酉 |
|---|---|---|---|---|---|---|---|---|---|---|---|---|
| 阳一局 | 离 | 乾 | 坎 | 兑 | 坤 | 巽 | 艮 | 震 | 离 | 坎 | 坤 | 乾 |
| 阳二局 | 乾 | 坎 | 兑 | 坤 | 巽 | 兑 | 震 | 离 | 坎 | 坤 | 乾 | 坤 |
| 阳三局 | 坎 | 兑 | 坤 | 巽 | 兑 | 坤 | 离 | 坎 | 坤 | 乾 | 坤 | 离 |
| 阳四局 | 兑 | 坤 | 巽 | 兑 | 坤 | 巽 | 坎 | 坤 | 乾 | 坤 | 离 | 坎 |
| 阳五局 | 坤 | 巽 | 兑 | 坤 | 巽 | 离 | 坤 | 乾 | 坤 | 离 | 坎 | 艮 |
| 阳六局 | 巽 | 兑 | 坤 | 巽 | 离 | 乾 | 乾 | 坤 | 离 | 坎 | 艮 | 震 |
| 阳七局 | 兑 | 坤 | 巽 | 离 | 乾 | 坎 | 坤 | 离 | 坎 | 艮 | 震 | 离 |
| 阳八局 | 坤 | 巽 | 离 | 乾 | 坎 | 兑 | 离 | 坎 | 艮 | 震 | 离 | 坎 |
| 阳九局 | 巽 | 离 | 乾 | 坎 | 兑 | 坤 | 坎 | 艮 | 震 | 离 | 坎 | 坤 |

| 宫下卦\干支\局 | 壬申 | 壬午 | 壬辰 | 壬寅 | 壬子 | 壬戌 | 癸酉 | 癸未 | 癸巳 | 癸卯 | 癸丑 | 癸亥 |
|---|---|---|---|---|---|---|---|---|---|---|---|---|
| 阳一局 | 乾 | 巽 | 坤 | 乾 | 坤 | 坤 | 坤 | 坤 | 坤 | 坤 | 坤 | 坤 |
| 阳二局 | 巽 | 巽 | 乾 | 坤 | 坤 | 艮 | 坤 | 坤 | 坤 | 坤 | 坤 | 坤 |
| 阳三局 | 巽 | 震 | 坤 | 坤 | 艮 | 兑 | 坤 | 坤 | 坤 | 坤 | 坤 | 坤 |
| 阳四局 | 震 | 坤 | 坤 | 艮 | 兑 | 兑 | 坤 | 坤 | 坤 | 坤 | 坤 | 坤 |
| 阳五局 | 坤 | 坤 | 艮 | 兑 | 兑 | 乾 | 坤 | 坤 | 坤 | 坤 | 坤 | 坤 |
| 阳六局 | 坤 | 艮 | 兑 | 兑 | 乾 | 巽 | 坤 | 坤 | 坤 | 坤 | 坤 | 坤 |
| 阳七局 | 艮 | 兑 | 兑 | 乾 | 巽 | 巽 | 坤 | 坤 | 坤 | 坤 | 坤 | 坤 |
| 阳八局 | 兑 | 兑 | 乾 | 巽 | 巽 | 震 | 坤 | 坤 | 坤 | 坤 | 坤 | 坤 |
| 阳九局 | 兑 | 乾 | 巽 | 巽 | 震 | 坤 | 坤 | 坤 | 坤 | 坤 | 坤 | 坤 |

| 宫干支下卦局 | 甲子 | 甲戌 | 甲申 | 甲午 | 甲辰 | 甲寅 | 乙丑 | 乙亥 | 乙酉 | 乙未 | 乙巳 | 乙卯 |
|---|---|---|---|---|---|---|---|---|---|---|---|---|
| 阴一局 | 坤 | 坤 | 坤 | 坤 | 坤 | 坤 | 乾 | 兑 | 兑 | 艮 | 坤 | 坤 |
| 阴二局 | 坤 | 坤 | 坤 | 坤 | 坤 | 坤 | 巽 | 乾 | 兑 | 兑 | 艮 | 坤 |
| 阴三局 | 坤 | 坤 | 坤 | 坤 | 坤 | 坤 | 巽 | 巽 | 乾 | 兑 | 兑 | 兑 |
| 阴四局 | 坤 | 坤 | 坤 | 坤 | 坤 | 坤 | 震 | 坎 | 巽 | 乾 | 兑 | 兑 |
| 阴五局 | 坤 | 坤 | 坤 | 坤 | 坤 | 坤 | 震 | 巽 | 巽 | 乾 | 兑 |
| 阴六局 | 坤 | 坤 | 坤 | 坤 | 坤 | 坤 | 坤 | 震 | 巽 | 巽 | 乾 |
| 阴七局 | 坤 | 坤 | 坤 | 坤 | 坤 | 艮 | 坤 | 坤 | 坤 | 巽 | 巽 |
| 阴八局 | 坤 | 坤 | 坤 | 坤 | 坤 | 兑 | 艮 | 坤 | 坤 | 震 | 巽 |
| 阴九局 | 坤 | 坤 | 坤 | 坤 | 坤 | 兑 | 兑 | 艮 | 坤 | 坤 | 震 |

| 宫干支下卦局 | 丙寅 | 丙子 | 丙戌 | 丙申 | 丙午 | 丙辰 | 丁卯 | 丁丑 | 丁亥 | 丁酉 | 丁未 | 丁巳 |
|---|---|---|---|---|---|---|---|---|---|---|---|---|
| 阴一局 | 艮 | 坎 | 离 | 坤 | 巽 | 坤 | 离 | 巽 | 坤 | 兑 | 离 | 坤 |
| 阴二局 | 震 | 艮 | 坎 | 离 | 坤 | 乾 | 乾 | 离 | 巽 | 坤 | 兑 | 巽 |
| 阴三局 | 离 | 震 | 艮 | 坎 | 离 | 坤 | 坎 | 乾 | 离 | 巽 | 坤 | 兑 |
| 阴四局 | 坎 | 兑 | 震 | 艮 | 坎 | 离 | 兑 | 艮 | 乾 | 离 | 巽 | 坤 |
| 阴五局 | 坤 | 坎 | 离 | 震 | 艮 | 坎 | 坤 | 兑 | 坎 | 乾 | 离 | 巽 |
| 阴六局 | 乾 | 坤 | 坎 | 离 | 震 | 艮 | 巽 | 坤 | 兑 | 坎 | 乾 | 离 |
| 阴七局 | 坤 | 乾 | 坤 | 坎 | 离 | 震 | 兑 | 巽 | 坤 | 兑 | 坎 | 乾 |
| 阴八局 | 离 | 坤 | 乾 | 坤 | 坎 | 离 | 坤 | 兑 | 巽 | 坤 | 兑 | 坎 |
| 阴九局 | 坎 | 离 | 坤 | 乾 | 坤 | 坎 | 巽 | 坤 | 兑 | 巽 | 坤 | 兑 |

| 宫下卦局\干支 | 戊辰 | 戊寅 | 戊子 | 戊戌 | 戊申 | 戊午 | 己巳 | 己卯 | 己丑 | 己亥 | 己酉 | 己未 |
|---|---|---|---|---|---|---|---|---|---|---|---|---|
| 阴一局 | 震 | 坤 | 坎 | 乾 | 艮 | 坤 | 坤 | 震 | 艮 | 震 | 兑 | 坤 |
| 阴二局 | 艮 | 震 | 坤 | 坎 | 乾 | 离 | 坎 | 坤 | 震 | 艮 | 震 | 艮 |
| 阴三局 | 震 | 艮 | 震 | 坤 | 坎 | 乾 | 乾 | 坎 | 坤 | 震 | 艮 | 震 |
| 阴四局 | 艮 | 离 | 艮 | 震 | 坤 | 坎 | 离 | 巽 | 坎 | 坤 | 震 | 艮 |
| 阴五局 | 坤 | 艮 | 震 | 艮 | 震 | 坤 | 坤 | 离 | 乾 | 坎 | 坤 | 震 |
| 阴六局 | 离 | 坤 | 艮 | 震 | 艮 | 震 | 震 | 坤 | 离 | 乾 | 坎 | 坤 |
| 阴七局 | 乾 | 离 | 坤 | 艮 | 震 | 艮 | 震 | 震 | 坤 | 离 | 乾 | 坎 |
| 阴八局 | 坎 | 乾 | 离 | 坤 | 艮 | 震 | 艮 | 震 | 震 | 坤 | 离 | 乾 |
| 阴九局 | 坤 | 坎 | 乾 | 离 | 坤 | 艮 | 震 | 艮 | 乾 | 艮 | 坤 | 离 |

| 宫下卦局\干支 | 庚午 | 庚辰 | 庚寅 | 庚子 | 庚戌 | 庚申 | 辛未 | 辛巳 | 辛卯 | 辛丑 | 辛亥 | 辛酉 |
|---|---|---|---|---|---|---|---|---|---|---|---|---|
| 阴一局 | 巽 | 离 | 乾 | 坎 | 坎 | 坤 | 坎 | 艮 | 震 | 离 | 震 | 坤 |
| 阴二局 | 坤 | 巽 | 离 | 乾 | 坎 | 兑 | 离 | 坎 | 艮 | 震 | 离 | 坎 |
| 阴三局 | 兑 | 坤 | 巽 | 离 | 乾 | 坎 | 坤 | 离 | 坎 | 艮 | 震 | 离 |
| 阴四局 | 巽 | 乾 | 坤 | 巽 | 离 | 乾 | 乾 | 坤 | 离 | 坎 | 艮 | 震 |
| 阴五局 | 坤 | 巽 | 兑 | 坤 | 巽 | 离 | 坤 | 乾 | 坤 | 离 | 坎 | 艮 |
| 阴六局 | 兑 | 坤 | 巽 | 兑 | 坤 | 巽 | 坎 | 坤 | 乾 | 坤 | 离 | 坎 |
| 阴七局 | 坎 | 兑 | 坤 | 坤 | 兑 | 坤 | 离 | 坎 | 坤 | 乾 | 坤 | 离 |
| 阴八局 | 乾 | 坎 | 兑 | 坤 | 巽 | 兑 | 震 | 离 | 坎 | 坤 | 乾 | 坤 |
| 阴九局 | 离 | 乾 | 坎 | 兑 | 坤 | 巽 | 艮 | 震 | 离 | 坎 | 坤 | 乾 |

| 一宫下卦\干支\局 | 壬申 | 壬午 | 壬辰 | 壬寅 | 壬子 | 壬戌 | 癸酉 | 癸未 | 癸巳 | 癸卯 | 癸丑 | 癸亥 |
|---|---|---|---|---|---|---|---|---|---|---|---|---|
| 阴一局 | 兑 | 乾 | 巽 | 巽 | 坤 | 坤 | 坤 | 坤 | 坤 | 坤 | 坤 | 坤 |
| 阴二局 | 兑 | 兑 | 乾 | 巽 | 巽 | 震 | 坤 | 坤 | 坤 | 坤 | 坤 | 坤 |
| 阴三局 | 艮 | 兑 | 兑 | 乾 | 巽 | 巽 | 坤 | 坤 | 坤 | 坤 | 坤 | 坤 |
| 阴四局 | 坤 | 坤 | 兑 | 兑 | 乾 | 巽 | 坤 | 坤 | 坤 | 坤 | 坤 | 坤 |
| 阴五局 | 坤 | 坤 | 艮 | 兑 | 兑 | 乾 | 坤 | 坤 | 坤 | 坤 | 坤 | 坤 |
| 阴六局 | 震 | 坤 | 坤 | 艮 | 兑 | 兑 | 坤 | 坤 | 坤 | 坤 | 坤 | 坤 |
| 阴七局 | 巽 | 乾 | 坤 | 坤 | 艮 | 兑 | 坤 | 坤 | 坤 | 坤 | 坤 | 坤 |
| 阴八局 | 巽 | 巽 | 震 | 坤 | 坤 | 艮 | 坤 | 坤 | 坤 | 坤 | 坤 | 坤 |
| 阴九局 | 坤 | 巽 | 巽 | 震 | 坤 | 坤 | 坤 | 坤 | 坤 | 坤 | 坤 | 坤 |

第二表格是"一宫下卦——各宫下卦对应表"。从第一表格查出某局，某干支之一宫盘下卦，则从此表求出其他宫盘下卦。

| 各宫下卦\一宫下卦 | 一白 | 二黑 | 三碧 | 四绿 | 五黄 | 六白 | 七赤 | 八白 | 九紫 |
|---|---|---|---|---|---|---|---|---|---|
| 乾 | 乾 | 震 | 坎 | 艮 | ☆ | 兑 | 离 | 巽 | 坤 |
| 兑 | 兑 | 坤 | 巽 | 坎 | ☆ | 离 | 震 | 乾 | 艮 |
| 离 | 离 | 艮 | 乾 | 巽 | ☆ | 震 | 坤 | 兑 | 坎 |
| 震 | 震 | 坎 | 兑 | 乾 | ☆ | 坤 | 艮 | 离 | 巽 |
| 巽 | 巽 | 离 | 艮 | 坤 | ☆ | 乾 | 兑 | 坎 | 震 |
| 坎 | 坎 | 兑 | 坤 | 震 | ☆ | 巽 | 乾 | 艮 | 离 |
| 艮 | 艮 | 乾 | 震 | 离 | ☆ | 坎 | 巽 | 坤 | 兑 |
| 坤 | 坤 | 巽 | 离 | 兑 | ☆ | 艮 | 坎 | 震 | 乾 |

其中五宫之下卦，以星号☆表示，阴局☆为艮，阳局☆为兑。其他各宫不分阴局，阳局。附带说明一下，洛书所示宫数，即太乙行九宫次序图，以阿拉伯数字，即1，2……9表示宫数，是固定宫号。但一般所指九宫，是一白，二黑，……九紫，或称一宫，二宫，……九宫，是随时间变动的。本书即以一、二……九数字表示，以示区别。又上表所示宫，是指某宫进入中宫之宫盘，如四宫，即"四"进入中宫，七宫，即

"七"进入中宫。五宫，即"五"进入中宫，这时两种数字重合。

下面举求地利之下卦实例。

例一，1942年（壬午）阴历十二月十八日（辛巳）丙午时地利盘。

日支巳，时支午，巳午交会数字为四，即四宫盘。查万年历，十二月十八日是大寒上元，丙午时为阳七局。

由第一表查出阳七局，丙午时一宫下卦为离。由第二表，离与四宫交会为巽，即所求地利盘之下卦。

例二，1991年（辛未）阴历七月（丙申）之地利盘。

由年干支查出为中元之局，再由月干支查出为阴一局。年支为未，月支为申，查表未申交会为八，即七月是八白（八宫）之月。

由第一表查出，阴一局，丙申月一宫下卦为坤。由第二表查出坤与八宫交会为震，即所求地利盘之下卦为震。

## 十　天地盘十干之组合（象意之二）

天盘、地盘十干组合判定，本节所介绍仍是初步的，主要说明一种易卜方法。学问贵在起步，奇门遁甲术派林立，很难求得一致法则，但有起步的掌握，即可深入研究下去。其次，奇门遁甲所表现的象意，因目的不同，吉凶判定有很大差异，如适合于结婚的某方位，反而不利于买卖交易。所以下述表格十干组合判定仅是一般性的。

十干组合，赋以一定名称，如天盘为丙，地盘为戊，"丙—戊"称做"月奇得使"，使用此方位，就会有谋有利。如天盘为丁，地盘为己，"丁—己"称做"星堕勾陈"，使用此方位往往很不利。研究这些名称，如同研究《周易》的卦爻辞。当时卜筮，卦爻之实录文辞，成千累万计，而总结出来的极其有限，奇门遁甲文辞也如是，二者都是综合归纳的结论。当然，《周易》卦及卦爻辞，加以《易传》是中国文化的精粹，《周易》是哲学，而奇门遁甲是"术"，是易卜，是验证易象之学。二者区别如此。

首先举十干组合判定的实例：

例一，阴九局甲子时盘。

甲子时符头为"戊"（查本章第五节六仪十干表，"符头"即六仪）符头，即甲"符头—时干"对即"戊—甲"或"戊—戊"。构造时盘，盘中○表示吉方，×表示凶方。

|  |  |  |
|---|---|---|
| 癸 4<br>癸× | 戊 9<br>戊○ | 丙 2<br>丙× |
| 丁 3<br>丁○ | 壬 5<br>壬 | 庚 7<br>庚× |
| 己 8<br>己× | 乙 1<br>乙× | 辛 6<br>辛× |

（上方标注：甲 甲，指向戊○）

例二，阴九局乙丑时盘。

乙丑符头为"戊"，构成"戊—乙"对，符头戊即甲。

|  |  |  |
|---|---|---|
| 辛 ×4<br>癸 | 乙 ○9<br>戊 丙 | 己 ×2<br>丙 |
| 庚 ○3<br>丁 | 壬 5<br>壬 | 丁 ○7<br>庚 |
| 丙 ○8<br>己 | 戊 ○1<br>乙 | 癸 ×6<br>辛 |

（上标：甲，下标：甲）

例三，阴九局壬子时时盘。

壬子符头为壬，壬即甲，地盘中宫之壬为甲，符头可进入中宫，构成"壬—壬"对。举例一之时盘比较，正南方位例一为○（取甲—甲象意）本例为×（取戊—戊象意）。

|癸 ×4 癸|戊 ×9 戊|丙 ×2 丙|
|---|---|---|
|丁 ○3 丁|甲(壬) 5 甲(壬)|庚 ×7 庚|
|己 ×8 己|乙 ×1 乙|辛 ×6 辛|

例四，阴六局己巳时时盘。

己巳时符头为戊（甲），构成"戊—己"对，地盘已居中宫，但非甲、戊不能进入中宫，寄坤宫（二宫），从而构成"戊—壬"对。

前述天盘定干寄宫与节气有关，这里寄坤宫是别一法，例三述如中宫地盘为符头（甲），则可进入，实际构成"符头—符头"对，亦此法则。

|壬 ×4 庚|乙 ○9 丁|戊(甲) ×2 壬|
|---|---|---|
|丁 ×3 辛|己 5 己|癸 ×7 乙|
|庚 ○8 丙|辛 ×1 癸|丙 ○6 戊(甲)|

例五，阴六局庚辰时时盘。

庚辰符头为己（甲），构成"己—庚"对，但己不能飞出中宫，借坤宫之壬，构成"壬—庚"对，"借坤宫"亦别一法。

| 壬⊖×4 庚 | 乙 ○9 丁 | 戊 ○2 壬 |
|---|---|---|
| 丁 ×3 辛 | 己⊖甲 5 己⊖甲 | 癸 ×7 乙 |
| 庚 ○8 丙 | 辛 ×1 癸 | 丙 ○6 戊 |

例六，丁酉年癸丑月月盘。

按本章第四节的方法，先由年干支定三元，丁酉为上元，次由月干支定局，癸丑为阴六局。癸丑符头为壬，构成 壬—癸 对：（如下）

| 癸 ×4 庚 | 丙 ○9 丁 | 辛 ×2 壬⊖甲 |
|---|---|---|
| 戊 ×3 辛 | 己 5 己 | 庚 ×7 乙 |
| 乙 ○8 丙 | 壬⊖甲 ○1 癸 | 丁 ○6 戊 |

为便于查阅，天地盘十干组合判定列表如下，然后加以定名。

## 天地盘十干判定表

| 地盘＼天盘 | 甲 | 乙 | 丙 | 丁 | 戊 | 己 | 庚 | 辛 | 壬 | 癸 |
|---|---|---|---|---|---|---|---|---|---|---|
| 甲 | ○ | ○ | ○ | ○ | × | × | × | × | × | ○ |
| 乙 | ○ | × | ○ | ○ | ○ | ○ | × | × | × | × |
| 丙 | ○ | ○ | × | ○ | ○ | × | ○ | ○ | × | ○ |
| 丁 | ○ | ○ | ○ | ○ | ○ | ○ | ○ | ○ | ○ | × |
| 戊 | × | ○ | ○ | ○ | ○ | ○ | × | × | ○ | ○ |
| 己 | ○ | ○ | ○ | × | × | × | × | × | × | × |
| 庚 | × | × | × | ○ | × | × | × | × | × | × |
| 辛 | × | ○ | ○ | ○ | × | × | × | × | × | × |
| 壬 | × | ○ | × | ○ | ○ | × | × | × | × | × |
| 癸 | ○ | × | × | × | × | × | × | × | × | × |

## 定名

| | | | |
|---|---|---|---|
| 甲—甲○ | 双木成材 | 甲—己○ | 根制松土 |
| 甲—乙○ | 藤萝绊木 | 甲—庚× | 飞宫砍伐 |
| 甲—丙○ | 青龙返首 | 甲—辛× | 木棍碎片 |
| 甲—丁○ | 干柴烈火 | 甲—壬× | 只帆漂洋 |
| 甲—戊× | 秃山孤木 | 甲—癸○ | 树根露水 |
| 乙—甲○ | 锦上添花 | 乙—己○ | 日奇得使 |
| 乙—乙× | 伏吟杂草 | 乙—庚× | 日奇披刑 |
| 乙—丙○ | 三奇顺遂 | 乙—辛× | 青龙逃走 |
| 乙—丁○ | 三奇相佐 | 乙—壬○ | 荷叶莲花 |
| 乙—戊○ | 鲜花名瓶 | 乙—癸× | 绿野朝露 |
| 丙—甲○ | 飞鸟跌穴 | 丙—己○ | 大地普照 |
| 丙—乙○ | 艳阳丽花 | 丙—庚× | 荧惑入白 |
| 丙—丙× | 伏吟洪光 | 丙—辛○ | 日月相会 |

| | | | |
|---|---|---|---|
| 丙―丁○ | 三奇顺遂 | 丙―壬× | 江晖相映 |
| 丙―戊○ | 月奇得使 | 丙―癸× | 黑云遮日 |
| 丁―甲○ | 青龙转光 | 丁―己× | 星堕勾陈 |
| 丁―乙○ | 烧田种作 | 丁―庚○ | 火炼真金 |
| 丁―丙○ | 嫦娥奔月 | 丁―辛× | 烧毁珠玉 |
| 丁―丁○ | 两火成炎 | 丁―壬○ | 星奇得使 |
| 丁―戊○ | 有火有炉 | 丁―癸× | 朱雀投江 |
| 戊―甲× | 巨石压木 | 戊―己× | 戊入不利 |
| 戊―乙○ | 青龙合灵 | 戊―庚× | 怀才不过 |
| 戊―丙○ | 日出东山 | 戊―辛× | 青龙揑折 |
| 戊―丁○ | 火烧赤壁 | 戊―壬○ | 山穷水复 |
| 戊―戊× | 伏吟峻山 | 戊―癸× | 岩石侵蚀 |
| 己―甲× | 激流孤舟 | 己―己× | 伏吟干格 |
| 己―乙○ | 逢蓬消难 | 己―庚× | 色情堕落 |
| 己―丙× | 火孛地户 | 己―辛× | 游魂入墓 |
| 己―丁○ | 朱雀入墓 | 己―壬× | 莫测地网 |
| 己―戊○ | 吉门逢吉 | 己―癸× | 地刑玄武 |
| 庚―甲× | 伏宫摧残 | 庚―己× | 官符刑格 |
| 庚―乙× | 太白逢星 | 庚―庚× | 伏吟战格 |
| 庚―丙○ | 火孛地户 | 庚―辛× | 交通事故 |
| 庚―丁○ | 朱雀入墓 | 庚―壬× | 耗败小格 |
| 庚―戊× | 逢吉门吉 | 庚―癸× | 反吟大格 |
| 辛―甲× | 月下花影 | 辛―己× | 入狱自刑 |
| 辛―乙× | 白虎猖狂 | 辛―庚× | 白虎入格 |
| 辛―丙○ | 大利戒折 | 辛―辛× | 伏吟相克 |
| 辛―丁○ | 狱神得奇 | 辛―壬× | 寒塘月影 |
| 辛―戊× | 反吟被伤 | 辛―癸× | 天牢华盖 |
| 壬―甲× | 浪中孤舟 | 壬―己× | 凶蛇入狱 |

| 壬一乙× | 逐水桃花 | 壬一庚× | 太白擒蛇 |
|---|---|---|---|
| 壬一丙× | 日落西山 | 壬一辛× | 螣蛇相缠 |
| 壬一丁〇 | 壬合星奇 | 壬一壬× | 伏吟地网 |
| 壬一戊〇 | 小蛇化龙 | 壬一癸× | 幼女奸淫 |
| 癸一甲〇 | 杨柳甘露 | 癸一己× | 华盖地户 |
| 癸一乙× | 梨花春雨 | 癸一庚× | 太白入网 |
| 癸一丙〇 | 华盖孛师 | 癸一辛× | 阴盛阳衰 |
| 癸一丁× | 螣蛇妖娇 | 癸一壬× | 冲天奔地 |
| 癸一戊〇 | 天乙会合 | 癸一癸× | 伏吟天罗 |

## 十一 八门判定（象意之三）

（一）门格

| 吉门 | 生、开、休 |
|---|---|
| 次吉门 | 景 |
| 凶门 | 伤、惊、死、杜 |

**八门吉格表**

| 八门 | 天盘 | 地盘 | 八神 | 所进入宫 | 格名 |
|---|---|---|---|---|---|
| 生 | 丙 | 戊、丁 | | | 天遁 |
| 开 | 乙 | 己 | | | 地遁 |
| 休 | 丁 | | 太阴 | | 人遁 |
| 生、开、休 | 乙 | | | 巽宫 | 风遁 |
| 生、开、休 | 乙 | | | 坤宫 | 龙遁 |
| 开 | 乙 | | | 乾宫 | 云遁 |
| 生 | 乙 | | | 艮宫 | 虎遁 |
| 生 | 丙 | | 九天 | | 神遁 |
| 开 | 丁 | | 九地 | | 鬼遁 |
| 景 | 戊 | 癸 | | | 戊化龙升 |

| 休 | 乙、丙、丁 | | 九天 | | 三奇飞升 |
|---|---|---|---|---|---|
| 生 | 乙、丙、丁 | | 太阴 | | 三奇静成 |
| 直使 | 丁 | | | | 玉女守门 |

**八门凶格表**

| 八　门 | 天盘 | 地盘 | 格　名 |
|---|---|---|---|
| 伤、惊、死、杜 | 庚 | 辛 | 太白入乡 |
| 伤、惊、死、杜 | 辛 | 庚 | 白虎入白 |
| 伤、惊、死、杜 | 壬 | 癸 | 玄武入乡 |
| 伤、惊、死、杜 | 癸 | 壬 | 玄武入庙 |

(二) 宫门五行生克

宫按洛书序排列，且赋予五行义，为：坎1水，坤2土，震3木，巽4木，乾6金，兑7金，艮8土，离9火。

八门赋予五行义为休水、死土、伤木、杜木、开金、惊金、生土、景火。

宫为固定位置，门在运转，二者相对变化，形成五行生克关系如下图：

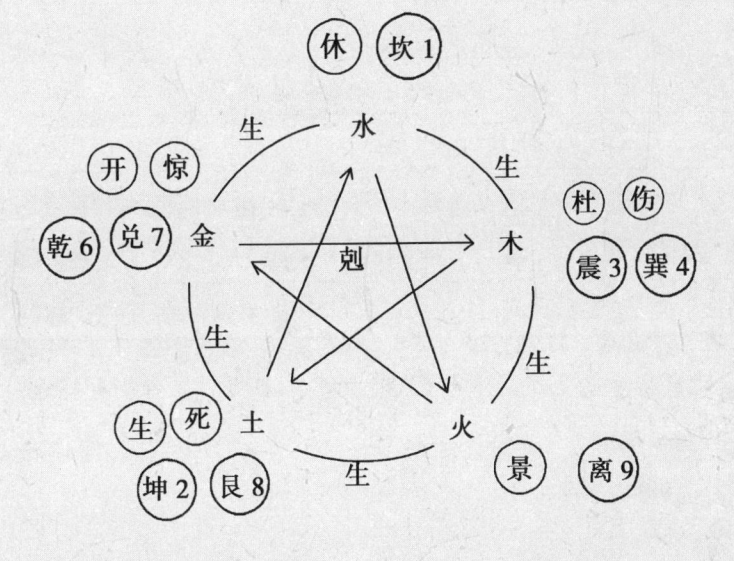

定义：伏、迫、制、和、义。

如休门在坎1宫，水＝水为"伏"

如惊门在震3宫，或巽4宫

惊门（金）──克──→震3宫，巽4宫（木）

门克宫为"迫"

如开门在离9宫，

开门（金）←──克──离9宫（火）

宫克门为"制"

如景门在坤2宫或艮8宫，

景门（火）──生──→坤2宫，艮8宫（土）

门生宫为"和"

如杜门在坎1宫，

杜门（木）←──生──坎1宫（水）

宫生门为"义"

门宫吉凶判定如下表：

| 门＼宫 | 坎1 | 坤2 | 震3 | 巽4 | 乾6 | 兑7 | 艮8 | 离9 |
|---|---|---|---|---|---|---|---|---|
| 休 | 伏○ | 制 | 和○ | 和（×） | 义○ | 义 | 制△ | 迫（×） |
| 死 | 迫× | 伏× | 制× | 制× | 和△ | 和 | 伏△ | 义△ |
| 伤 | 义 | 迫× | 伏× | 伏× | 制× | 制× | 迫× | 和△ |
| 杜 | 义△ | 迫× | 伏× | 伏× | 制（○） | 制× | 迫× | 和△ |
| 开 | 和○ | 义○ | 迫（×） | 迫（×） | 伏 | 伏× | 义○ | 制（×） |
| 惊 | 和△ | 义（×） | 迫× | 迫× | 伏△ | 伏△ | 和△ | 制× |
| 生 | 迫（×） | 伏△ | 制△ | 制△ | 和○ | 和○ | 伏△ | 义○ |
| 景 | 制△ | 和△ | 义△ | 义△ | 迫（×） | 迫（×） | 和○ | 伏△ |

门卦判定除五行生克义外，还有下节介绍的八卦义，二者相为补充。以五行义言，基本判定原则为：

吉门迫制，吉事不成△。

凶门迫制，则凶　×。

吉门和义，其吉益吉○。

凶门和义，其凶不凶△。

但有若干例外，如景门在兑，休门在离，生门在坎，开门在震为凶（×）。表中凡例外的判定，均括以括号。

（三）卦象判定

以门代表的卦为上卦，以宫卦为下卦，组合成六十四卦，如开门（☰）在震宫（☳），则组合成无妄（䷘）。奇门遁甲术和《周易》卦象联系起来，这样术数再加以卦象，就超越单纯的术数模式。下面以无妄卦为例。

如何观象，如何解象，这是掌握《周易》的两个基本问题。首先谈如何观象，观象一般需要考虑下列几种要素：卦位、卦象、爻位、爻象、卦序、互卦，以及错卦、综卦。如爻位是讲爻在卦中的位次：

——一三五为阳，二四六为阴，合于此者为"当位"。

——五六爻象征天道的阴阳，五为阳，六为阴；一二爻象征地道的阴阳，一为阳，二为阴；三四爻象征人道的阴阳，三为阳，四为阴。

——上位、中位、下位、同位，重卦由两个单卦组成，单卦的三爻中，上为上位，中为中位，下为下位。在重卦中，一四爻是下位，二五爻是中位，三六爻是上位，因此又称一四爻同位，二五爻同位，三六爻同位。

——同位之爻一阴一阳，谓之同位相应。此为天地阴阳相应（天道、地道），国家君臣相应，家庭男女相应，象征"恒久"。

——同位之爻或同为阴，或同为阳，刚刚对立，柔柔对立，称为同位敌应。象征上下不应，不能合作。

——柔从刚：阴爻在阳爻之下。为吉。

——柔乘刚：阴爻在阳爻之上。为反常。

具体到无妄䷘。

初爻为阳，当位。三爻为阴，不当位。上爻为阳，不当位。五爻为上卦之中位，又为阳爻，是为中正。

又如互卦，是从一个重卦中看出另外一些卦象来，有两种情况：

——看二爻至四爻，或三爻至五爻。

——从整体看，两爻或多爻看作一种爻象。

如中孚䷼，可以看作大离。

如大壮䷡，可以看作大兑。

具体到无妄䷘，上卦为乾☰，下卦为震☳，二至四爻互卦为艮☶，三至五爻互卦为巽☴。

第二个问题是如何解象，更广泛的理解是如何解卦象、卦名、卦辞、爻辞。这里笔者引用著名学者王树枏、尚秉和，以及《焦氏易林》的一些提法。

王树枏《费氏古易订文》云：

䷘ 无妄

《释文》云：马郑王肃皆云，妄犹望。谓无所希望也。《史记·春申传》云：世有毋望之福，又有毋望之祸，今君处毋望之世，事毋望之主，安可以无毋望之人乎。《索隐》云：《周易》有无妄卦，其义殊也。案，望妄同音相借。《大戴礼·文王官人篇》，故得望誉，望誉即妄誉。而卢辩注云，妄当声误为望。不知妄望古盖通用。史迁受易于杨何，而无妄作毋望。马郑亦用杨何之义，而妄读为望。

王树枏又从《汉书·律历志》考证"无妄之应"，文字较长，这里不便引用。近世研究费氏易有两家，"一为桐城马氏，一为王氏。若律以汉人家法，则王氏较为得之"。① 王氏研究易学的方法，先从训诂入手，从积存的历史材料中，系统地掌握易之本义，而呈露极平易的面相，如无妄，即是"无所希望"之义。

尚秉和《周易尚氏学》云：

☷ 无妄。元亨利贞。其匪正有眚。不利有攸往。

震巽为草木为禾稼，下艮为火，故焦京王充皆以无妄为大旱之卦。而乾为年，巽为入，年收失望，故曰无妄。元亨者，谓乾元通也，初当位，前临重阴，五中正，故乾元以通。利贞者，利于贞定也，正亦定也。匪正谓三上，三上不当位，妄动，故有眚，眚病也。巽为疾病，其匪正有眚者，言不能贞定而躁动，即有眚也。不利有攸往，仍以动为戒也。震为决躁，躁动于内，外与刚健遇，必无幸也，故曰不利有攸往。妄，释文云：马郑王肃皆作望，谓无所希望也，按此训最古。……王陶庐（王树枏）云：妄望同音相借。……又无妄灾也，以艮火象失传之故，皆莫知灾之自来，而焦京以无妄为大旱之卦。

尚秉和解卦的主象是：

二至四爻艮 ［☷］ 三至五爻艮巽  震巽为草木为禾稼。火"烧"禾稼，释之为大
艮为火            下卦震        旱，故无妄是大旱之卦。

艮为火象，已经失传，尚氏研究《焦氏易林》从中发现大量已经失传的卦象。王树枏评尚著《焦氏易林注》"此书将二千年易家之育词呓说，一一驳倒，使西汉易学复明于世。陈三立给王树枏信，称尚著《焦氏易诂》为"千古绝作"、"今世竟有此人，著此绝无仅有之书，本朝诸儒见之，当有愧色。"以王陈二老宿儒评尚著成就若此。

尚氏谓"西汉释易之书，其完全无缺者，只有《焦氏易林》与杨子《太玄》"。笔者按，此为易学之门径。尚氏《焦氏易林注·例言》云："本注意在指明易象，俾学易者有所裨益，以正旧解之误。"关于艮火象，查《易林》艮卦第五十二：

艮☷之需☷根刖树残，华叶落去，卒逢火焱，随风僵仆。尚氏注："……艮为火，

---

① 此评语见黄寿祺《易学群书平议》。

重艮故曰焱，焱音艳，班固东都赋：焱焱炎炎。巽风坎陷故仆"。

尚氏在《焦氏易诂》中考证出八纯卦有一百七十多象失传，而推广之象更有几千百。失传之象为东汉易学家所不知，所以东汉以下解易多误，艮火象即其一例。

观象、解象，再例临卦。

☷☱ 临，元亨利贞。至于八月有凶。

从卦辞"八月有凶"只能从十二辟卦解象。十二辟卦是：

☷☳ 复，一阳生，建子，十一月。

☷☱ 临，二阳生，建丑，十二月。

..................

☴☷ 观，四阴消阳，建酉，八月。

..................

☷☷ 坤，六阴消阳，建亥，十月。

临卦，二阳生，元亨利贞，是十二月卦，元即开始，亨即通，利即有利，贞即正，这是事物的一种向荣状态。但阴阳的转化，☷☱临卦的综卦为☴☷观，四阴消阳，观为八月，故八月有凶。

甲骨文临字阙。金文临，林义光云："从臣，臣屈伏也，临下必屈其体。（从品），品众物也，象人俯视众物形"，所以临有下视之义，有抚育之义。又☷☱二至四爻为☳震，震象为君，君有抚下之义，故卦名为临。

《周易》观象，解象是一种模式。临卦为何用十二辟卦求义？又为何吉凶判定给以时间分划？笔者臆测，《周易》模式是在当时诸多易卜实例中的综合归纳，因之带有一种统计规律性。

一九二五年阴历七月初七街秉和对直奉战事，曾布卦占筮，得：

☷☱ 临之 ☵☴ 井

尚云："临外卦为坤，坤为众，二至四爻互卦为震，内卦为兑，兑为毁折。即民众将受到惊扰和损失。临卦之卦为井卦，井卦上卦为水，下卦为风，风激浪涌，看来战争风云不可避免且本卦临的卦辞：至于八月有凶。估计战争在下月打起来。"又云："外卦由坤变坎，坤卦的方位是西南，坎卦的方位是北方，必然是战争起于西南，最后蔓延到北方来。而且从卦象看，北方的战祸比南方严重得多，井二至四爻互卦为兑，三至五爻互卦为离，井上卦为坎，兑为毁折，离为甲胄戈兵，坎为阴，且两互卦都和上卦坎相连，坎为北方，所以说北方战祸严重。"又云："外卦由坤变坎，由西南而北方，坤西南地支为未申，坎北方地支为子，战争既起于酉（阴历八月），未申接酉，必终于子接丑，丑为阴历十二月。"

实际情况是到了八月，时局很平静，反而没有人谈起战争了。尚氏自己也认为布卦不准，但到了八月二十五日，江浙战争急起，奉军退出苏皖。战争起于西方，吴佩孚为联军总司令。十月中旬，奉军郭松龄倒戈，直隶总督李景林又向冯军宣战，北方战事剧烈。十一月冯军打入天津，十二月战事平息。

尚氏卦例，是一种"感悟"和"直觉"，在千万卦象中，活变取象，易理判定，使西汉易学复明于世。不敢掠美，笔者所用尚氏临卦例数据，见廖墨香《周易预测学指南》第二十六页。

又例同人卦：

☰ 同人于野。亨。利涉大川。利君子贞。

荀爽曰：乾舍于离，相与同居。九家曰：乾舍于离，同而为日，天日同明，故曰同人。笔者按，离为日，乾为天，日附丽于天，是一种极和谐状态。人事以此取象，人与人处于和谐，即为"同人"。第二爻为阴，中正，相应第五爻为阳，也是中正，卦象为和谐。人与人和谐，万事亨通，故判词为"亨"。

易林、九家、荀爽，乾又取象为河，为海，故亦为大川。第五爻中正，故"利涉大川"。以人事取象，引申为君子之德，谓之"乾行"。君子占卜遇此卦有利，即"利君子贞"。

奇门遁甲术以六十四卦卦象作方位判定，就不是简单的给以吉凶，而是方位术加以哲理的阐释，这就区别于门宫组合以五行生克对应的一种纯方位术。如开门在震宫，按五行义是"迫"，即不利，以卦象是大旱之卦，二者判定相同。死门在兑宫，五行义是"和"，组卦为"临"，是有利向不利的转化，且"八月有凶"，八月不是定数，是时间区域的估计，即可能在秋季。开门在离宫，五衙义是不利，组卦是"同人"，即此方位，如有人和，则转不利为有利。

奇门遁甲方位术是多元结构，如上述门宫五行生克是一元，门宫卦象是又一元，此二元判定相辅相成。取象又带有一定"感悟"和"直觉"，这即是因人、因事的一种条件性，这种条件是必须考虑的。此外是乙、丙、丁三奇的加临，和三吉神直符（大吉）、六合（次吉）、九天（小吉）的加临，会使不利者不同程度的转化为有利。相反的五凶神太阴、九地、螣蛇、勾陈、朱雀的加临，会使有利方位不同程度地转化为不利。这种多元结构，使占卜者取舍方位，带有主观的思考。

最后将门宫组合六十四卦，作表如下：

| 宫(下卦)＼门(上卦) | 休 ☵ | 死 ☷ | 伤 ☳ | 杜 ☴ | 开 ☰ | 惊 ☱ | 生 ☶ | 景 ☲ |
|---|---|---|---|---|---|---|---|---|
| 坎 1 ☵ | 坎 | 师 | 解 | 涣 | 讼 | 困 | 蒙 | 未济 |
| 坤 2 ☷ | 比 | 坤 | 豫 | 观 | 否 | 萃 | 剥 | 晋 |
| 震 3 ☳ | 屯 | 复 | 震 | 益 | 无妄 | 随 | 颐 | 噬嗑 |
| 巽 4 ☴ | 井 | 升 | 恒 | 巽 | 姤 | 大过 | 蛊 | 鼎 |
| 乾 6 ☰ | 需 | 泰 | 大壮 | 小畜 | 乾 | 夬 | 大畜 | 大有 |
| 兑 7 ☱ | 节 | 临 | 归妹 | 中孚 | 履 | 兑 | 损 | 睽 |
| 艮 8 ☶ | 蹇 | 谦 | 小过 | 渐 | 遁 | 咸 | 艮 | 旅 |
| 离 9 ☲ | 既济 | 明夷 | 丰 | 家人 | 同人 | 革 | 贲 | 离 |

第七章 奇门遁甲

## 十二　综合释例

九星、八门、八卦（宫）、九宫、天干、地支、八神诸元，在综合判断中，一是取象，一是依其五行性之生克、时序中的旺相休囚，以及主客之应，分别说明之。先写出诸元五行性，如下表：

|   | 五行 | 木 | 火 | 土 | 金 | 水 |
|---|---|---|---|---|---|---|
| 1 | 九星 | 冲、辅 | 英 | 任、禽、芮 | 心、柱 | 蓬 |
| 2 | 八门 | 伤、杜 | 景 | 生、死 | 开、惊 | 休 |
| 3 | 八卦 | 震、巽 | 离 | 艮、坤 | 乾、兑 | 坎 |
| 4 | 九宫 | 三碧 四绿 | 九紫 | 八白 五黄 二黑 | 六白 七赤 | 一白 |
| 5 | 天干 | 甲、乙 | 丙、丁 | 戊、己 | 庚、辛 | 壬、癸 |
| 6 | 地支 | 寅、卯 | 巳、午 | 辰、丑 戌、未 | 申、酉 | 亥、子 |
| 7 | 八神 | 直符、六合 | 朱雀 | 勾陈、九地 | 九天 白虎 | 太阴 玄武 |
| 8 | 四季 | 春 | 夏 | 四季 | 秋 | 冬 |
| 9 | 方位 | 东 | 南 | 中央 | 西 | 北 |

五行学说，强调宇宙万物变化不息，虽取象金木水火土五元，但却象征千万事物，千万事物时刻处在相生相克之中。王安石《王范传》提出五行"生变化而行鬼神，往来乎天地之间而不穷"。奇门遁甲正是运用五行学说，考察事物的生克动态，而给出结论。

相生：水生木，木生火，火生土，土生金，金生水。
相克：水克火，火克金，金克木，木克土，土克水。

(五行生克本章前面已述及，并给出图示)

奇门遁甲造式三层，盘面结构，上盘象天而置九星，中层象人而配布八门，下层象地分域八卦。根据所用事不同，其一般推理原则：

(1) 星克门吉，门克星凶（例如判断人事成败得失）。
(2) 门克宫吉，宫克门凶（例如出行趋避）。
(3) 门宫相生吉，门宫相克凶（例如建造、迁移）。

例一，年盘——丙午年，某人迁移到某地，西南方向，即坤宫方向。

```
            南
    ┌────┬────┬────┐
    │    │    │禽辛│
    │    │    │开  │
    │    │    │坤癸│
    ├────┼────┼────┤
东  │    │    │    │  西
    ├────┼────┼────┤
    │    │    │    │
    │    │    │    │
    └────┴────┴────┘
            北
```

查本章"天地盘十干判定表"，辛—癸为"天牢华盖"为凶。查"门宫吉凶表"，开门在坤宫为"义"为吉。判断迁移吉凶，坤宫为土，开门为金，按第三原则，土生金，即宫生门，门宫相生吉，但迁移为人事，主要看门是否起作用，天禽为土，开门为金，土生金，"生"这里引申为控制，星控门，门失去自身的作用。起作用的是"辛—癸"象意，所以综合判定为凶。

例二，旅行，月盘——丙午年，丙申月，东北方向。

丙午年为下元，丙申月为阴四局（月盘均为阴局）。

按第二原则，艮宫土克休门水，宫克门为凶；己—癸为"地刑玄武"为凶；此宫五黄所在也为凶。但天冲星为木，休门为水，水生木，门克星为凶，"生"、"克"反义，门生星为吉。此为凶方，但有吉解之，大凶转化为不利。所以综合判定，此行不太理想，有些麻烦事。

```
          南
┌─────┬─────┬─────┐
│     │     │     │
├─────┼─────┼─────┤
东│     │     │     │西
├─────┼─────┼─────┤
│五冲己│     │     │
│  休 │     │     │
│地艮癸│     │     │
└─────┴─────┴─────┘
          北
```

其次是五行及星门的旺相休囚死状态考察。定义为：

[旺] 处于旺盛状态。

[相] 处于次旺状态。

[休] 旺与衰落之间的过渡状态。

[囚] 衰落状态。

[死] 被克制状态。

五行、九星、八门的诸状态列表如下：

|   | 旺 | 相 | 休 | 囚 | 死 |
|---|---|---|---|---|---|
| 金 | 七月<br>八月 | 三月<br>六月<br>九月<br>十二月 | 十月<br>十一月 | 正月<br>二月 | 四月<br>五月 |
| 水 | 十月<br>十一月 | 七月<br>八月 | 正月<br>二月 | 四月<br>五月 | 三月<br>六月<br>九月<br>十二月 |
| 木 | 正月<br>二月 | 十月<br>十一月 | 四月<br>五月 | 三月<br>六月<br>九月<br>十二月 | 七月<br>九月 |
| 火 | 四月<br>五月 | 正月<br>二月 | 三月<br>六月<br>九月<br>十二月 | 七月<br>八月 | 十月<br>十一月 |

| | | | | | |
|---|---|---|---|---|---|
| 土 | 三月<br>六月<br>九月<br>十二月 | 四月<br>五月 | 七月<br>八月 | 十月<br>十一月 | 正月<br>二月 |
| 天蓬（破军）<br>大凶星，水 | 十月<br>十一月 | | 七月<br>八月 | | |
| 天芮（右弼）<br>大凶星，土 | 三月<br>六月<br>九月<br>十二月 | | 四月<br>五月 | | |
| 天冲（左辅）<br>小吉星，木 | 正月<br>二月 | | 十月<br>十一月 | | |
| 天辅（武曲）<br>上吉星，木 | 正月<br>二月 | | 十月<br>十一月 | | |
| 天禽（廉贞）<br>上吉星，土 | 三月<br>六月<br>九月<br>十二月 | | 四月<br>五月 | | |
| 天心（文曲）<br>上吉星，金 | 七月<br>八月 | | 三月<br>六月<br>九月<br>十二月 | | |
| 天柱（禄存）<br>小凶星，金 | 七月<br>八月 | | 三月<br>六月<br>九月<br>十二月 | | |
| 天任（巨门）<br>小吉星，土 | 三月<br>六月<br>九月<br>十二月 | | 四月<br>五月 | | |
| 天英（贪狼）<br>小凶星，火 | 四月<br>五月 | | 正月<br>二月 | | |
| 休门<br>吉，水 | 十月<br>十一月 | | 七月<br>八月 | | |
| 生门<br>吉，水 | 三月<br>六月<br>九月<br>十二月 | | 四月<br>五月 | | |

| 伤门<br>凶，木 | 正月<br>二月 |  | 十月<br>十一月 |  |  |
|---|---|---|---|---|---|
| 杜门<br>小凶，木 | 正月<br>二月<br>三月<br>四月 |  | 十月<br>十一月 |  |  |
| 景门<br>次吉，火 | 四月<br>五月 |  | 正月<br>二月 |  |  |
| 死门<br>大凶，土 | 三月<br>六月<br>九月<br>十二月 |  | 四月<br>五月 |  |  |
| 惊门<br>凶，金 | 七月<br>八月 |  | 三月<br>六月<br>九月<br>十二月 |  |  |
| 开门<br>吉，金 | 七月<br>八月 |  | 三月<br>六月<br>九月<br>十二月 |  |  |

其三是奇门遁甲主客之分。如我去寻人，我为客，他为主：

$$\frac{我\quad 寻\quad 他}{客\qquad\qquad 主}\longrightarrow$$

人来寻我，他为客，我为主：

$$\frac{他\quad 寻\quad 我}{客\qquad\qquad 主}\longrightarrow$$

如我攻敌人，我为客，敌为主：

$$\frac{我\quad 攻\quad 敌}{客\qquad\qquad 主}\longrightarrow$$

敌人攻我，敌为客，我为主：

$$\frac{敌\quad 攻\quad 我}{客\qquad\qquad 主}\longrightarrow$$

概括言之，先动者为客，后动者为主；又如出兵动众，以我为客，至彼地为主，即以动为客静为主。有云："善用奇门者，先分主客，亦即有彼此宾主之分，定进退行动之则，借天时主客之玄机，运筹帷幄，决胜千里。"

奇门遁甲术，若以详论，必出专书探究之。笔者着重于定局定盘，略述象意，写至此即滞住。

# 第八章 京房易

## 一 京房生平

京房生于西汉昭帝元凤四年（公元前77年），卒于西汉元帝建昭元年（公元前38年），在世41年。

易学体系，京房出自焦延寿，焦延寿出自孟喜。

两汉时期的官方哲学，是董仲舒为代表的"天人感应"体系。《汉书·五行志》分"上""中之上""中之下""下之上""下之下"，长达五篇，其所论均是以阴阳五行解说灾异。在汉代，谁掌握阴阳灾异，就能得宠于皇帝。

孟喜得到秘传的"阴阳灾异书"，且援引"阴阳灾异"入《易》，适合时代的需要，在两汉时期形成了声势浩大的易学派。

西汉元帝初元四年（公元前45年），因筮术高明善言灾异，京房受宠于元帝。后因京房参与整顿吏治遭到众臣非议，进言弹劾权臣石显，而被石显逐出朝廷，贬职魏郡太守。以卦气阴阳灾异抨击朝弊，而被石显诬为"诽谤政治，归恶天子"下狱弃死于市。

京房系西汉东郡顿丘（现河南清丰西南）人。以善言阴阳灾异占候之术而闻名于世。汉代象数易学创始于孟、焦。而京房在此基础上，多有创见，建立了独具特色的易学体系，对当时及后世易学产生了深远的影响。尤为可贵的是，为整顿吏治，驱除奸臣，他屡上书谏言，置生死于度外，这是多数以明哲保身的经学博士们不敢为的。

京房从师焦延寿，焦曾预言："得我道以亡身者，必京生也。"

[京房的著述]

按《汉书·艺文志》关于京房著述列出：

（一）《孟氏京房》十一篇，即孟喜和京房二人的易章句，合成一部。

（二）《灾异孟氏京房》六十六篇，由于京房与孟喜的渊源关系，故古人将京房易冠以孟氏。

（三）《京氏段嘉》十二篇，《汉书·儒林传》说："房授东海殷嘉，河东姚平，河南乘弘，皆为郎、博士。由是易有京氏之学。"所说段嘉，因殷嘉二字形近而误。所以此十二篇当为京房弟子殷嘉所撰。

《隋书·经籍志》所立京房易著：

（一）《周易》十卷

（二）《周易错》八卷

（三）《逆刺》一卷

（四）《周易占》十二卷

（五）《周易妖占》十三卷

（六）《周易守林》三卷

（七）《周易集林》十二卷

（八）《周易飞候》九卷

（九）《周易飞候》六卷

（十）《周易四时候》四卷

（十一）《周易错卦》七卷

（十二）《周易混沌》四卷

（十三）《周易委化》四卷

（十四）《周易逆刺占灾异》十二卷

（十五）《风角要占》三卷

（十六）《五音相通法》一卷

（十七）《京君明推俞盗书》一卷

（十八）《占梦书》一卷

（十九）《京氏征伐军候》八卷

（二十）《京氏释五星灾异传》一卷

（二十一）《京氏日占图》一卷

《唐书·艺文志》有《周易京房章句》十卷等六种。

现今京氏易学尚存者，按清严可均说，有无锡王保训所辑《京氏易》八卷，《汉魏丛书》有《京氏易传》三卷。

严可均于王保训《京氏易》八卷序中说：

易以道阴阳。有阴阳即有五行，孟喜爱易家阴阳，立十二月辟卦。其说本于气，以准天时，明人事，授之焦赣。

焦赣又得隐士之说五行消息，复授之京房。京房兼而用之，长于灾变，布六十四卦于一气之中，卦值六日七分，迭更用事，以风雨寒温为候，各有占验，独成一家。

孝元立博士，迄东汉末，费直行而京氏衰。晋代犹有传习者，至隋唐，历宋入明，而汉志之八十九篇，仅存三卷。盖京氏学久废绝矣。今辑易传、易占、飞候、五星、风角等篇，虽京氏占候不尽此，亦大端具矣。然余为之深惜者，京氏章句亡于唐宋，今辑章句，仅寥寥五十五事，曾不如占候之大端具也。所谓望古而怅然者也。

介绍作序者严可均：

严可均（1762—1843）。清嘉庆年间，朝廷开全唐文馆，编辑一部达一千卷之多的《全唐文》。当时有名的文人多被邀请参加。严氏因为自己没有被邀请，心有不甘，于是花了27年的心力，独自另编一部书，即《全上古三代秦汉三国六朝文》，起上古迄隋，作为《全唐文》的前接部分。

严可均自己说："广搜三分书，与夫收藏家秘笈，金石文字，远而九译，旁及释道鬼神，鸿裁巨制，片语单辞，罔弗综录，省并复叠，联类畸零。作者三千四百九十七人，分代编次为十五集，合七百四十六卷。"

严可均为王保训《京氏易》作序，非如一般为序者，读来得到不少消息，于是想了解其人，即以上之介绍。

序中提到焦赣，即焦延寿。

孔颖达《周易正义》，《复》卦注，引《易纬稽览图》云："卦气起中孚。故离、坎、震、兑，各主其一方，其余六十卦，卦有六爻，爻别主一日，凡主三百六十日。余有五日四分之一者，每日分为八十分，五日分为四百分，四分日之一又为二十分，是四百二十分。六七四十二卦，别各得七分，是每卦得六日七分也。"

（案：四百二十分，六十卦分之即 $420 \div 60 = 7$，每卦分得七分。又每卦六爻，主六日之气，又得七分，所称"六日七分"。共六十卦，布在 365.25 日即一回归年之圆周上。六十卦，皆以"六日七分"布局。）

卦气之说，出于《易纬稽览图》。其书首言："甲子卦气起中孚，六日八十分之七而从，四时卦其一辰余而从，坎常以冬至日始效，复生坎七日。消息及杂卦相去，各如日七分。又以自复至坤十二卦为消息。余杂卦主公、卿、大夫、侯。风雨寒温中孚。"

这里"自复至坤十二卦"，即复、临、泰、大壮、夬、乾、姤、遁、否、观、剥、坤十二消息卦，或称十二辟卦。

而离、坎、震、兑为四正卦，是以后天八卦立论，离主南方，坎主北方，震主东方，兑主西方，此四卦为三爻卦，其他六十卦为六爻卦，为"六日七分之卦气"布局。

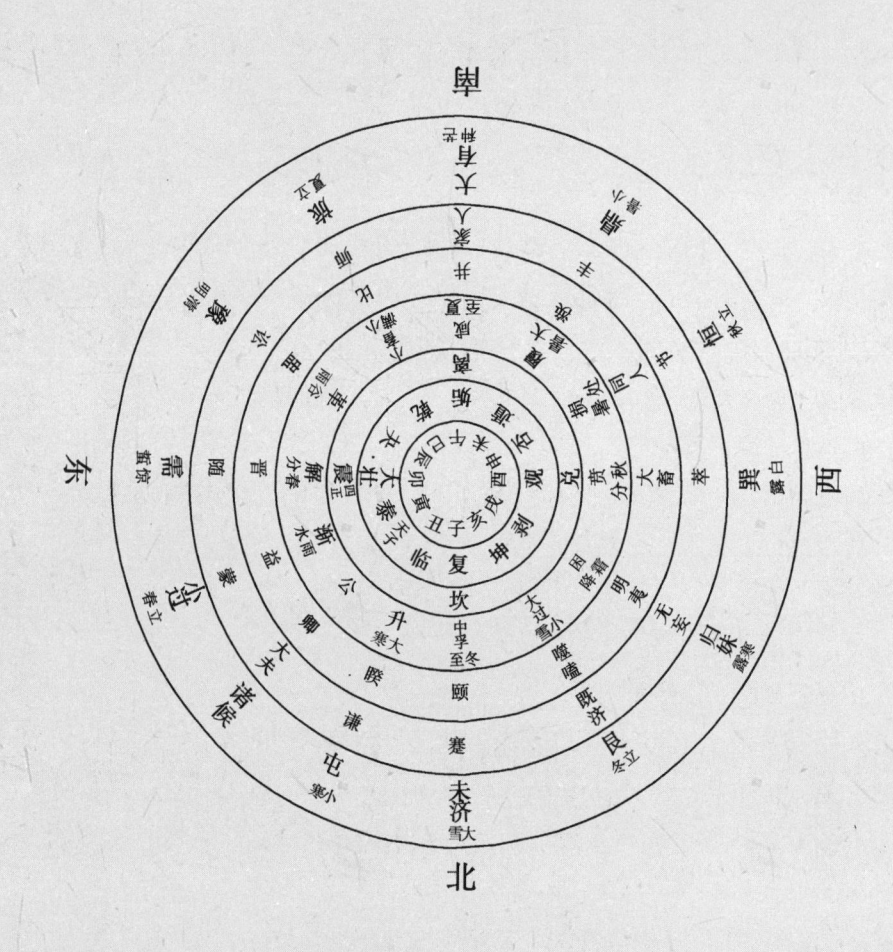

"甲子卦气起中孚"意味着六十年一循环。"卦气"指"阳气"构成人类生存的一种"场"，人类生存受此"场"的支配。卦气学说，是孟喜，京房对人类生存的一种贡献。

"中孚"为卦名。《中孚》，"孚"本义是"孵"孵卵不能延误日期，有"信"的含义，即"中孚"是"诚信"。更主要的是《中孚》二爻与五爻都是阳爻，即阳气充实。

西汉以来广泛应用十二消息卦（又称十二辟卦）如下图：

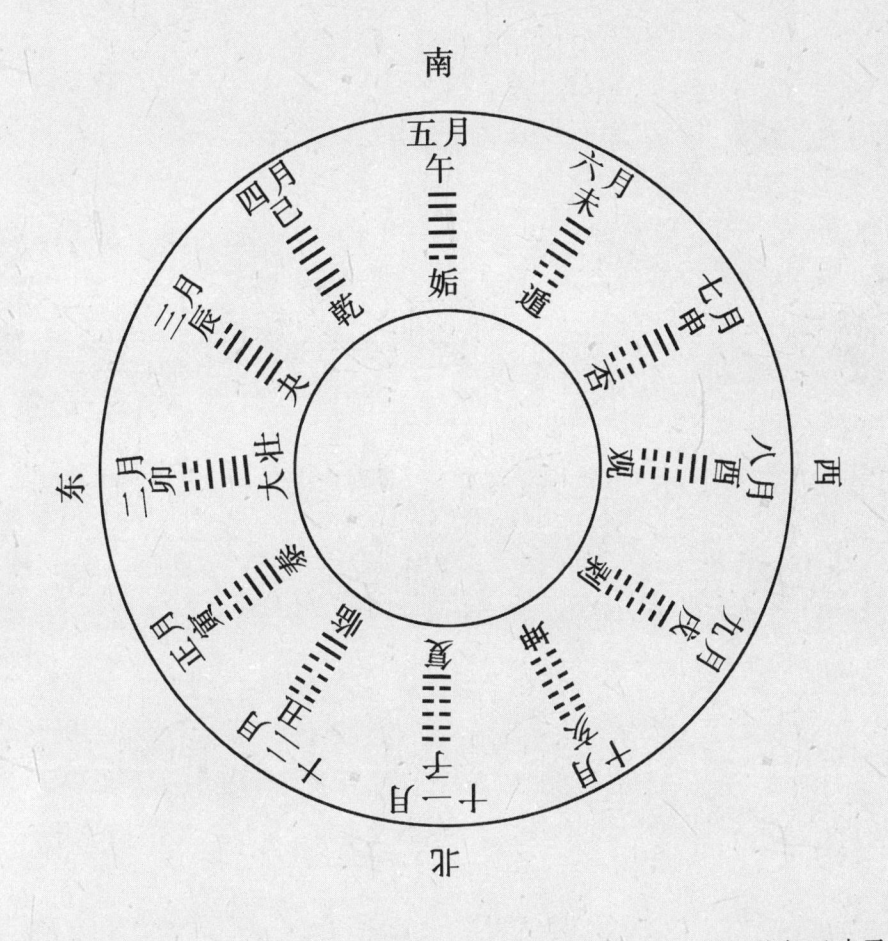

十二辟卦取六十四卦中十二个特殊卦，配以年十二个月。十一月冬至建子，一阳生为《复》。五月建午，一阴初起，为《姤》。以此类推。说明一年气候的阴阳消长。而更深层次的理解、则是一年"卦气"即"阳气"的变化。十二辟卦是方位和月建的统一。

如十一月建和北方方位构成"时空相"；五月建午和南方方位构成"时空相"；二月建卯和东方方位构成"时空相"；八月建酉和西方方位构成"时空相"。十二个月，构成十二"时空相"。

前面"六日七分"的计算补充如下：

地球以椭圆轨道绕太阳公转，太阳在椭圆一个焦点上，构成太阳周年视运动，其运动一周之天数（非整数），称为"回归年长度"。

祖冲之（公元463年）测定为365.2428148日

误差46秒

杨宗辅（公元1199年）测定为365.2425日

误差22秒

邢云路（公元1608年）测定为365.2421928日

误差2秒。

朔望月（所谓"阴历"月）＝29.53日

回归年＝365.2425日

"19年7闰"即在19回归年中，有7个闰月年，12个无闰月年。这样19个回归年误差很小为0.00000828577。

杨宗辅的回归年长度＝365.2425日为一神奇数字。

古人计算"六日七分"给出：

回归年长度＝365.25日，也有自己的思考。

60卦，每卦6爻，共计360爻。每爻主一日则主360日，但回归年长度＝365.25日，余5.25日。

5.25日以每日80分之，则

5.25日＝5.25×80分＝420分

此420分，均匀分布，即

420分÷360日＝1.166666667分/日

结果为：每爻主7日，又附加主1.166666667分。将此归整：

6日×1.166666667分/日＝7.000000002分

此即"6日7分"。

## 二　京房易卦

京房说："生吉凶之义，始于五行，终于八卦。从无入有，见灾于星辰也；从有入无，见象于阴阳也。阴阳之义岁月分也。岁月既分，吉凶定矣。故曰八卦成立，象在其中矣。六爻上下，天地阴阳，运转有无之象，配乎人事。八卦仰观俯察在乎人，隐显灾祥在乎天，考天时，察人事在乎卦。八卦之要，始于乾坤，通乎万物。"

概括言之：

（一）五行和八卦都是阐释吉凶的。

（二）星辰的运行，示人以灾异，这即从无入有，不见灾异（无），而降临灾异（有）。

（三）卦爻的变化示人以阴阳，说明天象，天地万物与卦爻之间，有内在的一一对应关系。而天象，天地万物是可见的，构成卦爻系统，也是可见的，而这种一一对应关系是看不见的，即从有到无。

（四）电有电场，磁有磁场，这即现代物理学的场论。而京房创立的"卦气"也构成一种"场",主宰人的生存。"卦气"指"阳气"。则"阴气"非"卦气"而是减弱"卦气"的。这种减弱的比例,或程度是由四时,二十四节来定,即"阴阳之义岁月分也。"

由此京房创立八宫卦:

(1) 乾宫　　(2) 震宫　　(3) 坎宫　　(4) 艮宫

(5) 坤宫　　(6) 巽宫　　(7) 离宫　　(8) 兑宫

(1)(5) 旁通　　(2)(6) 旁通　　(3)(7) 旁通　　(4)(8) 旁通

## 三　构造京房八宫卦

前节已介绍,京房八宫卦首卦为(1)乾,(2)震,(3)坎,(4)艮,(5)坤,(6)巽,(7)离,(8)兑

首卦初爻变为一世卦,

二爻变为二世卦

三爻变为三世卦

四爻变为四世卦

五爻变为五世卦

上爻为本根不能变,而返回第四爻变,谓之游魂

变游魂之下卦,即将下卦返回原处为归魂

以符号表示如下:

| 本卦 | 一世卦 | 二世卦 | 三世卦 | 四世卦 | 五世卦 | 游魂 | 归魂 |
|---|---|---|---|---|---|---|---|
| F | F | F | F | F | F | F | F |
| E | E | E | E | E | $\overline{E}$ | $\overline{E}$ | $\overline{E}$ |
| D | D | D | D | $\overline{D}$ | $\overline{D}$ | D | D |
| C | C | C | $\overline{C}$ | $\overline{C}$ | $\overline{C}$ | $\overline{C}$ | C |
| B | B | $\overline{B}$ | $\overline{B}$ | $\overline{B}$ | $\overline{B}$ | $\overline{B}$ | B |
| A | $\overline{A}$ | $\overline{A}$ | $\overline{A}$ | $\overline{A}$ | $\overline{A}$ | $\overline{A}$ | A |

以乾宫卦为例：

    本卦 ☰ 乾为天，为六世

    一世 ☰ 天风姤（初爻变）

    二世 ☰ 天山遁（二爻变）

    三世 ☰ 天地否（三爻变）

    四世 ☰ 风地观（四爻变）

    五世 ☰ 山地剥（五爻变）

    游魂 ☰ 火地晋（返回第四爻变）

    归魂 ☰ 火天大有（变下卦返回原卦）

京房又将各宫卦分为"四易"，一世，二世称地易；三世，四世称人易；五世，六世称天易；游魂，归魂称鬼易。以下为京房八宫卦：

| 1 乾宫八卦 | 2 震宫八卦 |
| --- | --- |
| 本卦☰乾为天 | 本卦☳震为雷 |
| 一世☰天风姤（初变） | 一世☳雷地豫（初变） |
| 二世☰天山遁（二变） | 二世☳雷水解（二变） |
| 三世☰天地否（三变） | 三世☳雷风恒（三变） |
| 四世☰风地观（四变） | 四世☳地风升（四变） |
| 五世☰山地剥（五变） | 五世☳水风井（五变） |
| 游魂☰火地晋 | 游魂☳泽风大过 |
| 归魂☰火天大有 | 归魂☳泽雷随 |
| 3 坎宫八卦 | 4 艮宫八卦 |
| 本卦☵坎为水 | 本卦☶艮为山 |
| 一世☵水泽节（初变） | 一世☶山火贲（初变） |
| 二世☵水雷屯（二变） | 二世☶山天大畜（二变） |
| 三世☵水火既济（三变） | 三世☶山泽损（三变） |
| 四世☵泽水革（四变） | 四世☶火泽睽（四变） |
| 五世☵雷火丰（五变） | 五世☶天泽履（五变） |
| 游魂☵地火明夷 | 游魂☶风泽中孚 |
| 归魂☵地水师 | 归魂☶风山渐 |

| 5 坤宫八卦 | 6 巽宫八卦 |
|---|---|
| 本卦☷☷坤为地 | 本卦☴☴巽为风 |
| 一世☷☳地雷复　初变 | 一世☴☰风天小畜（初变） |
| 二世☷☱地泽临　二变 | 二世☴☵风水家人（二变） |
| 三世☷☰地天泰　三变 | 三世☴☳风雷益（三变） |
| 四世☳☰雷天大壮　四变 | 四世☰☳天雷无妄（四变） |
| 五世☱☰泽天夬　五变 | 五世☲☳火雷噬嗑（五变） |
| 游魂☵☰水天需 | 游魂☶☳山雷颐 |
| 归魂☵☷水地比 | 归魂☶☴山风蛊 |

| 7 离宫八卦 | 8 兑宫八卦 |
|---|---|
| 本卦☲☲离为火 | 本卦☱☱兑为泽 |
| 一世☲☶火山旅　初变 | 一世☱☵泽水困（初变） |
| 二世☲☴火风鼎　二变 | 二世☱☷泽地萃（二变） |
| 三世☲☵火水未济三变 | 三世☱☶泽山咸（三变） |
| 四世☶☵山水蒙　四变 | 四世☵☶水山蹇（四变） |
| 五世☴☵风水涣　五变 | 五世☷☶地山谦（五变） |
| 游魂☰☵天水讼 | 游魂☳☶雷山小过 |
| 归魂☰☲天火同人 | 归魂☳☱雷泽归妹 |

　　《汉魏丛书》所载《京房易传》上、中、下卷。京房著作大都失传，现代人能读到此三卷，极其幸运。下卷是概括性的内容，如果能吃透，就渐进入易学门径。

　　《京房易传》上卷、中卷对应之八宫卦。

上卷

| 乾 | 姤 | 遁 | 否 | 观 | 剥 | 晋 | 大有 |
|---|---|---|---|---|---|---|---|
| 震 | 豫 | 解 | 恒 | 升 | 井 | 大过 | 随 |
| 坎 | 节 | 屯 | 既济 | 革 | 丰 | 明夷 | 师 |
| 艮 | 贲 | 大畜 | 损 | 睽 | 履 | 中孚 | 渐 |

中卷

| 比 | 坤 | 复 | 临 | 泰 | 大壮 | 夬 | 需 |
| --- | --- | --- | --- | --- | --- | --- | --- |
| 蛊 | 巽 | 小畜 | 家人 | 益 | 无妄 | 噬嗑 | 颐 |
| 同人 | 离 | 旅 | 鼎 | 未济 | 蒙 | 涣 | 讼 |
| 归妹 | 兑 | 困 | 萃 | 咸 | 蹇 | 谦 | 小过 |

研究京房八宫卦从"主爻"谈起：

(一)"主爻"卦中为主之爻。

(1) 三爻卦，乾☰、坤☷、坎☵、离☲。

以中爻为主。震☳、巽☴以初爻为主。

艮☶、兑☱以第三爻为主爻

少数统治多数，乾、坤例外。

(2) 六爻卦（宫本卦）。

判断原则：

其一，少数统治多数。

其二，"正位"之说，阳爻阳位，阴爻阴位，为正位；阳爻阴位，阴爻阳位为不正位。

  上爻 阴位

  五爻 阳位    即从初爻到上爻奇数爻为阳位，偶数爻为阴位。

  四爻 阴位

  三爻 阳位

  二爻 阴位

  初爻 阳位

其三，五爻为阳爻，即"九五"，刚建中正。

故九五为君象，"九五之尊"。

乾 ䷀ 九五之尊为主爻

震 ䷲ 初九阳爻阳位
以少统多

坎 ䷜ 九五之尊，阳爻阳位
以少统多

艮 ䷳ 九三，阳爻阳位
以少统多

坤 ䷁ 六二阴爻阴位

巽 ䷸ 六四阴爻阴位
以少统多

离 ䷝ 六二阴爻阴位
以少统多

兑 ䷹ 上六阴爻阴位
以少统多

(3) 除宫本卦，即八纯卦，余之五十六卦求"主爻"基本按上述三原则。

(二)"卦主"即卦之"主爻"但又有所区别。

(1) 汉唐易学家一般认为一卦只有一个卦主。

(2) 宋易学家提出"定位之主"和"成卦之主""定位之主"即九五爻君位，凡卦皆然。

"成卦之主"即卦义之所由起随卦而异，"卦主"及"主爻"之并提，五十六卦之"主爻"补充三点：

其一，五十六卦，独阴，独阴即为"主爻"。

其二，中爻为"主爻"

其三，其爻辞与卦辞有直接相关者。

京房六十四卦，无不有"成卦之主"。首先简约概括以上之叙述：

"主爻"——卦中为主之爻，服从卦之奇偶卦位，以少统多。

"卦主"⟨ "定位之主"，单一的一个"九五爻"凡卦皆然。

"成卦之主"随卦而异。

其次比较一般《周易》与《京房易传》之辞语。以《离》卦为例，先以一般《周易》：

离 ䷝，利贞亨。畜牝牛吉。

《彖》曰：离，丽也。日，月丽乎天。百谷草木丽乎土。重明以丽乎正，乃化成天下。柔丽乎中正，故亨。是以畜牝牛吉也。

《象》曰：明两作离，大人以继明照于四方。

(爻辞不录)

《京房易传》卷中离 ䷝

本于纯阳，阴气贯中，禀于刚健，见乎文明。

《易》曰："君子以继明照于四方。"

（离卦中虚，始于乾，象纯刚健，不能柔明，故以北方阴气贯中，柔刚而文明也。）

阳为阴主，阳伏于阴也。

（成卦义在六五。）

是以体离为日为火，始于阳象，而假以阴气，纯用刚健，不能明照，故以阴气入阳，柔于刚健而能顺，柔中虚见火象也。

（是以离取中虚，气炎方能照物，日昌火本阳象也。纯以阴又不能乾于物，纯以阳又暴于物，故取阴柔为中女，能成于物也。）

与坎为飞伏。

（己巳火，戊干土。）

宗庙为世，应上见三公。

（上九，九三。）

建始戊申至癸丑。

（立秋至大寒）

积算起癸丑至壬子。

（火取胎月至本月）

周而复始。土水二象入离本位。

（土水二位入卦起算。）

五星从位起岁星，

（木星入离宫卦）

室宿从位降己巳火。

（二十八宿分室宿入离宫上九己巳火上也。）

分气候三十六。

（积算起数三十六立位定吉凶。）

内外二象配于火土为祥，

（火土入离为祥）

互见悦顺，著于明两。

（兑巽二象。）

阴阳升降，入初九适变从阴，止于艮象。

（内卦变也。）

吉凶从位起止六五，休废在何爻。

（看当何位，金木水火土与本宫刑宫。）

次降入火山旅卦。

（初九爻变之。）

其次谈京房"纳甲"及"纳十二支"

纳甲：乾纳甲壬

　　　坤纳乙癸

　　　艮纳丙

　　　兑纳丁

　　　坎纳戊

　　　离纳己

　　　震纳庚

　　　巽纳辛

纳十二支：乾内卦纳干寅辰

　　　　　乾外卦纳午申戌

　　　　　坤内卦纳未巳卯

　　　　　坤外卦纳丑亥酉

　　　　　震卦　　纳干寅辰午申戌

　　　　　坎卦　　纳寅辰午申戌干

　　　　　艮卦　　纳辰午申戌干寅

　　　　　巽卦　　纳丑亥酉未巳卯

　　　　　离卦　　纳卯丑亥酉未巳

　　　　　兑卦　　纳巳卯丑亥酉未

（一）乾坤六位图：

```
           乾              坤
       ——壬戌土        — —癸酉金
       ——壬申金        — —癸亥水
       ——壬午火        — —癸丑土
       ——甲辰土        — —乙卯木
       ——甲寅木        — —乙巳火
       ——甲子水        — —乙未土
```

(二)震坎艮六位图：

| 震 | 坎 | 艮 |
|---|---|---|
| ▬▬ 庚戌土 | ▬▬ 戊子水 | ━━ 丙寅木 |
| ▬▬ 庚申金 | ━━ 戊戌土 | ▬▬ 丙子水 |
| ━━ 庚午火 | ▬▬ 戊申金 | ▬▬ 丙戌土 |
| ▬▬ 庚辰土 | ▬▬ 戊午火 | ━━ 丙申金 |
| ▬▬ 庚寅木 | ━━ 戊辰土 | ▬▬ 丙午火 |
| ━━ 庚子水 | ▬▬ 戊寅木 | ▬▬ 丙辰土 |

(三)巽离兑六位图：

| 巽 | 离 | 兑 |
|---|---|---|
| ━━ 辛卯木 | ━━ 己巳火 | ▬▬ 丁未土 |
| ━━ 辛巳火 | ▬▬ 己未土 | ━━ 丁酉金 |
| ━━ 辛未土 | ━━ 己酉金 | ━━ 丁亥水 |
| ▬▬ 辛酉金 | ━━ 己亥水 | ▬▬ 丁丑土 |
| ━━ 辛亥水 | ▬▬ 己丑土 | ▬▬ 丁卯木 |
| ▬▬ 辛丑土 | ━━ 己卯木 | ━━ 丁巳火 |

八纯卦列于八宫之首，称作首卦，再以京房易变爻结构形成六十四卦系统，八个卦一组，分作八宫卦。但各卦又是八纯卦上卦下卦之组合，如天山遁，上卦为乾为上卦，下卦艮之下卦，而各爻所赋干支五行相应纳入：

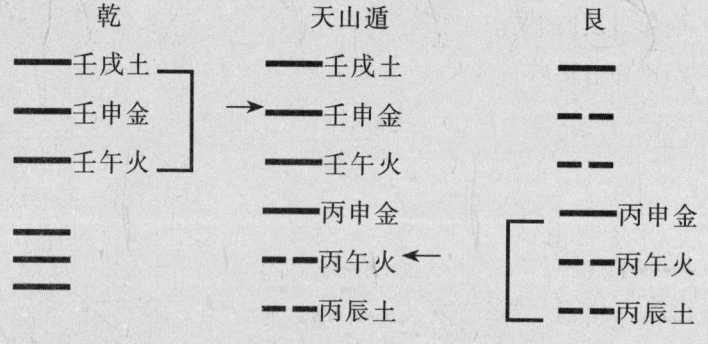

| 乾 | 天山遁 | 艮 |
|---|---|---|
| ━━ 壬戌土 | ━━ 壬戌土 | ━━ |
| ━━ 壬申金 | → ━━ 壬申金 | ▬▬ |
| ━━ 壬午火 | ━━ 壬午火 | ▬▬ |
| ━━ | ━━ 丙申金 | ━━ 丙申金 |
| ━━ | ▬▬ 丙午火 ← | ▬▬ 丙午火 |
| ━━ | ▬▬ 丙辰土 | ▬▬ 丙辰土 |

除八纯卦的五十六卦，以此类推。

关于十二地支与五行略作说明：

亥水，子水，寅木，卯木，巳火，午火，申金，酉金，丑土，辰土，未土，戌土。

京房八宫六十四卦无不有成卦之主，上引离卦："阳为阴主，阳伏于阴也"。即离卦直接由乾卦变化而来，乾卦"成卦之主"，也即其"定位之主"为"九五之尊"。而离卦"成卦之主"为"六五"即"阳伏于阴"。京房对于卦之变化，很讲究"体"与"用"。离卦之"体"为日为火，为刚健。为"用"则加以柔，柔于刚健能顺，顺则能成就万物。

其次谈"建候积算"。卢央谈到:

>  京房立建候积算之主旨,是将其八宫卦的构架与一年四季,十二月,二十四节气乃至七十二候建立起有效的配应关系,从而使卦和易学更能有效地解释甚至预测一年中季节气候的变化,并对不正常的气候或物候的出现作出解释和预测。这就是后世称之为京房卦气的最早构思。

>  或许京房想建立的还要更大,比如使他的八宫卦与天地宇宙的一切事物对应,从而使其八宫卦更趋完美。而建候积算恰是这个更大构架中不可缺少的内容。京房如何具体建构八宫卦与时令节气的配应已难以稽考,只能从一些可能搜集到零散资料,作一些分析。

这里即是说京房并未完成他的"建候积算"京房被杀,其留下的部分书稿,也是混乱的。

天上日月五星的运行,在不同的时间,在众多恒星构成的参考系中,具有不同的相应。在京房看来,这种"相应"即构成阴阳之气,构成气候或物候,且与卦爻相关联。

《京房易传》:

阴从午,阳从子,子午分行。子左行,
午右行,左右凶吉。吉凶之道,子午分时。
立春正月节在寅,坎卦初六,立秋同用。
雨水正月中在丑,巽卦初六,处暑同用。
惊蛰二月节在子,震卦初九,白露同用。
春分二月中在亥,兑卦九四,秋分同用。
清明三月节在戌,艮卦六四,寒露同用。
谷雨三月中在酉,离卦九四,霜降同用。
立夏四月节在申,坎卦六四,立冬同用。
小满四月中在未,巽卦六四,小雪同用。
芒种五月节在午,乾宫九四,大雪同用。
夏至五月中在巳,兑宫初九,冬至同用。
小暑六月节在辰,艮宫初六,小寒同用。
大暑六月中在卯,离宫初九,大寒同用。

略作说明:

(1) 立春至大暑为十二节气。

  立秋至大寒为十二节气。

立春与立秋相对应，大暑与大寒相对应，这是京房卦气说。而一般历法着重于二分二至点即春分，秋分，夏至，冬至。拙著《股市螺旋历法预测》（经济管理出版社），也着重二分二至点。

(2)"立秋七月节在寅"，京房写为"立秋同用"。"处暑七月中在丑"，京房写"处暑同用"。以此类推。

(3)历法月建：十一月建子，十二月建丑，正月建寅，二月建卯，三月建辰，四月建巳，五月建午……。地支顺序。

而京房易与月建无关，立春正月节在寅，雨水正月中在丑，惊蛰二月节在子，春分二月中在亥……。地支逆顺。

(4)二十四节气，对应卦的规则：

"月节"对应"阳卦"

"月中"对应"阴卦"

阳卦，阴卦之界定：

皇帝一人统治多人。领导者是少数，被领导者是多数。每卦六爻，阳爻少于阴爻是阳卦。阴爻少于阳爻是阴卦。

坎 ☵ 阳爻以少统多为阳卦

兑 ☱ 阴爻以少统多为阴卦

立春，立秋　对应阳卦坎

春分，秋分，夏至，冬至对应阴卦兑

(5)前半年从立春到大暑，阳气从小到大。

后半年从立秋到大寒，阴气从小到大。

(6)如何理解，开头的几句："阴从午，阳从子，子午分行。子左行，午右行，左右凶吉。吉凶之道，子午分时。"

前面提到京房"建候"与月建无关，实例为十二地支逆行，即寅，丑，子，亥，戌，酉，申，未，午，巳，辰，卯。而相对应的二十四节气顺行即立春，雨水，惊蛰，春分，清明，谷雨，立夏……

而开头几句，京房却是月建论事，即依从天体北斗的运行规律。

《淮南子·天文训》："北斗之神有雌雄，十一月始建于子，月徙一辰，雄左行，雌右行。五月合午谋刑，十一月合子谋德。"

注："五月合午"即五月建午，"十一月合子"也即十一月建子，也即月建。月建是从十一月开始，即十一月建子，十二月建丑，正月建寅……五月建午。"雌"即岁星，"雄"即斗柄，"午"指夏至之位，"子"指冬至之位。

译：北斗之神有"岁星"和"斗柄"。十一月斗柄始于子位。每月斗柄移一个时辰，向左移动，而岁星向右移动。五月斗柄，岁星会合于夏至之午位，谋划施行刑杀。十一月斗柄，岁星会合于冬至之子位，谋划施行恩德。

《京房易传》："吉凶之道，子午分时"。即斗柄，岁星运行。某一时辰，斗柄，岁星会合于冬至之子位，施行恩德，为吉。另一时辰，斗柄，岁星会合于夏至之午位，施行刑杀，为凶。

这里引入《淮南子·天文训》是可信的。《淮南子》这部书"牢笼天地，博极古今"（唐刘知几《史通》）集诸家之说，是我国思想史上划时代的学术巨著，汉代上乘之作，后世罕有其匹。

其二，谈京房易八纯卦的排序结构。

八纯卦分阴分阳

乾与坤交生阳卦震☳坎☵艮☶

坤与乾交生阴卦巽☴离☲兑☱

这就形成京房八纯卦排序：

（一）乾（二）震（三）坎（四）艮（五）坤（六）巽（七）离（八）兑。

所谓"交"即是有序的置换：

乾的初爻四爻置换坤的初爻四爻为震

乾的二爻五爻置换坤的二爻五爻为坎

乾的三爻上爻置换坤的三爻上爻为艮

坤的初爻四爻置换乾的初爻四爻为巽

坤的二爻五爻置换乾的二爻五爻为离

坤的三爻上爻置换乾的三爻上爻为兑

## 先后天及京房八卦配洛书

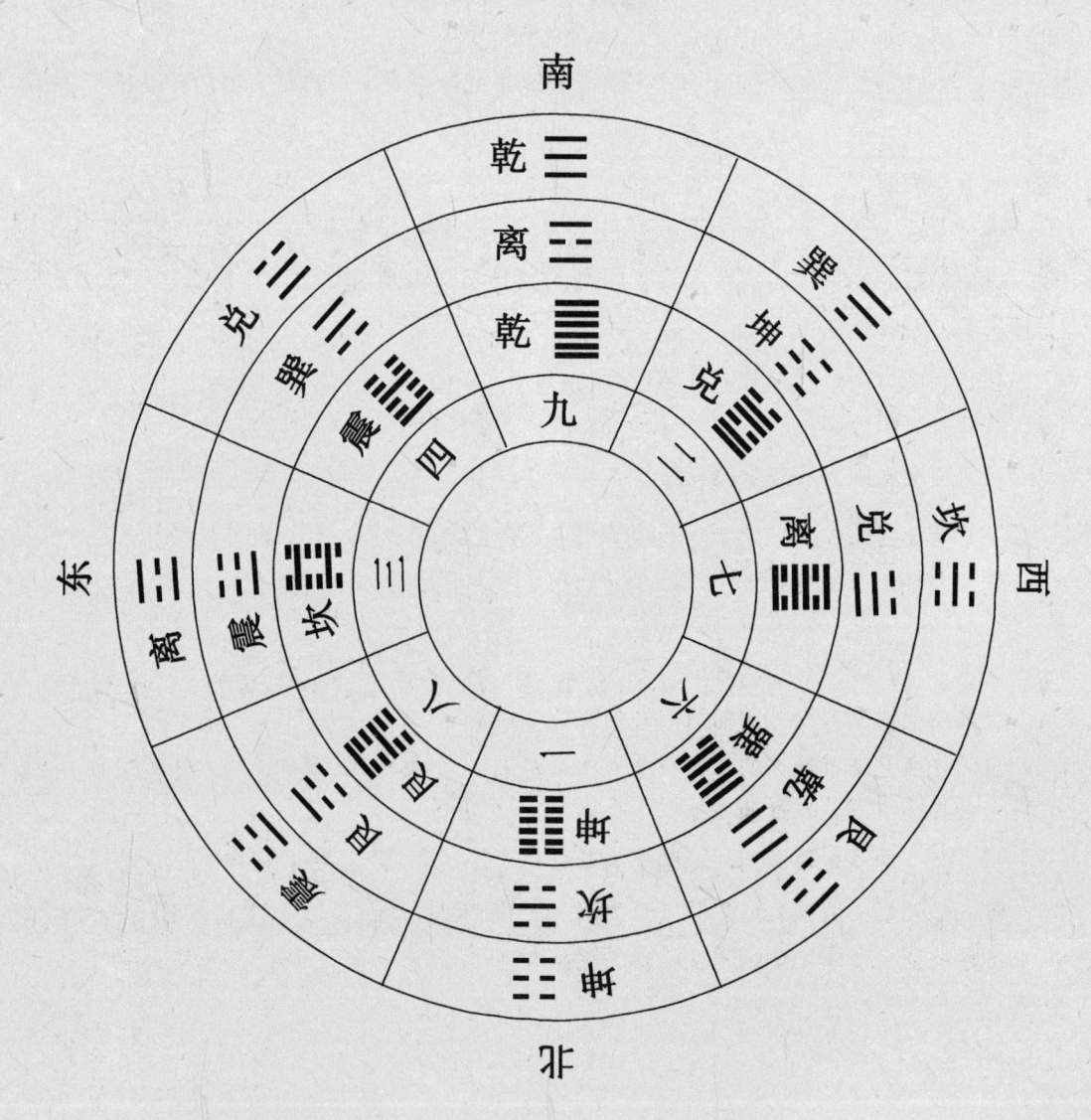

先后天八卦为三爻卦

京房八纯卦为六爻卦

其三，谈世应。世与应是预测中重要概念，世为主体，应为客体。世与应中间隔两爻，此两爻称为"间爻"。世应是"轮换"布局：

```
       上爻
  初爻        五爻


  二爻        四爻
       三爻
```

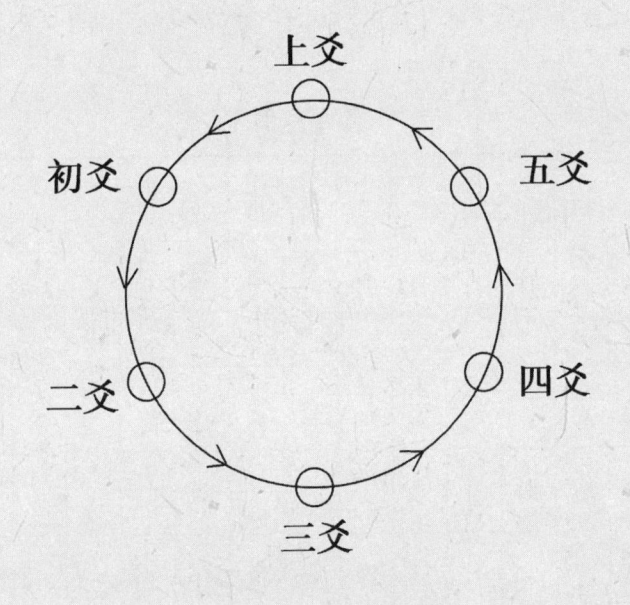

初爻为世　四爻为应
二爻为世　五爻为应
三爻为世　上爻为应
四爻为世　初爻为应
五爻为世　二爻为应
上爻为世　三爻为应

### 京房八宫卦

一世卦世在初爻　应在四爻
二世卦世在二爻　应在五爻
三世卦世在三爻　应在上爻
四世卦世在四爻　应在初爻
五世卦世在五爻　应在二爻
游魂卦世在四爻　应在初爻
归魂卦世在三爻　应在上爻
本宫卦世在上爻　应在三爻

即"气出于下，应于上；气出于上，应于下"

其四，后面有八宫卦表格，以六十干支为序。载二十四节气及布八宫卦。八宫卦六爻纳节气之排序为从初爻到上爻。表中标有"建始""算起"。如"解"卦，所对应之"戊寅"即是"建候起始"位置，也是"解"卦初爻位置，而后面之二、三、四、五上爻，干支以此排序。而"解"卦所对应干支"癸未"，即是"解"卦"积算起始"位置。

### 震宫八卦

| 干支 | 丙子 | 丁丑 | 戊寅 | 己卯 | 庚辰 | 辛巳 | 壬午 | 癸未 | 甲申 | 乙酉 | 丙戌 | 丁亥 | 戊子 | 己丑 | 庚寅 | 辛卯 |
|---|---|---|---|---|---|---|---|---|---|---|---|---|---|---|---|---|
| 月节 | 十一月节 | 十二月中 | 正月节 | 二月中 | 三月节 | 四月中 | 五月节 | 六月中 | 七月节 | 八月中 | 九月节 | 十月节 | 十一月中 | 十二月中 | 正月节 | 二月中 |
| 气 | 大雪 | 大寒 | 立春 | 春分 | 清明 | 小满 | 芒种 | 大暑 | 立秋 | 秋分 | 寒露 | 小雪 | 大雪 | 大寒 | 立春 | 春分 |
| 建始 | 震 | 豫 | 解 | 恒 | 升 | 井 | | | 随 | 大过 | | | | | | |
| 算起 | | | | | | 震 | 豫 | 解 | 恒 | 升 | 井 | | | | 随 | 大过 |

解卦之"建候"与"积算"：后面谈到"建候"标出干支与节气，"积算"不标节气，仅标干支。

从初爻到上爻排序

解卦建候

－－癸未大暑
－－壬午芒种
——辛巳小满
－－庚辰清明
——己卯春分
－－戊寅立春

解卦积算

－－戊子
－－丁亥
——丙戌
－－乙酉
——甲申
－－癸未

我们注意到二十四节气不是按次序排列，二十四节气的次序是：

立春，雨水，惊蛰，春分，清明，谷雨，立夏，小满，芒种，夏至，小暑，大暑，立秋，处暑，白露，秋分，寒露，霜降，立冬，小雪，大雪，冬至，小寒，大寒。

这是京房对二十四节气的应用的特殊性。

查前列之"震宫八卦"表格，"算起"之随与大过两卦，随之初爻在"庚寅"，大过之初爻在"辛卯"。而此两干支为本表格最后两干支，后继之干支在"坎宫八卦"表格中去寻找：

"庚寅，立春；辛卯，春分；壬辰，清明；癸巳，小满；甲午，芒种；乙未，大暑；丙申，立秋。"

如此，各宫卦表格干支重合，相应节气重合。将六十干编号为1—60，以表示重叠情况如下：

乾宫：1.2 …………………………………………………………… 21.22

震宫：13.14 …………………………………………………………… 27.28

坎宫：15.16 …………………………………………………………… 34.35

艮宫：27.28 …………………………………………………………… 41.42

坤宫：31.32 …………………………………………………………… 45.46

巽宫：38.39 …………………………………………………………… 52.53

离宫：45.46 …………………………………………………………… 59.60

兑宫：52.53 ………………………………… 60.1 ………………………… 6.7

后面附有"六十干支数字排序"表。

## 六十干支数字排序表

| 甲子 1 | 甲戌 11 | 甲申 21 | 甲午 31 | 甲辰 41 | 甲寅 51 |
|---|---|---|---|---|---|
| 乙丑 2 | 乙亥 12 | 乙酉 22 | 乙未 32 | 乙巳 42 | 乙卯 52 |
| 丙寅 3 | 丙子 13 | 丙戌 23 | 丙申 33 | 丙午 43 | 丙辰 53 |
| 丁卯 4 | 丁丑 14 | 丁亥 24 | 丁酉 34 | 丁未 44 | 丁巳 54 |
| 戊辰 5 | 戊寅 15 | 戊子 25 | 戊戌 35 | 戊申 45 | 戊午 55 |
| 己巳 6 | 己卯 16 | 己丑 26 | 己亥 36 | 巳酉 46 | 己未 56 |
| 庚午 7 | 庚辰 17 | 庚寅 27 | 庚子 37 | 庚戌 47 | 庚申 57 |
| 辛未 8 | 辛巳 18 | 辛卯 28 | 辛丑 38 | 辛亥 48 | 辛酉 58 |
| 壬申 9 | 壬午 19 | 壬辰 29 | 壬寅 39 | 壬子 49 | 壬戌 59 |
| 癸酉 10 | 癸未 20 | 癸巳 30 | 癸卯 40 | 癸丑 50 | 癸亥 60 |

## 八宫建候积算图

### 乾宫八卦

| 干支 | 甲子 | 乙丑 | 丙寅 | 丁卯 | 戊辰 | 己巳 | 庚午 | 辛未 | 壬申 | 癸酉 | 甲戌 | 乙亥 | 丙子 | 丁丑 | 戊寅 | 己卯 | 庚辰 | 辛巳 | 壬午 | 癸未 | 甲申 | 乙酉 |
|---|---|---|---|---|---|---|---|---|---|---|---|---|---|---|---|---|---|---|---|---|---|---|
| 月 节 | 十一月节 | 十二月中 | 正月节 | 二月中 | 三月节 | 四月中 | 五月节 | 六月中 | 七月节 | 八月中 | 九月节 | 十月中 | 十一月节 | 十二月中 | 正月节 | 二月中 | 三月节 | 四月中 | 五月节 | 六月中 | 七月节 | 八月中 |
| 气 | 大雪 | 大寒 | 立春 | 春分 | 清明 | 小满 | 芒种 | 大暑 | 立秋 | 秋分 | 寒露 | 小雪 | 大雪 | 大寒 | 立春 | 春分 | 清明 | 小满 | 芒种 | 大暑 | 立秋 | 秋分 |
| 建始 | 乾 | | | | | 姤 | 遁 | 否 | 观 | 剥 | | | | | 大有 | 晋 | | | | | | |
| 算起 | | | | | 乾 | | | 姤 | 遁 | 否 | 观 | 剥 | | | | | 大有 | 晋 | | | | |

### 震宫八卦

| 干支 | 丙子 | 丁丑 | 戊寅 | 己卯 | 庚辰 | 辛巳 | 壬午 | 癸未 | 甲申 | 乙酉 | 丙戌 | 丁亥 | 戊子 | 己丑 | 庚寅 | 辛卯 |
|---|---|---|---|---|---|---|---|---|---|---|---|---|---|---|---|---|
| 月 节 | 十一月节 | 十二月中 | 正月节 | 二月中 | 三月节 | 四月中 | 五月节 | 六月中 | 七月节 | 八月中 | 九月节 | 十月中 | 十一月节 | 十二月中 | 正月节 | 二月中 |
| 气 | 大雪 | 大寒 | 立春 | 春分 | 清明 | 小满 | 芒种 | 大暑 | 立秋 | 秋分 | 寒露 | 小雪 | 大雪 | 大寒 | 立春 | 春分 |
| 建始 | 震 | 豫 | 解 | 恒 | 升 | 井 | | | 随 | 大过 | | | | | | |
| 算起 | | | | 震 | 豫 | 解 | 恒 | 升 | 井 | | | 随 | 大过 | | | |

### 坎宫八卦

| 干支 | 戊寅 | 己卯 | 庚辰 | 辛巳 | 壬午 | 癸未 | 甲申 | 乙酉 | 丙戌 | 丁亥 | 戊子 | 己丑 | 庚寅 | 辛卯 | 壬辰 | 癸巳 | 甲午 | 乙未 | 丙申 | 丁酉 | 戊戌 |
|---|---|---|---|---|---|---|---|---|---|---|---|---|---|---|---|---|---|---|---|---|---|
| 月 节 | 正月节 | 二月中 | 三月节 | 四月中 | 五月节 | 六月中 | 七月节 | 八月中 | 九月节 | 十月中 | 十一月节 | 十二月中 | 正月节 | 二月中 | 三月节 | 四月中 | 五月节 | 六月中 | 七月节 | 八月中 | 九月节 |
| 气 | 立春 | 春分 | 清明 | 小满 | 芒种 | 大暑 | 立秋 | 秋分 | 寒露 | 小雪 | 大雪 | 大寒 | 立春 | 春分 | 清明 | 小满 | 芒种 | 大暑 | 立秋 | 秋分 | 寒露 |
| 建始 | 坎 | | | | | 节 | 屯 | 既济 | 革 | 丰 | | | | | 明夷 | 师 | | | | | |
| 算起 | | | | 坎 | | | | 节 | 屯 | 既济 | 革 | 丰 | | | 师 | | | | | | 明夷 |

### 艮宫八卦

| 干支 | 庚寅 | 辛卯 | 壬辰 | 癸巳 | 甲午 | 乙未 | 丙申 | 丁酉 | 戊戌 | 己亥 | 庚子 | 辛丑 | 壬寅 | 癸卯 | 甲辰 | 乙巳 |
|---|---|---|---|---|---|---|---|---|---|---|---|---|---|---|---|---|
| 月 | 正月节 | 二月中 | 三月节 | 四月中 | 五月节 | 六月中 | 七月节 | 八月中 | 九月节 | 十月中 | 十一月节 | 十二月中 | 正月节 | 二月中 | 三月节 | 四月中 |
| 气 | 立春 | 春分 | 清明 | 小满 | 芒种 | 大暑 | 立秋 | 秋分 | 寒露 | 小雪 | 大雪 | 大寒 | 立春 | 春分 | 清明 | 小满 |
| 建始 | 艮 | 贲 | 大畜 | 损 | 睽 | 履 |  |  |  | 渐 | 中孚 |  |  |  |  |  |
| 算起 |  |  |  |  | 艮 | 贲 | 大畜 | 损 | 睽 | 履 |  |  |  | 渐 | 中孚 |  |

### 坤宫八卦

| 干支 | 甲午 | 乙未 | 丙申 | 丁酉 | 戊戌 | 己亥 | 庚子 | 辛丑 | 壬寅 | 癸卯 | 甲辰 | 乙巳 | 丙午 | 丁未 | 戊申 | 己酉 |
|---|---|---|---|---|---|---|---|---|---|---|---|---|---|---|---|---|
| 月 | 五月节 | 六月中 | 七月节 | 八月中 | 九月节 | 十月中 | 十一月节 | 十二月中 | 正月节 | 二月中 | 三月节 | 四月中 | 五月节 | 六月中 | 七月节 | 八月中 |
| 气 | 芒种 | 大暑 | 立秋 | 秋分 | 寒露 | 小雪 | 大雪 | 立寒 | 春分 | 清明 | 小满 | 芒种 | 大暑 | 立秋 | 秋分 |  |
| 建始 | 坤 | 复 | 临 | 泰 | 大壮 | 夬 |  |  | 比 | 需 |  |  |  |  |  |  |
| 算起 |  |  |  |  | 坤 | 复 | 临 | 泰 | 大壮 | 夬 |  |  |  |  | 比 | 需 |

### 巽宫八卦

| 干支 | 辛丑 | 壬寅 | 癸卯 | 甲辰 | 乙巳 | 丙午 | 丁未 | 戊申 | 己酉 | 庚戌 | 辛亥 | 壬子 | 癸丑 | 甲寅 | 乙卯 | 丙辰 |
|---|---|---|---|---|---|---|---|---|---|---|---|---|---|---|---|---|
| 月 | 十二月中 | 正月节 | 二月中 | 三月节 | 四月中 | 五月节 | 六月中 | 七月节 | 八月中 | 九月节 | 十月中 | 十一月节 | 十二月中 | 正月节 | 二月中 | 三月节 |
| 气 | 大寒 | 立春 | 春分 | 清明 | 小满 | 芒种 | 大暑 | 立秋 | 秋分 | 寒露 | 小雪 | 大雪 | 大寒 | 立春 | 春分 | 清明 |
| 建始 | 巽 | 小畜 | 家人 | 益 | 无妄 | 噬嗑 |  |  | 蛊 | 颐 |  |  |  |  |  |  |
| 算起 |  |  |  |  | 巽 | 小畜 | 家人 | 益 | 无妄 | 噬嗑 |  |  |  |  | 蛊 | 颐 |

## 离宫八卦

| 干支 | 戊申 | 己酉 | 庚戌 | 辛亥 | 壬子 | 癸丑 | 甲寅 | 乙卯 | 丙辰 | 丁巳 | 戊午 | 己未 | 庚申 | 辛酉 | 壬戌 | 癸亥 |
|---|---|---|---|---|---|---|---|---|---|---|---|---|---|---|---|---|
| 月 | 七月节 | 八月中 | 九月节 | 十月中 | 十一月节 | 十二月中 | 正月节 | 二月中 | 三月节 | 四月中 | 五月节 | 六月中 | 七月节 | 八月中 | 九月节 | 十月中 |
| 气 | 立秋 | 秋分 | 寒露 | 小雪 | 大雪 | 大寒 | 立春 | 春分 | 清明 | 小满 | 芒种 | 大暑 | 立秋 | 秋分 | 寒露 | 小雪 |
| 建始 | 离 | 旅 | 鼎 | 未济 | 蒙 | 涣 | | | | 同人 | 讼 | | | | | |
| 算起 | | | | | 离 | 旅 | 鼎 | 未济 | 蒙 | 涣 | | | | | 同人 | 讼 |

## 兑宫八卦

| 干支 | 乙卯 | 丙辰 | 丁巳 | 戊午 | 己未 | 庚申 | 辛酉 | 壬戌 | 癸亥 | 甲子 | 乙丑 | 丙寅 | 丁卯 | 戊辰 | 己巳 | 庚午 |
|---|---|---|---|---|---|---|---|---|---|---|---|---|---|---|---|---|
| 月 | 二月中 | 三月节 | 四月中 | 五月节 | 六月中 | 七月节 | 八月中 | 九月节 | 十月中 | 十一月节 | 十二月中 | 正月节 | 二月中 | 三月节 | 四月中 | 五月节 |
| 气 | 春分 | 清明 | 小满 | 芒种 | 大暑 | 立秋 | 秋分 | 寒露 | 小雪 | 大雪 | 大寒 | 立春 | 春分 | 清明 | 小满 | 芒种 |
| 建始 | 兑 | 困 | 萃 | 咸 | 蹇 | 谦 | | | 归妹 | 小过 | | | | | | |
| 算起 | | | | | 兑 | 困 | 萃 | 咸 | 蹇 | 谦 | | | | | 归妹 | 小过 |

八宫卦六爻纳节气之排序为从初爻到上爻，"建候始"简写为"建"，"积算起"简写为"积"。八宫卦之建候，积算概括如下：

（一）乾宫八卦

乾建：甲子至己巳　　大雪至小满

乾积：己巳至甲戌

姤建：庚午至乙亥　　芒种至小雪

姤积：乙亥至庚辰

遁建：辛未至丙子　　大暑至大雪

遁积：丙子至辛巳

否建：壬申至丁丑　　立秋至大寒

否积：丁丑至壬午

观建：癸酉至戊寅　　秋分至立春

观积：戊寅至癸未

剥建：甲戌至己卯　寒露至春分
剥积：己卯至甲申
晋建：己卯至甲申　春分至立秋
晋积：甲申至己丑
大有建：戊寅至癸未　立春至大暑
大有积：癸未至戊子

（二）震宫八卦
震建：丙子至辛巳　大雪至小满
震积：辛巳至丙戌
豫建：丁丑至壬午　大寒至芒种
豫积：壬午至丁亥
解建：戊寅至癸未　立春至大暑
解积：癸未至戊子
恒建：己卯至甲申　春分至立秋
恒积：甲申至己丑
升建：庚辰至乙酉　清明至秋分
升积：乙酉至庚寅
井建：辛巳至丙戌　小满至寒露
井积：丙戌至辛卯
大过建：丙戌至辛卯　寒露至春分
大过积：辛卯至丙申
随建：乙酉至庚寅　秋分至立春
随积：庚寅至乙未

（三）坎宫八卦
坎建：戊寅至癸未　立春至大暑
坎积：癸未至戊子
节建：甲申至己丑　立秋至大寒
节积：己丑至甲午
屯建：乙酉至庚寅　秋分至立春
屯积：庚寅至乙未
既济建：丙戌至辛卯　寒露至春分
既济积：辛卯至丙申
革建：丁亥至壬辰　小雪至清明

革积：壬辰至丁酉
丰建：戊子至癸巳　大雪至小满
丰积：癸巳至戊戌
明夷建：癸巳至戊戌　小满至寒露
明夷积：戊戌至癸卯
师建：壬辰至丁酉　清明至秋分
师积：丁酉至壬寅

（四）艮宫八卦
艮建：庚寅至乙未　立春至大暑
艮积：乙未至庚子
贲建：辛卯至丙申　春分至立秋
贲积：丙申至辛丑
大畜建：壬辰至丁酉　清明至秋分
大畜积：丁酉至壬寅
损建：癸巳至戊戌　小满至寒露
损积：戊戌至癸卯
睽建：甲午至己亥　芒种至小雪
睽积：己亥至甲辰
履建：乙未至庚子　大暑至大雪
履积：庚子至乙巳
中孚建：庚子至乙巳　大雪至小满
中孚积：乙巳至庚戌
渐建：己亥至甲辰　小雪至清明
渐积：甲辰至乙酉

（五）坤宫八卦
坤建：甲午至己亥　芒种至小雪
坤积：己亥至甲辰
复建：乙未至庚子　大暑至大雪
复积：庚子至乙巳
临建：丙申至辛丑　立秋至大寒
临积：辛丑至丙午
泰建：丁酉至壬寅　秋分至立春
泰积：壬寅至丁未

大壮建：戊戌至癸卯　寒露至春分

大壮积：癸卯至戊申

夬建：己亥至甲辰　小雪至清明

夬积：甲辰至乙酉

需建：甲辰至乙酉　清明至秋分

需积：乙酉至甲寅

比建：癸卯至戊申　春分至立秋

比积：戊申至癸丑

（六）巽宫八卦

巽建：辛丑至丙午　大寒至芒种

巽积：丙午至辛亥

小畜建：壬寅至丁未　立春至大暑

小畜积：丁未至壬子

家人建：癸卯至戊申　春分至立秋

家人积：戊申至癸丑

益建：甲辰至己酉　清明至秋分

益积：己酉至甲寅

无妄建：乙巳至庚戌　小满至寒露

无妄积：庚戌至乙卯

噬嗑建：丙午至辛亥　芒种至小雪

噬嗑积：辛亥至丙辰

颐建：辛亥至丙辰　小雪至清明

颐积：丙辰至辛酉

蛊建：庚戌至乙卯　寒露至春分

蛊积：乙卯至庚申

（七）离宫八卦

离建：戊申至癸丑　立秋至大寒

离积：癸丑至戊午

旅建：己酉至甲寅　秋分至立春

旅积：甲寅至己未

鼎建：庚戌至乙卯　寒露至春分

鼎积：乙卯至庚申

未济建：辛亥至丙辰　小雪至清明

未济积：丙辰至辛酉
蒙建：壬子至丁巳　大雪至小满
蒙积：丁巳至壬戌
涣建：癸丑至戊午　大寒至芒种
涣积：戊午至癸亥
讼建：戊午至癸亥　芒种至小雪
讼积：癸亥至戊辰
同人建：丁巳至壬戌　小满至寒露
同人积：壬戌至丁卯

（八）兑宫八卦
兑建：乙卯至庚申　春分至立秋
兑积：庚申至乙丑
困建：丙辰至辛酉　清明至秋分
困积：辛酉至丙寅
萃建：丁巳至壬戌　小满至寒露
萃积：壬戌至丁卯
咸建：戊午至癸亥　芒种至小雪
咸积：癸亥至戊辰
蹇建：己未至甲子　大暑至大雪
蹇积：甲子至己巳
谦建：庚申至乙丑　立秋至大寒
谦积：乙丑至庚午
小过建：乙丑至庚午　大寒至芒种
小过积：庚午至乙亥
归妹建：甲子至己巳　大雪至小满
归妹积：己巳至甲戌

其五，世月建候积算。

### 世月建候积算圆图

## 世月建候格式图

| 十一月子水 | 蹇 | ㉿震 | 丰 | 中孚，复 |  |
|---|---|---|---|---|---|
| 十二月丑土 | 谦 | 豫 |  | 临 | ㉿离 |
| 正月寅木 |  | 大有，解 | ㉿艮 | 泰 | 旅 |
| 二月卯木 |  | 晋，恒 | 贲 | 大壮 | 蛊，鼎 |
| 三月辰土 |  | 升 | 师，大畜 | 夬 | 颐，未济 |
| 四月巳火 | 归妹， | ㉿乾 | 井 | 明夷，损 | 蒙 |
| 五月午火 | 小过，姤 |  | 睽 | ㉿巽 | 涣 |
| 六月未土 | 遁 | ㉿坎 | 履 | 小畜 |  |
| 七月申金 | 否 | 节 |  | 比，家人 | ㉿兑 |
| 八月酉金 | 观 | 随，屯 |  | 需，益 | 困 |
| 九月戌土 | 剥 | 大过，既济 |  | 无妄 | 同人，萃 |
| 十月亥水 |  | 革 | 渐，㉿坤 | 噬嗑 | 讼咸 |

其六，建候与积算的区别。京房认为八宫六十四卦，每卦六爻，每爻主一月，每卦主六个月，京房称之为"建"，后人称为"建候"。以下具体写出乾宫八宫卦（且标出二十四气在黄道球面坐标的黄经度）：

乾宫首卦
- ── 己巳小满（四月中）60°
- ── 戊辰清明（三月节）15°
- ── 丁卯春分（二月中）0°
- ── 丙寅立春（正月节）315°
- ── 乙丑大寒（十二月中）300°
- ── 甲子大雪（十一月节）255°

一世卦姤
- ── 乙亥小雪（十月中）240°
- ── 甲戌寒露（九月节）195°
- ── 癸酉秋分（八月中）180°
- ── 壬申立秋（七月节）135°
- ── 辛未大暑（六月中）120°
- ─ ─ 庚午芒种（五月节）75°

二世卦遯
━━ 丙子大雪（十一月节）255°
━━ 乙亥小雪（十月中）240°
━━ 甲戌寒露（九月节）195°
━━ 癸酉秋分（八月中）180°
━ ━ 壬申立秋（七月节）135°
━ ━ 辛未大暑（六月中）120°

三世卦否
━━ 丁丑大寒（十二月中）300°
━━ 丙子大雪（十一月节）255°
━━ 乙亥小雪（十月中）240°
━ ━ 甲戌寒露（九月节）195°
━ ━ 癸酉秋分（八月中）180°
━ ━ 壬申立秋（七月节）135°

四世卦观
━━ 戊寅立春（正月节）315°
━━ 丁丑大寒（十二月中）300°
━ ━ 丙子大雪（十一月节）255°
━ ━ 乙亥小雪（十月中）240°
━ ━ 甲戌寒露（九月节）195°
━ ━ 癸酉秋分（八月中）180°

五世卦剥
━━ 乙卯春分（二月中）0°
━ ━ 戊寅立春（正月节）315°
━ ━ 丁丑大寒（十二月中）300°
━ ━ 丙子大雪（十一月节）255°
━ ━ 乙亥小雪（十月中）240°
━ ━ 甲戌寒露（九月节）195°

```
           ━━━ 甲申立秋（七月节）135°
           ━ ━ 癸未大暑（六月中）120°
           ━━━ 壬午芒种（五月节）75°
   游魂晋
           ━ ━ 辛巳小满（四月中）60°
           ━ ━ 庚辰清明（三月节）15°
           ━ ━ 乙卯春分（二月中）0°


           ━━━ 癸未大暑（六月中）120°
           ━ ━ 壬午芒种（五月节）75°
           ━━━ 辛巳小满（四月中）60°
   归魂大有
           ━━━ 庚辰清明（三月节）15°
           ━━━ 己卯春分（二月中）0°
           ━━━ 戊寅立春（正月节）315°
```

积算不同于建候，建候每爻主一月，每卦六爻主六个月，是固定的。而积算则不固定，每爻主一日；主十日（一旬）；主十五日，主三十日；主三百六十五日（一年）；主十二分之一日（一个时辰）等，依需要而确定，所以不标二十四节气。

前之八宫卦"干支，月令，二十四节气，建始，算起"表格，二十四节气仅用于"建始"。而"算起"仅标出干支。而此"干支"也仅表示序号。

前面"世月建候积算圆图"应用起来非常不便，所以制一"世月建候格式图"简称"格式图"便于应用。

把十二个分为两部分

上部：十一月　十二月　正月　二月　三月　四月

下部：五月　六月　七月　八月　九月　十月

以乾宫八卦，震宫八卦，离宫八卦为例，说明格式图的应用。

乾宫八宫：一世卦姤，世爻为初爻

　　　　二世卦遁，世爻为二爻

　　　　三世卦否，世爻为三爻

　　　　四世卦观，世爻为四爻

　　　　五世卦剥，世爻为五爻

　　　　游魂卦晋，世爻为四爻

　　　　归魂卦大有，世爻为三爻

　　　　本宫卦乾，世爻为上爻

震宫八卦：一世卦豫，世爻为初爻

　　　　二世卦解，世爻为二爻
　　　　三世卦恒，世爻为三爻
　　　　四世卦升，世爻为四爻
　　　　五世卦井，世爻为五爻
　　　　游魂卦大过，世爻为四爻
　　　　归魂卦随，世爻为三爻
　　　　本宫卦震，世爻为上爻
离宫八卦：一世卦旅，世爻为初爻
　　　　二世卦鼎，世爻为二爻
　　　　三世卦未济，世爻为三爻
　　　　四世卦蒙，世爻为四爻
　　　　五世卦涣，世爻为五爻
　　　　游魂卦讼，世爻为四爻
　　　　归魂卦同人，世爻为三爻
　　　　本宫卦离，世爻为上爻

查格式图，乾在四月，震在十一月，离在十二月，按此一一对应如下：

|     | 十一月 | 十二月 | 正月 | 二月 | 三月 | 四月 |
|-----|--------|--------|------|------|------|------|
| 乾宫 |        |        | 大有 | 晋   |      | 乾   |
| 震宫 | 震     | 豫     | 解   | 恒   | 升   | 井   |
| 离宫 |        | 离     | 旅   | 鼎   | 未济 | 蒙   |

|     | 五月 | 六月 | 七月 | 八月 | 九月 | 十月 |
|-----|------|------|------|------|------|------|
| 乾宫 | 姤   | 遁   | 否   | 观   | 剥   |      |
| 震宫 |      |      |      | 随   | 大过 |      |
| 离宫 | 涣   |      |      | 同人 | 讼   |      |

后附八宫卦详图。
（1）标出八宫卦五行属性。
（2）标出游魂卦与四世卦世爻为四爻。
（3）标出归魂卦与三世卦世爻为三爻。
以下为京房八宫卦：

1 乾宫八卦　　属金

本卦☰☰乾为天

一世☰☴天风姤（初变）

二世☰☶天山遁（二变）

三世☰☷天地否（三变）

四世☴☷风地观（四变）

五世☶☷山地剥（五变）

游魂☲☷火地晋

归魂☲☰火天大有

## 1 乾宫八卦　属金

本卦 ☰☰ 乾为天
一世 ☰☴ 天风姤（初变）
二世 ☰☶ 天山遁（二变）
三世 ☰☷ 天地否（三变）
四世 ☴☷ 风地观（四变）
五世 ☶☷ 山地剥（五变）
游魂 ☲☷ 火地晋
归魂 ☲☰ 火天大有

## 2 震宫八卦　属木

本卦 ☳☳ 震为雷
一世 ☳☷ 雷地豫（初变）
二世 ☳☵ 雷水解（二变）
三世 ☳☴ 雷风恒（三变）
四世 ☷☴ 地风升（四变）
五世 ☵☴ 水风井（五变）
游魂 ☱☴ 泽风大过
归魂 ☱☳ 泽雷随

## 3 坎宫八卦　属水

本卦 ☵☵ 坎为水
一世 ☵☱ 水泽节（初变）
二世 ☵☳ 水雷屯（二变）
三世 ☵☲ 水火既济（三变）
四世 ☱☲ 泽火革（四变）
五世 ☳☲ 雷火丰（五变）
游魂 ☷☲ 地火明夷
归魂 ☷☵ 地水师

## 4 艮宫八卦　属土

本卦 ☶☶ 艮为山
一世 ☶☲ 山火贲（初变）
二世 ☶☰ 山天大畜（二变）
三世 ☶☱ 山泽损（三变）
四世 ☲☱ 火泽睽（四变）
五世 ☰☱ 天泽履（五变）
游魂 ☴☱ 风泽中孚
归魂 ☴☶ 风山渐

## 6 巽宫八卦　属木

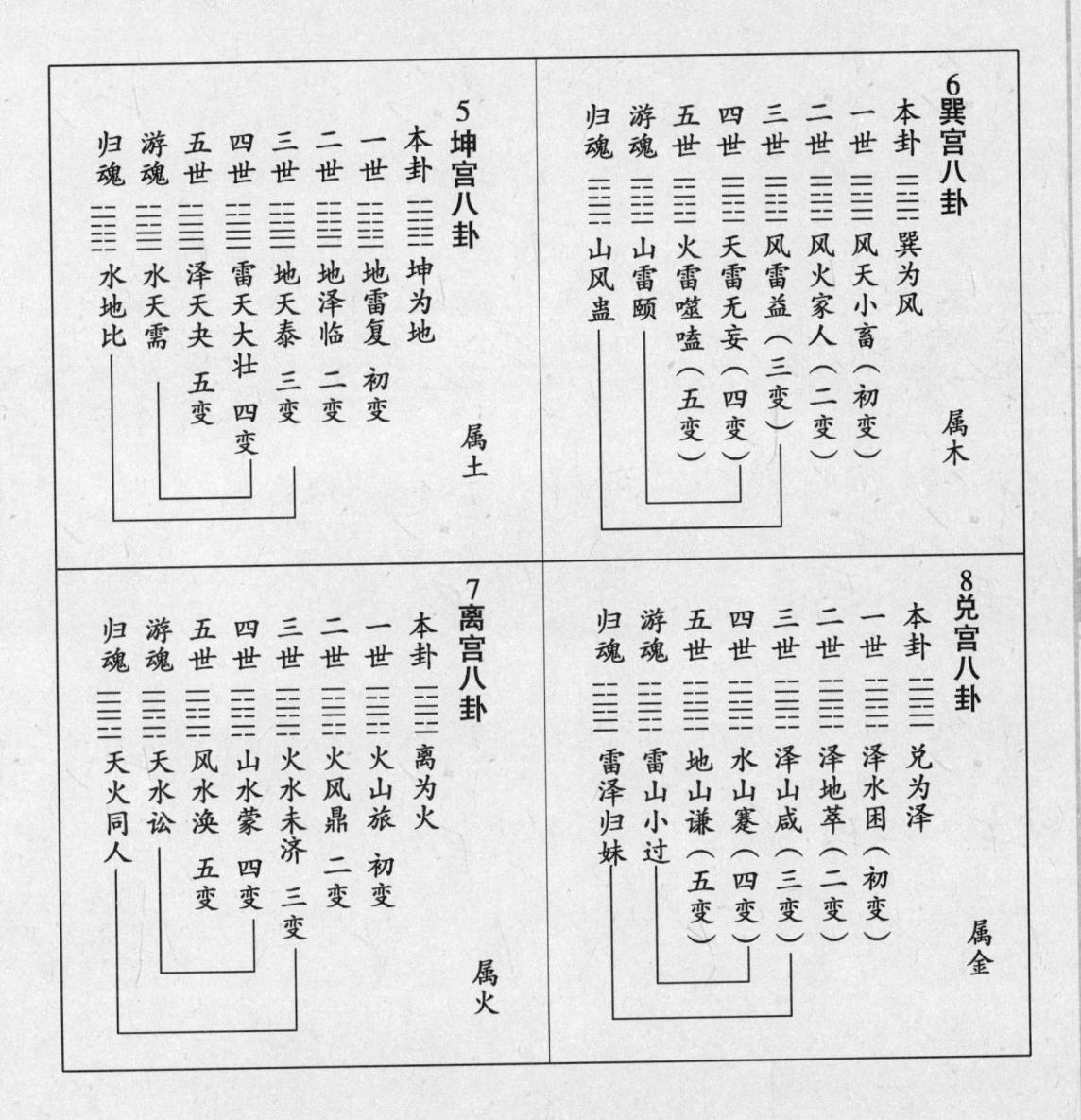

- 本卦 ☴☴ 巽为风
- 一世 ☴☰ 风天小畜（初变）
- 二世 ☴☲ 风火家人（二变）
- 三世 ☴☳ 风雷益（三变）
- 四世 ☳☳ 天雷无妄（四变）
- 五世 ☲☳ 火雷噬嗑（五变）
- 游魂 ☶☳ 山雷颐
- 归魂 ☶☴ 山风蛊

## 5 坤宫八卦　属土

- 本卦 ☷☷ 坤为地
- 一世 ☷☳ 地雷复（初变）
- 二世 ☷☱ 地泽临（二变）
- 三世 ☷☰ 地天泰（三变）
- 四世 ☳☰ 雷天大壮（四变）
- 五世 ☱☰ 泽天夬（五变）
- 游魂 ☱☵ 水天需
- 归魂 ☵☷ 水地比

## 7 离宫八卦　属火

- 本卦 ☲☲ 离为火
- 一世 ☲☶ 火山旅（初变）
- 二世 ☲☴ 火风鼎（二变）
- 三世 ☲☵ 火水未济（三变）
- 四世 ☶☵ 山水蒙（四变）
- 五世 ☴☵ 风水涣（五变）
- 游魂 ☰☵ 天水讼
- 归魂 ☰☲ 天火同人

## 8 兑宫八卦　属金

- 本卦 ☱☱ 兑为泽
- 一世 ☱☵ 泽水困（初变）
- 二世 ☱☷ 泽地萃（二变）
- 三世 ☱☶ 泽山咸（三变）
- 四世 ☵☶ 水山蹇（四变）
- 五世 ☷☶ 地山谦（五变）
- 游魂 ☳☶ 雷山小过
- 归魂 ☳☱ 雷泽归妹

## 四　京房易的结语

此"结语"是关于京房卦气说，星占及灾异占。

卦气的内容是"天文与风雨寒温"，"卦气与风雨寒温"，相当于现在的天气预报，而卦气是解决以及应对天气的异变。

其二是八卦卦气之"应"。前面我们只谈到，"世爻"未谈"应爻"，"世爻"是主体，"应爻"是"客体"。目的是探讨，主体如何掌握客体之变。

其三，"风雨寒温入占"即预测未来的风雨寒温，其日期即"积算"或15日、或30日、或一个时辰等等。

星占：

其一，日面之观测。

其二，日面变色占。

其三，日食之研究。

其四，月亮之研究。

灾异占：内容很多，不一一列举，如地震之预测，是令人感兴趣的一占。

京房易卦，构成一个完整的体系。这一体系建立在系统的表格上。这些表格是京房预测的"基本建构"。笔者仅以所能读到的资料写出此"基本建构"，并不完全。京房根据此"基本建构"进行卦气预测，其方法已经失传。本书只能编入此并不完全的"基本建构"为止。

根据京房易卦，构成预测方法有火珠林法，下面我们详细讲述。

# 第九章 火珠林法

## 一 京房易卦及纳甲法

火珠林法，或称六爻卦法，是在我国影响最大的一种预卜法。流行于唐宋年间，至明清盛而不衰。

火珠林法，实质是西汉京房的纳甲法，历来被五行家、堪舆家、占筮家所推崇。

京氏易将六十四卦分为八宫，八宫首卦即是八纯卦。然后初爻变，为一世卦；二爻变，为二世卦；三爻变，为三世卦；四爻变，为四世卦；五爻变，为五世卦；第六爻为本根，不能变，而返回第四爻变，谓之游魂卦；再变游魂之下卦，即下卦返回原处，谓之归魂。如乾宫卦：

本卦　☰ 乾为天
一世　☴ 天风姤（初爻变）
二世　☶ 天山遁（二爻变）
三世　☷ 天地否（三爻变）
四世　☷ 风地观（四爻变）
五世　☷ 山地剥（五爻变）
游魂　☷ 火地晋（返回第四爻变）
归魂　☰ 火天大有（变下卦返回原卦）

以世卦安"世"爻，即一世卦世在初爻；二世卦世在二爻；三世卦世在三爻；四世卦世在四爻；五世卦世在五爻；游魂卦世在四爻；归魂卦世在三爻；本宫首卦世在六爻。与世爻对应的是"应"爻，"应"的意义是："气出于下，而应于上"，反之，气出于上，而应于下，"世"爻与"应"爻中间隔两爻。如世在二爻，则应在五爻，世在四爻，则应在初爻。

对于纳甲的理解，可以参阅宋朱震《汉上易传》，其序云："圣人观阴阳之变而立卦，效天下之动而生爻。变动之别，其传有五：曰动爻、曰卦变、曰互理、曰五行、曰纳甲。"

京房易的纳甲法，是将天干地支纳于各分的六爻上。先谈天干，天干为十，八纯卦为八，二者对应关系是：乾纳甲壬，即初二三爻纳甲四五六爻纳壬；坤纳乙癸，即初二三爻纳乙，四五六爻纳癸；艮纳丙；兑纳丁；坎纳戊；离纳己；震纳庚；巽纳辛。

其次谈卦之结构，然后再谈纳地支。

八纯卦分阴分阳，乾与坤相交生阳卦震次艮。坤与乾相交生阴卦巽离兑。"相交"指爻之置换。即：

乾的初四爻置换坤的初四爻生震

乾的二五爻置换坤的二五爻生坎

乾的三六爻置换坤的三六爻生艮

坤的初四爻置换乾的初四爻生巽

坤的二五爻置换乾的二五爻生离

坤的三六爻置换乾的三六爻生兑

图示为：

| 兑 | 离 | 巽 | 乾 |  | 坤 | 震 | 坎 | 艮 |
|---|---|---|---|---|---|---|---|---|
| ☱ | ☲ | ☴ | ☰ | ←置换→ | ☷ | ☳ | ☵ | ☶ |
| 阴卦 | 阴卦 | 阴卦 | 阳卦 |  | 阴卦 | 阳卦 | 阳卦 | 阳卦 |

乾置换坤生阳卦，坤置换乾生阴卦。阳交阴生阳，阴交阳生阴，或此是阴卦，阳卦之定义。又阴阳之变是一种对称的数学结构模式，这种模式除表达形式的对称美而外，还表达了彼此之间的内在联系，这种联系是自然的，排序的，有机的。

纳甲法实际以地支为主。阳卦乾震坎艮，每卦从初爻到上爻纳以阳支：

（子寅辰午申戌）

阴卦坤巽离兑，每卦从初爻到上爻纳以阴支：

（巳卯丑亥酉未）

（子寅辰午申戌）和（巳卯丑亥酉未）是数学轮换，且阳支为顺序排列，阴支为逆序排列。

地支赋以五行属性：

子水、丑土、寅木、卯木、辰土、巳火、午火、未土、申金、酉金、戌土、亥水。

乾坤之交生成八纯卦，纳干支，赋五行构建八卦六位图。

(一) 乾坤六位图：

| 乾 | 坤 |
|---|---|
| ——— 壬戌土 | — — 癸酉金 |
| ——— 壬申金 | — — 癸亥水 |
| ——— 壬午火 | — — 癸丑土 |
| ——— 甲辰土 | — — 乙卯木 |
| ——— 甲寅木 | — — 乙巳火 |
| ——— 甲子水 | — — 乙未土 |

(二) 震坎艮六位图：

| 震 | 坎 | 艮 |
|---|---|---|
| — — 庚戌土 | — — 戊子水 | ——— 丙寅木 |
| — — 庚申金 | ——— 戊戌土 | — — 丙子水 |
| ——— 庚午火 | — — 戊申金 | — — 丙戌土 |
| — — 庚辰土 | — — 戊午火 | ——— 丙申金 |
| — — 庚寅木 | ——— 戊辰土 | — — 丙午火 |
| ——— 庚子水 | — — 戊寅木 | — — 丙辰土 |

(三) 巽离兑六位图：

| 巽 | 离 | 兑 |
|---|---|---|
| ——— 辛卯木 | ——— 己巳火 | — — 丁未土 |
| ——— 辛巳火 | — — 己未土 | ——— 丁酉金 |
| — — 辛未土 | ——— 己酉金 | ——— 丁亥水 |
| ——— 辛酉金 | ——— 己亥水 | — — 丁丑土 |
| ——— 辛亥水 | — — 己丑土 | ——— 丁卯木 |
| — — 辛丑土 | ——— 己卯木 | ——— 丁巳火 |

上图见于朱震《汉上易传》，且云：

确定六亲原则：各宫卦五行属性为我，据此推出各爻之六亲。如师卦所在宫为坎宫，坎属水，即我为水，据此推出酉金为父母，亥水为兄弟，丑土为官鬼，午火为妻财，寅木为子孙。且在实际应用中，仅用地支，故将天干略去。为便于查阅，六十四卦纳地支、五行、六亲及定世应，述之如下：

(一) 乾宫卦，属金

京氏曰：降五行颁六位。又曰：天六、地六、气六、象六。天乾交坤而生震坎艮，故自子顺行……地坤交乾而生巽离兑，故自丑逆行……

易于乾卦言：大明终始，六位时成。则七卦可以类推。

八纯卦列于八宫之首，称做首卦，再以京房易变爻结构形成六十四卦系统，八个卦一组，分作八宫卦。但各卦又是八纯卦上卦下卦之组合，如天山遯，上卦为乾之上卦，下卦为艮之下卦，而各爻所赋干支五行相应纳入：

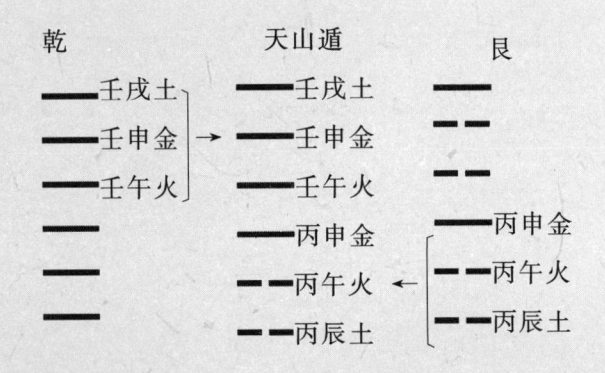

```
    乾              天山遯           艮
 ━━━ 壬戌土      ━━━ 壬戌土       ━━━
 ━━━ 壬申金  →   ━━━ 壬申金       ━ ━
 ━━━ 壬午火      ━━━ 壬午火       ━ ━
 ━━━            ━━━ 丙申金      ━━━ 丙申金
 ━━━            ━ ━ 丙午火  ←    ━ ━ 丙午火
 ━━━            ━ ━ 丙辰土       ━ ━ 丙辰土
```

除八纯卦的五十六卦，以此类推。

京房卦序为：

乾、震、坎、艮、坤、巽、离、兑

正是京房易乾坤相交，阴阳生变的体现。但在实际应用中，又加以方位，对称等因素，因之八宫卦以后天八卦为序：

乾、坎、艮、震、巽、离、坤、兑

京房易卦为体，后天八卦为用，仍然是中国传统的体用观念。

每卦六爻纳干支、五行，然后以五行生克关系赋以六亲。六亲是：生我者父母，克我者官鬼，我生者子孙，我克者妻财，比和者兄弟。

（一）乾官卦，属金

| 1. 乾为天 | 2. 天风姤 |
|---|---|
| （世）父母━━━戌土<br>　　　兄弟━━━申金<br>　　　官鬼━━━午火<br>（应）父母━━━辰土<br>　　　妻财━━━寅木<br>　　　子孩━━━子水 | 　　　父母━━━戌土<br>　　　兄弟━━━申金<br>（应）官鬼━━━午火<br>　　　兄弟━━━酉金<br>　　　子孙━━━亥水<br>（世）父母━ ━丑土 |
| 3. 天山遁 | 4. 天地否 |
| 　　　父母━━━戌土<br>（应）兄弟━━━申金<br>　　　官鬼━━━午火<br>　　　兄弟━━━申金<br>（世）官鬼━ ━午火<br>　　　父母━ ━辰土 | （应）父母━━━戌土<br>　　　兄弟━━━申金<br>　　　官鬼━━━午火<br>（世）妻财━ ━卯木<br>　　　官鬼━ ━巳火<br>　　　父母━ ━未土 |
| 5. 风地观 | 6. 山地剥 |
| 　　　妻财━━━卯木<br>　　　官鬼━━━巳火<br>（世）父母━ ━未土<br>　　　妻财━ ━卯木<br>　　　官鬼━ ━巳火<br>（应）父母━ ━未土 | 　　　妻财━━━寅木<br>（世）子孙━ ━子水<br>　　　父母━ ━戌土<br>　　　妻财━ ━卯木<br>（应）官鬼━ ━巳火<br>　　　父母━ ━未土 |
| 7. 火地晋 | 8. 火天大有 |
| 　　　官鬼━━━巳火<br>　　　父母━ ━未土<br>（世）兄弟━━━酉金<br>　　　妻财━ ━卯木<br>　　　官鬼━ ━巳火<br>（应）父母━ ━未土 | （应）官鬼━━━巳火<br>　　　父母━ ━未土<br>　　　兄弟━ ━酉金<br>（世）父母━━━辰土<br>　　　妻财━━━寅木<br>　　　子孙━━━子水 |

(二)坎宫卦，属水

| 9. 坎为水 | 10. 水泽节 |
|---|---|
| （世）兄弟━━子水<br>官鬼━━戌土<br>父母━━申金<br>（应）妻财━━午火<br>官鬼━━辰土<br>子孙━━寅木 | 兄弟━━子水<br>官鬼━━戌土<br>（应）父母━━申金<br>官鬼━━丑土<br>子孙━━卯木<br>（世）妻财━━巳火 |
| 11. 水雷屯 | 12. 水火既济 |
| 兄弟━━子水<br>（应）官鬼━━戌土<br>父母━━申金<br>官鬼━━辰土<br>（世）子孙━━寅木<br>兄弟━━子水 | （应）兄弟━━子水<br>官鬼━━戌土<br>父母━━申金<br>（世）兄弟━━亥水<br>官鬼━━丑土<br>子孙━━卯木 |
| 13. 泽火革 | 14. 雷火丰 |
| 官鬼━━未土<br>父母━━酉金<br>（世）兄弟━━亥水<br>兄弟━━亥水<br>官鬼━━丑土<br>（应）子孙━━卯木 | 官鬼━━戌土<br>（世）父母━━申金<br>妻财━━午火<br>兄弟━━亥水<br>（应）官鬼━━丑土<br>子孙━━卯木 |
| 15. 地火明夷 | 16. 地水师 |
| 父母━━酉金<br>兄弟━━亥水<br>（世）官鬼━━丑土<br>兄弟━━亥水<br>官鬼━━丑土<br>（应）子孙━━卯木 | （应）父母━━酉金<br>兄弟━━亥水<br>官鬼━━丑土<br>（世）妻财━━午火<br>官鬼━━丑土<br>子孙━━寅木 |

(三) 艮宫卦，属土

| 17. 艮为山<br>（世）官鬼━━━寅木<br>　　　妻财━ ━子水<br>　　　兄弟━ ━戌土<br>（应）子孙━━━申金<br>　　　父母━ ━午火<br>　　　兄弟━ ━辰土 | 18. 山火贲<br>　　　官鬼━━━寅木<br>　　　妻财━ ━子水<br>（应）兄弟━ ━戌土<br>　　　妻财━━━亥水<br>　　　兄弟━ ━丑土<br>（世）官鬼━━━卯木 |
|---|---|
| 19. 山天大畜<br>　　　官鬼━━━寅木<br>（应）妻财━ ━子水<br>　　　兄弟━ ━戌土<br>　　　兄弟━━━辰土<br>（世）官鬼━━━寅木<br>　　　妻财━━━子水 | 20. 山泽损<br>（应）官鬼━━━寅木<br>　　　妻财━ ━子水<br>　　　兄弟━ ━戌土<br>（世）兄弟━ ━丑土<br>　　　官鬼━━━卯木<br>　　　父母━━━巳火 |
| 21. 火泽睽<br>　　　父母━━━巳火<br>　　　兄弟━ ━未土<br>（世）子孙━━━酉金<br>　　　兄弟━ ━丑土<br>　　　官鬼━━━卯木<br>（应）父母━━━巳火 | 22. 天泽履<br>　　　兄弟━━━戌土<br>（世）子孙━━━申金<br>　　　父母━━━午火<br>　　　兄弟━ ━丑土<br>（应）官鬼━━━卯木<br>　　　父母━━━巳火 |
| 23. 风泽中孚<br>　　　官鬼━━━卯木<br>　　　父母━━━巳火<br>（世）兄弟━ ━未土<br>　　　兄弟━ ━丑土<br>　　　官鬼━━━卯木<br>（应）父母━━━巳火 | 24. 风山渐<br>（应）官鬼━━━卯木<br>　　　父母━━━巳火<br>　　　兄弟━ ━未土<br>（世）子孙━━━申金<br>　　　父母━ ━午火<br>　　　兄弟━ ━辰土 |

**（四）震宫卦，属木**

| | |
|---|---|
| 25. 震为雷<br>（世）妻财━━戌土<br>　　　官鬼━━申金<br>　　　子孙━━午火<br>（应）妻财━━辰土<br>　　　兄弟━━寅木<br>　　　父母━━子水 | 26. 雷地豫<br>　　　妻财━━戌土<br>　　　官鬼━━申金<br>（应）子孙━━午火<br>　　　兄弟━━卯木<br>　　　子孙━━巳火<br>（世）妻财━━未土 |
| 27. 雷水解<br>　　　妻财━━戌土<br>（应）官鬼━━申金<br>　　　子孙━━午火<br>　　　子孙━━午火<br>（世）妻财━━辰土<br>　　　兄弟━━寅木 | 28. 雷风恒<br>（应）妻财━━戌土<br>　　　官鬼━━申金<br>　　　子孙━━午火<br>（世）官鬼━━酉金<br>　　　父母━━亥水<br>　　　妻财━━丑土 |
| 29. 地风升<br>　　　官鬼━━酉金<br>　　　父母━━亥水<br>（世）妻财━━丑土<br>　　　官鬼━━酉金<br>　　　父母━━亥水<br>（应）妻财━━丑土 | 30. 水风井<br>　　　父母━━子水<br>（世）妻财━━戌土<br>　　　官鬼━━申金<br>　　　官鬼━━酉金<br>（应）父母━━亥水<br>　　　妻财━━丑土 |
| 31. 泽风大过<br>　　　妻财━━未土<br>　　　官鬼━━酉金<br>（世）父母━━亥水<br>　　　官鬼━━酉金<br>　　　父母━━亥水<br>（应）妻财━━丑土 | 32. 泽雷随<br>（应）妻财━━未土<br>　　　官鬼━━酉金<br>　　　父母━━亥水<br>（世）妻财━━辰土<br>　　　兄弟━━寅木<br>　　　父母━━子水 |

(五) 巽宫卦，属木

| 33. 巽为风<br>（世）兄弟━━━卯木<br>　　　子孙━━━巳火<br>　　　妻财━ ━未土<br>（应）官鬼━━━酉金<br>　　　父母━━━亥水<br>　　　妻财━ ━丑土 | 34. 风天小畜<br>　　　兄弟━━━卯木<br>　　　子孙━━━巳火<br>（应）妻财━ ━未土<br>　　　妻财━━━辰土<br>　　　兄弟━━━寅木<br>（世）父母━━━子水 |
|---|---|
| 35. 风火家人<br>　　　兄弟━━━卯木<br>（应）子孙━━━巳火<br>　　　妻财━ ━未土<br>　　　父母━━━亥水<br>（世）妻财━ ━丑土<br>　　　兄弟━━━卯木 | 36. 风雷益<br>（应）兄弟━━━卯木<br>　　　子孙━━━巳火<br>　　　妻财━ ━未土<br>（世）妻财━ ━辰土<br>　　　兄弟━ ━寅木<br>　　　父母━━━子水 |
| 37. 天雷无妄<br>　　　妻财━━━戌土<br>　　　官鬼━━━申金<br>（世）子孙━━━午火<br>　　　妻财━ ━辰土<br>　　　兄弟━ ━寅木<br>（应）父母━━━子水 | 38. 火雷噬嗑<br>　　　子孙━━━巳火<br>（世）妻财━ ━未土<br>　　　官鬼━━━酉金<br>　　　妻财━ ━辰土<br>（应）兄弟━ ━寅木<br>　　　父母━━━子水 |
| 39. 山雷颐<br>　　　兄弟━━━寅木<br>　　　父母━ ━子水<br>（世）妻财━ ━戌土<br>　　　妻财━ ━辰土<br>　　　兄弟━ ━寅木<br>（应）父母━━━子水 | 40. 山风蛊<br>（应）兄弟━━━寅木<br>　　　父母━ ━子水<br>　　　妻财━ ━戌土<br>（世）官鬼━━━酉金<br>　　　父母━━━亥水<br>　　　妻财━ ━丑土 |

## (六) 离宫卦，属火

| 41. 离为火<br>（世）兄弟━━━巳火<br>　　　子孙━ ━未土<br>　　　妻财━━━酉金<br>（应）官鬼━━━亥水<br>　　　父母━ ━丑土<br>　　　子孙━━━卯木 | 42. 火山旅<br>　　　兄弟━━━巳火<br>　　　子孙━ ━未土<br>（应）妻财━━━酉金<br>　　　妻财━━━申金<br>　　　兄弟━━━午火<br>（世）子孙━ ━辰土 |
|---|---|
| 43. 火风鼎<br>　　　兄弟━━━巳火<br>（应）子孙━ ━未土<br>　　　妻财━━━酉金<br>　　　妻财━━━酉金<br>（世）官鬼━━━亥水<br>　　　子孙━ ━丑土 | 44. 火水未济<br>（应）兄弟━━━巳火<br>　　　子孙━ ━未土<br>　　　妻财━━━酉金<br>（世）兄弟━━━午火<br>　　　子孙━━━辰土<br>　　　父母━━━寅木 |
| 45. 山水蒙<br>　　　父母━━━寅木<br>　　　官鬼━ ━子水<br>（世）子孙━ ━戌土<br>　　　兄弟━━━午火<br>　　　子孙━━━辰土<br>（应）父母━ ━寅木 | 46. 风水涣<br>　　　父母━━━卯木<br>（世）兄弟━━━巳火<br>　　　子孙━ ━未土<br>　　　兄弟━━━午火<br>（应）子孙━━━辰土<br>　　　父母━ ━寅木 |
| 47. 天水讼<br>　　　子孙━━━戌土<br>　　　妻财━━━申金<br>（世）兄弟━━━午火<br>　　　兄弟━ ━午火<br>　　　子孙━━━辰土<br>（应）父母━ ━寅木 | 48. 天火同人<br>（应）子孙━━━戌土<br>　　　妻财━━━申金<br>　　　兄弟━━━午火<br>（世）官鬼━━━亥水<br>　　　子孙━ ━丑土<br>　　　父母━━━卯木 |

(七) 坤宫卦，属土

| 49. 坤为地<br>（世）子孙－－酉金<br>　　　妻财－－亥水<br>　　　兄弟－－丑土<br>（应）官鬼－－卯木<br>　　　父母－－巳火<br>　　　兄弟－－未土 | 50. 地雷复<br>　　　子孙－－酉金<br>　　　妻财－－亥水<br>（应）兄弟－－丑土<br>　　　兄弟－－辰土<br>　　　官鬼－－寅木<br>（世）妻财——子水 |
|---|---|
| 51. 地泽临<br>　　　子孙－－酉金<br>（应）妻财－－亥水<br>　　　兄弟－－丑土<br>　　　兄弟－－丑土<br>（世）官鬼——卯木<br>　　　父母——巳火 | 52. 地天泰<br>（应）子孙－－酉金<br>　　　妻财－－亥水<br>　　　兄弟－－丑土<br>（世）兄弟——辰土<br>　　　官鬼——寅木<br>　　　妻财——子水 |
| 53. 雷天大壮<br>　　　兄弟－－戌土<br>　　　子孙－－申金<br>（世）父母——午火<br>　　　兄弟——辰土<br>　　　官鬼——寅木<br>（应）妻财——子水 | 54. 泽天夬<br>　　　兄弟－－未土<br>（世）子孙——酉金<br>　　　妻财——亥水<br>　　　兄弟——辰土<br>（应）官鬼——寅木<br>　　　妻财——子水 |
| 55. 水天泽<br>　　　妻财－－子水<br>　　　兄弟——戌土<br>（世）子孙——申金<br>　　　兄弟——辰土<br>　　　官鬼——寅木<br>（应）妻财——子水 | 56. 水地比<br>（应）妻财－－子水<br>　　　兄弟——戌土<br>　　　子孙——申金<br>（世）官鬼－－卯木<br>　　　父母－－巳火<br>　　　兄弟－－未土 |

## （八）兑宫卦，属金

| | |
|---|---|
| 57. 兑为泽<br>（世）父母－－未土<br>　　　兄弟－－酉金<br>　　　子孙－－亥水<br>（应）父母－－丑土<br>　　　妻财－－卯木<br>　　　官鬼－－巳火 | 58. 泽水困<br>　　　父母－－未土<br>　　　兄弟－－酉金<br>（应）子孙－－亥水<br>　　　官鬼－－午火<br>　　　父母－－辰土<br>（世）妻财－－寅木 |
| 59. 泽地萃<br>　　　父母－－未土<br>（应）兄弟－－酉金<br>　　　子孙－－亥水<br>　　　妻财－－卯木<br>（世）官鬼－－巳火<br>　　　父母－－未土 | 60. 泽山咸<br>（应）父母－－未土<br>　　　兄弟－－酉金<br>　　　子孙－－亥水<br>（世）兄弟－－申金<br>　　　官鬼－－午火<br>　　　父母－－辰土 |
| 61. 水山蹇<br>　　　子孙－－子水<br>　　　父母－－戌土<br>（世）兄弟－－申金<br>　　　兄弟－－申金<br>　　　官鬼－－午火<br>（应）父母－－辰土 | 62. 地山谦<br>　　　兄弟－－酉金<br>（世）子孙－－亥水<br>　　　父母－－丑土<br>　　　兄弟－－申金<br>（应）官鬼－－午火<br>　　　父母－－辰土 |
| 63. 雷山小过<br>　　　父母－－戌土<br>　　　兄弟－－申金<br>（世）官鬼－－午火<br>　　　兄弟－－申金<br>　　　官鬼－－午火<br>（应）父母－－辰土 | 64. 雷泽归妹<br>（应）父母－－戌土<br>　　　兄弟－－申金<br>　　　官鬼－－午火<br>（世）父母－－丑土<br>　　　妻财－－卯木<br>　　　官鬼－－巳火 |

为寻找各卦方便计，作附表如下，如卜得天水讼，得数字47，即可在前表中寻得此卦：

| 下卦＼上卦 | 天 | 水 | 山 | 雷 | 风 | 火 | 地 | 泽 |
|---|---|---|---|---|---|---|---|---|
| 天 | 乾 1 | 需 55 | 大畜 19 | 大壮 53 | 小畜 34 | 大有 8 | 泰 52 | 夬 54 |
| 水 | 讼 47 | 坎 9 | 蒙 45 | 解 27 | 涣 46 | 未济 44 | 师 16 | 困 58 |
| 山 | 遁 3 | 蹇 61 | 艮 17 | 小过 63 | 渐 24 | 旅 42 | 谦 62 | 咸 60 |
| 雷 | 无妄 37 | 屯 11 | 颐 39 | 震 25 | 益 36 | 噬嗑 38 | 复 50 | 随 32 |
| 风 | 姤 2 | 井 30 | 蛊 40 | 恒 28 | 巽 33 | 鼎 43 | 升 29 | 大过 31 |
| 火 | 同人 48 | 既济 12 | 贲 18 | 丰 14 | 家人 35 | 离 41 | 明夷 15 | 革 13 |
| 地 | 否 4 | 比 56 | 剥 6 | 豫 26 | 观 5 | 晋 7 | 坤 49 | 萃 59 |
| 泽 | 履 22 | 节 10 | 损 20 | 归妹 64 | 中孚 23 | 睽 21 | 临 51 | 兑 57 |

## 二　定世应

在预卜中世爻为主体，应爻属客体，或世爻为自己，应爻为他人。如卜得某卦，可以直接查阅前述之表，知某卦在某宫，知为几世卦，以定世应。这里所谈的，不是用查表，而是根据卦之结构求出世应。换言之，是揭示寻世认宫的规律性。

据京房易卦生成，找出如下规则：

每卦六爻分为天地人：初四爻为地爻，二五爻为人爻，三六爻为天爻。则：

```
上爻（天）┐                上爻（天）┐
五爻      │                五爻      │
四爻      ├ 同，二世卦      四爻      ├ 异，五世卦
三爻（天）┘                三爻（天）┘
二爻                        二爻
初爻                        初爻
```

上下卦天爻相同，人爻地爻各相异，为二世卦。

上下卦天爻相异，人爻地爻各相同，为五世卦。

相同指同为阴爻或同为阳爻，相异指一为阴爻一为阳爻。

```
上爻                        上爻
五爻                        五爻
四爻（地）┐                四爻（地）┐
三爻      │                三爻      │
二爻      ├ 同，四世卦      二爻      ├ 异，一世卦
初爻（地）┘                初爻（地）┘
```

上下卦地爻相同，天爻人爻各相异为四世卦。

上下卦地爻相异，天爻人爻各相同为一世卦。

```
上爻                        上爻
五爻（人）┐                五爻（人）┐
四爻      │ 同，游魂卦      四爻      │ 异，归魂卦
三爻      │（世爻在四爻）   三爻      │（世爻在三爻）
二爻（人）┘                二爻（人）┘
初爻                        初爻
```

上下卦人爻相同，天爻地爻各相异为游魂卦。

上下卦人爻相异，天爻地爻各相同为归魂卦。

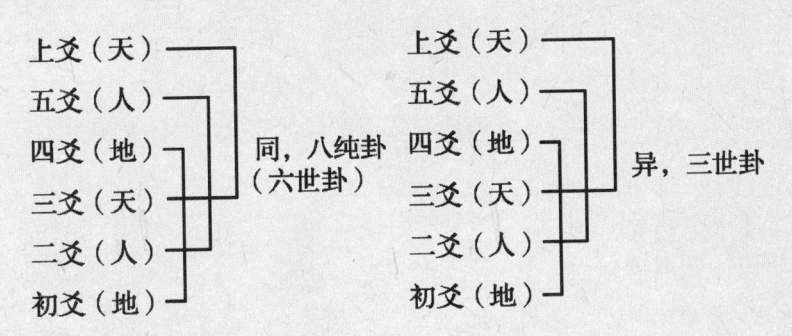

```
上爻（天）┐                    上爻（天）┐
五爻（人）┐│                   五爻（人）┐│
四爻（地）┐││  同，八纯卦       四爻（地）┐││  异，三世卦
三爻（天）┘││   （六世卦）       三爻（天）┘││
二爻（人） ┘│                  二爻（人） ┘│
初爻（地）  ┘                  初爻（地）  ┘
```

上下卦天爻、人爻、地爻各相同为八纯卦。

上下卦天爻、人爻、地爻各相异为三世卦。

如何定出卦之所属宫，有下述规则：

一二三六各世卦，看其上卦，上卦即所属宫。如上卦为坎，则该卦在坎宫。

四五世卦及游魂卦，下卦之错卦为所属宫。如下卦篇艮☶，其错卦为兑☱，则该卦在兑宫。

归魂卦下卦（内卦）为所属宫。

以上规则，有人概括为几句话，摘抄如下：

天同二世天异五，

地同四世地异初，

本宫六世三世异，

人同游魂人异初。

一二三六外卦宫，

四五游魂内变更，

归魂内卦是本宫。

## 三　生克运算

按数学理解，有限的或无限的元素构成集合，集合加以运算，才构成"空间"。我们这里研究的集合，是赋在卦爻上的地支、五行、六亲以及月建的支和日辰的支。运算主要有两种：生和克。典型的生克关系是五行生克，五行排序是：

金、水、木、火、土

邻位生，隔位克，即：

金生水，水生木，木生火，火生土，土生金。

金克木，木克土，土克水，水克火，火克金。

其次是地支之间的刑合冲害。一般意义讲刑合冲害仍然是一种生克关系，分别论述之。

[刑]，地支输换运算，刑指前者封后者的压制，即广义的克。

引进数学输换模式：

(A B C) 表示 A 刑 B, B 刑 C, C 刑 A。

(A B) 表示 A 刑 B, B 刑 A。

(A) 表示 A 刑 A，即自相刑。

则刑运算篇：

(寅巳申)　称为持势之刑。

(丑未戌)　称为无恩之刑。

(子卯)　称为无礼之刑。

(辰)、(午)、(酉)、(亥)为自相刑。

按地支排列序号、刑运算为：

(寅巳申)(丑未戌)(子卯)(辰)(午)(酉)(亥) = (369)(2811)(14)(5)(7)(1)(12)

[合冲害]，一般规则，占事得合，此事持久，故占吉事宜逢合。但凶事逢合，难以解脱。

冲和合作用相反，占凶事宜见冲，冲则凶事消亡，吉事遇冲，吉事转化为凶。

害是一种间接作用，如子丑相合，午冲子，使丑孤单，则谓午害丑。

合冲害三者有关系归结为下图：

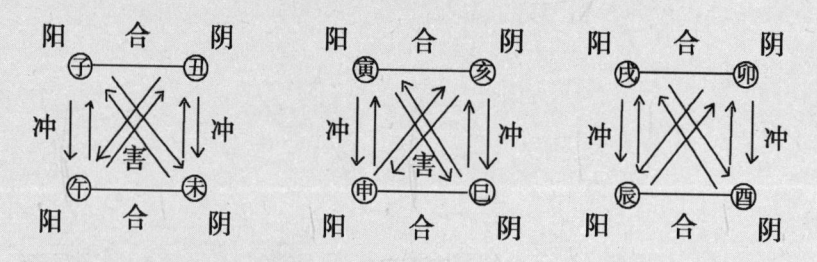

将第一图分解，合冲害是三角形结构：

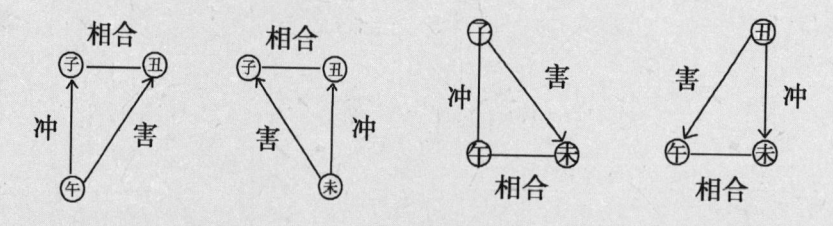

其他，以此类推。

[合的作用]

（一）月建、日辰与不变之爻合，使爻旺相而有利，称为"合起"。

月建、日辰与变爻合，使变爻不起作用，称为"合住"。

（二）两爻都是变爻，可以成合，使之旺相有力，两爻为不变爻不能成合。

（三）变爻和之爻可以成合，谓之"化扶"，之爻辅助变爻之意。如卜得大有之井卦，即本卦属大有，之卦为井，大有初爻为子，井初爻为丑，即此变爻子和之爻丑成合，丑辅助子。

（四）卦中六爻天地人各成合，谓之卦逢六合（不分变爻与不变爻）。

如何确定六合卦？

先列出八纯卦六爻之地支配合：

|  |  | 乾 | 坎 | 艮 | 震 | 巽 | 离 | 坤 | 兑 |
|---|---|---|---|---|---|---|---|---|---|
| 上卦 | 上爻 | 戌 | 子 | 寅 | 戌 | 卯 | 巳 | 酉 | 未 |
|  | 五爻 | 申 | 戌 | 子 | 申 | 巳 | 未 | 亥 | 酉 |
|  | 四爻 | 午 | 申 | 戌 | 午 | 未 | 酉 | 丑 | 亥 |
| 下卦 | 三爻 | 辰 | 午 | 申 | 辰 | 酉 | 亥 | 卯 | 丑 |
|  | 二爻 | 寅 | 辰 | 午 | 寅 | 亥 | 丑 | 巳 | 卯 |
|  | 初爻 | 子 | 寅 | 辰 | 子 | 丑 | 卯 | 未 | 巳 |

如以初爻之支表示下卦，四爻之支表示上卦，则上表简化如下：

|  | 乾 | 坎 | 艮 | 震 | 巽 | 离 | 坤 | 兑 |
|---|---|---|---|---|---|---|---|---|
| 上卦 | 午 | 申 | 戌 | 午 | 未 | 酉 | 丑 | 亥 |
| 下卦 | 子 | 寅 | 辰 | 子 | 丑 | 卯 | 未 | 巳 |

由此表上下卦之组合，得出六合卦为：

午未合：乾上坤下，天地否

震上坤下，雷地豫

申巳合：坎上兑下，水泽节

戌卯合：艮上离下，山火贲

酉辰合：离上艮下，火山旅

丑子合：坤上乾下，地天泰

坤上震下，地雷复

亥寅合：兑上坎下，泽水困

"六合"即指午未合、甲巳合、戌卯合、酉辰合、丑子合、亥寅合，共六合。由此构造性所得出卦，定义为"六合卦"。

中国术数具有严格的法则。十二地支分阴分阳，赋予六爻，阳卦赋阳支，阴卦赋阴支，且阳卦顺序，阴卦逆序。地支阴阳成"合"。图示如下：

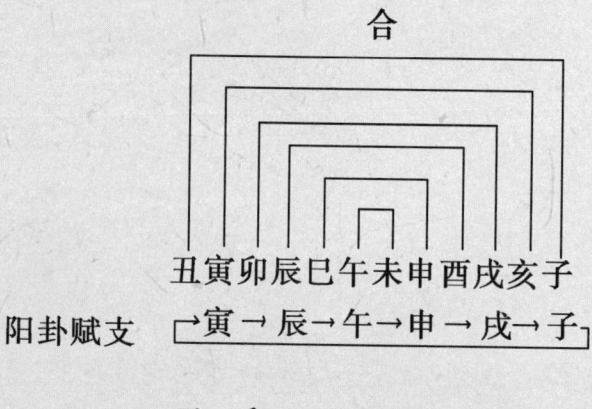

合

丑寅卯辰巳午未申酉戌亥子

阳卦赋支　┌寅→辰→午→申→戌→子┐

阴卦赋支　┌丑←卯←巳←未←酉←亥┐

法则给人以思考，如地天泰卦：

　　　　　　　　━━　━━
　　　　　　　　━━　━━
　　　　　　　　━━　━━丑
　　　　　　　　━━━━━
　　　　　　　　━━━━━
　　　　　　　　━━━━━子

初四爻为子丑，自然二五爻为寅亥，三六爻为辰酉，即初四爻相合，则二五爻、三六爻自然相合。正是这种法则所限定。

[冲的作用]

（一）月破：月建冲爻为之月破。如三月测事，主事爻为戌，三月建辰，辰冲戌，为月破。示之如下：

正月寅破申　　　七月申破寅
二月卯破酉　　　八月酉破卯
三月辰破戌　　　九月戌破辰
四月巳破亥　　　十月亥破巳
五月午破子　　　十一月子破午
六月未破丑　　　十二月丑破未

（二）日破：日辰冲爻为之日破。如亥日测事，主事爻为巳，称为亥破巳（亥冲巳）。严格定义是主事爻处于休囚状态，才称为日破，不处于休囚状态称为日冲。

冲的作用已如上述，即凶事遇月破或日破，凶事消亡，吉事遇月破或日破，吉事转化为凶事。

（三）卦逢六冲：卦之初四爻冲，二五爻冲，三六爻冲，称为六冲卦。如何寻六冲卦，其方法相似于寻六合卦。

地支相冲排序为：

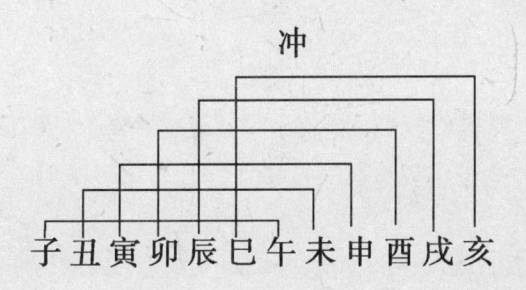

冲

子 丑 寅 卯 辰 巳 午 未 申 酉 戌 亥

前面已绘制阳卦和阴卦的六爻地支配，也是有序图。两种有序图的作用，仍是有序的。将八纯卦初四爻赋支图重写如下：

|  | 乾 | 坎 | 艮 | 震 | 巽 | 离 | 坤 | 兑 |
|---|---|---|---|---|---|---|---|---|
| 上卦 | 午 | 申 | 戌 | 午 | 未 | 酉 | 丑 | 亥 |
| 下卦 | 子 | 寅 | 辰 | 子 | 丑 | 卯 | 未 | 巳 |

由此表上下卦之组合得出六冲卦为：

子午冲：乾上乾下　　天为乾

　　　　乾上震下　　天雷无妄

　　　　震上乾下　　雷天大壮

　　　　震上震下　　雷为震

申寅冲：坎上坎下　　水为坎

戌辰冲：艮上艮下　　山为艮

未丑冲：巽上巽下　　风为巽

酉卯冲：离上离下　　火为离

丑未冲：坤上坤下　　地为坤

亥巳冲：兑上兑下　　泽为兑

午子冲、申寅冲、戌辰冲、未丑冲、酉卯冲、丑未冲、亥巳冲共七冲，但未丑和丑未为同一冲，实际仍为六冲，以此定义六冲卦。

[六合卦和六冲卦的变换]

可以组合成四种变换：

六合变六冲——本卦为六合，之卦为六冲。

六冲变六合——本卦为六冲，之卦为六合。

六合变六合——本卦为六合，之卦为六合。

六冲变六冲——本卦为六冲，之卦为六冲。

[反吟]

反吟有各种解释，一般被认为是一种凶象。如在奇门遁甲中，星符对冲不利举兵。在六壬中，天盘神坐于地盘神的冲处称为反吟，有"行军课，切忌反吟凶"之判断。

这里解释，以卦变相冲和爻变相冲为之反吟。卦变相冲即本卦与之卦相冲，爻变相冲即本爻与之爻相冲。

"冲"有一种相对义，如天干相冲有甲庚冲、乙辛冲、壬丙冲、癸丁冲，因甲东庚西、乙东辛西、壬北丙南、癸北丁南，方位两两相对。地支相冲在方位上是相对，一般讲五行属性又是相克的：

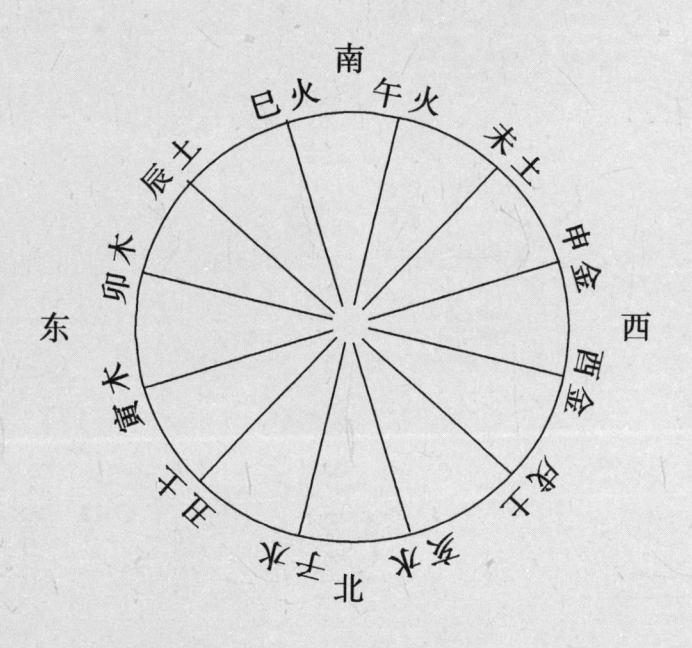

西方申酉金克东方寅卯木，方位又相对。北方亥子水克南方巳午火，方位又相对。辰土未土方位相对。辰土戌土方位相对。

八经卦相冲，以后天八卦方位相对关系定义之，且五行属性相克：

即坎离相冲、兑震相冲、乾巽相冲,有相对义和五行相克义。坤艮相冲,有相对义。

如A、B及CD各表示相冲之经卦,则相冲卦之组合模式是:

         (本卦) (之卦)

A<sub>上</sub>  B<sub>上</sub>  如 离<sub>上</sub>  坎<sub>上</sub>
A<sub>下</sub>  B<sub>下</sub>    离<sub>下</sub>  坎<sub>下</sub>

A<sub>上</sub>  B<sub>上</sub>  如 兑<sub>上</sub>  震<sub>上</sub>
B<sub>下</sub>  A<sub>下</sub>    震<sub>下</sub>  兑<sub>下</sub>

A<sub>上</sub>  A<sub>上</sub>  如 坤<sub>上</sub>  坤<sub>上</sub>
A<sub>下</sub>  B<sub>下</sub>    坤<sub>下</sub>  艮<sub>下</sub>

         (本卦) (之卦)

A<sub>上</sub>  B<sub>上</sub>  如 坤<sub>上</sub>  艮<sub>上</sub>
A<sub>下</sub>  A<sub>下</sub>    坤<sub>下</sub>  坤<sub>下</sub>

A<sub>上</sub>  B<sub>上</sub>  如 离<sub>上</sub>  坎<sub>上</sub>
C<sub>下</sub>  D<sub>下</sub>    震<sub>下</sub>  兑<sub>下</sub>

爻变相冲,如变爻为子、之爻为午,则子午相冲。

概括言之,反吟即相冲,有相对义及五行相克义,是不利之象,也是所测事反复不定之象。内卦反吟内则不安，外卦反吟外则不安，内外卦反吟内外不安之象。反吟的应用，在于掌握相冲法则，灵活多变，不必拘于现有资料所载。笔者认为一切文字所阐述，仅有参考价值，而内涵极丰富的中国传统术数，又怎能用文字表述清楚。

[伏吟]

伏吟和反吟相似，有卦变伏吟和爻变伏吟。卦变伏吟为本卦之卦五行属性一样，爻变伏吟为变爻之爻五行属性一样。但在实际应用中，由于卦体结构，往往伏吟和反吟并存。且坤和艮，按方位上的对称，称之为反吟，而五行属性相同，又是伏吟，这是从严格定义来理解。

在卦变中如何掌握反吟和伏吟，看下例：

如卜得无妄之乾卦：

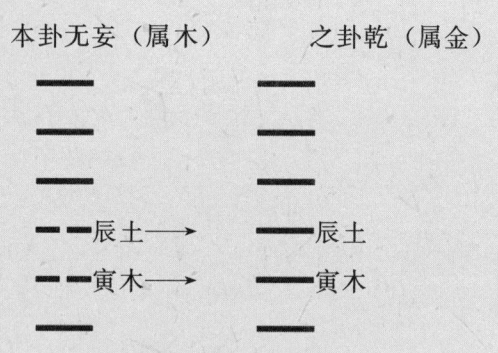

本卦无妄（属木）　　之卦乾（属金）

　　　　　　　　辰土 ——→　　　　辰土
　　　　　　　　寅木 ——→　　　　寅木

（一）二爻三爻之变，辰土变辰土，寅木变寅木，为爻变伏吟。

（二）本卦下卦为震属木，之卦下卦为乾属金，金克木，内卦反吟。

（三）全卦考察，乾金克无妄木，也是反吟。

反吟和伏吟同为事之反复无定之象，或忧患之象，为不利之征兆。

又如卜得豫之否卦：

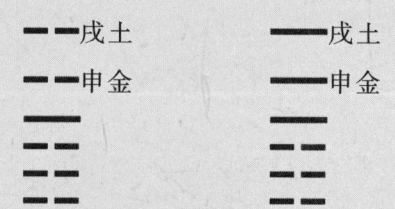

　　　　　　　戌土　　　　　戌土
　　　　　　　申金　　　　　申金

（一）上爻五爻伏吟。

（二）上爻乾金克震木反吟。

（三）全爻否金克豫木反吟。

## 四 时间和状态

在中国术数中，时间和空间是两个重要概念。这两个概念及其关联有一般性的理解和特殊性的理解。

空间具体体现为方位。地球和太阳的相对位置决定方位，如太阳出的位置定为东方，太阳落的位置定为西方，太阳正的位置定为南方，其相对位置是北方。而地球和太阳的相对位置决定于二者的相对运动，即在某时刻太阳在地球的某方位角内运行，这样地球方位角内同时标注时间。

同理，地球方位角也可以标以月份，也是中国术数的时间和空间的统一观。西汉以来被广泛应用的十二辟卦（又称十二消息卦），是在时空统一观念中再加以阴阳消息。十二辟卦如下图：

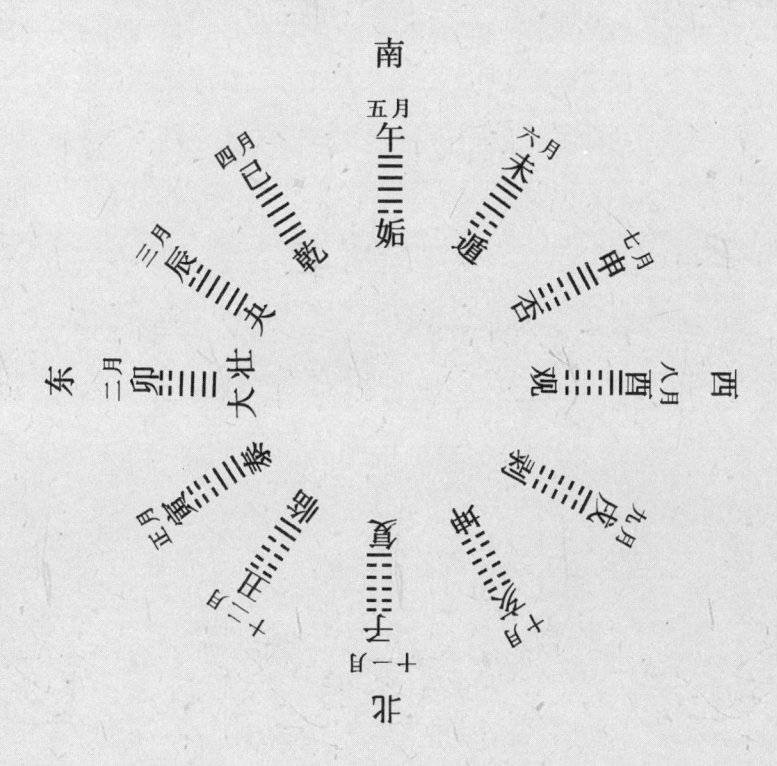

十二辟卦取自六十四卦中十二个特殊卦形，配以每年十二个月。十一月冬至建子，一阳生用复卦表示，五月建午一阴初起，以姤卦表示，以此类推，说明一年气候的阴阳消长。笔者这里所关心的是一种观念的历史演变。西汉十二辟卦图是方位和月建的统一，十一月建子和北方位构成时空相，五月建午和南方位构成时空相，二月建卯和东方位构成时空相，八月建酉和西方位构成时空相，如此等等。

进一步演变，是这种一般时空相赋以五行义使其相生相克。五行只能理解成一种生克作用的运算符号，如正月、二月、三月为春，春季东方木旺，四月、五月、六月为夏，夏季南方火旺，但实际春季正月、二月木旺，三月木囚，夏季四月、五月火旺，六月火休。这就不是按常识理解，而是时间（月建）和空间（方位）五行（符号）化的运算，这是中国术数将时间、空间特殊化。这种特殊化，我们已看不到空间方位，只看到五行在月建中的强弱变化。五行的强弱变化定义为"状态"，有旺、相、休、囚、死五种状态，分别述之如下：

旺——五行处于旺盛状态。

相——五行处于稳定状态。

休——五行处于休息状态。

囚——五行处于衰落状态。

死——五行处于死亡状态。

这种状态的确定，如寅为木、卯为木，而正月建寅，二月建卯，故正月二月木旺。木生火，旺木生稳定（可理解成次旺）之火，故正月二月土死。水生木，水在休整状态生木，故正月二月水休。金克木，然而木依然旺。说明金处于被囚状态，故正月二月金囚。这仍是常识性的理解，但能自圆其说。为便于查阅，图示如下：

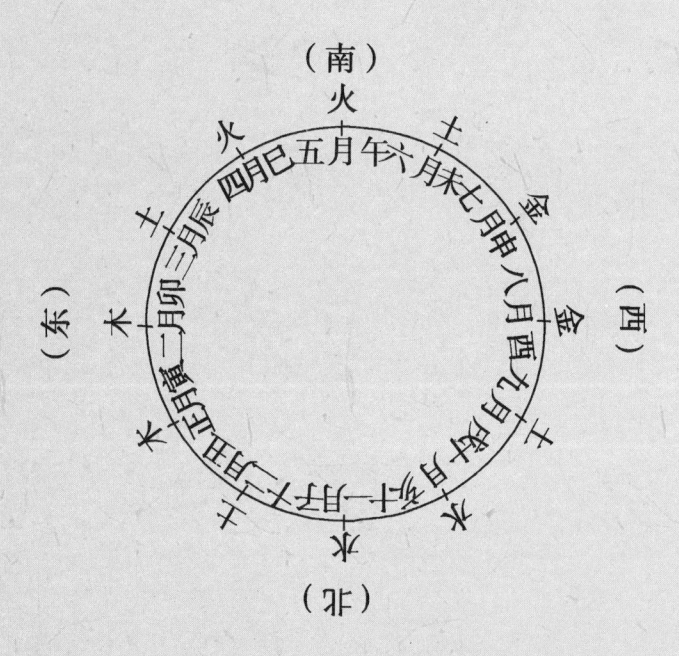

（南）
火

（东） （西）

（北）

正月寅，二月卯

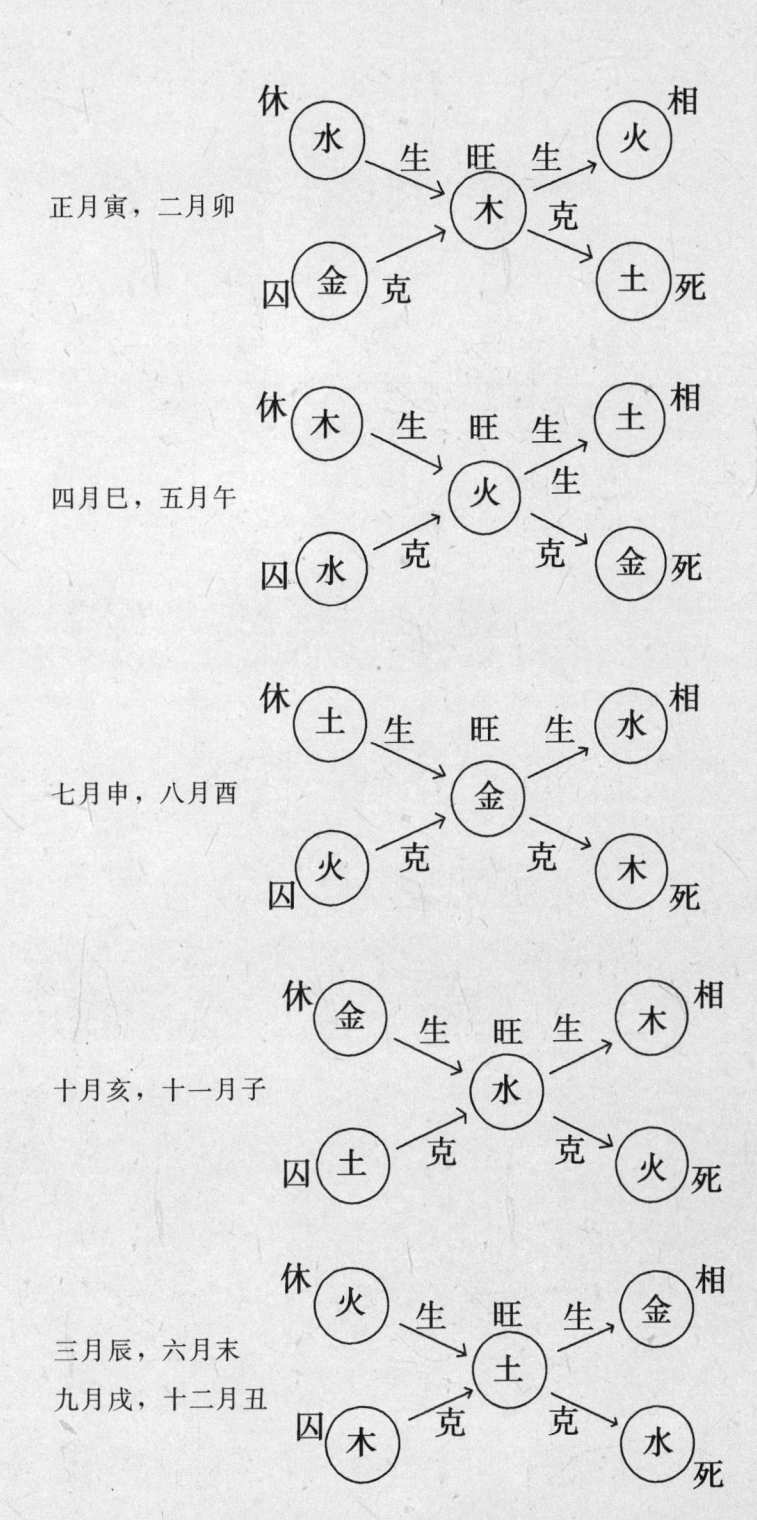

休 水 —生→ 旺 木 —生→ 火 相
囚 金 —克→ 木 —克→ 土 死

四月巳，五月午

休 木 —生→ 旺 火 —生→ 土 相
囚 水 —克→ 火 —克→ 金 死

七月申，八月酉

休 土 —生→ 旺 金 —生→ 水 相
囚 火 —克→ 金 —克→ 木 死

十月亥，十一月子

休 金 —生→ 旺 水 —生→ 木 相
囚 土 —克→ 水 —克→ 火 死

三月辰，六月未
九月戌，十二月丑

休 火 —生→ 旺 土 —生→ 金 相
囚 木 —克→ 土 —克→ 水 死

　　五行的旺、相、休、囚、死，是基于中国术数时空观的一种演变，或者说一种抽象。下面谈五行寄生十二宫，是直接说明五行在十二个月中从生长到死亡的全过程，是又一种运算。这里除十二地支、五行，又加以天干，彼此相互关联。先举命理学中的一个例子，这个例子是说一个人一生命运，是出生日和出生月的综合思考：

（一）某人出生日的天干是甲，

某人出生月的地支是亥（十月）。

则　甲木　——————　亥

则"长生"状态。见下表。

（二）某人出生日的天干是乙，

某人出生月的地支也是亥。

则　乙木　——————　亥

得"死"状态。见下表。

出生日干同样是木，但甲木为阳木，乙木为阴木，"阳之所生，即阴之所死"，这是命理学阴阳对立原理。"长生"和"死"象征命运，但不必太认真。因为"凡推造化，见生旺者未必便作吉论，见休囚死绝未必便作凶言。如生旺太过，宜乎制伏；死绝不及，宜乎生扶。妙在识其通变。"命理学的判断，只是在天地人大系统中的一个参考点（先不论其真实程度如何），而一个人的命运决定于诸多因素。

《三命通会》对十二宫的名称解释：

［绝］以万物在地中，未有其象，如母腹空，未有物也。

［胎］天地气交，氤氲造物，其物在地中萌芽，始有其气，如人受父母之气也。

［养］万物在地中成形，如人在母腹成形也。

［长生］万物发生向荣，如人始生而向长也。

［沐浴］以万物始生，形体柔脆，易为所损，如人生后三日，以沐浴之，几至困绝也。

［冠带］万物渐荣秀，如人具衣冠也。

［临官］如人之临官也。案：人年壮，可以出仕做官。

［帝旺］万物成熟，如人之兴旺也。

［衰］万物形衰，如人之气衰也。

［病］万物病，如人之病也。

［死］万物死，如人之死也。

［墓］或称库，以万物成功而藏之库。

由天干五行及地支求取十二宫，列表如下：

|  | 阳干 | | | | 阴干 | | | |
|---|---|---|---|---|---|---|---|---|
|  | 甲木 | 丙火戊土 | 庚金 | 壬水 | 乙木 | 丁火己土 | 辛金 | 癸水 |
| 长生 | 亥 | 寅 | 巳 | 申 | 午 | 酉 | 子 | 卯 |
| 沐浴 | 子 | 卯 | 午 | 酉 | 巳 | 申 | 亥 | 寅 |
| 冠带 | 丑 | 辰 | 未 | 戌 | 辰 | 未 | 戌 | 丑 |
| 临官 | 寅 | 巳 | 申 | 亥 | 卯 | 午 | 酉 | 子 |
| 帝旺 | 卯 | 午 | 酉 | 子 | 寅 | 巳 | 申 | 亥 |
| 衰 | 辰 | 未 | 戌 | 丑 | 丑 | 辰 | 未 | 戌 |
| 病 | 巳 | 申 | 亥 | 寅 | 子 | 卯 | 午 | 酉 |
| 死 | 午 | 酉 | 子 | 卯 | 亥 | 寅 | 巳 | 申 |
| 墓 | 未 | 戌 | 丑 | 辰 | 戌 | 丑 | 辰 | 未 |
| 绝 | 申 | 亥 | 寅 | 巳 | 酉 | 子 | 卯 | 午 |
| 胎 | 酉 | 子 | 卯 | 午 | 申 | 亥 | 寅 | 巳 |
| 养 | 戌 | 丑 | 辰 | 未 | 未 | 戌 | 丑 | 辰 |

火珠林法用十二宫中生旺墓绝四宫，可以理解成五行的四种状态，且由日辰来决定。如金长生在巳日，旺在酉日，墓（库）在丑日，绝在寅日，等等。这样，前表中的月支换为日支，五行用阳干，即甲木、丙火、庚金、壬水，而戊土和壬水归为同一状态，列表如下：

| 五行状态 | 木 | 火 | 金 | 水土 |
|---|---|---|---|---|
| 长生 | 亥 | 寅 | 巳 | 申 |
| 帝旺 | 卯 | 午 | 酉 | 子 |
| 墓 | 未 | 戌 | 丑 | 辰 |
| 绝 | 申 | 亥 | 寅 | 巳 |

下面谈六甲空亡。

空亡又称为旬空，简称为空，也是一种时间观念。古以干支记日，十天干十二地支配合，六十日一循环。但中国术数将时间流引进"空缺"或"间断"概念，如以十日（一旬）为一计算单元，则十日中缺两支，此两支称为"空亡"。实质问题是十天干和十二地支一一对应，必然有两支对应不上，此两支即为空亡。

下面列出空亡表：

| 十日为一旬 | 空亡（旬空） |
|---|---|
| 甲乙丙丁戊己庚辛壬癸<br>子丑寅卯辰巳午未申酉 | 戌、亥 |
| 甲乙丙丁戊己庚辛壬癸<br>戌亥子丑寅卯辰巳午未 | 申、酉 |
| 甲乙丙丁戊己庚辛壬癸<br>申酉戌亥子丑寅卯辰巳 | 午、未 |
| 甲乙丙丁戊己庚辛壬癸<br>午未申酉戌亥子丑寅卯 | 辰、巳 |
| 甲乙丙丁戊己庚辛壬癸<br>辰巳午未申酉戌亥子丑 | 寅、卯 |
| 甲乙丙丁戊己庚辛壬癸<br>寅卯辰巳午未申酉戌亥 | 子、丑 |

关于空亡的判断，先看下述数例：

例一，戊戌日测事。

主事爻 辰（空亡）

查表，戊戌日辰空亡，但戌又冲辰（日建冲辰），即日建冲空不为空，不以空亡判断。

例二，丁卯日测事。

主事爻 亥（空亡）

查表，丁卯日亥空亡，此爻和月建日辰及其他爻无关联（月建及全卦未写出），待下旬（甲戌旬）申酉空亡，不再是亥空亡，此为出空。即下旬出空后，所测之事可以成功。

例三，癸酉日测事。

主事爻 戌（空亡）化巳

癸酉日戌空亡，但主事爻为变爻，之爻为巳，巳火生戌土（之爻生变爻），变爻虽为空，不以空亡判断，称为"动不为空"。

例四，酉月庚辰日测岳母近病。

主事爻 酉（空亡）（合）

庚辰日酉空亡，酉辰合。近病逢合即死，逢空则愈，二者平衡，需由全卦综合判断。

爻遇空亡，无论所测何事均不能成。凡所求所得之事，遇空难求，凡将避将舍之事，遇空则转化为吉。空有"到底空"，和不以空断之空。或言之：前者为空，后者不为空。其区别是：

日建冲空不为空，静爻遇克却为空，
忌神逢空是吉兆，用神原神不可空。

旺不为空，动不为空，日建生扶不为空，
伏而旺相不为空；
月破为空，伏吟被克为空，
伏而被克为空。

春土、夏金、秋树木，
三冬逢火是真空，空亡又值真空象，
再遇爻伤到底空。

这里提到忌神、用神、原神，在下一节解释。到底空即不可转化之空，是以空断。非到底空可以转化，所谓转化，即"冲空"、"出空"。

关于真空之说，如春季测事为土爻，即爻为丑、辰、未、戌，称为真空。春季实指正月、二月，即孟春、仲春。待春季过后，才能出空。但若有他爻冲克，就为到底空，永不出空。夏金、秋木、冬火仿此。

一般言空亡，是由日辰所引起的，已如上述。真空却是由月建所引起的。按五行性，月建所克之爻即为真空。列表如下：

|  | 月 建 | 真 空 |
| --- | --- | --- |
| 春 | 正月寅，二月卯，为木 | 丑、辰、未、戌（土） |
| 夏 | 四月巳，五月午，为火 | 申、酉（金） |
| 秋 | 七月申，八月酉，为金 | 寅、卯（木） |
| 冬 | 十月亥，十一月子，为水 | 巳、午（火） |
| 季春、季夏 季秋、季冬 | 三月辰、六月未 九月戌、十二月丑 为土 | 亥、子（水） |

空亡为"缺"的关联，真空为"克"的关联，月破为"冲"的关联，三者是地支的三种运算。三者或二者可能同时出现在一卦中，需得综合判断。

## 五　用神、原神、忌神、仇神

[**用神**] 主事爻为用神。如求财、妻财爻为用神。用神是火珠林法中重要的因素，定不准用神，就不会有正确的判断。用神的确定如下：

（一）自占吉凶以世爻为用神，应爻为他人。

（二）占父母辈以父母爻为用神。占天地、城池、住宅、舟车、衣服、文书、契约等，也以父母爻为用神。概括言之，凡庇护我者，都以父母爻为用神。

（三）女人占丈夫，以及占丈夫的兄弟、朋友，以官鬼为用神。

占求功名、工作、公事，占官吏、盗贼、邪祟，凡能约束我的事物，都以官鬼为用神。

（四）占兄弟、朋友等同辈人之事，以兄弟爻为用神。

（五）占妻及妻的同辈女亲、女友事，以妻财爻为用神。

占钱财、粮食、器物等，凡为我驱使者，均以妻财爻为用神。

（六）占儿女、子孙等辈人事，以子孙爻为用神。占忠臣、良将、医生、医药、兵卒、僧道、禽畜等，也以子孙爻为用神。

有时卦中可能出现两个用神，一般选择旺相有力的爻为用神，而舍弃衰弱无力的爻。

[**原神、忌神、仇神**]《周易》的内涵是取象，取象偏重于意会和想象。京房易、火珠林，运用了《周易》神妙变化的取象内涵。假使预测是由单一的用神判定，将使想象蔽塞。故又设以原神、忌神、仇神，和用神生克冲合，而构成较多因素思考的大系统，相似于取象之境。

用神、原神、忌神、仇神之间的关联为：

中国术数书中有许多预测实例和判定法则，略述如下：

（一）月建生克冲合用神。

如卯月为木，克用神戌土，不利。

如辰月冲用神戌，为月破，不利。

如午月为火，午火生用神戌土，且午月火旺土相，诸事可为。

如丑月，丑月为土旺之时，用神戌土旺相，为吉。

如戌月，用神戌土为旺，诸事亨通。

如申、酉、亥、子月，用神戌土休囚，不利。

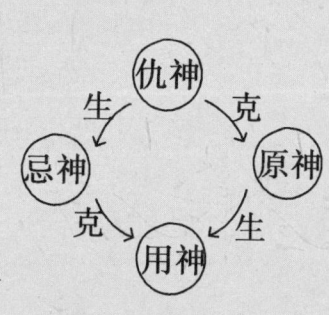

（二）日辰生克冲合用神。

如卯日为木，克用神戌土，不利。

如辰日，辰冲用神戌，为日破，不利。

以此类推，日辰相似月建，可以依推算月建之原则推算之。

（三）之爻生克冲合用神。

如变爻用神为戌土。

之爻为午火，谓之爻回头生戌土。

之爻为卯木，谓之爻回头克戌土。

之爻为辰，则辰冲戌。

之爻为卯，则卯合戌。

以上是由用神（主事爻）单一判定。如果加以原神、忌神、仇神，则可以三层次判定，或三层次思考。

第一层次思考，为用神自身状态。

第二层次思考，为原神和忌神状态。如用神为吉占，则原神状态应辅助用神。如用神为凶占，则忌神状态应克制用神，使用神逢凶化吉。

第三层次思考，为仇神状态。仇神控制原神和忌神。

总之，四者关联综合判定，较之用神单一判定，有更多相辅相成，和相反相成的因素。由单一简单推理得出的结论，不如由多种因素综合而得出的结论，更有思辨性。

[原神有利于用神的状态]

首先根据所测何事，由世爻、应爻、六亲定出主事爻，即用神。再由五行生克定出原神、忌神、仇神，此为定位。定位使卦爻彼此发生关联。卦爻发生变动，月建、日辰也加入此动变，然后综合思考。周易六十四卦是人类思维的一种模式，火珠林法是周易思维模式的一种派系。以下仅举判断的一些例子：

例一，寅日测事

　　　原神——巳火

　　　用神——丑土

首先根据所测何事，定出用神。巳火生丑土，即原神生用神，而定出原神。寅日，巳火长生，称"原神巳火长生于日辰"。原神长生，可辅助用神。

例二，卯日测事

　　　原神——巳火

　　　用神——丑土

火旺于卯，称"原神帝旺于日辰"。原神可辅助用神。

例三，原神（变爻）——巳火化卯木

用神——丑土

　　原神"动化回头生"（卯木生巳火）。

　　例四，原神——卯木

　　　用神——巳火

　　　忌神　亥水

　　忌神亥水生原神卯木，如二者有生气（如旺相状态），则谓"忌神与原神同功"，使用神之吉兆倍增。

　　以下列表说明用神、原神、忌神、仇神的确定关系：

| 原神 | 土 | 金 | 水 | 木 | 火 |
|---|---|---|---|---|---|
| 用神 | 金 | 水 | 木 | 火 | 土 |
| 忌神 | 火 | 土 | 金 | 水 | 木 |
| 仇神 | 木 | 火 | 土 | 金 | 水 |

　　从此表我们得出"忌神生原神"及"用神克仇神"两种关联。前述之四者关联图增订如下：

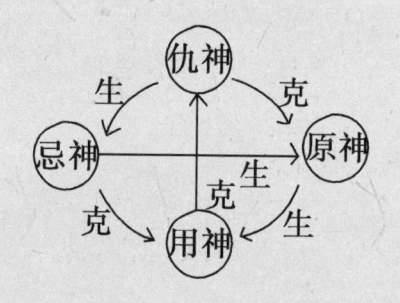

　　此图可分解为数个子系统，生克关系决定于诸神状态。

　　例五，原神为变爻，其与之爻之关联为：

　　　原神———巳火化午火

　　　　或寅木化卯木

　　　　或丑土化辰土

　　　　或申金化酉金

　　　　或亥水化子水

　　　　或未土化戌土

子丑寅卯辰巳午未申酉戌亥
水土木木土火火土金金土水

五行属性相同，如本爻为木，之爻也为木，且地支序顺行，称为"动化进神"。对用神有利。

概括言之，原神能助用神者，有数种情况：

（一）原神旺相，或临日月。

（二）原神动化回头生。

（三）原神动化进神。

（四）原神长生于日辰。

（五）原神帝旺于日辰。

（六）原神与忌神同功。

**[原神不能助用神]**

（一）原神休囚，又被克伤。

（二）原神逢空亡或月破，且休囚。

（三）原神衰而又绝。

如卯月甲寅日测事

　　原神———酉金

卯月金囚，原神衰；又酉金绝于日辰寅。称"原神衰而又绝"。

（四）原神休囚，且动化退神。

如酉月测事

　　原神———卯化寅

酉月卯木休囚

卯木化寅木为"动化退神"。

动化退神为：

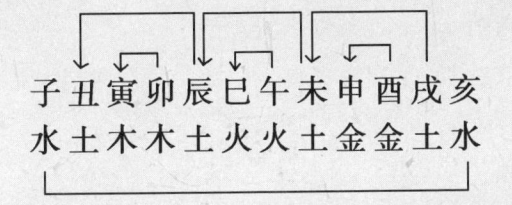

子 丑 寅 卯 辰 巳 午 未 申 酉 戌 亥
水 土 木 木 土 火 火 土 金 金 土 水

本爻之爻五行属性相同，地支序逆行，称为"动化退神"。

则卯化寅，辰化丑，午化巳，未化辰，酉化申，戌化未，子化亥。

（五）原神入墓。

如丑日测事

　　原神———申金

申金墓于丑日，称申金入墓。

（六）原神休囚动而化绝，化散，化破。

如酉月测事

　　原神———卯木化申金

申金克卯木，称"卯木绝于申金"，又酉月卯处于休囚状态，故称原神"休囚动而化绝"。

日辰冲变爻，之爻冲变爻为化散，但变爻旺相冲之不散。

"动化"一词用得较多。变爻动而生成之爻，之爻对变爻的作用即称为动化。之爻克变爻称为"动化绝"，之爻冲变爻称为"动化散"，如此等等。

[忌神能克制用神]

（一）忌神旺相。

（二）月建或日辰生忌神；忌神临月建或临日辰（所谓"临"，指爻的地支和月建，日辰的地支相同）。

（三）忌神动化回头生，动化进神。

（四）忌神旺动临空。

如丑月甲戌日测事

　　忌神———酉（空亡）化未

丑月忌神酉金旺相，甲戌日酉空亡，此谓"忌神旺动而临空"。（五）忌神旺动化空。

如丑月甲戌日测事

　　忌神———辰化申（空亡）

丑月忌神辰土旺相，又辰动化申，甲戌日申空亡。

（六）忌神长生，帝旺于日辰。

（七）忌神与仇神同功。

如忌神、仇神处于旺相状态，则仇神生忌神，忌神克用神，称为"忌神与仇神同功"。

[忌神不能克制用神]

（一）忌神休囚，或被月建、日辰、变爻所克。

（二）忌神空亡、月破。

（三）忌神入墓。

（四）忌神衰且动化退神。

（五）忌神衰而又绝。

（六）忌神动化绝，化散。

（七）忌神与原神同功。

概括以上各种判断，以五行属性用神、原神、忌神、仇神各自定位，其生克决定于四者状态。确定状态的主要因素是：

与日建关联——旺相、休囚、月破、临月建。

与日建关联——长生、帝旺、墓绝、空亡、临日建。

与爻变关联——动化回头生、动化回头克、动化冲散、动化进神、动化退神。

关于进退神加以说明：进神为递进之象，表示事物不断向前发展。退神为事物倒退之象。如秋日花残叶败。吉事宜于化进，凶事宜于化退。

进神判定有四：

（一）变爻旺相、之爻旺相，乘势而进之象。

（二）变爻休囚、之爻休囚，等时而进之象。

（三）变爻之爻有一休囚，待时而进之象。

（四）变爻之爻有一空亡或月破，待填实之日而进。

退神判定和进神判定，正相对偶。即进神旺相宜进，退神休囚宜退。进神休囚不宜进，退神旺相不宜退。进神月破，空亡不宜进，退神月破，空亡不宜退。依此，退神之判定有四：

（一）变爻旺相、之爻旺相，占近事不退。

（二）变爻休囚、之爻休囚，及时而退。

（三）变爻之爻有一旺相，待休囚而退。

（四）变爻之爻有一空亡或月破，待填实之日而退。

[飞伏神]

先看卦例，如测求财得姤卦。

```
         姤                  乾
  父母 ━━━━━           父母 ━━━━━
  兄弟 ━━━━━           兄弟 ━━━━━
  官鬼 ━━━━━           官鬼 ━━━━━
  兄弟 ━━━━━           父母 ━━━━━
  子孙 ━━━━━ 亥水（飞）  妻财 ━━━━━ 寅木（伏）
  父母 ━━ ━━           子孙
```

为查阅方便，地支之旺相、休囚列表如下：

| 月建＼地支＼状态 | 旺相 | 休囚 |
|---|---|---|
| 寅（正月）卯（二月） | 寅卯巳午 | 子丑辰未申酉戌亥 |
| 辰（三月） | 丑辰未申酉戌 | 子寅卯巳午亥 |
| 巳（四月）午（五月） | 丑辰巳午未戌 | 子寅卯申酉亥 |
| 未（六月） | 丑辰未申酉戌 | 子寅卯巳午亥 |
| 申（七月）酉（八月） | 子申酉亥 | 丑寅卯辰巳午未戌 |
| 戌（九月） | 丑辰未申酉戌 | 子寅卯巳午亥 |
| 亥（十月）子（十一月） | 子寅卯亥 | 丑辰巳午未申酉戌 |
| 丑（十二月） | 丑辰未申酉戌 | 子寅卯巳午亥 |

　　求财、妻财爻为用神，但姤卦无妻财爻，姤属乾宫，乾之第二爻寅木为妻财爻，将其借来，则姤卦相对应之第二爻亥水称为"飞神"，借来之寅木为"伏神"。

　　"飞伏"原意为"飞伏之象"，创于京房，宏于荀爽、虞翻，意为卦见者为"飞"，隐伏不见者为"伏"。京房从飞伏解释卦象，丰富了各卦的卦意和内容。

　　飞伏之判定，是看伏神是否得势。得势则有利，不得势不利。如上例，伏神为寅木，飞神为亥水，亥水生寅木，伏神得势。

伏神得势之判定：

（一）伏神得月建，日辰生，或临月建、日辰。

（二）飞神生伏神。

（三）飞神月破、空亡、休囚、墓绝或动化冲克，使伏神无约束者，因而得势。

伏神不得势之判定：

（一）伏神休囚、月破、空亡。

（二）飞神旺相克伏神，飞神得月建、日辰之助克伏神。

（三）伏神墓绝。

# 六 卦 例

有成功的卦例，也有失败的卦例。失败的卦例俱不载，笔者能读到的仅是成功的卦例，今录两则：

例一，巳月乙末日某人自测病，得大过之鼎卦。

泽风大过（木）

（忌神）妻财▅ ▅未土化巳（空亡）
（原神）官鬼▅▅▅酉金化未
（用神）（世）父母▅▅▅亥水（月破、日克）
官鬼▅▅▅酉金
父母▅▅▅亥水
妻财▅ ▅丑土

自测病以世爻亥水为用神，被忌神未土动化克之，幸得原神酉金动化相助，又忌神未土生原神酉金，即忌神生原神、原神生用神，使用神化凶为吉。但用神逢月破、日克，虽有生扶相助，仍为凶，如树之无根。后死于卯日，卯日冲原神（卯酉相冲）。用神无根，原神有力亦难以相助。

例二，午月戊辰日某人测妹临产吉凶，得晋卦。

火地晋

官鬼▅▅▅巳火
父母▅ ▅未土
（用神）兄弟▅▅▅酉金
妻财▅ ▅卯木
官鬼▅ ▅巳火
父母▅ ▅未土

酉金兄弟爻为用神，月建午火克酉金，谓之"月克"，日建辰土生酉金谓之"日生"，月克日生，临产吉占。明日卯时必生，母子平安，因酉与辰（日支）相合，须卯冲开之。

这两例除应用前面所论及的法则判定外，更多应用术数的所谓"活变"。

卦例太多，判定因素也太多，笔者对火珠林法，也仅是简要介绍。说实在的，笔者感兴趣的是算命术本身，它是一个完整的运算体系，是一种认定模式。在顺境中人，很少谈及命运，处于逆境，才有命运之说。然而处于逆境，应和命运抗争，预测何用。不过中国老祖宗留下来的这一份预卜遗产，总要研究研究。继承或批判是谈不上的，笔者顶多站在洞口，向洞内望望，深浅莫测。

不敢掠美，一些卦例，笔者摘抄廖墨香著《周易预测学指南》[①] 一书，不妨一读。该书《前言》云：

《周易》蕴涵丰富而深邃，它涉及了天、地、人等极其广泛的知识内容，而这些内容，又是通过占卜的形式——卦，表达出来的。因此，要继承和发扬这一份古老的文化遗产，首先涉猎一下周易占卜方面的一些知识，是很有必要的。

近代易学大家尚秉和先生总结自己的治易经验说："未学易，先学筮"，是不无道理的。

这也是笔者介绍火珠林法的目的。八卦是易之宇宙论，六十四卦是人生发展变化之现象与法则。各种占卜流派，也是在说明人生问题。就此意义讲，火珠林法是人生境况的一种分划。而其卦变和爻变以及取象系统，可通向周易。

---

① 中国华侨出版公司，1991年版。

## 七  难以逾越的鸿沟

有人提出："易是宇宙全息统一论。"即《易经》之象数，之理正是宇宙全息理论的描述。有人说："一个小小的DNA分子携带了人的全部遗传信息。"全息是神奇的，又是常见的。在一个统一整体中，各子系统与系统存在着一一对应的关系，存在着宇宙信息感应。所谓一滴水可以映出整个世界。占筮正是基于这种全息关联。

又，宇宙整体皆具有诸种周期，这是宇宙全息周期律。实际从生物繁殖、疾病流行到天体运行，从市场价格到人的感情变化，都是一种周期现象。据《中国青年报》载：日本一位著名的航空事故预测专家井上纠夫，曾成功地预测了1986年8月13日的日本客机坠毁事故，事故发生的时间和井上预言的时间只差半天。他之所以有如此出色的预测本领，缘于他对周期学的研究。井上考察了从1950年到1976年26年间世界航空事故发生的概况，编制了一套《世界航空事故日历分布表》，从表中发现，每年航空事故的发生都具有集中性、反复性和周期性的特点，一年当中无事故日有60天左右，有事故日在37天左右，这37天事故最多而且也最集中，每天4起以上。航空事故日历表揭示，主要事故多发日及事故周期如下：

3月5日→3月28日→4月20日→……

8月13日→……

很显然，航空事故是每隔23天便重复一次高峰期。井上集其研究成果，先后出版了《航空事故之谜》、《航空事故预测》两部专著，有很强的理论和现实价值。

周期学在预测地震等灾害上也很有成效。我国学者就曾预测出：1991年9月12日±1个月内将发生一次强烈的飓风。结果1991年8月20日美国发生了一次强烈的飓风。

如此等等，周期规律起主导作用。

中国古老的占筮，时间推算是以天干地支的配合，本身即是一种周期性时制。是否能和现在方兴未艾的周期学挂上钩，是值得探讨的问题。

中国古代没有提出全息这一概念，但《周易》卦的形成和卦的模式，却是全息律的丰富遗产。六爻结构的六十四卦，囊括了宇宙的全部道理和变化。《系辞上》云："极天下之迹者存乎卦，鼓天下之动者存乎辞。"意为六十四卦储存了宇宙和人事的全部信息，成为一个无所不包的信息库。

《周易》体系的预测是应用全息论中潜在信息概念。"潜"的含义是尚未表现出来的信息，只以浓缩的形式，隐蔽地存在着。每个事物的显信息尽管是有限的、特定的，但在任何事物显信息背后，在事物的底层都隐藏着有穷或无穷的潜信息。如生物的遗传信息就是这种潜信息。某人某月某日预测，卜得某卦，可以理解成潜信息的符号化。而符号的释义，即是从"隐"到"显"的全过程。

但六十四卦（符号），现在我们可以认知的，如：

（一）若以卦为分类单元，则分为六十四大类。卦与卦的取象及内涵截然不同。坎为水、离为火，水火不兼容。地天泰，"天地交而万物通也"，天地否，"天地不交而万物不通也"二者正向反对。

（二）但以全息论立论，六十四卦又是相通的。每一卦潜含着六十四卦的内容。每一卦由于阴阳二爻的自由相推，都具有变出六十四卦之势。换言之，静止下来是一卦，运动起来就展现为六十四卦。就信息而论，其中一卦的信息联系着其他六十三卦的信息。

（三）先天八卦和先天六十四卦，其次序来源于阴阳的自然变化。阴而阳，阳而阴，阴而阴，阳而阳，正是自然和人事秩序。并由此演出六十四卦方圆图。圆图以乾坤为经，以坎离为纬，其方位把天地阖辟，日月运行显现出来。阴极一阳生复卦，阳极一阴生姤卦，坤复之间为冬至，乾姤之间为夏至，其阴阳消息的无穷循环变化，也说明了寒暑来往以及宇宙万事万物的盛与衰的转化过程。方图以八卦相交的贞悔变化，可以理解到《周易》六十四卦的交叉关系，及事物发展的两个方面。概括言之，数十种易图是宇宙的全息记载。是宇宙和人事模式的"影印"和"复写"。

（四）京房易由爻变而生成一世卦、二世卦……游魂卦、归魂卦，也是一种信息沟通模式。京房爻变，实际是其阴阳二气说的一种体现。京房阴阳二气说是以阴阳二气的变易解释卦爻象的变易，以此说明"易"就是阴阳二气升降变易而无止境。以此形成京氏理论体系，也是信息体系。

但卦或爻的认知，并未说明信息的从"隐"到"显"。上面谈到六十四卦储存了宇宙和人事的全部信息，成为一个无所不包的信息库。但"《易》无私也，无为也，寂然不动，感而遂通天下之故。"这个信息库不会思想，不会说话，不会行动，但是通过一定的检索方法，就可以得到你所需要的信息。火珠林法就是一种检索方法，但这种检索谁又说得清其真实性。我们能认知的是：蓍占，或火珠林法的以钱代蓍含有潜信息。从"潜"到"显"，即是从起卦到判定的过程，即是检索，即是"寻址"，谁说得清楚其真实性。

《周易》的特殊结构：卦爻构架的有限性、象数的无限性，以及变换的有序性，反映了宇宙的全息特性，无疑地这在世界认识史上是一大成就。但其实际应用的预测体系，其机制是什么？卦的运算和解释、判定，可以看作一种程式。笔者所介绍，也仅是程式，但此程式和起卦的瞬时状态，如何对上号，即是机制问题。这一机制目前还难以认知，难以逾越。

# 第十章 律吕与古太极图

## 一 古代音乐

中国民族音乐是华夏文化的一部分，源远流长，其源头是中国古代音乐。约公元前7000年—前207年的先秦时期，多种打击乐器和管弦乐器陆续诞生，确立了计算五声、七声和十二律的"三分损益法"和十二律"旋相为宫"的转调理论。先秦时期出于汉族的乐器有钟、磬、埙、籥、鼓、角、笙、箫、管、遂、琴、瑟、筝、筑等。

出土的甲骨文中有不少乐器名，不仅种类多，而且字形也表现出乐器的结构形式：

如籥——

就是后世的排箫。

如乐——

像在木板上张以丝弦，这是商代弦乐器。

出土的编钟，以湖北随县出土的曾侯乙编钟最完备。曾侯乙死于公元前433年，编钟的开始制造，远在此以前。编钟六十四件，每件能发两个音，总音域跨五个八度。

周以前多用三、四声音阶，周代常用宫、商、角、征、羽五声音阶，且已知用数学方法来计算五声音阶中各音的弦长比例，其法被称为"三分损益法"，即假设宫音的弦长为81用$\frac{3}{4}$乘之（三分益一）得下四度征音的弦长数。征音弦长以$\frac{2}{3}$乘之（三分损一），得征音上五度商音的弦长数。如此反复推算，便可求出各音的弦长数：

宫＝81

征＝$81 \times \frac{4}{3}$＝108

商＝$108 \times \frac{2}{3}$＝72

羽＝$72 \times \frac{4}{3}$＝96

角＝$96 \times \frac{2}{3}$＝64

这是一个以征音为最低音的五声音阶,如要求得以宫音为最低音的音阶,只要改为先求上五度征音即可。

求十二律,也是用"三分损益法"。

《史记》共八书,而《礼书》、《乐书》、《律书》、《历书》并重。太史公述荀子言论作《礼书》,荀子认为礼的主要内容是养人之欲,强调礼是衡量一切的最高标准,是"人道之极"。认为礼对人性有异化和矫饰作用,他说:"人无礼则不生,事无礼则不成,国家无礼则不宁"。从"礼"到"乐",乐不仅本身具有和谐性,且被赋予一种道德属性。中国关于乐的论著,是研究乐的本源,乐的美感,乐的社会作用,乐和礼的关系,等等。

律吕为古时正音之器,相传黄帝时伶伦截竹为筒,以筒之长短,分音之高下,阴阳各六,阳为律,阴为吕。十二律吕与天象相关联,均布于节气有六律六吕(《说文》)。《历书》所表述的四时迭递,日月星辰运转,是自然界有节奏,有规律的变化,以律吕象之。

律吕万法所出,故法令谓之律(《正韵》)。军法谓之律,《易·师卦》云:"师出以律"。古时军出皆听律声,《史记·律书》云:"王者制事立法,物度轨则,壹禀于六律,六律为万事根本焉。""其于兵械尤所重,故云:望敌知吉凶,闻声效胜负。百王不易之道也。"《律书》所述,肯定六律为万事之根本,那么将六律与宇宙法则放在同等地位。在军事上尤为重视音律,乐声相应兵家胜利或失败,这是音律在军事上的效应。

古人对于乐的理解是:"乐者心之动也,乐者德之华也。""苟无其德,不敢自作乐,得道之人可以言乐。""审音以知乐,审乐以知政。""五音天音也。八声天化也。""音由心,音感于物,治世之音安以乐,乱世之音怨以怒,亡国之音其民困。"中国传统乐的观念,注重人与自然的统一和交流,注重乐与情感,以及伦理的结合和渗透。那么十二律吕是天地万物和人的沟通,是宇宙和谐之体现。宇宙万象,赜然纷呈,然处处皆有机体统一之迹可寻,形成本体,存在、生命彼是相因,交融互摄,旁通流贯之广大和谐系统。十二律吕即其体现之一端。

## 二 十二律吕的阴阳结构

以阴阳消息变化,象征天地造化运行,十二月配以十二卦,称做月卦,又称辟卦。创始于孟喜,宏于焦赣、京房。而虞翻以此解易。其后孔颖达、程子、朱子、来知德悉引用之。后汉魏伯阳著《周易参同契》,又以十二辟卦配置十二律吕。

朔且为☷复,阳气始通,出入无疾,立表微刚,黄钟建子,兆乃滋彰,播施柔暖,黎烝得常。

　　☷临炉施条，开路生光，光耀渐进，日以益长，丑之大吕，结正低昂。

　　仰以成☰泰，刚柔并隆，阴阳交接，小往大来，辐辏于寅，运而趋时。

　　渐历☰大壮，侠列叩门，榆荚堕落，还归本根，刑德相负，昼夜始分。

　　☰夬阴以退，阳升而前，洗濯羽翮，振索宿尘。

　　☰乾健盛明，广被四邻，阳终于巳，中而相干。

　　☰姤始纪绪，履霜最先，井底寒泉，午为蕤宾，宾服于阴，阴为主人。

　　☰遁世去位，收敛其精，怀德俟时，栖迟昧冥。

　　☰否塞不通，萌者不生，阴伸阳屈，没阳姓名。

　　☷观其权量，察仲秋情，任蓄微稚，老枯复荣，荠麦芽蘖，因冒以生。

　　☷剥烂肢体，消灭其形，化气既端，亡失至神。

　　道穷则反，归乎☷坤元，恒顺地理，承天布宣，玄幽远眇，隔阂相连，应度育种，阴阳之原，寥廓恍惚，莫知其端，先迷失轨，后为主君。

　　无平不陂，道之自然，变易更盛，消息相因，终坤始复，如循连环，帝王承御，千载常存。

　　一年十二月，十二卦分布此十二月。即复卦分布十一月，临卦分布十二月……坤卦分布十月，往复循环。以复卦言之，卦体是☷表示一阳生。"立表微刚"，"微刚"指一阳生时阳气的状态，值得注意的是"立表"，古代历法，是以冬至为一个天文年度的起算点，冬至的时刻确定得准不准，关系到全年节气计算得准不准，"立表"指圭表，圭表可以测定冬至所在的日子。"兆乃滋彰"言一阳生之阳气开始滋益而彰著。"黎燕"指民，此时民将得融和之常候。

　　古代十二月的分划，以天象为根据，因此据有坚实的科学基础。十二月的分划，是以斗星之柄在初昏时刻所指的方向确定的，《史记·历书》云："随斗柄所指建十二月"即是此意。斗柄的指向，又是季节的标志，《鹖冠子》云："斗柄东指，天下皆春"斗柄南指，天下皆夏，斗柄西指，天下皆秋，斗柄北指，天下皆冬。""春秋战国时期，又将斗柄指向与十二辰相配，形成时空观念，即周天以十二方位区分之，加以十二辰之名。斗柄指向是时间，十二辰是空间。

　　古代一些观念的形成，现代人考察，一般得之于文献。而无文献载明者，往往不可考。如郭沫若《甲骨文字研究·释支干》云："二十八宿自当后起，其房心为蝎之分化，氐亢为天秤之分化，甚显而易见。其制并不甚古，单独之星名于古虽已散见，然其构成为月躔之系统者，当在春秋以后。""余意二十八宿之形成，即当在甘、石二氏时代。"甘、石二氏均纪元前四世纪人物。夏鼐就二十八宿体系的形成，作过综合研究，结论是：二十八宿体系成立的年代，就文献而言，最早是战国中期，即纪元前四世纪（《从宣化辽墓的星图论二十八宿和黄道十二宫》，载《考古学报》1976年，第2期）。郭、夏二位学者的研究，二十八宿体系的形成，年代一致。但1990年第6期《新华文摘》载文：《中国二十八宿体系建于公元前3000年》（P205），推翻了上述结论。今将全文录之如下：

中国古人把依古天球黄，赤道带分布的二十八宿析为四陆（也叫四宫），它与四灵相配，分别为东宫苍龙，西宫白虎，南宫朱雀，北宫玄武，每陆各辖七宿。去年，在河南濮阳西水坡一座仰韶文化墓葬（45号墓）中，在墓主人骨架的左右两侧发现用蚌壳摆塑的龙虎图案，它直接涉及中国二十八宿的起源问题。由于文献记载的不足，使得中国二十八宿体系的确立最早只能上溯到公元前8—6世纪。经考证，45号墓中龙虎图案与东西二陆及北斗的真实星图的位置关系是完全一致的。又据$^{14}C$测定年代数据表明，二十八宿体系中的斗宿（意即"日短至"）同45号墓北斗与分日结合的寓意相同。竺可桢先生曾对二十八宿与天球赤道的最佳会合年代做过计算，结果当公元前4510—2370年间最多，这个年代范围与45号墓的时代恰好相当。由此认为，公元前4000年代是中国二十八宿体系的滥觞期。由于二十八宿分别分布在黄道带、赤道带，因此，二十八宿于黄、赤带平分的年代应该是这个体系建立的理想年代，时间约在公元前3000年。（据《文物》1990年第3期冯时文）

二十八宿或称二十八舍，最初是古人就比较日、月、五星运动而选择的二十八个星，作为观测时的标志。"宿"或"舍"有停留的意思。二十八宿从角宿开始，自西向东排列与日、月视运动的方向相同。二十八宿在创立之初是沿赤道分布的，计算表明，二十八宿与天球赤道相吻合的年代距今约五千年。一个体系的形成，是应根据天文数字的测定，而不是二十八宿全部星名在文献中的记载。也许这是题外的话，上面引文旨在说明文献之无征，而在若干年后地下文物发现之有征。现在回到本题，古天文学，古历法形成斗柄建月系统，但以律吕建月，只见于魏伯阳《周易参同契》，而于古无征。虽然如此，但从古代观念考察，律吕是古人认识宇宙和谐的一个重要手段，或者说是认识宇宙的一个前提。律吕和天体变化相应，在当时时代背景下被视为天经地义，而且离开了这些假定或前提，当时的人甚至不知道如何去进行思考或研究。

十二卦体即是律吕的阴阳结构，从斗柄见月，而相应律吕建月，以对应天体运动，宇宙规律，以及人体能量流之运行，这是古人一大创建。但从文献资料，我们只能读到魏氏之作。

天体运转，魏氏认为"循据璇玑，升降上下，周流六爻，难可察觌，故无常位。"那么，其相对应之十二律吕也变动不居。但另一方面，律吕表示宇宙运动之和谐，美珠谓之璇，以美珠有规律的运动（"循据璇玑"），以象天地运转，正是一种和谐状态。

## 三 构造古太极图

十二律吕相生的"三分损益法"见于《吕氏春秋·音律》：

黄钟生林钟，林钟生太蔟，太蔟生南吕，南吕生姑洗，姑洗生应钟，应钟生蕤宾，蕤宾生大吕，大吕生夷则，夷则生夹钟，夹钟生无射，无射生仲吕。三分所生，益之一分以上生。三分所生，去其一分以下生。黄钟、大吕、太蔟、夹钟、姑洗、仲吕、蕤宾为上，林钟、夷则、南昌、无射、应钟为下。

即把已知音律数（律管的长度）分为三等分，"益之一分"即：

已知音律数 $\times \dfrac{4}{3}$ 为"上生"。

"去其一分"即：

已知音律数 $\times \dfrac{2}{3}$ 为"下生"。

此关系图示之为：

```
            上生
    ┌─────────────────────────┐
    ↓  上生 上生 上生 上生 上生 上生
    黄 林 太 南 姑 应 蕤 大 夷 夹 无 仲
    钟 钟 蔟 吕 洗 钟 宾 吕 则 钟 射 吕
   (1)(2)(3)(4)(5)(6)(7)(8)(9)(10)(11)(12)
       →   →   →   →   →    →
      下生 下生 下生 下生 下生 下生
```

按《汉书·律历志》上下生次序为：

```
       上生  上生  上生  上生  上生
        →    →    →    →    →
    黄 林 太 南 姑 应 蕤 大 夷 夹 无 仲
    钟 钟 蔟 吕 洗 钟 宾 吕 则 钟 射 吕
   (1)(2)(3)(4)(5)(6)(7)(8)(9)(10)(11)(12)
          →    →    →    →    →
         下生  下生  下生  下生  下生
```

其云："阴阳相生，自黄钟始，而左旋，八八为伍。"伍，耦也。沈括《梦溪笔谈·乐律一》批评《汉书》说："八八为伍者，谓一上生与一下生相间，如此则自大吕以后，律数皆差，须自蕤宾再上生，方得本数，此八八为伍之误也。"我们说从文献比较研究，先秦重要典籍《吕氏春秋》成书于公元前247年，《汉书》成书于公元92年，两文献先后相差339年,而后者不如前者精深。先秦的数学哲学思想被汉之阴阳思想所代替,同为阴阳思想,但先秦和两汉其内涵截然不同。先秦是中国古文化的黄金时代,至汉阴阳思想被僵化为一种机械模式,违反了自然变化原理。故《汉书·律历志》之音律计算,甚误之。

将《吕氏春秋》之"三分损益法"计算数值如下(设黄钟音律数为1):

黄钟(1)　　1

↓下生

林钟(2)　　$1 \times \dfrac{2}{3} \approx 0.6667$

↓上生

太蔟(3)　　$\dfrac{2}{3} \times \dfrac{4}{3} = \dfrac{2^3}{3^2} \approx 0.8889$

↓下生

南吕(4)　　$\dfrac{2^3}{3^2} \times \dfrac{2}{3} = \dfrac{2^4}{3^3} \approx 0.5926$

↓上生

姑洗(5)　　$\dfrac{2^4}{3^3} \times \dfrac{4}{3} = \dfrac{2^6}{3^4} \approx 0.7901$

↓下生

应钟(6)　　$\dfrac{2^6}{3^4} \times \dfrac{2}{3} = \dfrac{2^7}{3^5} \approx 0.5267$

↓上生

蕤宾(7)　　$\dfrac{2^7}{3^5} \times \dfrac{4}{3} = \dfrac{2^9}{3^6} \approx 0.7023$

↓上生

大吕(8)　　$\dfrac{2^9}{3^6} \times \dfrac{4}{3} = \dfrac{2^{11}}{3^7} \approx 0.9364$

↓下生

夷则(9)　　$\dfrac{2^{11}}{3^7} \times \dfrac{2}{3} = \dfrac{2^{12}}{3^8} \approx 0.6243$

↓上生

夹钟(10)　　$\dfrac{2^{12}}{3^8} \times \dfrac{4}{3} = \dfrac{2^{14}}{3^9} \approx 0.8324$

↓下生

无射（11） $\dfrac{2^{14}}{3^9} \times \dfrac{2}{3} = \dfrac{2^{15}}{3^{10}} \approx 0.5549$

↓上生

仲吕（12） $\dfrac{2^{15}}{3^{10}} \times \dfrac{4}{3} = \dfrac{2^{17}}{3^{11}} \approx 0.7399$

而按《汉书》上生下生相间计算，则：

仲吕（12） 为 $\dfrac{2^{16}}{3^{11}} \approx 0.369952638$

仲吕上生黄钟，即"返回本数"：

|  | 仲吕 | 黄钟 |
|---|---|---|
| 《吕氏春秋》 | $\dfrac{2^{17}}{3^{11}}$ | $\xrightarrow{\text{上生}}$ $\dfrac{2^{19}}{3^{12}} \approx 0.986540$ |
| 《汉书》 | $\dfrac{2^{16}}{3^{11}}$ | $\xrightarrow{\text{上生}}$ $\dfrac{2^{18}}{3^{12}} \approx 0.493210$ |

即按《吕氏春秋》计算：$0.986540 \approx 1$。

"律吕"与"音律数"二者排序比较如下表：

| 律吕 | 黄钟（1） | 林钟（2） | 太蔟（3） | 南吕（4） | …… | 仲吕（12） |
|---|---|---|---|---|---|---|
| 音律数 | 1 | 0.6667 | 0.8889 | 0.5926 | …… | 0.7399 |
| 音律数 | 1 | 0.9364 | 0.8889 | 0.8324 | …… | 0.5267 |
| 律吕 | 黄钟（1） | 大吕（8） | 太蔟（3） | 夹钟（10） | …… | 应钟（6） |

比较说明：律吕的有序对应音律数的无序，音律数的有序（从小到大或从大到小）对应律吕的无序。那么，如何使二者统一在一种模式中而达到和谐一致？我们用图论的方法，使二者排序按不同路径而构造之。这里只给出模式和方法，路径决定于律吕及音律数本身规律。音律数按数值次序排列在圆周上，律吕排序，即黄钟生林钟，林钟生太蔟，太蔟生南吕……无射生仲吕，而最后又仲吕返回黄钟，其序号为（1）（2）（3）（4）（5）（0）（7）（8）（9）（10）（11）（12）（1），走圆之弦线，这样得出一张圆图（参照35页图）。这是对称、和谐、美的一种表现形式。或者说自然的物质规律和数学表现形式，二者就是一种和谐和完美。我们惊奇于古人的一种思维方法和其创造的非机械式的"三分损益法"。先秦的数学哲学思想，足够使现代人用数学方法去分析。

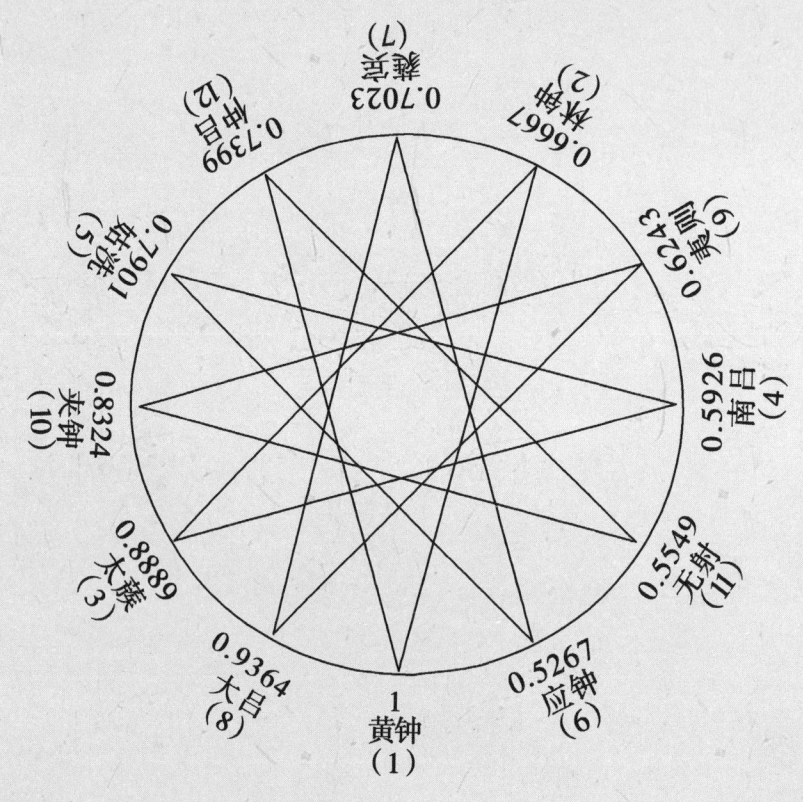

进一步分析，音律数将律吕"抛"在圆周上，或者说律吕按音律数重新排列，使其与十二月，十二时辰，以及十二辟卦相对应。十二辟卦阴阳变化是离散值，这里使其连续化。绘制如下图表：

| 律吕 | 斗柄建月 | 十二时辰 | 十二辟卦 |
|---|---|---|---|
| 黄钟（1） | 十一月 | 子 | |
| 大吕（8） | 十二月 | 丑 | |
| 太簇（3） | 正月 | 寅 | |
| 夹钟（10） | 二月 | 卯 | |
| 姑洗（5） | 三月 | 辰 | |
| 仲吕（12） | 四月 | 巳 | |
| 蕤宾（7） | 五月 | 午 | |
| 林钟（2） | 六月 | 未 | |
| 夷则（9） | 七月 | 申 | |
| 南吕（4） | 八月 | 酉 | |
| 无射（11） | 九月 | 戌 | |
| 应钟（6） | 十月 | 亥 | |

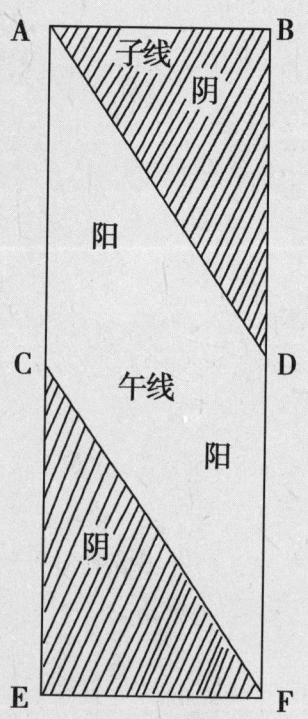

此十二辟卦阴阳连续化图形，顶点标以 A、B、C、D、E、F。AB 线定义为子线，CD 线定义为午线，因其各与时辰子、午相对应。将此图拓扑变换，即设此图绘制在一张橡皮膜上，顶点 A、B、C、D、E、F 及连线 AB、CD、CF……相互关系不变，而拉屈变形，成下列图形：

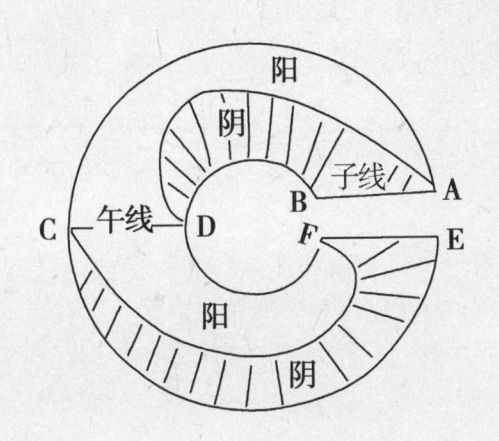

继续拓扑变换，AB 线与 EF 线重合，D、B、F 顶点重合为圆心一点，A 对应时辰子，C 对应时辰午，在图中直接标出，成下图：

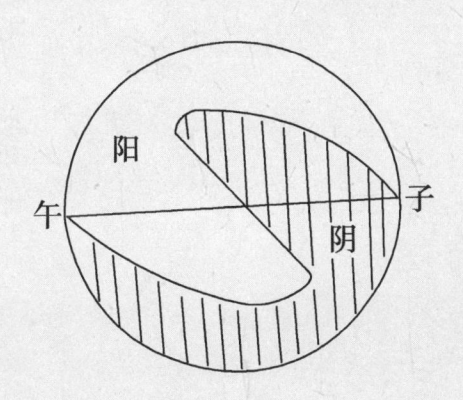

这是古太极图的雏形。

我的结论是：

（一）《吕氏春秋》的律吕数值，标志先秦时代的数学水平。《汉书》阴阳相间之说，是将阴阳变化机械化，是对阴阳的认识，从深层次，跳到表面层次。

（二）阴阳及其变化，是先秦时代人类认识自然规律的高度抽象，汉以后的阴阳之说，多有牵强附会处。

（三）先秦阴阳之说，不仅有质的规定性，而且有数学运算即量的规定性。然而这一极珍贵的数学财富被淹没、失传。

（四）律吕和古太极图的关联，其实质性的论证不如启发性更有价值。

（五）假如说以律吕之阴阳变化，构造古太极图，不如说是以古太极图一般模式，验证律吕的自然之变更确切。那么，研究古太极图的起源问题，或者说"破译"，正在开始。

（六）古太极图是一般模式。是天文图、是地球运转图，是人的大脑结构图，是道家修炼图，是信息图，是……一句话，它凝聚着人类多方向的知识和智能。

## 四　大乐——京房——宇宙琴弦

从《庄子·齐物论》的地籁，人籁，天籁谈起。风吹窍空，一个个吼叫起来，这就是地籁。风吹山间林木，树梢被刮得哗啦哗啦地响，以及洞穴之七窍八孔，有像鼻子的，有像嘴的，有像耳朵的，有像碓臼的，有像洼地的，有像堰塘的，也使风灌的拼命吼叫，使人吃惊，也即地籁。人籁是人造乐器，如管乐器，弦乐器等等。而天籁是什么呢？

《齐物论》子游曰："地籁则众窍是已，人籁则比竹是已，敢问天籁？"

干綦反问："夫吹万不同，而使其自己也，咸其自取，怒者其谁耶？"

万物"吹"出各种不同的声音（地籁，人籁）这种声音都是由自己发出的。但谁"使"之发出声音？即"怒者"是谁？

《刘熙载集》56页：庄子言鹏曰"怒而飞"今观其文，无端而来，而端而去，殆得"飞"之机者。

那么怒者是谁？怒者即是"天籁"！天籁是"使发声者"。这是一个抽象的概念，一种哲学思考。

《吕氏春秋·大乐》："音乐之所由来者远矣，生于度量，本于太一。太一出两仪，两仪出阴阳，阴阳变化，一上一下，合而成章。浑浑沌沌，离则复合，合则复离，是谓天常。天地车轮，终则复始，极则复反，莫不咸当。"

"生于度量"，我研究古代之实物，如"度量文物"，在古民日常生活中，不可一日须臾离开的是度量衡。后来，古民有了音乐，史称黄帝使伶伦取竹于崑苍之阴，断两节而吹之，此即律管之始。在此律管中依此放置九十黍子。以此长度制造律管为标准长度。

在此"标准长"的律管中，装入黍子细数，恰为一千二百黍，为一龠，为"标准量"。此标准长，标准量之律管，即是"黄钟"律管。

黄钟吕律数定为1，按《吕氏春秋·音律》"三分损益法"生成十二律。如下之图（此图在前面，已用过一次）：

黄钟（1）　　1
↓下生
林钟（2）　　$1 \times \frac{2}{3} \approx 0.6667$
↑上生
太簇（3）　　$\frac{2}{3} \times \frac{4}{3} = \frac{2^3}{3^2} \approx 0.8889$
↓下生
南吕（4）　　$\frac{2^3}{3^2} \times \frac{2}{3} = \frac{2^4}{3^3} \approx 0.5926$
↑上生
姑洗（5）　　$\frac{2^4}{3^3} \times \frac{4}{3} = \frac{2^6}{3^4} \approx 0.7901$
↓下生
应钟（6）　　$\frac{2^6}{3^4} \times \frac{2}{3} = \frac{2^7}{3^5} \approx 0.5267$
↑上生
蕤宾（7）　　$\frac{2^7}{3^5} \times \frac{4}{3} = \frac{2^9}{3^6} \approx 0.7023$
↑上生
大吕（8）　　$\frac{2^9}{3^6} \times \frac{4}{3} = \frac{2^{11}}{3^7} \approx 0.9364$
↓下生
夷则（9）　　$\frac{2^{11}}{3^7} \times \frac{2}{3} = \frac{2^{12}}{3^8} \approx 0.6243$
↑上生
夹钟（10）　$\frac{2^{12}}{3^8} \times \frac{4}{3} = \frac{2^{14}}{3^9} \approx 0.8324$
↓下生
无射（11）　$\frac{2^{14}}{3^9} \times \frac{2}{3} = \frac{2^{15}}{3^{10}} \approx 0.5549$
↑上生
仲吕（12）　$\frac{2^{15}}{3^{10}} \times \frac{4}{3} = \frac{2^{17}}{3^{11}} \approx 0.7399$

| 仲吕 | 黄钟 |
|---|---|
| $\frac{2^{17}}{3^{11}} \xrightarrow{\text{上生}} \frac{2^{19}}{3^{12}} \approx 1$ ||

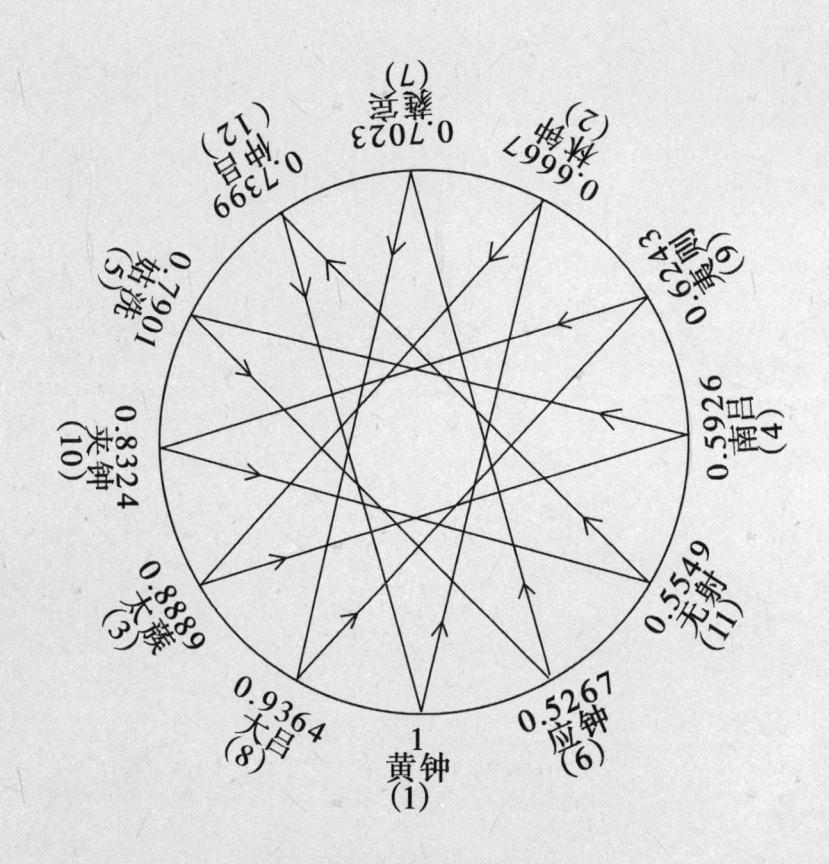

图示（十二律吕环形图，标注数值与序号）：

- 黄钟 (1) 1
- 林钟 (2) 0.6667
- 太簇 (3) 0.8889
- 南吕 (4) 0.5926
- 姑洗 (5) 0.7901
- 应钟 (6) 0.5267（原图标注）
- 蕤宾 (7) 0.7023
- 大吕 (8) 0.9364
- 夷则 (9) 0.6243
- 夹钟 (10) 0.8324
- 无射 (11) 0.5549
- 仲吕 (12) 0.7399

《大乐》一文较长，我只录到"莫大咸当"。我摘录某译文："礼乐的产生是历时很久远的事了，它产生度量，归源于太一。太一生成天地，天地生成阴阳。阴阳变化，消息升降而生成形体。天地初生时，浑浑沌沌，阴阳两气散离了又聚合，聚合了又散离，这就是自然运行的永恒规律。天地如同车轮般地运转，终始反复，周行不息，无不合宜。"

读《大乐》原文："音乐之所由来者远矣，生于度量，本于太一。"

本来是"音乐"译为"礼乐"，大错而特错。

"生于度量"如上之释"黄钟"为标准度量，且定"黄钟"吕律为1，根据"损益三分法"构造十二吕律。而译文为"它产生度量"，即"礼乐生度量"译者不明"度量"为何物。

刘咸炘解题："宇宙一大乐也。"读来何等痛快。

何为"太一"？有数种释义：

(1) 太一，即是老子的"道"，即"道生一"之道。
(2) 天地未形成之前，元气混为一，即是"太一"又名"太初"。
(3) 天之刑神，即"太一"
(4)《庄子·徐无鬼》："知大一，知大阴，知大目，知大均，知大方，知大信，知大定，至矣。"

"大一"，浑沦未判，或道。"大阴"至静。

"大目"所见者广。"大均"同而不殊。

"大方"无限。"大信"真实之理。

"大定"极物之中有自然。

"大一"即是"太一"取为"道"。笔者认为"大一"或"太一"是宇宙本体或造物主。

"太一"有二义：其一，成就万事万物主宰宇宙。其二，狭义的，即庄子之天籁成就地籁，人籁，主宰音乐。

京房六十律之释：

(1) "音级"即以某音为"基音"，然后从这个"基音"顺次数下去，一直数到高一点的"同音"，前七音为第一音级，高一点的同音是第二音级之始，以此类推。

$$\frac{cdefgah}{第一音级} \quad \frac{c^1 d^1 e^1 f^1 g^1 a^1 h^1}{第二音级} \quad \frac{c^2 d^2 e^2 f^2 g^2 a^2 h^2}{第三音级} \quad \frac{c^3 d^3 e^3 f^3 g^3 a^3 h^3}{第四音级}$$

$$\cdots\cdots\cdots\cdots\cdots \frac{c^6 d^6 e^6 f^6 g^6 a^6 h^6}{第七音级}$$

通常所用钢琴七白键，五黑键共组一个音级，而共有七个音级。

(2) "音级之分析"，即把"音级"分为若干部分，每一部分称为"一律"。所分部分愈小其律数愈多。汉京房六十律，宋钱乐三百六十律，宋蔡元定十八律，明朱载堉十二平均律（即十二个相等部分）。

在欧洲，希腊为五律，后为七律，再后即十二律。迨及中古时代希腊欧洲大陆。因而当时欧洲大陆所流行的"教堂乐制"或为七律，或为十二律。直到十六世纪，用十二平均律，在钢琴上是十二键。

欧洲之外其他文明古国，如埃及则一个音级为七律，巴比伦为五律，波斯为十七律，印度为二十二律。

理论言之，欲得纯粹之音，则以多分为善，为谋演奏，则以少为佳。就此看来十二不平均律与十二平均律，实为古今中外盛行之音级。京房六十律，显然不为演奏而设。京房六十律之构成是据《后汉书·律历志》，排序如下：

(1) 黄钟 下生　　(2) 林钟 上生　　(3) 太簇 下生　　(4) 南吕 上生

(5) 姑洗 下生　　(6) 应钟 上生　　(7) 蕤宾 上生　　(8) 大吕 下生

(9) 夷则 上生　　(10) 夹钟 下生　　(11) 无射 上生　　(12) 中吕 上生

(13) 执始 下生　　(14) 去灭 上生　　(15) 时息 下生　　(16) 结躬 上生

(17) 变虞 下生　　(18) 迟内 上生　　(19) 盛变 上生　　(20) 分否 下生

(21) 解形 上生　　(22) 开时 下生　　(23) 闭掩 上生　　(24) 南中 上生

(25) 丙盛 下生　　(26) 安度 上生　　(27) 屈齐 下生　　(28) 归期 上生

(29) 路时 下生　　(30) 未育 上生　　(31) 离宫 上生　　(32) 凌阴 下生

(33) 去南 上生　　(34) 族嘉 下生　　(35) 邻齐 上生　　(36) 内负 上生

(37) 分动 下生　　(38) 归嘉 上生　　(39) 随期 下生　　(40) 未卯 上生

(41) 形始 下生　　(42) 迟时 上生　　(43) 制时 上生　　(44) 少出 下生

(45) 分积 上生　　(46) 争南 下生　　(47) 期保 上生　　(48) 物应 上生

(49) 质末 下生　　(50) 否与 上生　　(51) 形晋 下生　　(52) 夷汗 上生

(53) 依行 上生　　(54) 色育 下生　　(55) 谦待 上生　　(56) 未知 下生

(57) 白吕 上生　　(58) 南授 下生　　(59) 分乌 上生　　(60) 南事

计下生 25 次，上生 34 次。

京房六十律的计算突破"三分损益法"，计算律数，律管长度，音分值等数据。最后，又从（60）南事返回到（1）黄钟，构成闭路。是大量繁琐数据的计算。本书略去这些计算。

京房对音律的看法是很严格的。他把音律看作天地宇宙自身内在规则的表现。换言之，天地宇宙自身内在规则表现为音乐。留给后人的想法，是"天地宇宙自身内在规则"是什么？这是京房极其重要遗产。

时代给出答复：是宇宙琴弦。

从物质谈起，古希腊人认为物质由不可分割的"原子"所组成。到 20 世纪 30 年代初，汤姆逊，卢瑟福，玻尔和查德威克的工作建立了原子的太阳系模型，原子是由质子和中子为核，核外旋绕着一群旋转的电子。

1968年，斯坦福直线加速器中心实验室，用强大的技术力量，探索了物质的微观层次，即更小的粒子"夸克"的发现。"夸克"又为"上夸克"和"下夸克"所组成。质子由两个上夸克和一个下夸克组成，中子由两个下夸克和一个上夸克组成。

20世纪50年代中期，雷恩和柯万发现了第四种粒子，有确凿的实验数据，它叫中微子。它的存在，泡利早在20世纪30年代初就预言过了。中微子很难找到，它们像幽灵一样，很少与其他物质发生相互作用，它能穿透几百亿千米厚的铅，而运动几乎不受影响。太阳向太空喷发，几千亿个中微子，穿过人的身体，穿过地球，继续它们在宇宙空间孤独的旅行。

20世纪30年代末，物理学家又发现了不太重要的μ粒子等一些粒子，这里不讨论这些粒子。

一个结论：物质是由"电子"，"上夸克""下夸克"，"中微子"组成。

"宇宙琴弦"或称"超弦"，是过去物理学中一系列惊人的突破所提出的新理论。有可能终于接近统一场理论——一个能够统一世界中所有已知力的综合数学框架。

普林斯顿大学的物理学家爱德华·威敦曾声称，超统理论在未来的50年中主导物理学界，还说："超统理论是一个实实在在的奇迹。"在一次物理学会议上，他宣称"我们正在经历一场与量子力学的诞生同样伟大的物理学革命。"他说："这可能会让人们对什么是真正的时间和空间产生新的理解，是自广义相对论以来最为激动人心的变化。"

超弦理论，是阐释物质是由微小的琴弦所组成。这些微小的琴弦比质子小1万亿亿倍，即弦是质子大小的$10^{-20}$倍。"超弦"类似于小提琴的琴弦，以不同的频率振动。每一种频率都会在音阶上产生不同的声调，如C大调或者降B大调。舒伯特的杰作当数C大调弦乐五重奏，同样"超弦"也可以作C大调弦乐五重奏。

概括言之，当人们考虑同宇宙有关的一些问题时。从毕达哥拉斯古老的"天球的音乐"到"自然的和谐"，从庄子的"天籁"到京房的"六十律"，音乐总是我们选择的方向。从超弦理论发现以来，音乐的幻想，成了惊人的现实，这个理论认为微观世界里到处是小小的琴弦，它们不同的振动便会合奏出交响乐。此小小琴弦非同凡响：

（1）爱因斯坦的广义相对论与量子力学完全相容了。

（2）弦理论提供了一个真正的统一理论，因为所有的物质和力（主要有四种力）都来自同一基元：振动的弦。

（3）弦理论又一次极大地变革了我们对时空的认识。

最后介绍统理论之始：

1968年，年轻的理论物理学家维尼齐亚诺费力地弄清实验观测到的强核力作用的各种性质。

他那时是欧洲研究中心（CERN）的研究人员，在瑞士日内瓦加速器实验室对那些问题研究了好多年。令他惊奇的是数学家欧拉在200年前构造的β函数，似乎一下子就描述了强相互作用的大量性质。用β函数及其推论去描述从全世界收集来的不同原子碎片的数据，但β函数还是一个等待解释的公式。

两年之后，到1970年，情况变了。芝加哥大学南布阳一郎，尼尔斯·玻尔研究所的尼尔森，斯坦福苏斯全，揭示了β函数背后的物理学秘密。而在200年以前大数学家欧拉是以纯数学提出β函数。

他们证明，如果用小小的振动的弦，来模拟基本粒子，那么核相互作用就能精确地用欧拉β函数描述。

他们论证，"小小振动的琴弦"是"一维的"，而"基本粒子"是"三维的"。

# 第十一章 《永乐大典》中的《周易》

## 缘起

我学习《周易》，最初的本子是集三十七家易学家注疏（唐）李鼎祚《周易集解》，最初"不求甚解"，后来读来读去，这些注疏并非全是，也并非全非，我择善而从之。

我翻阅的《永乐大典》，为中华书局1986年版，精装十册，第十册为总目，其他九册为正文。于是我于2006年4月写下了"漫谈《永乐大典》"一文。《永乐大典》有正本和副本，正本下落不明，我的推测（并非考证），正本是嘉靖帝的随葬品，而藏于地宫。今存副本，仅是全书的不到百分之四的残本，其百分之九十六多，完全毁灭。

不到百分之四的残本，即是中局书局缩小影印，全为墨色的十册版本。共原长36公分，宽23.5公分。

现存嘉隆副本残卷（不到百分之四），缮写甚精，笔力颇为遒劲，可想正本有过之无不及。

《永乐大典》是"使观者因韵以求字，因字以考事，自源徂流，如射中鹄，开卷而无隐"，在残存的中华书局《永乐大典》本中，《周易》的分布，是以韵分布，辑而成集是很困难的事。现在已出版由《永乐大典》残本辑成的地志，虽然不到原书的百分之四！

在残本中，不可能是连续排序。《永乐不典》是永乐元年（1403年）至永乐六年（1408年）纂修的，编辑者三千余人。分为22937卷，订成11095册，则每册多为二卷或三卷者，字数为4.2亿。而其散亡，是一整册的散亡，在这一册中是连续排序，整体是不连续排序，只有前后之序。

如中华书局《永乐大典》第一册，其韵为一东、二支、六模。其排序之卷数为：

四八〇，四八一，四八五，四八六，四八九，四九〇，五三八，五三九，五四〇，五四一，五五一，五五二，五五三，五五四，五五五，五五六，六二三，六二四，六六一，六六二。

（以上为一东韵）

七八二，七八三，七八四，八〇七，八〇八，八二一，八二二，八二三，八四九，八五〇，八五一，八九五，八九六，八九九，九〇〇，九〇一，九〇二，九〇五……

（以上为二支韵，非全录）

如《泰》卦是第七册，卷一四九九八，卷一四九九九，页6754至页6777。而在这残存的九册书中（第十册是总目，不在其内）也还有《泰》卦，我不及详查。可想而知在《永乐大典》全书中，就大有可观，《泰》卦，可以写成一部书。

《周易》的研究工作涉及面很广，其残存的《永乐大典》必须重视，可辑集丰富的《周易》内容。

## 一 易乾卦四德之图

| 元 | 亨 | 利 | 贞 |
|---|---|---|---|
| 善之长<br>君子体仁<br>足以长人 | 嘉之会<br>嘉会足以合礼 | 义之和<br>利物足以和义 | 事之干<br>贞固足以干事 |
| 仁 | 礼 | 义 | 智 |
| 春 | 夏 | 秋 | 冬 |
| 羲仲，羲叔，天地之仁气 || 和仲，和叔天地之义气 ||

录自中华书局版《永乐大典》第一册，卷二一九〇页600。

据《尚书·尧典》，羲和，即羲氏与和氏，都是重黎的后代。共四子，即羲仲、羲叔、和仲、和叔。羲二字掌天官，和二字掌地官。天官，推算日、月、星辰运行规律，制定历法。地官、安排地利、环境、条件以及二十四节气之农事。

乾之四德为元、亨、利、贞，其释义为仁、礼、义、智。天地之仁气场，天地之义气场构成"天人合一"，且顺从春、夏、秋、冬四时之序。

释"仁"："仁者，人也"即求实践所以为人者而已。"仁，人心也"即人心是无形相之物，必须自己体认。体认有两个方面。其一，主观能动，自觉不昧。其二，人与人情感之相通，两面皆人心之效用，其体为一，天然会归一处。相背，则体不一，两离。

释"礼"：《大戴礼记》、《礼记》、《仪礼》、《周礼》四部礼书，破除经学观念，成为记载上古文化的宝贵史料。

"礼"通"理"，戴震："礼者，天下之条理也"重学重理，是《周易》之本色。

即是说"礼"通"理"且为天下之条理，为上古文化无所不包的史料。以下以《周礼》一书为例。《周礼》，是一部内容很翔实的古史，如天文、历法、建制、政法、文教、宫室车服、农商医卜，工艺制造，先秦的典章，礼制文物，以及政治、学术，思想。

读《周易》，首先我们进入产生仁、礼、义、智四德的时代背景，我们感受的不仅仅是历史，且是周人活生生的生活画面。

《周礼》全书分为六篇：

（一）《天官冢宰》记邦治之官六十三职。其职统摄六官，以吏治为专职，兼掌宫中事务。

（二）《地官司徒》，记邦教之官七十八职。其职以教化为务。凡地方组织，均土分民，征赋等，均在其掌。

（三）《春官宗伯》，记邦礼之官六十九职。凡礼、乐、卜祝、文史、星历、车旗等均属之。

（四）《夏官司马》，记邦治之官七十职。其职专掌军事与卦建，兼及王之车旗、弓矢、护卫等。

（五）《秋官司寇》，记帮禁之官六十六职。其职主刑法、讼狱、刑禁，兼及盟约、宪令、辟除、外交等。

（六）《冬官司空》久逸。汉人补以《考工记》三十一篇，称《冬官考工记》，记诸工之制作，并详其尺度。

《乾》卦第二德为"亨"，即嘉之会，合礼。"嘉之会"即会聚众多嘉美之事物。《乾·文言》："亨者，嘉之会也……嘉会足以合礼"，一般解释礼即礼仪，或"理"。深入理解，则如上述"合礼"是合乎一个嘉美社会，合乎一个嘉美体制的国家。《周礼》所规定，即是这样的社会，这样的国家。这即是周代，我们回到古代。

在残存的不到百分之四的《永乐大典》中，有不少《周易》内容。这些内容，或同于现在流行的各家之《易》，或有相异者。总之，多一些文献资料，比少一些好。"诗无达诂"，但《周易》非如此，而是比较研究，以求得真知灼见。

以下是四德旁通之谱，计四德七卦，三德十三卦，二德二十二卦，一德十六卦，不言德六卦，共计六十四卦。

（一）四德七卦：

《乾》元亨利贞。《坤》元亨利，牝马之贞。

《屯》元亨利贞，利建侯。《随》元亨利贞。

《临》元亨利贞。《无妄》元亨利贞，不利有攸往。《革》元亨利贞。

（二）三德十三卦：

《蛊》元亨。利涉大川。《蒙》亨，利贞。

《同人》于野亨。利涉大川。利君子贞。

《离》利贞亨。《咸》亨利贞。

《恒》亨，无咎，利贞。《遁》亨，小利贞。

《萃》利见大人，亨，利贞。利有攸往。

《兑》亨，利贞。《涣》亨。利涉大川，利贞。

《小过》亨，利贞。《既济》亨，小利贞。

《需》光亨，贞吉。利涉大川。

（三）二德二十二卦：

《大有》元亨。《升》元亨。《鼎》元吉，亨。

《比》元，永贞。《噬嗑》亨，利用狱。

《贲》亨，小利有攸往。《复》亨，利有攸往。

《大过》利有攸往，亨。

《巽》小亨。利有攸往，利见大人。

《未济》亨。无攸利。《困》亨贞，大人吉。

《旅》小亨。旅贞吉。《节》亨。苦芦，不可贞。

《否》不利君子贞。《大畜》利贞。利涉大川。

《大壮》利贞。《明夷》利艰贞。

《家人》利女贞。

《蹇》利西南，不利东北，利见大人。贞吉。

《损》可贞，利有攸往。（按：现流行本，《损》卦为元、贞、利，属三德）

《渐》利贞。《中孚》利涉大川，利贞。

（四）一德十六卦：

《小畜》亨。《履》虎尾不咥人，亨。

（按：流行本《小畜》为亨，利贞三德卦）

《丰》亨。《震》亨。《泰》小往大来。吉，亨。

《谦》亨。《坎》维心，亨。

《讼》利见大人，不利涉大川。

《豫》利建侯行师。《剥》不利有攸往。

《解》利西南。《益》利有攸往。利涉大川。

《夬》告自邑，不利即戎。利有攸往。

《归妹》征凶，无攸利。《师》贞。

《颐》贞吉。

（五）不言德之六卦：

《观》《晋》《睽》《姤》《井》《艮》

此为六十四卦四德之配置，系统的思考。研究《周易》，既见树木，也见森林。

## 二　易阴阳消长

《永乐大典》(中华书局版)第一册，卷二一九〇，页597

| 地雷复 | 地泽临 | 地天泰 | 雷天大壮 | 泽天夬 | 天为乾 |
|---|---|---|---|---|---|
| 十一月 | 十二月 | 正月 | 二月 | 三月 | 四月 |
| 天风姤 | 天山遁 | 天地否 | 风地观 | 山地剥 | 地为坤 |
| 五月 | 六月 | 七月 | 八月 | 九月 | 十月 |

以下如完全录《永乐大典》文，太多，所以择其要者录之：

《地雷复》，雷在地中，阳气始萌，以待其道长。如《乾·初九》："潜龙勿用"，龙之为物能飞能潜，初九既尚潜伏，故言"勿用"。

按：复，一阳之卦也。律应黄钟。以一日言之，为夜半子时。以一月言之，为初一至初三半。以一岁言之，则斗杓建子之十一月也。

此时阳气始通，不纵不拘，不疾不缓，轻轻地默默地行事。

《地泽临》、《临》："至于八月有凶。"与《遁》旁通，即：

临　　遁

《遁》："君子以远小人。"《初六》："勿用有攸往"，往则灾难。

《临》已著"八月有凶"之戒，于二阴之卦已著君子远小人之象。

按：《永乐大典》之释，打破十二消息卦之框架，多一些思考。且以帝通卦释义，是一种格局。这种格局是互证，或比较，使研究深化。

按：临，二阳之卦，律应大吕，以一日言之为丑时，以一月言之，为初三半至初五。以一岁言之，则斗杓建丑之十二月。此时阳气渐进，日以益长。

《地天泰》：《泰》初九，拔茅茹以其汇，征吉。《否》初六，拔茅茹以其汇，贞吉亨。《泰》不拔茅，则君子无继，无以保泰。《否》不拔茅，则君子将尽，于小人无以倾，否。拔茅于初九，引异类而有为，故曰志在外也，君子类进，则外卦阳进，泰可保矣。拔茅于初六，爱其身以有待，故曰志在君也。君子全身，则否终能进，而否可倾矣。《诗·小雅》："南有嘉鱼"乐与贤。"南山有台"乐得贤。

[释义]茅草，多年生草本，为牧草和造纸原料，根茎叫茅根，可以入药。

《易·泰》王弼注："茹，相牵引貌。"

《泰》与《否》是旁通卦。

《泰》初九："拔茅茹，以其汇，征吉。"

《象》曰："拔茅征吉，志在外也。"

《否》初六："拔茅茹，以其汇，贞吉，亨。"

《象曰》："拔茅贞吉，志在君也。"

《泰彖》："则是天地交而万物通也。上下交而其志同也。内阳而外阴，内健而外顺。内君子而外小人。君子道长，小人道消也。"

《否彖》："否之匪人，不利君子贞。大往小来。则是天地不交而万物不通也。上下不交而天下无邦也。内阴而外阳，内柔而外刚。内小人而外君子。小人道长，君子道消也。"

笔者行文至此，感到《永乐大典》本之《易》的整体性，即不是孤立的。《泰》《否》的彖辞正相反对。而《泰》初九，《否》初六，则是相互补充。初九旨在外交，征服；而初六旨在内，维护君王与百姓。

如何理解"拔茅茹以其汇"，各家有各家之见。"治田者拔去茅草之根与茅之类，以免其害禾稼。"（高亨）

"要拔除茅草不能只拔除一根，必须将根部牵连在一起，全部拔起，以此象征同志间的团结，向外求发展，才能无往不利。"（孙振声，此仅释《泰》初九。《否》初六非此意）

"茅之为物，拔其根而相牵引也。茹，相牵引之貌也。三阳同志，俱志在外，初为类首，已举则从，若茅茹也。上顺而应，不为违距，进皆得志，故以其类征吉也。"（王弼）

拔多年生的草本茅草，其根相牵连，要想拔掉，是非常困难的一件事。以上诸释，都未顾及茅草本身，所以读来，有隔岸之感。这使我想起列夫·托尔斯泰采牛蒡花的内心深处的感受：

> 我采了一大束各种花朵走回家去，这时我看见沟里有一朵异样深红的、盛开的牛蒡花，割草人竭力避免割它。……我忽想要折下这枝牛蒡花，把它放在花束当中。我下到沟里……然而这确是非常困难的，且不说花梗四面八方地刺人，甚至刺透我用来裹手的毛巾——它并且是这样惊人地坚韧，我得一丝丝地把纤维劈开，差不多同它搏斗了五分钟的光景。末了，我把那朵花的了下来，我这时花梗已经破碎不堪，并且花朵也已经不那么鲜艳了。此外，由于它的粗犷和不驯，同花束中娇嫩的花朵也不和谐。我惋惜我白白糟蹋了

一枝花，它本来好端端地长在自己位置上的，于是我把它扔掉了。"然而生命的毅力和力量多么惊人"，我回忆折花时所费的气力，想到"它是如何顽强地防卫着，并且高价地牺牲了自己的生命啊"。

（列夫·托尔斯泰《哈吉·穆拉特》）

这使我联想到拔除茅草时的情景，茅草同样是坚韧的，这是一场搏斗。想到茅草的毅力和力量。茅草顽强地付出自己生命的代价。这象征"将大任降于斯人也"的一种洗礼，所担负的是国家的兴盛。

《诗·小雅》"南有嘉鱼"四章，每章四句，为乐与贤。大平之君至诚，乐与贤者共。

《南山有台》五章，每章六句，乐得贤而得贤，则为邦家大平之基。

再录原文：

东汉威灵王之际，剥之时也。李膺，陈蕃之徒，方将拔茅以为泰，杨庭以为夬，其可得乎。所以小人害君子，几尽其类。人才不竞，天下分之分裂者数百年。虽祸极时昏，亦由不知拔茅于否之初云耳。

按：《永乐大典》之《易》引入史学。

以下仅谈时序：

《地天泰》《泰》三阳之卦，律应太蔟。以一日言之，为平旦寅，以一月言之，为初六至初八半。以一岁言之，则斗杓建寅之正月。

《雷天大壮》《大壮》四阳之卦，律应夹钟。以一日言之，为日出卯。以一月言之为初八半至初十。以一岁言之，则斗杓建卯之二月。此时阴佐阳气，聚物而出。

《泽天夬》，《夬》五阳之卦，律应姑洗。以一日言之，为食时辰。以一月言之，为十一至十三时半。以一岁言之，则斗杓建辰之三月，此时阳气既盛，逼近天际，其势当奋发也。

《天为乾》《乾》六阳之卦，律应仲吕。以一日言之，为禺中巳。以一月言之，为十三半至十五。以一岁言之，则斗杓建巳四月也。此时阳气盛极，周遍宇内。

《天风姤》《姤》一阴之卦，律应蕤宾。以一日言之为日中午。以一月言之为十六至十八半。以一岁言之，则斗杓建午五月卦也。此时阴气方生。

《天山遁》《遁》二阴之卦，律应林钟。以一日言之，为日昳未。以一月言之，为十八半至二十。以一岁言之，则斗杓建未六月卦。此时阴气渐长。

《天地否》《否》三阴之卦，律应夷则。以一日言之，为脯时申。以一月言之，为二十一至二十三半。以一岁言之，则斗杓建申七月卦。此时阳气渐衰。

《风地观》《观》四阴之卦，律应南吕。为日入酉。以一月言之，为二十三半至二十五。以一岁言之，则斗杓建酉之八月。此时阴中有阳，阴佐阳功，物皆缩小而成。

《山地剥》《剥》五阴之卦，律应无射。以一日言之，为黄昏戌。以一月言之，为二十六至二十八半。以一岁言之，则斗杓建戌之九月。此时阳气衰微，而又安能究竟于此。

《地为坤》《坤》六阴之卦，律应应钟。以一日言之，为入定亥，以一月言之，为二十八半至三十。以一岁言之，则斗杓建亥之十月。此时纯阴用事，万物至此皆归根而复命。

# 第十二章　初探《周易》哲学

《周易》是占筮的即预测未来之吉凶；另一方面又是哲学的。二者并行，历来向两个方向发展，这是《周易》的特殊性，独一无二。本章是以哲学立论。

## 一　神道设教

《易·观象》："观天之神道，而四时不忒，圣人神道设教，而天下服矣。"王船山解释："神道设教，非假鬼神以诬民也，不言而诚尽于己，与四时者顺理而自然感动，天下服矣"由《观象》与王船山解释，概括言之：仰观天的神秘法则，四时循环，不会有偏差。圣人效法天的神秘法则，而教化于民，使天下老百姓诚信而服之。"非假鬼神以诬民"是对神的彻底否定。"自然感动"应理解为与自然变化之顺应。"神"即是"神秘法则"或"神妙变化。这是基于《周易》的宇宙本体论和天道观。

以上所引是王船山，对《张子正蒙》的注。张子即张载，五十一岁回到横渠创立横渠书院。当时，关中和西北各地士子云集张载门下。张载一面讲学，一面著书立说，《正蒙》《横渠易说》《经学理窟》等著作，都是这一时期完成的。张载的四句话，或称"横渠四句"：

"为天地立心"——创建本体论

"为生民立命"——确立精神家园

"为往圣继绝学"——继《周易》

"为万世开太平"——通向理想之路

我们读出张载的人文精神。而后学者必须从过去，现在，未来的大历史中，执著考察这种人文精神。

张载曾说："今人为学，如登山麓，方其迤逦之时，莫不阔步大走，及到峭岭之处便止，须是要刚决果敢以进"。大意是：最难登的峭山峻岭，一定要刚强，决心，果断和勇气，最终必会到达顶峰。

这是张载的为学之道。

由"神道设教"引申到《周易》的本体论和天道观。由此不得不谈别开生面的张载哲学。

《正蒙》是北宋张载所著，注者是清初的王夫之。张载，长安人，晚年住在陕西郿县的横渠镇，所以又称"横渠"。王夫之，湖南衡阳人，晚年住在湘西石船山，所以又称"船山"。

张载提出"太虚本体论"：

"太虚者，气之体。"

"太虚"是由气构成的宇宙本体。

"气聚，则离明得施，而有形；气不聚，则离明不得施，而无形。"

在气聚的状态，才有形体和形象，人们才能用眼睛看见；在气不聚的状态，则无形体和形象，人们不能用眼睛看见。

"凡可状，皆有也；凡有，皆象也；凡象，皆气也。"

一切有形状之物，构成存在；

或言之，存在即是具象；

而具体形象之物，都是本体"气"的显现。

一切知识都是从经验开始。但尽管一切知识从经验开始，它们并不因此，就都是从经验中发源的。因为很可能，甚至经验知识，也是通过印象所接受的东西，和固有的知识能力，即从自己本身中拿来东西的一个复合物。

张载的"气"就是一个复合物，最终构成宇宙本体物，即"太虚"。

《周易·观象》之"神道设教"是由王夫之注释。此注释见于王夫之《张子正蒙注》卷二《天道篇》。由此引发我探讨张载"气"学，由此引出张载"固有的知识能力"与"经验之气"的复合，而构筑"太虚本体论"。

而张载所宗是《周易》，绕了一个大圈子，又回到《周易》：

"立乾坤，以天地之道。则是天地先乾坤生也。天有象可见，地有形可处，先乾坤则是天地生乾坤，或云有形生于无形。

故曰：有太易，有太初，有太始，有太素。

太易者，未见气。太初者，气之始。太始者，形之始。太素者，质之始。

气形质具而未相离，故曰浑沦。言万物相浑沦而不相离。

视之不见，听之不闻，循之不得，故曰易也，易无形也。"

章学诚《文史通义新编新注》之《易教下》："《易》与天地准，故能弥纶天地之道，万事万物，当其自静而动，形迹未彰而象见矣。故道不可见，人求道而恍若有见者，皆其象也。"

立乾坤，以天地之"道"，此"道"不可见，所见者是有形的天地。这里"天地生乾坤"，是指天地之道生乾坤，即有形生于无形。

太初、太始、太素，是气从无到有，且形质具备。气质具而未相离，为之浑沦，浑沦即"太极"。

"视之不见，听之不闻，循之不得"这里不是"寻"而是"循"，"循"是追述的意思，包括逻辑推理的过程。于是引申到另一体系，即"无"的体系。这一"无"称为"易"或"太易"或"无极"。

"无极"与"有"的"太极"相对应。

所以说："太易始著，太极成，太极成，乾坤行。太易，无也。太极，有也。太易从无到有，即太极。"

概括言之，从"神道设教"这个小题目，经过张载，王夫之的阐释，引出宇宙本体论的《周易》哲学。这是一条深林荒野之路，也是一条曲径通幽之路。

《易》之占卜，以易象说事，易象又通于《诗》之比兴。"索物以托情，谓之比，情附物也；触物以起情，谓之兴，物动情也。"（明杨慎《升庵诗话》）卦象是借物托意念，或谓之比；而借卦象，兴联想，以判断占卜之吉凶，或谓之兴。

《春秋》是"经世之书"，《易》也是"经世之书"。《易》以阴阳消长，象征治和乱；象征人事进和退，且"其所为吉，为凶，为晦，为吝，言之至详且悉，以通天下之志，以定天下之世，以断天下之疑"（戴名世语），所以说《易》通于《春秋》。

张载提出："太虚者，气之体"阐明《周易》宇宙本体论内涵。

## 二　论时

何谓"时"？《周易》时的观念，其本质在于变易，其哲理是动态中去考察天地之道及其秩序。

中国形上学所烘托的人格类型，方东美分，作三类：儒尚"时"，是"时际人"（Time－man）；道家崇尚"虚""无"，是典型的"太空人"（Space－man）；佛家尚"不执"与"无住"，则是兼"时"与"空"。

《周易》哲学之立论，是在时间历程中去实现人的价值。强调"时止则止，时行则行，动静不失其时，其道光明"（《易·艮象》）。"时止则止，时行则行"，是掌握势；"动静不失其时"是掌握时。

《周易》将一切事物，举凡自然之生命，个人之发展，社会之演变，价值之体现，一律投注于时间铸模中而体现其真实存在。换言之，《周易》的"时"的概念，不限于年、月、日等计量单位。人是存在性的，是历史的存在，这是《周易》所阐述的人的本源性存在方式。将时间和历史观念，引入对人，对存在的理解，这是《周易》哲学对"时"的深切含义。

"大明终始，六位时成，时乘六龙以御天，乾道变化，各正性命，保合太和，乃利贞。"（《乾象》）宇宙光明的开始和终结，包含六个爻的程序，形成宇宙时间的作用，犹如六条龙一样，驾驭天体运行。乾道本身的变化，形成宇宙万物的道体。万有物类，都是由这道体得到真正的性和命。道体是生出万物的创世者，或造物者。而"六位时成"所以动静不失其时。

《乾》卦的"龙"，内涵是复杂的，融合着各种文化观念，在不同的时代，不同思想背景下，给予不同意义。"龙"在后世是皇权的象征，但在《周易》中却是时间的象征。

"君子进德修业，欲及时也"（《乾·文言》）。进德修业应及时而动。《周易》讨论世界或宇宙，不执著于自然层面，而是阐明社会，人际关系，人生的实际状态。《乾》卦是谈天的，《乾·文言》是谈人生实际状态，即是一种超化。对儒家而言，超化之，成为道德宇宙。对道家而言，超化之，成为艺术天地。对佛家而言，超化之，成为宗教境界。

方东美说："自哲学观点旷观宇宙，至少就其理想层面而言，世界应当是一个超化的世界。中国形上学之志业即在通透种种事实，而蕴发对命运之了解与领悟。超化之世界即是深具价值意蕴之目的论系统。"这三种目的论系统，即道家、佛家、与儒家。儒家思想与佛家思想在精神上有高度之契合。

人生社会价值，各个时代有着各个时代的内容。《周易》不能规定某种价值观，但它提出"天下随时，随时之义大矣。"却是一般命题。这就是说人生社会价值在不同时代赋予不同含义。所以说，《周易》是过去时，现在时，现在进行时的哲学。这即是其生命力。

## 三　谈天

《论语》谈天，《周易》谈天，作一番比较，两个天是不一样的：

子曰："获罪于天，无所祷也。"（《八佾》第三）夫子矢之曰："予所否者，天厌之！天厌之！"（《雍也》第六）

子曰："天生德于予，桓魋其如予何？"（《述而》第七）

子曰："吾谁欺，欺天乎？"（《子罕》第九）

子曰："噫！天丧予！天丧予！"（《先进》第十一）

子曰："君子有三畏：畏天命，畏大人，畏圣人之言。"（《季氏》第十六）

据此可知《论语》中孔子所说之天完全是一个有意志的天、"主宰的天"。

我们再看《周易》的天：

"大哉乾元，万物资始，乃统天。云行雨施，品物流行。大明终始，六位时成，时乘六龙以御天。乾道变化，各正性命。"（《乾·彖》）

"反复其道，七日来复，天行也……复其见天地之心乎？"（《复·象》）天行无心，所以是一问号。

"天地感而万物化生。"（《咸·象》）

"天行健，君子以自强不息。"（《乾·象》）

"天尊地卑，乾坤定矣……在天成象，在地成形，变化见矣。"（《系辞》）

在引文中，没有孔子的"天厌之""欺天""天丧予""畏天命""祷天"等语句。

《周易》的天是自然的天，是自然界运动的法则或规律，是自然力量。这样的天，不是与人事相"疏离"或"相隔"，而是与人事"相系"。《泰·象》："泰。小往大来。吉，亨。则是天地交而万物通也。上下交而其志同也。内阳而外阴，内健而外顺。内君子而外小人。君子道长，小人道消也。"

"内阳而外阴"是说阳气进入宇内，阴气退出宇外，这是自然界之泰。

"内健而外顺"是说内有刚健之德，外能顺从潮流，时势，这是人事之泰。

"内君子而外小人"是说重用有诚之士，排除对国对民有害之人，这是国家之泰。

"上下交而其志同也"是说天地相交是自然界之泰，喻之人事，则上下同心，志同道合。

《泰·象》："天地交，泰。后以财成天地之道，辅相天地之宜，以左右民。"泰的卦象是天地之交。财，裁也。以天地变化的规律，制定政令，辅助天地之所宜，使民从事活动有所依据。因野而田，因山而猎，因水而渔，因四时而耕耘。

《系辞上》："辞也者，各指其所之。易与天地准，故能弥纶天地之道。仰以观于天文，俯以察以地理，是故知幽明之故。"

卦爻辞在指导人们的行动。所以如此，因为《周易》包络天地变化的规律。

"天地变化，圣人效之。"仿效天地变化规律，而归纳出人事变化的规律。

以上所述，是东周关于天的观念。而西周主要还是承袭了殷商的天的观念。这里谈及原始宗教，宗教是人类文化一部分，从宗教的途径上，可以看出古人关于天的观念，可以看出民族文化进展的痕迹。研究民族文化，研究古人哲学，不得涉及宗教，涉及天。

《洪范》里记箕子答王所问："我闻在昔，鲧陻洪水，汩陈其五行。帝乃震怒，不畀洪范九畴，彝伦攸斁。鲧则殛死，禹乃嗣兴，天乃锡禹洪范九畴，彝伦攸叙。"

箕子所言的大意：我所说从前，鲧堵塞洪水，胡乱处理了水、火、木、金、土五种用物。天帝震怒，不赐给鲧九种洪范大法，治国的常道因此败坏了。后来鲧被流放而死，禹继承兴起。天帝就把洪范九种大法赐给了禹，治国的常道因此定了下来。

这里写出一个有意志而能施赏罚的天帝。

《尚书·洪范》这篇文章很重要，历代受到重视，它是研究我国古代政治史和思想史的重要文献。"洪"是大的意思，"范"是法。《洪范九畴》是治国的九条大纲，且包括每一大纲之细刚。"王"指周武王，王访问箕子是在公元前1064年。

祀天起于"卦禅"。《管子》历说七十二家卦禅，其中包括夏禹，商汤，西周之成王等。在泰山筑坛祭天称为"封"；在梁父除地祭地称为"禅"。《大戴礼礼·保傅》："封泰山而禅梁父"。《白虎通》："增泰山之高以报天；附梁甫之基以报地"，亦指"封"为祭天，"禅"为祭地。商朝在祀天之外，又信鬼神。西周自周公制礼作乐，对于祀天的礼节格外隆重，这是对主宰之天或天帝的虔诚。

所以在武王伐纣的时候，牧野誓师的言论中有"今予发惟恭行天之罚"的话。这不是说说而已，而是对有意志的天的绝对信赖。众人亦以"上帝临汝，无贰尔心"来鼓励武王。周公也劝告武王（见《诗·大明》）：

有命自天，　　帝命自天而来，
命此文王，　　降命给这文王，
于周于京，　　改号为周，改邑为京，
缵女维莘。　　这继妃是莘国女子。
长子维行，　　长子已远行（死亡），
笃生武王，　　天特生了武王，
保右命尔，　　保佑他，命令他，
燮伐大商，　　协同诸侯讨伐大商。

"于周于京"者，见《白虎通·号篇》。

"缵女维莘"者，《列女·周室三母传》云："大姒者，文王之妃，武王之母，禹后有莘氏之女。"文王即位后，行亲迎之礼，娶太姒为元妃。

长子指"伯邑考"。《小尔雅·广名》："讳死谓之大行。"那么，"长子维行"言长子维逝。

公元前1063年，武王死。武王之子名诵为周成王，即位。是年为周成王元年。周公为相，管叔，蔡叔与纣王之子武庚（周武王灭纣后，对其子封地）叛周。周公讨伐管、蔡、武庚，以天命不易的道理告诫诸侯（见《尚书·大诰》）如"……矧今天降戾于周都！尔亦不知天命不易？"这即是说凡事都由天定、应当顺从天命。

后来时局发生了变乱。公元前8世纪，前7世纪，前6世纪，是三百年的长期战争。一方面是北方戎狄的扰乱；一方面是南方楚吴诸国的勃兴；一方面是中原。每年都有战争，人民不得安定，感受着战争以及水旱灾荒的痛苦、对于有意志的天，产生了怀疑。以下引《诗经》作例，为了读者方便，摘选其中句子，并附以白话文，读者感兴趣，最好读《诗经》原著：

《诗·芦南山》：

| | |
|---|---|
| 天方荐瘥， | 上天屡次降灾祸， |
| 丧乱弘多。 | 死丧祸乱大又多。 |
| 民言无嘉， | 众民议论都说坏， |
| 憯莫惩嗟。 | 你竟顽固不肯改。 |
| | |
| 昊天不傭， | 苍天行事不公平， |
| 降此鞠讻！ | 降给众民大灾凶！ |
| 昊天不惠， | 苍天对人不惠爱， |
| 降此大戾！ | 降给众民大灾害！ |
| | |
| 不吊昊天， | 苍天对人不善良， |
| 乱靡有定， | 祸乱不止民遭殃， |
| 式月斯生， | 摧残生灵害百姓， |
| 俾民不宁！ | 使得人民不安宁！ |

《雨无止》：

| | |
|---|---|
| 浩浩昊天！ | 浩浩广大的昊天！ |
| 不骏其德。 | 不长保它的恩德。 |
| 降丧饥馑， | 降下死亡饥馑， |
| 斩伐四国， | 杀害四方诸国， |
| 昊天疾威， | 昊天呀可恨可怕， |
| 弗虑弗图。 | 他不考虑也不计议。 |
| 舍彼有罪， | 放掉罪犯不管， |
| 既伏其辜， | 且将罪行隐瞒， |
| 若此无罪， | 无辜之人如此良善， |
| 沦胥以铺。 | 却都刑罚陷入苦难。 |

　　文化实际是心理的东西，主观的东西。它从而不能构成一个现实的客观世界，以建构人的价值观。这是一个"文化悖论"，这个悖论阐明文化行为是文化教化的结果。这说明无论孔子，无论周文王对天的看法，随着教化，有一种看法，也有相反的看法。即是"正"的一面和"悖"的一面。所以在《诗经》一些篇章中，是写周文王的，但有"疾威上帝"的句型，即"可恨可怕的上帝"，周文王也在诅咒天。

　　概括言之，三百年的战争，周民由信奉天，怀疑天，而诅咒天。对天的观念改变了。把古代有意志的天、主宰的天，根本予以否定的是老子和庄子。他们以自然或宇宙为无意志的天。

老子说："天地不仁，以万物为刍狗。"（五章）

"天地不仁"即是说天地是无意志的，从而否定有意志的天。"刍狗"用草扎的狗。林希逸说："刍狗之为物，祭则用之，已祭则弃之，喻其不着意而相忘尔。"钱钟书说："刍狗之为物，乃天地无心而不相关，非天地忍心而不悯惜。"王弼注："天地任自然，无为无造，万物自相治理，故不仁也。仁者，必造立施化，有恩有为。"

庄子称天的运转为"天均"，"自生""自化"。庄子的天是"天均"，而不是有意志的昊天。

《周易》的"天行"也是把天看作自然之天，机器之天。

荀子直接否定天的意志，与老、庄、《周易》的观念一致。荀子在《天论》中说：

天行有常，不为尧存，不为桀亡。应之以治、则吉；应之以乱，则凶。强本而节用，则天不能贫；养备而动时，则天不能病；修道而贰，则天不能祸。……故明于天人之分，则可谓至人矣。

人世间的存、亡、吉、凶，与天无关。反之，天也不可能因人事而贫、而病、而祸。换言之，天以常道运行，即是以自身的规律运行。

荀子又提出"天职"之论，天之所执掌为之"天职"。不明此理，人要参与天职，任其自然，而不去思考，不发挥自己的能力，不明察万物，这样的人实在迷惑啊。

荀子的学说渊源于儒家，荀子也以继承孔子学说自居。然而他批判儒家、墨家的有意志的天，而接受老、庄的无意志的天的观念。但又改正老、庄哲学中任其自然的天道观。

现代人不必太多地关心天，对天的意识愈来愈疏远。然而蒙昧之世的周代人非常重视天，他们从天求得丰富的知识和智慧。现代人中有一例外，即气象学工作者必须重视天。原来理工科大学生学数学为400学时，气象学专业大学生学数学为600多学时，现在情况如何，笔者不了解。又解常微分方程及偏微分方程的能力如何？气象之变化与数学之解，有惊人的相似之处，气象工作者不得不察。

《乾》卦为《易》卦之首，是一部《周易》的纲领。"乾"代表自然的天，无意志的天，机械的天。而不是主宰的天，有意志的天，神秘莫测的天。闻一多对"乾"字考证，可以说是他对《周易》的最大贡献。对"乾"字的解释，来自他对中国古文化的深厚根基。这种解释完全是周人的观念，而不是后人的一些附会的观念。今录闻一多释"乾"：

按乾为乾湿本字，其繁文即灨（详后"君子终日乾乾"条）。

卦名之乾，本当为斡（并从龺声）。斡者转之类名，故星中北斗亦可曰斡。古人想象天随斗转，而以北斗为天之枢纽，因每假北斗为天体之象征。

遂亦或变天而言斡。《天问》"斡维焉系"犹《淮南子·天文篇》"天维绝"（原作"天柱折，地维绝"，从《天问》王《注》，《大荒·西经》郭《注》引改）矣。《说文》乾之籀文作"〔篆〕"从"日日"，盖与晶同，晶，古星字。

疑乾即北斗星名之专字。商亦星名也，其籀文作"〔篆〕"卜辞作"〔篆〕"（《佚》五一八）并从"日日"，与乾同意，足资取证。

《易纬逸象》乾为旋，旋斡义同。《史记·天官书》曰："北斗七星，所谓旋玑玉衡以齐七政。"乾为旋，北斗谓之璇玑，此亦乾即北斗之旁证。

《说卦传》曰"乾乾西北之卦也"，盖乾即北斗，而战国以来天官家谓天庭在昆仑山上，则北斗当中国之西北隅，故《说卦传》云然。

斡（〔篆〕）音沃（wo）。运转《广雅·释诂四》："斡，转也。"《说文》斗部："斡，引申之凡执柄转运，皆谓之斡。"

乾（〔篆〕）音干（gan），乙部。《说文》："乾，上出也。从乙。乙，物之达也。倝声（gan）。此乾之本义也，自有文字以后，乃用为卦名，孔子释为健，健之义生于上出。上出为乾，下注则为湿。故乾（gan）与湿相对。"

故乾即是斡（从倝声 gan）为执柄运转，即是北斗。

北斗（Big Dipper）大熊座排列斗形的七颗亮星。这七颗星是大熊座 α，β，γ，δ，ε，ζ 和 η，中国名称为天枢（北斗一），天璇（北斗二），天玑（北斗三），天权（北斗四），玉衡（北斗五），开阳（北斗六），摇光（北斗七）。

北斗七星的前四颗星即天枢（α），天璇（β），天玑（γ），天权（δ）组成斗形，故名斗魁，又名璇玑。后三颗星即玉衡（ε），开阳（ζ），摇光（η）或称玉衡。而乾即璇玑。

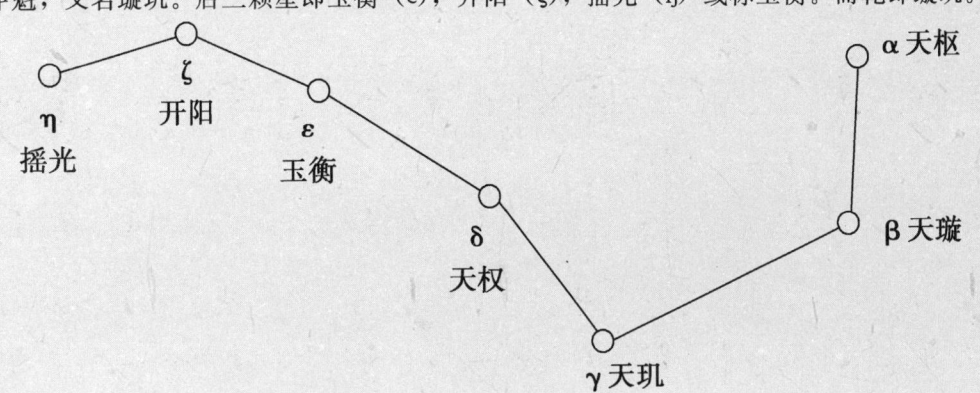

《周易》并没有单纯的仅止于自然的天、机械的天，而是将天引向哲理化。所以《周易》谈天有两大特色：

其一，"大哉乾元，万物资始，乃统天。"肯定天的创造力充塞宇宙，流衍变化，万物由之而出。

其二，"夫大人者，与天地合其德，与日月合其明，与四时合其序，与鬼神合其吉凶，先天而天弗违，后天而奉天时。"此数句释九五之"飞龙在天，利见大人"。

"飞龙在天"比喻居高位之大人有所作为也。"夫大人者，与天合其德"谓其使人皆安其生，皆得其养。"与日月合其明"谓其明察普照一切事物。"与四时合其序"谓其政令循四时之顺序。"与鬼神合其吉凶"谓其善有善报，恶有恶报，这种因果关系，很神奇。"先天而天弗违"谓其走在天象前行事，天不违反其预见（说明预见的客观性）。"后天而奉天时"谓其在天象之后而依天时以行事。

附记：闻一多对"乾"的考证，已如上述，后有对"龙"的考证。这是一篇大文章，不全录，仅录其开头号的部分，仅在说明其考证的精审。而就文章本身，很重要，不得不读。

潜龙（乾初九），见龙在田（九二），或跃在渊（九四），飞龙在天（九五），见群龙无首（用九），亢龙有悔（上九）。此皆指龙星。

《史记·天官书》索引石氏曰："左角为天田。"《卦禅书》正义引《汉旧仪》曰："龙星左角为天田。""九二，见龙在田"，此"田"即"天田"，此即"苍龙之星"（龙星），当春夏之交，昏后升于东南。秋冬之交，昏后降于西南。《后汉书·张衡传》曰"夫玄龙迎夏，则陵云而奋鳞，乐时也。涉冬潜蟠，正合龙星见藏之候。"

闻一多考证《乾》卦之龙对应天上实有之星，非泛泛而谈，而是给出具象，其归纳为：潜龙，在田之龙，在渊之龙，在天之飞龙，亢龙，群龙。闻一多说："案古书言龙，多谓东宫苍龙之星。"

《周易》的时代，古人有自己认识天象的手段和方法，天文学已达到较高层次。

提到一部书，即《唐开元占经》。《唐开元占经》是中国文化史上的奇书。全书共一二〇卷，其中一一九卷，都是讲纯粹的传统的中国文化。这样一部高度中国特色的书，其主编却是一位印度人天文学家瞿昙悉达。

略述该书内容：

卷一、卷二集录中国古代天文学家关于宇宙理论的论述。

卷三至卷九十，集录中国古代各家有关天体的状况，运动，各种天文现象等方面的论述。以及其有关星占术文。

卷一〇三，主要抄录了唐代李淳风撰的《麟德历经》。卷一〇四讲该经的算法，《九执历》也录在这一卷内。

卷一〇五，集录从先秦古六历到唐代神龙历，共计二十九种历法的基本数据。

卷一〇六至卷一一〇讲星图，不过集中并无图像，而是用文字介绍。且其所测恒星所在位置，与旧星图所载之不同处，比较研究。

卷一一一至卷一二〇，集录古代各种有关草木鸟兽、人鬼器物等的星占术文。

卷一〇六至卷一一〇，共五卷都是讲星图的，实际是恒星所在位置之记载，如"角二星十二度夹左角星去极九十一度……在赤道内一度。今测其南星正押赤道。"

其中卷一〇六星图标题是："二十八宿星座古今同异"即是研究二十八宿的。

东方青龙　七宿

北方玄武　七宿

西方白虎　七宿

南方朱雀　七宿

中国古代观测天象，把天上恒星若干个组合在一起称为星座。每个星座包括的恒星数不等，少则一个，多则几十个。二十八宿，即是二十八个星座。

唐代《步天歌》是把整个天空分为"三恒二十八宿"共三十一个天区。《步天歌》词为七言，有韵。古人称为"句中有图，言下见象"。《步天歌》是中国古代学习天文的必读书。

闻一多说："东宫苍龙之星"，也即"东方青龙"七个星座。闻一多考证《乾》之六种状态的龙在此七个星座中，这是闻一多对《周易·乾》的巨大贡献。

## 二十八宿分宫值位图

| 参 | 井 | 鬼 | 柳 | 星 | 张 | 翼 | 轸 | 角 | 亢 | 氐 | 房 | 心 | 尾 | 箕 | 计都 | 牛 | 女 | 虚 | 危 | 室 | 壁 | 奎 | 娄 | 胃 | 昴 | 毕 | 觜 |
|---|---|---|---|---|---|---|---|---|---|---|---|---|---|---|---|---|---|---|---|---|---|---|---|---|---|---|---|
| 乾 | 姤 | 遁 | 否 | 观 | 剥 | 晋 | 大有 |   |   |   |   |   |   |   |   |   |   |   |   |   |   |   |   |   |   |   |   |
|   |   |   |   |   |   |   |   | 震 | 豫 | 解 | 恒 | 升 | 井 | 大过 | 随 |   |   |   |   |   |   |   |   |   |   |   |   |
|   |   |   |   |   |   |   |   |   |   |   |   |   |   |   |   | 坎 | 节 | 屯 | 既济 | 革 | 丰 | 明夷 | 师 |   |   |   |   |
| 睽 | 履 | 中孚 | 渐 |   |   |   |   |   |   |   |   |   |   |   |   |   |   |   |   |   |   | 艮 | 贲 | 大畜 | 损 |   |   |
|   |   |   |   | 坤 | 复 | 临 | 泰 | 大壮 | 夬 | 需 | 比 |   |   |   |   |   |   |   |   |   |   |   |   |   |   |   |   |
|   |   |   |   |   |   |   |   |   |   |   | 巽 | 小畜 | 家人 | 益 | 无妄 | 噬嗑 | 颐 | 蛊 |   |   |   |   |   |   |   |   |   |
|   |   |   |   |   |   |   |   |   |   |   |   |   |   |   |   |   |   |   | 高 | 旅 | 鼎 | 未济 | 蒙 | 涣 | 讼 | 同人 |   |
| 兑 | 困 | 萃 | 咸 | 蹇 | 谦 | 小过 | 归妹 |   |   |   |   |   |   |   |   |   |   |   |   |   |   |   |   |   |   |   |   |

## 四 《周易》与庄子

《庄子·大宗师》，"大宗师"即宗大道为师。宇宙为一生生不息的大生命，宇宙整体就是道。道也是宇宙大生命所散发的万物之生命。

我为什么引入《大宗师》？这里先谈《周易》的"忧患"：

《否》卦九五爻辞："其亡！其亡！系于包桑"。这是《易经》的呼声，使我们想到《义勇军进行曲》，忧患感与民族感，造成忧患意识。

《系辞下》："是故君子安而不忘危，存而不忘亡，治而不忘乱，是以身安而国家可保也。"个人命运与国家命运紧密联系，安与危，存与亡，治与乱，对人生与国家大事表现为一种忧患意识。

《坤》卦初六爻辞："履霜，坚冰至。"履霜之日，想到坚冰将至之时，这是一种忧患。

《系辞下》："《易》之兴也，其于中古乎？作《易》者，其有忧患乎？"是问题的提出。实际是读《易》后，给人一种忧患的感觉，所以才问出作《易》是否由于作者的忧患？

"《易》之兴也，其当殷之末世，周之盛德邪？当文王与纣之事邪？是故其辞危。"殷之末世，周之兴，是一个战争的时代。人民生活动荡不定，所以《易》产生于忧患，故其辞危。周民族产生与兴起的时代，也是《诗经》产生的时代，胡适称之为"诗人时代"，时代特征是忧患多于安乐。《周易》记载有关于周初的开国艰难、军事、政治、生产情况的资料。而周代采诗制度，所采之诗，见于《诗经》者，一方面歌唱人民的劳动、爱情、生活；另一方面却是诉说人民所遭受的饥饿、徭役、战争以及天灾、人祸，和妇女卑屈的种种不幸。

《周易》是革命的哲学，危机感或忧患，是民族生存与发展的机制。《周易》最富有魅力，并引起世人赞叹，不仅在于它的古老，在古老中蕴藏着适合于各个时代的文明，还在于它在忧患中表现出生生之力。

《周易》的"忧患"表现为严寒之后是欣欣向荣的春天。然而作为个体人之死亡，却永远是严寒。这是关于死亡的永恒的话题。这就是为什么要引入《大宗师》。

《大宗师》："古之真人，不知说生，不知恶死，其出不䜣，其人不距，翛然而往，翛然而来而已矣。不忘其所始，不求其所终；受而喜之，忘而复之，是之谓不以心捐道，不以人助天。是之谓真人。"

注："䜣"与"欣"同，即古"欣"字。"距"同"拒"。"翛"（xiao 逍），"翛然"即自然无心而自尔之谓，或无拘束的样子

[译]古时候的真人，不知道悦生，不知道恶死，出生不欣喜，入死不拒绝，无拘

无束地去，无拘无束地来而已。

不忘记其来源，也不追求其归宿，事情来了欣然接受，忘掉死生任其复返自然，这就是不用心智去损害道，不用人的作为去辅助天然，这就是真人了。

又录："朝彻，而后能见独。见独，而后能无古今。无古今，而后能入于不死不生。杀生者不死，生生者不生。其为物，无不将也，无不迎也，无不毁也，无不成也。其名为撄宁。撄宁也者，撄而后成者也。"

注："朝彻"即心境清明洞彻。"见独"指洞见独立无待的道，无待是不受其他因素的影响。"无古今"即突破时间的限制。"杀生者"即"死灭生命者"与"生生者"相对，都是相应"道"而言。"撄宁"即扰乱中保持安静。杨文会说："即将，即迎，即毁，即成，合四句为一撄字。朝彻，见独，无古今，不死生，合四句为一宁字。"

[译] 心境清明洞彻，而后能体悟绝对的道，而后能不受时间的限制，而后才能没有死生的观念。大道流行能使万物生息生灭，而它自身是不死不生的。道之所务，无不有所送，无不有所迎，无不有所毁，无不有所成。这就称为"撄宁"。"撄宁"的意思是，在万物生死成毁的纷纭烦乱中保持宁静的心境。

[按] 以上摘引《大宗师》两段文字，"忘掉死生任其复返自然"这句话可以引申为"人死复归于本体"。其次，是能体悟绝对的道才能超越死生。

庄子提出个体生命的死亡问题，这是一大贡献。但仅局限于"理"的思考或"真人"的思考。

死亡是一个大问题，值得讨论。纪德谈到陀思妥耶夫斯基仿佛在人类个性中区分了三个层次或三个区域：智力思辨的区域，激情的区域，以及激情所达不到的深层区域。这三个区域不是隔开的，甚至也没有清楚的界限，它们一直在相互渗透。

基于人类个性中的智力思辨和激情，我们引入《关于死亡的话题》：

北岛说："艺术家将死去，但他所经历的幸福是永恒的。"北岛打开了回忆的闸门，那也正是对一个时代的回忆——70年代或80年代，这些死去的艺术家如赵一凡、顾城、海子、戈麦、骆一禾……"但他所经历的幸福是永恒的"这是一个独特的视角。我们想到普希金的死，人一死去是冰凉的躯体，果戈理关于普希金的话："昨天还存在的太阳……躺在死亡的棺材里而走向自己"即是说普希金的死亡，对自己所经历的幸福是永恒的。

我们要规避痛苦和悲哀，平静如何涌入我们的心灵？然而认知终有一死的人以其自己的方式去思考。19世纪英国历史学家卡莱尔谈到人类和人时，他说："一处小小坟墓，是他获得的一切。"真是令人悚然而惊憬然而悟。

《中论》，具名《中观论》，空宗创始人龙树菩萨所作。龙树菩萨具体演绎了"不生、不灭、不常、不断、不一、不异、不来、不出"的"八不中道"，这是中道实相的"超越本体论"。我们可以遁入佛的最高境界，而人生解脱。但奔流直下，终有一死的人关注的是涅槃即寂灭，关注的是一处小小坟墓。

我的爱子郎郎二十岁不幸死亡，我写下："一个小小坟墓，埋葬着郎郎的尸骨，和我的心灵。"生者对死者的"自我"是一条悲剧的路，幽闭于独一的情怀：忧伤，悲痛，哭泣。

林徽因《悼志摩》："（一九三一年）十一月十九日我们的好朋友，许多人都爱戴的新诗人，徐志摩突兀的，不可信的，惨酷的，在飞机上遇险而死去。这消息在二十日的清早像一根针刺猛触到许多朋友的心上，顿使那一早的天墨一般的昏黑，哀恸的咽哽锁住每一个人的嗓子。……突然的，他闯出我们这共同的世界，沉入永远的静寂……这难堪的永远的静寂和消沉，便是死的最残酷处。"

鲁迅《纪念刘和珍君》中说：

> 我也早觉得有写一点东西的必要了，这与死者毫不相干，但在生者，却大抵只能如此而已。倘使我能够相信真有所谓"在天之灵"，那自然可以得到更大的安慰——但是，现在，却只能如此而已。

刘和珍（1904—1926），仅活了22岁，北京女子师范大学英文系学生。人之死亡有自然死亡和非自然死亡，前者随着时间的推移，可以淡化悲哀，而后者却是悲痛欲绝。

人来到这个世界，即是"栖居"，而非永恒的居住或存在。所以海德格尔说：栖居乃是终有一死的人在大地上存在的方式。人的存在基于栖居，作为终有一死的人逗留在大地上，这时候，栖居的整个范围就会向我们显示出来。

终有一死者乃是人，人之所以被称为终有一死者，是因为人能够赴死。赴死意味着能够承受死亡。唯有人赴死，而且只要在大地上，在天空下，人就不断地赴死！

假如我们将庄子《大宗师》的"道"理解为生与死的本质。海德格尔的"栖居"正是对这一本质疏解，我们又回到《大宗师》。

实际以上所论，还是理性思考，并未进入人的激情深处。人的死亡有自然死亡、非自然死亡。如老人的死，这是自然规律，亲人不必承受太大的痛苦。而非自然死亡，那就不同了。死者无知，生者承受巨大痛苦。

鲁迅《南腔北调集》有一篇文章《为了忘却的纪念》："我早已想写一点文字，来纪念几个青年作家。这并非为了别的，只因为两年以来，悲愤总时时来袭击我的心，至今没有停止。我很想借此算是竦身一摇，将悲哀摆脱，给自己轻松一下，照直说，就是我倒要将他们忘却了。"

忘却，将悲哀摆脱！

纯属偶然伤害了一位弱者，或人类的失误伤害了一位弱者。魔鬼与悲剧都在细节之中，原本可以拯救那脆弱的生命的机会，一点点流逝。

## 五　《周易》的世界

　　从文化史研究、从哲学研究、从古史研究《周易》，似为正途，最初《古史辩》做了如此诸多的研究工作。但不容忽视的是《周易》的框架结构，却是为卜筮而设置，卦画、文辞都是由卜筮而形成。卜筮本身是人类需求的一个特殊面相。卜筮由人类忧患意识而产生。人类顾要理解自身，便创造出一个理性理解之背景，且以这种理性的理解，由《易经》创造出《易传》。卜筮可以反映出一个人在世界上的处境，并且给出吉凶判断和最佳忠告，这就是为什么卦摊从周代一直摆到现在。

　　卜筮的操作，形成卦画，且最原始的文辞（卦辞、爻辞）是卜筮的记录。我们寻求卜筮的构架，或者描绘卜筮的图像，就需通向《周易》的世界。《周易》世界，以自然层面而言，八卦概括宇宙变化方式，如乾卦的元亨利贞，即时序春夏秋冬，即空间东南西北。天地运行，流衍变化，不忒不穷。《周易》的另一世界是义理世界，即由自然层面超化之，而化生的世界。强调人的内在价值，妙与宇宙合德无间，"天行健，君子以自强不息"，"大人者，与天地合其德，与日月合其明，与四时合其序，与鬼神合其吉凶"。《周易》世界，对天不执著其自然层面，而要不断地加以超化，所以《周易》世界，是或指自然界，或指超化的世界。

　　《周易》的又一世界（或系统）是卜筮世界。先民的卜筮记录，可能有成千上万条，所记录的是天时、地利和人和，是对事件的预卜，是对世界与生命的描绘，当形成《易经》文本（卦画和文辞），是对生命、事件、世界的分类，是一套完整的卦爻符号系统，是一套文辞的组合，凭借其语法交错连绵的应用，可以发掘卦爻间意义之衔接贯串。卜筮是对分类的认可。

　　《周易》阴阳交变是其宇宙论及太极之概念，"易有太极，是生两仪"乃统体之太极，"乾道变化，各正性命"则物物各具一太极。卜筮世界深化之为一太极世界，具体图像是一太极图。由此分解下去，一而二，二而四，四而八，以至六十四，这是从无序到有序的变化过程。太极没有中心，浑然一体，但分解下去，却是序列，类似于非平衡态势力学和统计物理学中的耗散结构。即一个开放系统，偏离平衡状态到远离平衡态时，就从无序向有序演化。这也是卜筮结构。个体的人，即是一小太极，卜筮的全过程，即是由此小太极随机地生化出六十四卦序列。断卦，是解释此序列，序列有限，仅止于六十四，然而解说却无穷。人文不同于自然，由六十四卦序列，再返回个体的小太极时，是加以解说者的思想活动和意志取向，只有当解说者心中的设想与小太极相符合时，预测才是实在的。人各有异，人的具体情况又各不相同，那么实在的根据又是什么呢？自然科学的耗散结构，物态远离平衡点，从有序到无序不能逆转，即有序不能再回到无序，人文科学的"耗散结构"，从有序的六十四卦，再回到小太极，可以逆转，二者的差异，在于后者是有人的思维活动。但解说无穷，在无穷的解说中，何以必然是这种解说，而不是其他解说？解说的机制又是什么呢？预测需要信息，如"历史模拟"、"统计模型"、"概率论模型"、"因果关系仿真"、"交叉影响分析"等，《周易》的信息场又是什么？

卦摊从周代一直摆到现在，卦摊设在民间，也设在高级文化人中，完全否定《周易》预测和承认《周易》预测，都极其困难。《周易》的自然层面的自然世界；作为六经之首的义理世界，是研究的课题，而其卜筮世界，是很少涉及的领域，一个时期是禁锢的领域。笔者只想从易象角度探索这一问题。易象是广大深刻的体验，易象又从体验和经验而来：

```
    体验↘
        → 易象———— 体验
    体验↗
```

这里说明中国人包含、包存、融化式的思维方式，将旧经验包含、包存、融化在新经验里，卜筮的前提条件是经验的累积，这种经验使预卜未来成为可能。六十四卦卦象，是思维的铸模，一部《周易》的精粹就在于将人的思维纳入铸模。预卜的解说无穷，但在无穷中可以选择有限，在变异中寻觅出简易，使有序返回无序的太极为单一途径。《系辞》说："蓍之德圆而神，卦之德方以知，六爻之义易以贡"，"德"功效也，"义"即义理，"圆"指卜筮运算的七、八、九、六，四个数字，运而不滞，"神"是尽其变，"方"指卦有定体，是有序，"贡"告也。七、八、九、六，确定六爻，六爻成卦，爻有爻位，卦有卦体。卦体有转换与相关性，有反对与平对性，有消长性。爻位有"得位"、"当位"以及"不得位"、"不当位"，在爻的关系中隐含着往来运动。卦体与爻位是"方"的内涵。"知"的构架是卦象，卦取象告之以"知"。这样，由"圆"而"方"而"贡"（知）是卜筮的全过程。

卦象所表达的概念，具有随机性、多义性、多功能性、整体性。试举《周易·临》卦一例：

临，说而顺，刚中而应。大亨以正天之道也。

上卦为坤，卦象为顺，下卦为兑，卦象为悦（说），九二刚中，而应上四阴爻。所以说："以正天之道"，卜此是大吉的。但这仅为一义，且为一种功能。尚秉和先生于1925年农历七月初七，曾卜筮直奉战争的起止时间、战争走向、战事规模。预测结果，战争起于八月，终于十二月；战争从西南方到北方。后来验证是准确的。尚先生卜筮同是"临"卦，但不取《周易》本文之大吉解，而是另取卦象。卦象本身充满了战争气氛、甲胄戈兵，且北方战祸比南方严重得多。本卦为临卦，之卦为井卦，这是整体卦；本卦外卦为坤，变之卦外卦之坎，本卦内卦为兑，变之卦内卦之艮；又加以互卦之卦之二至四爻兑，三至五爻离，即操作是有序的，是一种组合模式，同时又允许旁通和再造。取象基于一种对事物的经验、体验、感悟和直觉，是一种"活变"。"易之妙，妙在象"，易象既具体又抽象，既具象又空疏，易象整体关联，体用不二，矛盾和谐，易象世界是深具价值的目的论系统。易象具有深层次的思维模式的规定性。假如逻辑推理使人的思维精确化，而易象却使思维模糊化，前者局限，后者广垠，前者"定"，后者"慧"。人文内涵深邃而复杂，人们在这极度复杂性面前，不是逻辑性的非此即彼，而是亦此亦彼的易象的"直觉"和"感悟"。认识世界，尤其预测未来，易象的思维模式不容忽视。这种模式是在两千年来，尤其西汉易学不断积累经验的基础上所产生。掌握《周易》卜筮，实际是掌握易象——包括现在通行本的象和已经失传的象。易象的组合和整体性，是由卦爻的组合和变化而完成。

当由卜筮世界，走向义理世界，易象增强人对自我的认识与完善。吉凶所反映的个体与环境的状态，使自我的行动有最佳抉择，这就是易象的价值。

# 附录　漫谈《永乐大典》

## 一

对文化来说，过去的东西，虽然已经过去，但依然在未来保持为曾在的东西。一部《永乐大典》保存了明代以前至先秦大量的哲学、历史、地理、语言、文学、艺术、宗教、数学、科学、技术等方面丰富而可贵的资料。

清代《四库全书》的纂修，就是由于从《永乐大典》编逸书而引起的。如《四库全书总目》卷六十九，史部二十五，地理类二，即详述辑佚《水经注》的情况。辑佚学在清代学术史上独树一帜，这即梁启超所谓"吾辈尤有一事当感谢清儒者也"。

《永乐大典》是永乐元年（1403年）至永乐六年（1408年）纂修的。8000余种，分为22937卷，订成11095册，4.2亿字。

永乐十九年北京紫禁城建成，永乐帝朱棣迁都北京，《永乐大典》随之运到北京，长期贮藏在宫中的文楼。

嘉靖三十六年（1557年）宫中大火，嘉靖帝亲督抢救，文楼及《永乐大典》得以保存。嘉靖帝萌生了重抄《永乐大典》副本的念头。嘉靖三十六年（1557年）至隆庆元年（1567年），十年之间，副本告成，与永乐正本的格式、装帧完全一致。

永乐正本移放到文渊阁，明亡之后下落不明。

## 二

永乐嘉隆副本是永乐正本的复制品，今存副本，也仅全书不到百分之四。从残帙中，仍可见其装帧之精美。书分长、宽、厚及装帧，今分述之：

书面硬装，以细黄绢精包，长50.2公分，宽29.8公分，可谓大书。书面左上首题"永乐大典"四个大字，下题卷第几为双行小字，四周边框为黑色双线，双线外再用蓝绢边镶衬。书面之右上为黄绢蓝边之方格，题"某韵"，次列低一格，题该韵所属"第几册数"。

书叶均用上等白宣纸，每册或一卷，或二卷，或三卷，而以二卷为最多。

版框朱色双边，版心长35.1公分，宽22.3公分，连边框则长36公分，宽23.5

公分。

书叶之一面分上下二页，每页又分两个半页，每半面有八竖格，每竖格可写两行小字，每行约为二十八字，每竖格或写单行字，为双行字之两倍大。两半页之间有中缝和上下鱼尾，上鱼尾记卷数如"永乐大典卷七百八十二"，下鱼尾记页数，如"十一"。每卷首页之第一竖行从顶起写大字如"永乐大典卷第几"，下题"某韵"字略小。

边框、竖格线、中缝、上下鱼尾、鱼尾中之字，断句小圆圈，皆为朱色，所引用书名，也为朱色，便于与内文区别，余皆为墨。现存嘉隆副本残卷，缮写甚精，笔力颇力遒劲，可想正本有过之无不及。《永乐大典》之成，在世界书籍史上也是奇迹，即使我们不谈其内容，就其制作与规模，够得上"破天荒"。

## 三

我国古籍散亡之大略：

《汉书·艺文志》是我国现存最古书目，聚书13269卷，东汉末年散亡殆尽。

魏氏代汉，三国，西晋、东晋、南北朝，相继聚书。南北朝、（宋）谢灵运造《四部目录》，（宋）王俭造《元徽四部书目》，（齐）王亮又造《四部书目》，（梁）刘孝标《文德殿四部目录》，存书共7万余卷，归于江陵，至梁元帝时，累聚书14万卷。

公元554年九月，梁元帝萧绎在龙光殿讲《老子义》。十月，西魏攻梁，梁大败，梁元帝萧绎焚书14万卷，说："读书万卷，犹有今日，故焚之。"十一月西魏军攻入江陵，俘梁元帝萧绎。十二月，梁元帝萧绎被杀，年四十七。

萧绎著述甚富，有《周易讲疏》10卷，《老子讲疏》4卷，《内典博要》100卷，《连山》30卷，《洞林》3卷，《玉韬》10卷，《补阙子》10卷，《忠臣传》30卷，《孝德传》30卷，《全德志》、《荆南志》、《江州志》、《贡职图》、《古今同姓名录》各1卷，注《汉书》150卷。

今存《金楼子》辑本，原有文集50卷已散佚。严可均辑其文入《全唐文》卷十五至卷十八，丁福保辑其诗入《全唐诗》卷三。萧绎诗赋轻艳绮靡。

梁元帝聚书14万卷，是清《四库全书》的1.8倍。南北朝以后是隋，隋炀帝杨广聚书37万卷，是清《四库全书》的4.7倍。年轻人应该略知我国古代聚书情况。

《文献通考》（中华书局1986年版）卷一百七十四，引王明清《挥尘录》，在《挥尘录》中，再引唐著作郎杜宝《大业幸江都记》："炀帝聚书三十七万卷，皆焚于广陵，其目中盖无一帙传于后代"（见考一五一〇页）。

同书见（考一五〇七页）："唐分书为四类，曰经、史、子、集。而藏书之盛莫盛于开元，其著录者53915卷，而唐之学者自为之书又28469卷……"唐开元时，考察隋朝的书，有 89666 卷（隋炀帝的 37 万卷书全焚，不在其内）。渔阳鼙鼓，两都覆灭，唐之存书及隋之存书，亡散殆尽。

宋代，《崇文总目》30669 卷，"宣和馆"藏 73877 卷；南渡后《中兴馆阁录》44486 卷，《续目》14943 卷。总计聚书 163975 卷。后元兵灭宋，典籍散亡。

明初，太祖、成祖访购甚力，累至英宗时，《文渊阁书目》20 多万卷。而到神宗，存书已减少，至崇祯帝明亡，甲申之乱，存书殆尽。

清修《四库全书》，聚书 10254 种，172860 卷，成书为 3461 种，79309 卷。即聚书 1 万余种，17 万余卷，成书后仅存 3 千多种，7 万余卷。修《四库全书》过程，禁毁之书不可胜数。

## 四

明太祖朱元璋，纪年洪武，在位三十一年（1368—1398）。

明成祖朱棣，纪年永乐，在位二十二年（1403—1424）。

成祖修《永乐大典》是"寡人独乐"之意。太祖好观《韵府（群玉）》，成祖也如其父，编一"类韵"之书，即《永乐大典》，成祖在序文中说："使观者因韵以求字，因字以考事，自源徂流，如射中鹄，开卷而无隐。"即一编在手，考索之便，如取囊中物。

另一原因，太祖、成祖都爱好典籍。成祖且关心学术，故修《永乐大典》，所谓"有大混一之时，必有一统之制作"。成祖为其王朝及个人向历史交代，是其纂修之历史目的。

略谈《永乐大典》内容，就副本而言，现仅存原书 3.57%，绝大部分亡失。而此 3.57% 所引用书籍，已超过一万种。大致钩索出内容和特点：（一）方志；（二）文学史料和文学作品；（三）医书；（四）释道书；（五）工科艺技书；（六）社会经济史料；（七）姓氏传记资料；（八）目录学。

举例说明，如姓"陈"的人物，"陈"字下有"陈亮"，其引用书《宋史·儒林传》，《元一统志》，《临安志》，《名臣言行录》，《水心集》，《晦庵语录》，《紫阳宗旨》，《涧泉日记》，《嘑吨集》，《宋东莱吕太史集》，《宋人传记资料索引》。

清光绪《吉水县志》有《张埴传》："埴字养直，号泸滨，少孤贫，笃志力学，虽饭牛刈薪，亦挟册读书。"有一位以诗自傲的客人，以诗挑斗张埴："无双诗客到江干，愿借明珠一颗观。"张埴应答："夜尽莫吟奇险句，恐惊明月堕波寒。"

张埴的诗传世甚少，《永乐大典》中存有。孔凡礼先生，在残存的 3.57%《永乐大典》求得十五首诗。其检索规则是"用韵以统字，用字以系事"，如果全书存，不难推想，会求得张埴很多诗作。

我们读书，读一部书，尤其读一部大书，应先读"凡例"。"凡例"是一部大书纂修之初所预构之间架。《永乐大典》二十一则"凡例"。

如凡例一："是书之作，上自古初，下及近代，经史子集，与凡道释医卜杂家之书，靡不收采。诚以朝廷制作所关，务在详备无遗，显明易考。用韵以统字，用字以系事，凡天文、地理、人伦、国统、道德、政治、制度、名物，以至奇闻异见、瘦词逸事，有制度者，则先制度；物有名品者，则先名品；其有一字而系数字，则即事而举其纲；一物而有数名，则因名而著其实；或事文交错，则彼此互见；或制度相因，则始末并举。包括乾坤，贯通今古，本末精粗，粲然备列，庶几因韵以考字，因事以求事，而古今之事，一览可见。"

又如凡例十九："名物制度，旧有图谱，载在经史诸书者，今皆随类互见。若其书专为一事而作者，全收入。"

# 五

《九章算术》是我国两汉中期辑为定本的数学典籍，与古希腊欧几里得《几何原本》共成为人类文明史上极其珍贵的数学文化遗产。

《九章算术》又是一部综合当时中国特色数学成就的经典巨著。与《九章算术》相与比美的是宋代秦九韶的《数书九章》。《数书九章》的"大衍求一术"与"增乘开方术"都已成为经典。汉之《九章》与宋之《九章》"寓理于算"这是我国古算的一大特色，这与西方数学以演绎推理为主的公理化体系正相对照而互相辉映。

《九章算术》成书于西汉末，有（魏）刘徽注本，（唐）李淳风注本，为《算经十书》之一。北宋元丰七年首次刊刻了刘、李注本，南宋又重刻。但自明代至清初三百年间，中国数学研究长期处于低潮，算书散佚、算法失传。戴震是乾隆年间编修《四库全书》成员，从《永乐大典》中辑佚得《九章算术》，并参照南宋残本作了校订和整理工作。

《九章算术》流传既久，而《永乐大典》将其割裂分韵抄录，且原图全部失传，戴震辑佚之外，又依注补图。成为"永乐大典本"。

戴氏之后所出的《九章算术》各种版本，有"四库本"，"武英殿聚珍本"，"屈曾发刻本"，"钱宝琮点校本"，"白尚恕校释本"等。戴震的开创之功，不能磨灭，而在不重视数学研究的时代背景中，《永乐大典》辑佚残本，应给予肯定。

《永乐大典》辑书，不像清修《四库全书》那样对原书任意删改，而是一字不改地原书照录，这就保存了宋元以前逸文秘典的真面目。清嘉庆时，从中辑出《宋会要》，是一部学术价值很高的书。戴震、赵一清为《水经注》的版本问题争论多年，《大典》本一出，此问题迎刃而解。又如从《大典》辑出的《梓人遗制》是十分珍贵的建筑学文献。

## 六

　　研究《永乐大典》是个大题目，如有学者提出编《永乐大典纂修资料汇集》，《永乐大典辑佚学》等等。由此引发对中国古文化的重视。

　　《永乐大典》副本消亡，现仅存原书的3％多，这是事实，如从康熙年起，已逸失不少，而到八国联军，用《永乐大典》焚烧烤火，见王重民先生在《冷庐文薮》一书中的记载。

　　李自成焚烧《永乐大典》正本？这是大事，却无记载。权威著作萧一山的《清代通史》载："崇祯十七年三月十二日，自成陷昌平，焚十二陵"以后即叙述入宫之事。《明季野史》、《明季痛史》、《明季稗史》也未记载焚书事。

　　嘉靖三十六年（1557年）录《永乐大典》副本，至隆庆元年（1567年）四月完成。1566年十二月嘉靖帝卒，1567年为隆庆元年。一些历史书写1567年正月嘉靖帝入葬，这是一种毫无历史常识的见解。《初学记》引《左传》："天子七月葬，诸侯五月……"《北堂书钞》卷第九十二，礼仪部十三，葬三十二，同引《左传》。又《岁时荟萃》从正月到十二月，行止有"民俗学"的规范，帝王更讲究。所以到后世，下葬日期有所变动，但大谱不变。

　　《北京图书馆藏墓志拓片目录》第384页：王琰墓志，首题《故武城侯王侯圹志》，永乐八年（1410年）十二月二十三日卒，永乐九年（1411年）八月葬。

　　嘉靖帝一生好静，嗜书如命，淡漠身外之物，其子隆庆帝，遵父嘱，将《永乐大典》正本随葬入地宫，很有可能。

　　本文的构思有三个目的：（一）中国古籍的散亡情况。（二）《永乐大典》在辑佚学上的价值。（三）提出一个观点，即《永乐大典》正本现在依然存在。

　　了解成祖其人，录晁中辰著《明成祖传》"开头的话"：

　　明成祖（1360—1424）名朱棣，1403年至1424年在位，年号"永乐"。他是明太祖朱元璋的第四子，原来被封为燕王，后通过靖难之役从侄儿建文帝手中夺取了皇位。他死后的谥号是"文皇帝"，所以有的史书又称他为"文皇"。他的庙号是太宗，所以在《明实录》中他的实录就被称做《太宗实录》。后来嘉靖皇帝将他的庙号改为成祖，所以后人便一直称他为明成祖。

　　在我国著名的帝王当中，秦始皇是和长城联系在一起的，汉武帝是和张骞通西域联系在一起的，唐太宗则和"贞观之治"联系在一起，而和明成祖的名字联系在一起的是郑和下西洋，奴儿干都司，《永乐大典》等等。稍有点历史知识的人还知道，明成祖五征漠北，80万大军下安南、浚通大运河，大规模营建北京。作为一个封建帝王，明成祖能干好其中一件事就足跻身到著名帝王之列，他却干成了那么多，而事实上还不止这一些。但是他的名字也和"诛十族"，"瓜蔓抄"之类的残暴行为联系在一起，因而使得他的形象严重受损。这本书将通过对历史事实的客观描述和分析，看看明成祖到底有哪些是非功过，历史怎么样造就了明成祖，明成祖又怎么样影响了历史。

# 北京学易斋书目

| 书　名 | 作　者 | 定　价 | 版别 |
|---|---|---|---|
| 影印涵芬楼本正统道藏[宣纸线装；全512函1120册] | [明]张宇初编 | 480000.00 | 九州 |
| 影印涵芬楼本正统道藏[道林纸线装；全512函1120册] | [明]张宇初编 | 280000.00 | 九州 |
| 易藏[宣纸线装；全50函200册] | 编委会主编 | 98000.00 | 九州 |
| 重刊术藏[精装全100册] | 编委会主编 | 68000.00 | 九州 |
| 续修术藏[精装全100册] | 编委会主编 | 68000.00 | 九州 |
| 易藏[精装全60册] | 编委会主编 | 48000.00 | 九州 |
| 道藏[精装全60册] | 编委会主编 | 48000.00 | 九州 |
| 御制本草品汇精要[彩版8函32册] | (明)刘文泰等著 | 18000.00 | 海南 |
| 御纂医宗金鉴[20函80册] | (清)吴谦等著 | 28000.00 | 海南 |
| 影宋刻备急千金要方[4函16册] | (唐)孙思邈著 | 2380.00 | 海南 |
| 影元刻千金翼方[2函12册] | (唐)孙思邈著 | 2380.00 | 海南 |
| 芥子园画传[彩版3函13册] | (清)李渔纂辑 | 3800.00 | 华龄 |
| 十竹斋书画谱[彩版2函12册] | (明)胡正言编印 | 2800.00 | 华龄 |
| 影印明天启初刻武备志[精装全16册] | (明)茅元仪撰 | 13800.00 | 华龄 |
| 药王千金方合刊[精装全16册] | (唐)孙思邈著 | 13800.00 | 华龄 |
| 焦循文集[精装全18册，库存1套] | [清]焦循撰 | 9800.00 | 九州 |
| 邵子全书[精装全16册] | [宋]邵雍撰 | 12800.00 | 九州 |
| 子部珍本1：校正全本地学答问 | 1函3册 | 680.00 | 华龄 |
| 子部珍本2：赖仙原本催官经 | 1函1册 | 280.00 | 华龄 |
| 子部珍本3：赖仙催官篇注 | 1函1册 | 280.00 | 华龄 |
| 子部珍本4：尹注赖仙催官篇 | 1函1册 | 280.00 | 华龄 |
| 子部珍本5：赖仙心印 | 1函1册 | 280.00 | 华龄 |
| 子部珍本6：新刻赖太素天星催官解 | 1函2册 | 480.00 | 华龄 |
| 子部珍本7：天机秘传青囊内传 | 1函1册 | 280.00 | 华龄 |
| 子部珍本8：阳宅斗首连篇秘授 | 1函1册 | 280.00 | 华龄 |
| 子部珍本9：精刻编集阳宅真传秘诀 | 1函2册 | 480.00 | 华龄 |
| 子部珍本10：秘传全本六壬玉连环 | 1函2册 | 480.00 | 华龄 |
| 子部珍本11：秘传仙授奇门 | 1函2册 | 480.00 | 华龄 |
| 子部珍本12：祝由科诸符秘卷秘旨合刊 | 1函2册 | 480.00 | 华龄 |
| 子部珍本13：校正古本入地眼图说 | 1函2册 | 480.00 | 华龄 |
| 子部珍本14：校正全本钻地眼图说 | 1函2册 | 480.00 | 华龄 |
| 子部珍本15：赖公七十二葬法 | 1函2册 | 480.00 | 华龄 |
| 子部珍本16：杨筠松秘传开门放水阴阳捷径 | 1函2册 | 480.00 | 华龄 |
| 子部珍本17：校正古本地理五诀 | 1函2册 | 480.00 | 华龄 |
| 子部珍本18：重校古本地理雪心赋 | 1函2册 | 480.00 | 华龄 |

| 书 名 | 作 者 | 定 价 | 版别 |
|---|---|---|---|
| 子部珍本19:吴景鸾先天后天理气心印补注 | 1函1册 | 280.00 | 华龄 |
| 子部珍本20:宋国师吴景鸾秘传夹竹梅花院纂 | 1函2册 | 480.00 | 华龄 |
| 子部珍本21:影印原本任铁樵注滴天髓阐微 | 1函4册 | 1080.00 | 华龄 |
| 子部珍本22:地理真宝一粒粟 | 1函1册 | 280.00 | 华龄 |
| 子部珍本23:聚珍全本天机一贯 | 1函3册 | 680.00 | 华龄 |
| 子部珍本24:阴宅造福秘诀 | 1函1册 | 280.00 | 华龄 |
| 子部珍本25:增补诹吉宝镜图 | 1函2册 | 480.00 | 华龄 |
| 子部珍本26:诹吉便览宝镜图 | 1函1册 | 280.00 | 华龄 |
| 子部珍本27:诹吉便览八卦图 | 1函1册 | 280.00 | 华龄 |
| 子部珍本28:甲遁真授秘集 | 1函4册 | 880.00 | 华龄 |
| 子部珍本29:太上祝由科 | 1函2册 | 680.00 | 华龄 |
| 子部珍本30:邵康节先生心易梅花数 | 1函1册 | 280.00 | 华龄 |
| 子部善本1:新刊地理玄珠(需预订) | 2函10册 | 3000.00 | 华龄 |
| 子部善本2:参赞玄机地理仙婆集(需预订) | 2函8册 | 2400.00 | 华龄 |
| 子部善本3:章仲山地理九种(需预订) | 1函5册 | 1500.00 | 华龄 |
| 子部善本4:八门九星阴阳二遁全本奇门断 | 2函18册 | 5400.00 | 华龄 |
| 子部善本5:六壬统宗大全(需预订) | 2函6册 | 1800.00 | 华龄 |
| 子部善本6:太乙统宗宝鉴(需预订) | 2函8册 | 2400.00 | 华龄 |
| 子部善本7:重刊星海词林(需预订) | 14函56册 | 16800.00 | 华龄 |
| 子部善本8:万历初刻三命通会(需预订) | 2函12册 | 3600.00 | 华龄 |
| 子部善本9:增广沈氏玄空学(需预订) | 2函8册 | 2400.00 | 华龄 |
| 子部善本10:江公择日秘稿(需预订) | 2函6册 | 1800.00 | 华龄 |
| 子部善本11:刘氏家藏阐微通书(需预订) | 3函12册 | 3600.00 | 华龄 |
| 子部善本12:影印增补高岛易断(需预订) | 2函8册 | 2400.00 | 华龄 |
| 子部善本13:清刻足本铁板神数(需预订) | 3函13册 | 3900.00 | 华龄 |
| 子部善本14:增订天官五星集腋(需预订) | 2函10册 | 3000.00 | 华龄 |
| 子部善本15:太乙奇门六壬兵备统宗(需预订) | 9函36册 | 10800.00 | 华龄 |
| 子部善本16:御定景祐奇门大全(需预订) | 8函32册 | 9600.00 | 华龄 |
| 子部善本17:地理四秘全书十二种(需预订) | 4函16册 | 4800.00 | 华龄 |
| 子部善本18:全本地理统一全书(需预订) | 3函15册 | 4500.00 | 华龄 |
| 子部善本19:廖公画策扒砂经(需预订) | 1函4册 | 1200.00 | 华龄 |
| 子部善本20:明刊玉髓真经(需预订) | 7函21册 | 6300.00 | 华龄 |
| 子部善本21:蒋大鸿家藏地学捷旨(需预订) | 1函4册 | 1200.00 | 华龄 |
| 子部善本22:阳宅安居金镜(需预订) | 1函4册 | 1200.00 | 华龄 |
| 子部善本23:新刊地理紫囊书(需预订) | 2函6册 | 1800.00 | 华龄 |
| 子部善本24:地理大成五种(需预订) | 8函24册 | 7200.00 | 华龄 |
| 子部善本25:初刻鳌头通书大全(需预订) | 2函10册 | 3000.00 | 华龄 |
| 子部善本26:初刻象吉备要通书大全(需预订) | 3函12册 | 3600.00 | 华龄 |
| 子部善本27:武英殿板钦定协纪辨方书 | 8函24册 | 7200.00 | 华龄 |
| 子部善本28:初刻陈子性藏书(需预订) | 2函6册 | 1800.00 | 华龄 |

| 书　名 | 作　者 | 定　价 | 版别 |
|---|---|---|---|
| 重刻故宫藏百二汉镜斋秘书四种(一):火珠林 | 1函1册 | 300.00 | 华龄 |
| 重刻故宫藏百二汉镜斋秘书四种(二):灵棋经 | 1函1册 | 300.00 | 华龄 |
| 重刻故宫藏百二汉镜斋秘书四种(三):滴天髓 | 1函1册 | 300.00 | 华龄 |
| 重刻故宫藏百二汉镜斋秘书四种(四):测字秘牒 | 1函1册 | 300.00 | 华龄 |
| 中外戏法图说:鹅幻汇编鹅幻余编合刊 | 1函3册 | 780.00 | 华龄 |
| 连山[一函一册] | [清]马国翰辑 | 280.00 | 华龄 |
| 归藏[一函一册] | [清]马国翰辑 | 280.00 | 华龄 |
| 周易虞氏义笺订[一函六册] | [清]李翙灼订 | 1180.00 | 华龄 |
| 周易参同契通真义 | 1函2册 | 480.00 | 华龄 |
| 御制周易[一函三册] | 武英殿影宋本 | 680.00 | 华龄 |
| 宋刻周易本义[一函四册] | [宋]朱熹撰 | 980.00 | 华龄 |
| 易学启蒙[一函二册] | [宋]朱熹撰 | 480.00 | 华龄 |
| 易余[一函二册] | [明]方以智撰 | 480.00 | 九州 |
| 奇门鸣法 | [一函二册] | 680.00 | 华龄 |
| 奇门衍象 | [一函二册] | 480.00 | 华龄 |
| 奇门枢要 | [一函二册] | 480.00 | 华龄 |
| 奇门仙机[一函三册] | 王力军校订 | 298.00 | 华龄 |
| 奇门心法秘纂[一函三册] | 王力军校订 | 298.00 | 华龄 |
| 御定奇门秘诀[一函三册] | [清]湖海居士辑 | 680.00 | 华龄 |
| 宫藏奇门大全[线装五函二十五册] | [清]湖海居士辑 | 6800.00 | 星易 |
| 遁甲奇门秘传要旨大全[线装二函十册] | [清]范阳耐寒子辑 | 6200.00 | 星易 |
| 增广神相全编[线装一函四册] | [明]袁珙订正 | 980.00 | 星易 |
| 龙伏山人存世文稿[五函十册] | [清]矫子阳撰 | 2800.00 | 九州 |
| 奇门遁甲鸣法[一函二册] | [清]矫子阳撰 | 680.00 | 九州 |
| 奇门遁甲衍象[一函二册] | [清]矫子阳撰 | 480.00 | 九州 |
| 奇门遁甲枢要[一函二册] | [清]矫子阳撰 | 480.00 | 九州 |
| 遁甲括囊集[一函三册] | [清]矫子阳撰 | 980.00 | 九州 |
| 增注蒋公古镜歌[一函一册] | [清]矫子阳撰 | 180.00 | 九州 |
| 古本皇极经世书[一函三册] | [宋]邵雍撰 | 980.00 | 九州 |
| 明抄真本梅花易数[一函三册] | [宋]邵雍撰 | 480.00 | 九州 |
| 订正六壬金口诀[一函六册] | [清]巫国匡辑 | 1280.00 | 华龄 |
| 六壬神课金口诀[一函三册] | [明]适适子撰 | 298.00 | 华龄 |
| 改良三命通会[一函四册,第二版] | [明]万民英撰 | 980.00 | 华龄 |
| 增补选择通书玉匣记[一函二册] | [晋]许逊撰 | 480.00 | 华龄 |
| 绘图全本鲁班经匠家镜 | 1函4册 | 680.00 | 华龄 |
| 菊逸山房地理正书(天函):地理点穴撼龙经 | 1函3册 | 680.00 | 华龄 |
| 菊逸山房地理正书(地函):秘藏疑龙经大全 | 1函1册 | 280.00 | 华龄 |
| 菊逸山房地理正书(人函):杨公秘本山法备收 | 1函1册 | 280.00 | 华龄 |
| 青囊海角经 | 1函4册 | 680.00 | 华龄 |
| 阳宅三要 | 1函3册 | 298.00 | 华龄 |

| 书 名 | 作 者 | 定 价 | 版别 |
|---|---|---|---|
| **子部珍本备要**(宣纸线装) | | 分函售价 | 九州 |
| 001 峾嵝神书 | 1函1册 | 280.00 | 九州 |
| 002 地理啖蔗録 | 1函4册 | 880.00 | 九州 |
| 003 地理玄珠精选 | 1函4册 | 880.00 | 九州 |
| 004 地理琢玉斧峦头歌括 | 1函4册 | 880.00 | 九州 |
| 005 金氏地学粹编 | 3函8册 | 1840.00 | 九州 |
| 006 风水一书 | 1函4册 | 880.00 | 九州 |
| 007 风水二书 | 1函4册 | 880.00 | 九州 |
| 008 增注周易神应六亲百章海底眼 | 1函1册 | 280.00 | 九州 |
| 009 卜易指南 | 1函1册 | 280.00 | 九州 |
| 010 大六壬占验 | 1函1册 | 280.00 | 九州 |
| 011 真本六壬神课金口诀 | 1函3册 | 680.00 | 九州 |
| 012 太乙指津 | 1函2册 | 480.00 | 九州 |
| 013 太乙金钥匙 太乙金钥匙续集 | 1函1册 | 280.00 | 九州 |
| 014 奇门遁甲占验天时 | 1函2册 | 480.00 | 九州 |
| 015 南阳掌珍遁甲 | 1函1册 | 280.00 | 九州 |
| 016 达摩易筋经 易筋经外经图说 八段锦 | 1函1册 | 280.00 | 九州 |
| 017 钦天监彩绘真本推背图 | 1函2册 | 680.00 | 九州 |
| 018 清抄全本玉函通秘 | 1函3册 | 680.00 | 九州 |
| 019 灵棋经 | 1函1册 | 280.00 | 九州 |
| 020 道藏灵符秘法 | 4函9册 | 2100.00 | 九州 |
| 021 地理青囊玉尺度金针集 | 1函6册 | 1280.00 | 九州 |
| 022 奇门秘传九宫纂要 | 1函1册 | 280.00 | 九州 |
| 023 影印清抄耕寸集－真本子平真诠 | 1函2册 | 480.00 | 九州 |
| 024 新刊合并官板音义评注渊海子平 | 1函2册 | 480.00 | 九州 |
| 025 影抄宋本五行精纪 | 1函6册 | 1080.00 | 九州 |
| 026 影印明刻阴阳五要奇书1－郭氏阴阳元经 | 1函2册 | 480.00 | 九州 |
| 027 影印明刻阴阳五要奇书2－克择璇玑括要 | 1函1册 | 280.00 | 九州 |
| 028 影印明刻阴阳五要奇书3－阳明按索图 | 1函2册 | 480.00 | 九州 |
| 029 影印明刻阴阳五要奇书4－佐玄直指 | 1函2册 | 480.00 | 九州 |
| 030 影印明刻阴阳五要奇书5－三白宝海钩玄 | 1函1册 | 280.00 | 九州 |
| 031 相命图诀许负相法十六篇合刊 | 1函1册 | 280.00 | 九州 |
| 032 玉掌神相神相铁关刀合刊 | 1函1册 | 280.00 | 九州 |
| 033 古本太乙淘金歌 | 1函1册 | 280.00 | 九州 |
| 034 重刊地理葬埋黑通书 | 1函2册 | 480.00 | 九州 |
| 035 壬归 | 1函2册 | 480.00 | 九州 |
| 036 大六壬苗公鬼撮脚二种合刊 | 1函1册 | 280.00 | 九州 |
| 037 大六壬鬼撮脚射覆 | 1函2册 | 480.00 | 九州 |
| 038 大六壬金柜经 | 1函1册 | 280.00 | 九州 |
| 039 纪氏奇门秘书仕学备余 | 1函1册 | 280.00 | 九州 |

| 书　名 | 作　者 | 定　价 | 版别 |
|---|---|---|---|
| 040 八门九星阴阳二遁全本奇门断 | 2函18册 | 3680.00 | 九州 |
| 041 李卫公奇门心法 | 1函1册 | 280.00 | 九州 |
| 042 武侯行兵遁甲金函·玉镜海底眼 | 1函1册 | 280.00 | 九州 |
| 043 诸葛武侯奇门千金诀 | 1函1册 | 280.00 | 九州 |
| 044 隔夜神算 | 1函1册 | 280.00 | 九州 |
| 045 地理五种秘笈合刊 | 1函1册 | 280.00 | 九州 |
| 046 地理雪心赋句解 | 1函2册 | 480.00 | 九州 |
| 047 九天玄女青囊经 | 1函1册 | 280.00 | 九州 |
| 048 考定撼龙经 | 1函1册 | 280.00 | 九州 |
| 049 刘江东家藏善本葬书 | 1函1册 | 280.00 | 九州 |
| 050 杨公六段玄机赋杨筠松安门楼玉辇经合刊 | 1函1册 | 280.00 | 九州 |
| 051 风水金鉴 | 1函1册 | 280.00 | 九州 |
| 052 新镌碎玉剖秘地理不求人 | 1函2册 | 480.00 | 九州 |
| 053 阳宅八门金光斗临经 | 1函1册 | 280.00 | 九州 |
| 054 新镌徐氏家藏罗经顶门针 | 1函2册 | 480.00 | 九州 |
| 055 影印乾隆丙午刻本地理五诀 | 1函4册 | 880.00 | 九州 |
| 056 地理诀要雪心赋 | 1函2册 | 480.00 | 九州 |
| 057 蒋氏平阶家藏善本插泥剑 | 1函1册 | 280.00 | 九州 |
| 058 蒋大鸿家传地理归厚录 | 1函1册 | 280.00 | 九州 |
| 059 蒋大鸿家传三元地理秘书 | 1函1册 | 280.00 | 九州 |
| 060 蒋大鸿家传天星选择秘旨 | 1函1册 | 280.00 | 九州 |
| 061 撼龙经批注校补 | 1函4册 | 880.00 | 九州 |
| 062 疑龙经批注校补一全 | 1函1册 | 280.00 | 九州 |
| 063 种筠书屋较订山法诸书 | 1函2册 | 480.00 | 九州 |
| 064 堪舆倒杖诀 拨砂经遗篇 合刊 | 1函1册 | 280.00 | 九州 |
| 065 认龙天宝经 | 1函1册 | 280.00 | 九州 |
| 066 天机望龙经刘氏心法 杨公骑龙穴诗合刊 | 1函1册 | 280.00 | 九州 |
| 067 风水一夜仙秘传三种合刊 | 1函1册 | 280.00 | 九州 |
| 068 新镌地理八窍 | 1函2册 | 480.00 | 九州 |
| 069 地理解醒 | 1函1册 | 280.00 | 九州 |
| 070 峦头指迷 | 1函3册 | 680.00 | 九州 |
| 071 茅山上清灵符 | 1函2册 | 480.00 | 九州 |
| 072 茅山上清镇禳摄制秘法 | 1函1册 | 280.00 | 九州 |
| 073 天医祝由科秘抄 | 1函2册 | 480.00 | 九州 |
| 074 千镇百镇桃花镇 | 1函2册 | 480.00 | 九州 |
| 075 轩辕碑记医学祝由十三科治病奇书合刊 | 1函1册 | 280.00 | 九州 |
| 076 清抄真本祝由科秘诀全书 | 1函3册 | 680.00 | 九州 |
| 077 增补秘传万法归宗 | 1函2册 | 480.00 | 九州 |
| 078 祝由科诸符秘卷祝由科诸符秘旨合刊 | 1函1册 | 280.00 | 九州 |
| 079 辰州符咒大全 | 1函4册 | 880.00 | 九州 |

| 书　名 | 作　者 | 定　价 | 版别 |
|---|---|---|---|
| 080 万历初刻三命通会 | 2函12册 | 2480.00 | 九州 |
| 081 新编三车一览子平渊源注解 | 1函3册 | 680.00 | 九州 |
| 082 命理用神精华 | 1函3册 | 680.00 | 九州 |
| 083 命学探骊集 | 1函1册 | 280.00 | 九州 |
| 084 相诀摘要 | 1函2册 | 480.00 | 九州 |
| 085 相法秘传 | 1函1册 | 280.00 | 九州 |
| 086 新编相法五总龟 | 1函1册 | 280.00 | 九州 |
| 087 相学统宗心易秘传 | 1函2册 | 480.00 | 九州 |
| 088 秘本大清相法 | 1函2册 | 480.00 | 九州 |
| 089 相法易知 | 1函1册 | 280.00 | 九州 |
| 090 星命风水秘传 | 1函1册 | 280.00 | 九州 |
| 091 大六壬隔山照 | 1函2册 | 480.00 | 九州 |
| 092 大六壬考正 | 1函1册 | 280.00 | 九州 |
| 093 大六壬类阐 | 1函2册 | 480.00 | 九州 |
| 094 六壬心镜集注 | 1函1册 | 280.00 | 九州 |
| 095 遁甲吾学编 | 1函2册 | 480.00 | 九州 |
| 096 刘明江家藏善本奇门衍象 | 1函1册 | 280.00 | 九州 |
| 097 遁甲天书秘文 | 1函2册 | 480.00 | 九州 |
| 098 金枢符应秘文 | 1函2册 | 480.00 | 九州 |
| 099 秘传金函奇门隐遁丁甲法书 | 1函2册 | 480.00 | 九州 |
| 100 六壬行军指南 | 2函10册 | 2080.00 | 九州 |
| 101 家藏阴阳二宅秘诀线法 | 1函2册 | 480.00 | 九州 |
| 102 阳宅一书阴宅一书合刊 | 1函1册 | 280.00 | 九州 |
| 103 地理法门全书 | 1函1册 | 280.00 | 九州 |
| 104 四真全书玉钥匙 | 1函1册 | 280.00 | 九州 |
| 105 重刊官板玉髓真经 | 1函4册 | 880.00 | 九州 |
| 106 明刊阳宅真诀 | 1函2册 | 480.00 | 九州 |
| 107 阳宅指南 | 1函1册 | 280.00 | 九州 |
| 108 阳宅秘传三书 | 1函1册 | 280.00 | 九州 |
| 109 阳宅都天滚盘珠 | 1函1册 | 280.00 | 九州 |
| 110 纪氏地理水法要诀 | 1函1册 | 280.00 | 九州 |
| 111 李默斋先生地理辟径集 | 1函2册 | 480.00 | 九州 |
| 112 李默斋先生辟径集续篇 地理秘缺 | 1函2册 | 480.00 | 九州 |
| 113 地理辨正自解 | 1函1册 | 280.00 | 九州 |
| 114 形家五要全编 | 1函4册 | 880.00 | 九州 |
| 115 地理辨正抉要 | 1函1册 | 280.00 | 九州 |
| 116 地理辨正揭隐 | 1函1册 | 280.00 | 九州 |
| 117 地学铁骨秘 | 1函1册 | 280.00 | 九州 |
| 118 地理辨正发秘初稿 | 1函1册 | 280.00 | 九州 |
| 119 三元宅墓图 | 1函1册 | 280.00 | 九州 |

| 书　名 | 作　者 | 定　价 | 版别 |
|---|---|---|---|
| 120 参赞玄机地理仙婆集 | 2函8册 | 1680.00 | 九州 |
| 121 幕讲禅师玄空秘旨浅注外七种 | 1函1册 | 280.00 | 九州 |
| 122 玄空挨星图诀 | 1函1册 | 280.00 | 九州 |
| 123 影印稿本玄空地理筌蹄 | 1函1册 | 280.00 | 九州 |
| 124 玄空古义四种通释 | 1函2册 | 480.00 | 九州 |
| 125 地理疑义答问 | 1函1册 | 280.00 | 九州 |
| 126 王元极地理辨正冒禁录 | 1函1册 | 280.00 | 九州 |
| 127 王元极校补天元选择辨正 | 1函3册 | 680.00 | 九州 |
| 128 王元极选择辨真全书 | 1函1册 | 280.00 | 九州 |
| 129 王元极增批地理冰海原本地理冰海合刊 | 1函1册 | 280.00 | 九州 |
| 130 王元极三元阳宅萃篇 | 1函2册 | 480.00 | 九州 |
| 131 尹一勺先生地理精语 | 1函1册 | 280.00 | 九州 |
| 132 古本地理元真 | 1函2册 | 480.00 | 九州 |
| 133 杨公秘本搜地灵 | 1函1册 | 280.00 | 九州 |
| 134 秘藏千里眼 | 1函1册 | 280.00 | 九州 |
| 135 道光刊本地理或问 | 1函1册 | 280.00 | 九州 |
| 136 影印稿本地理秘诀 | 1函2册 | 480.00 | 九州 |
| 137 地理秘诀隔山照 地理括要 合刊 | 1函1册 | 280.00 | 九州 |
| 138 地理前后五十段 | 1函2册 | 480.00 | 九州 |
| 139 心耕书屋藏本地经图说 | 1函1册 | 280.00 | 九州 |
| 140 地理古本道法双谭 | 1函1册 | 280.00 | 九州 |
| 141 奇门遁甲元灵经 | 1函1册 | 280.00 | 九州 |
| 142 黄帝遁甲归藏大意 白猿真经 合刊 | 1函1册 | 280.00 | 九州 |
| 143 遁甲符应经 | 1函2册 | 480.00 | 九州 |
| 144 遁甲通明钤 | 1函1册 | 280.00 | 九州 |
| 145 景祐奇门秘纂 | 1函2册 | 480.00 | 九州 |
| 146 奇门先天要论 | 1函2册 | 480.00 | 九州 |
| 147 御定奇门古本 | 1函2册 | 480.00 | 九州 |
| 148 奇门吉凶格解 | 1函1册 | 280.00 | 九州 |
| 149 御定奇门宝鉴 | 1函3册 | 680.00 | 九州 |
| 150 奇门阐易 | 1函2册 | 480.00 | 九州 |
| 151 六壬总论 | 1函1册 | 280.00 | 九州 |
| 152 稿抄本大六壬翠羽歌 | 1函1册 | 280.00 | 九州 |
| 153 都天六壬神课 | 1函1册 | 280.00 | 九州 |
| 154 大六壬易简 | 1函2册 | 480.00 | 九州 |
| 155 太上六壬明鉴符阴经 | 1函1册 | 280.00 | 九州 |
| 156 增补关煞袖里金百中经 | 1函1册 | 280.00 | 九州 |
| 157 演禽三世相法 | 1函2册 | 480.00 | 九州 |
| 158 合婚便览 和合婚姻咒 合刊 | 1函1册 | 280.00 | 九州 |
| 159 神数十种 | 1函1册 | 280.00 | 九州 |

| 书　名 | 作者 | 定价 | 版别 |
|---|---|---|---|
| 160 神机灵数一掌经金钱课合刊 | 1函1册 | 280.00 | 九州 |
| 161 阴阳二宅易知录 | 1函2册 | 480.00 | 九州 |
| 162 阴宅镜 | 1函2册 | 480.00 | 九州 |
| 163 阳宅镜 | 1函1册 | 280.00 | 九州 |
| 164 清精抄本六圃地学 | 1函1册 | 280.00 | 九州 |
| 165 形峦神断书 | 1函1册 | 280.00 | 九州 |
| 166 堪舆三昧 | 1函1册 | 280.00 | 九州 |
| 167 遁甲奇门捷要 | 1函1册 | 280.00 | 九州 |
| 168 奇门遁甲备览 | 1函1册 | 280.00 | 九州 |
| 169 原传真本石室藏本圆光真传秘诀合刊 | 1函1册 | 280.00 | 九州 |
| 170 明抄全本壬归 | 1函4册 | 880.00 | 九州 |
| 171 董德彰水法秘诀水法断诀合刊 | 1函1册 | 280.00 | 九州 |
| 172 董德彰先生水法图说 | 1函1册 | 280.00 | 九州 |
| 173 董德彰先生泄天机纂要 | 1函2册 | 480.00 | 九州 |
| 174 李默斋先生地理秘传 | 1函2册 | 480.00 | 九州 |
| 175 新镌希夷陈先生紫微斗数全书 | 1函3册 | 680.00 | 九州 |
| 176 海源阁藏明刊麻衣相法全编 | 1函2册 | 480.00 | 九州 |
| 177 袁忠彻先生相法秘传 | 1函3册 | 680.00 | 九州 |
| 178 火珠林要旨 筮杙 | 1函2册 | 480.00 | 九州 |
| 179 火珠林占法秘传 续筮杙 | 1函1册 | 280.00 | 九州 |
| 180 六壬类聚 | 1函4册 | 880.00 | 九州 |
| 181 新刻麻衣相神异赋 | 1函1册 | 280.00 | 九州 |
| 182 诸葛武侯奇门遁甲全书 | 1函2册 | 480.00 | 九州 |
| 183 张九仪传地理偶摘 | 1函1册 | 280.00 | 九州 |
| 184 张九仪传地理偶注 | 1函1册 | 280.00 | 九州 |
| 185 阳宅玄珠 | 1函1册 | 280.00 | 九州 |
| 186 阴宅总论 | 1函1册 | 280.00 | 九州 |
| 187 新刻杨救贫秘传阴阳二宅便用统宗 | 1函1册 | 280.00 | 九州 |
| 188 增补理气图说 | 1函2册 | 480.00 | 九州 |
| 189 增补罗经图说 | 1函1册 | 280.00 | 九州 |
| 190 重镌官板阳宅大全 | 1函4册 | 880.00 | 九州 |
| 191 景祐太乙福应经 | 1函1册 | 280.00 | 九州 |
| 192 景祐遁甲符应经 | 1函3册 | 680.00 | 九州 |
| 193 景祐六壬神定经 | 1函3册 | 680.00 | 九州 |
| 194 御制禽遁符应经 | 1函2册 | 480.00 | 九州 |
| 195 秘传匠家鲁班经符法 | 1函3册 | 680.00 | 九州 |
| 196 哈佛藏本太史黄际飞注天玉经 | 1函1册 | 280.00 | 九州 |
| 197 李三素先生红囊经解 | 1函1册 | 280.00 | 九州 |
| 198 杨曾青囊天玉通义 | 1函1册 | 280.00 | 九州 |
| 199 重编大清钦天监焦秉贞彩绘历代推背图解 | 1函2册 | 680.00 | 九州 |

| 书　名 | 作　者 | 定　价 | 版别 |
|---|---|---|---|
| 200 道光初刻相理衡真 | 1函4册 | 880.00 | 九州 |
| 201 新刻袁柳庄先生秘传相法 | 1函3册 | 680.00 | 九州 |
| 202 袁忠彻相法古今识鉴 | 1函2册 | 480.00 | 九州 |
| 203 袁天纲五星三命指南 | 1函2册 | 480.00 | 九州 |
| 204 新刻五星玉镜 | 1函3册 | 680.00 | 九州 |
| 205 游艺录:筮遁壬行年斗数相宅 | 1函1册 | 280.00 | 九州 |
| 206 新订王氏罗经透解 | 1函2册 | 480.00 | 九州 |
| 207 堪舆真诠 | 1函3册 | 680.00 | 九州 |
| 208 青囊天机奥旨二种 | 1函1册 | 280.00 | 九州 |
| 209 张九仪传地理偶录 | 1函1册 | 280.00 | 九州 |
| 210 地学形势集 | 1函8册 | 1680.00 | 九州 |
| 211 神相水镜集 | 1函4册 | 880.00 | 九州 |
| 212 稀见相学秘笈四种合刊 | 1函2册 | 480.00 | 九州 |
| 213 神相金较剪 | 1函1册 | 280.00 | 九州 |
| 214 神相证验百条 | 1函2册 | 480.00 | 九州 |
| 215 全本神相全编 | 1函3册 | 680.00 | 九州 |
| 216 神相全编正义 | 1函3册 | 680.00 | 九州 |
| 217 八宅明镜 | 1函2册 | 480.00 | 九州 |
| 218 阳宅卜居秘髓 | 1函3册 | 680.00 | 九州 |
| 219 地理乾坤法窍 | 1函3册 | 680.00 | 九州 |
| 220 秘传廖公画筴拨砂经 | 1函4册 | 880.00 | 九州 |
| 221 地理囊金集注 | 1函1册 | 280.00 | 九州 |
| 222 赤松子罗经要旨 | 1函1册 | 280.00 | 九州 |
| 223 萧仙地理心法堪舆经 | 1函2册 | 480.00 | 九州 |
| 224 新刻地理搜龙奥语 | 1函2册 | 480.00 | 九州 |
| 225 新刻风水珠神真经 | 1函2册 | 480.00 | 九州 |
| 226 寻龙点穴地理索隐 | 1函1册 | 280.00 | 九州 |
| 227 杨公撼龙经考注 | 1函2册 | 480.00 | 九州 |
| 228 李德贞秘授三元秘诀 | 1函1册 | 280.00 | 九州 |
| 229 地理支陇乘气论 | 1函2册 | 480.00 | 九州 |
| 230 道光刻全本相山撮要 | 2函6册 | 1500.00 | 九州 |
| 231 药王真传祝由科全编 | 1函1册 | 280.00 | 九州 |
| 232 梵音斗科符箓秘书 | 1函2册 | 580.00 | 九州 |
| 233 御定奇门灵占 | 1函4册 | 880.00 | 九州 |
| 234 御定奇门宝镜图 | 1函2册 | 480.00 | 九州 |
| 235 汇纂大六壬玉钥匙心诀 | 1函1册 | 280.00 | 九州 |
| 236 补完直解六壬五变中黄经 | 1函2册 | 480.00 | 九州 |
| 237 六壬节要直讲 | 1函2册 | 480.00 | 九州 |
| 238 六壬神课捷要占验 | 1函1册 | 280.00 | 九州 |
| 239 六壬袖传神课捷要 | 1函1册 | 280.00 | 九州 |

| 书　名 | 作　者 | 定　价 | 版别 |
|---|---|---|---|
| 240 秘藏大六壬大全善本 | 2函8册 | 1800.00 | 九州 |
| 241 阳宅藏书 | 1函2册 | 480.00 | 九州 |
| 242 阳宅觉元氏新书 | 1函1册 | 280.00 | 九州 |
| 243 阳宅拾遗 | 1函2册 | 480.00 | 九州 |
| 244 阳基集腋 | 1函2册 | 480.00 | 九州 |
| 245 阴阳二宅指正 | 1函2册 | 480.00 | 九州 |
| 246 九天玄妙秘书内经 | 1函1册 | 280.00 | 九州 |
| 247 青乌葬经葬经翼 | 1函1册 | 280.00 | 九州 |
| 248 阳宅六十四卦秘断 | 1函1册 | 280.00 | 九州 |
| 249 杨曾地理秘传捷诀 | 1函3册 | 680.00 | 九州 |
| 250 三元堪舆秘笈救败全书 | 1函4册 | 880.00 | 九州 |
| 251 纪氏地理末学 | 1函2册 | 480.00 | 九州 |
| 252 堪舆说原 | 1函1册 | 280.00 | 九州 |
| 253 河洛正变喝穴集 | 1函1册 | 280.00 | 九州 |
| 254 太上洞玄灵宝素灵真符 | 1函1册 | 280.00 | 九州 |
| 255 道家神符霸咒秘传 | 1函1册 | 280.00 | 九州 |
| 256 堪舆秘传六十四论记师口诀 | 1函2册 | 480.00 | 九州 |
| 257 相法秘笈太乙照神经 | 1函3册 | 680.00 | 九州 |
| 258 哈佛藏子平格局解要 | 1函2册 | 480.00 | 九州 |
| 259 三车一览命书详论 | 1函2册 | 480.00 | 九州 |
| 260 万历初刊平学大成 | 1函4册 | 880.00 | 九州 |
| 261 古本推背图说 | 1函2册 | 680.00 | 九州 |
| 262 董氏诹吉新书 | 1函2册 | 480.00 | 九州 |
| 263 蒋大鸿四十八局图 | 1函1册 | 280.00 | 九州 |
| 264 阳宅紫府宝鉴 | 1函2册 | 480.00 | 九州 |
| 265 宅经类纂 | 1函3册 | 680.00 | 九州 |
| 266 杨公画筴图 | 1函1册 | 280.00 | 九州 |
| 267 刘江东秘传金函经 | 1函1册 | 280.00 | 九州 |
| 268 茔元总录 | 1函2册 | 480.00 | 九州 |
| 269 纪氏奇门占验奇门遁甲要略合刊 | 1函1册 | 280.00 | 九州 |
| 270 奇门统宗大全 | 1函4册 | 880.00 | 九州 |
| 271 刘天君祛治符法秘卷 | 1函3册 | 680.00 | 九州 |
| 272 圣济总录祝由术全编 | 1函2册 | 480.00 | 九州 |
| 273 子平星学精华 | 1函1册 | 280.00 | 九州 |
| 274 紫微斗数命理宣微 | 1函1册 | 280.00 | 九州 |
| 275 火珠林卦爻精究集 | 1函2册 | 480.00 | 九州 |
| 276 韩图孤本奇门秘要 | 1函1册 | 280.00 | 九州 |
| 277 哈佛藏明抄六壬断易秘诀 | 1函1册 | 280.00 | 九州 |
| 278 大六壬会要全集 | 1函3册 | 680.00 | 九州 |
| 279 乾隆初刊六壬视斯 | 1函2册 | 480.00 | 九州 |

| 书　名 | 作　者 | 定　价 | 版别 |
|---|---|---|---|
| 280 精抄历代六壬占验汇选 | 2函6册 | 1280.00 | 九州 |
| 281 张九仪先生东湖地学 | 1函1册 | 280.00 | 九州 |
| 282 张九仪先生东湖砂法 | 1函1册 | 280.00 | 九州 |
| 283 张九仪先生东湖水法 | 1函1册 | 280.00 | 九州 |
| 284 姚氏地理辨正图说 | 1函1册 | 280.00 | 九州 |
| 285 地理辨正补注 | 1函2册 | 480.00 | 九州 |
| 286 地理丛谈元运发微 | 1函1册 | 280.00 | 九州 |
| 287 元空宅法举隅 | 1函1册 | 280.00 | 九州 |
| 288 平洋地理玉函经 | 1函1册 | 280.00 | 九州 |
| 289 元空法鉴三种 | 1函3册 | 680.00 | 九州 |
| 290 蒋大鸿先生地理合璧 | 2函7册 | 1480.00 | 九州 |
| 291 新刊地理五经图解 | 1函3册 | 680.00 | 九州 |
| 292 三元地理辨惑 | 1函1册 | 280.00 | 九州 |
| 293 风水内传秘旨 | 1函1册 | 280.00 | 九州 |
| 294 杜氏地理图说 | 1函2册 | 480.00 | 九州 |
| 295 地学仁孝必读 | 1函5册 | 1080.00 | 九州 |
| 296 地理秘珍 | 1函2册 | 480.00 | 九州 |
| 297 秘传四课仙机水法 | 1函1册 | 280.00 | 九州 |
| 298 地理辨正图诀 | 1函1册 | 280.00 | 九州 |
| 299 灵城精义笺 | 1函1册 | 280.00 | 九州 |
| 300 仰山子新辑地理条贯 | 2函6册 | 1280.00 | 九州 |
| 301 秘传堪舆经传类纂 | 1函1册 | 280.00 | 九州 |
| 302 秘传堪舆论状类纂 | 1函1册 | 280.00 | 九州 |
| 303 秘传堪舆秘书类纂 | 1函1册 | 280.00 | 九州 |
| 304 秘传堪舆诗赋歌诀类纂 | 1函2册 | 480.00 | 九州 |
| 305 秘传堪舆问答类纂 | 1函1册 | 280.00 | 九州 |
| 306 秘传堪舆杂录类纂 | 1函2册 | 480.00 | 九州 |
| 307 秘传堪舆辨惑类纂 | 1函1册 | 280.00 | 九州 |
| 308 秘传堪舆断诀类纂 | 1函1册 | 280.00 | 九州 |
| 309 秘传堪舆穴法类纂 | 1函1册 | 280.00 | 九州 |
| 310 秘传堪舆葬法类纂 | 1函1册 | 280.00 | 九州 |
| 311 大六壬兵占三种 | 1函2册 | 480.00 | 九州 |
| 312 大六壬秘书四种 | 1函2册 | 480.00 | 九州 |
| 313 大六壬毕法注解 | 1函1册 | 280.00 | 九州 |
| 314 大六壬课体订讹 | 1函1册 | 280.00 | 九州 |
| 315 大六壬类占 | 1函2册 | 480.00 | 九州 |
| 316 大六壬全编 | 1函2册 | 480.00 | 九州 |
| 317 大六壬杂释 | 1函1册 | 280.00 | 九州 |
| 318 大六壬心镜 | 1函2册 | 480.00 | 九州 |
| 319 六壬灵课玉洞金书 | 1函1册 | 280.00 | 九州 |

| 书 名 | 作 者 | 定 价 | 版别 |
|---|---|---|---|
| 320 六壬通仙 | 1函4册 | 880.00 | 九州 |
| 321 五种秘窍全书－1－地理秘窍 | 1函1册 | 280.00 | 九州 |
| 322 五种秘窍全书－2－选择秘窍 | 1函4册 | 880.00 | 九州 |
| 323 五种秘窍全书－3－天星秘窍 | 1函1册 | 280.00 | 九州 |
| 324 五种秘窍全书－4－罗经秘窍 | 1函4册 | 880.00 | 九州 |
| 325 五种秘窍全书－5－奇门秘窍 | 1函2册 | 480.00 | 九州 |
| 326 新编杨曾地理家传心法捷诀一贯堪舆 | 2函8册 | 1780.00 | 九州 |
| 327 玉函铜函真经阴阳剪裁图注 | 1函3册 | 680.00 | 九州 |
| 328 新刻石函平砂玉尺经全书 | 1函2册 | 480.00 | 九州 |
| 329 三元通天照水经 | 1函2册 | 480.00 | 九州 |
| 330 堪舆经书 | 1函5册 | 1080.00 | 九州 |
| 331 神相汇编 | 1函2册 | 480.00 | 九州 |
| 332 管辂神相秘传 | 1函1册 | 280.00 | 九州 |
| 333 冰鉴秘本七篇月波洞中记合刊 | 1函1册 | 280.00 | 九州 |
| 334 太清神鉴录 | 1函2册 | 480.00 | 九州 |
| 335 新刊京本厘正总括天机星学正传 | 2函10册 | 2180.00 | 九州 |
| 336 新监七政归垣司台历数袖里璇玑 | 1函4册 | 880.00 | 九州 |
| 337 道藏古本紫微斗数 | 1函2册 | 480.00 | 九州 |
| 338 增补诸家选择万全玉匣记 | 1函2册 | 480.00 | 九州 |
| 339 杨公造命要诀 | 1函1册 | 280.00 | 九州 |
| 340 造命宗镜 | 1函6册 | 1280.00 | 九州 |
| 341 上清灵宝济度金书符咒大成 | 2函9册 | 1980.00 | 九州 |
| 342 青城山铜板祝由十三科 | 1函2册 | 480.00 | 九州 |
| 343 抄本祝由科别传 | 1函1册 | 280.00 | 九州 |
| 344 遁甲演义 | 1函2册 | 480.00 | 九州 |
| 345 武侯奇门遁甲玄机赋 | 1函1册 | 280.00 | 九州 |
| 346 北法变化禽书 | 1函1册 | 280.00 | 九州 |
| 347 卜筮全书 | 1函6册 | 1280.00 | 九州 |
| 348 卜筮正宗 | 1函4册 | 880.00 | 九州 |
| 349 易隐 | 1函4册 | 880.00 | 九州 |
| 350 野鹤老人占卜全书 | 1函5册 | 1280.00 | 九州 |
| 351 地理会心集 | 1函2册 | 480.00 | 九州 |
| 352 罗经会心集 | 1函2册 | 480.00 | 九州 |
| 353 阳宅会心集 | 1函1册 | 280.00 | 九州 |
| 354 秘传图注龙经全集 | 1函3册 | 680.00 | 九州 |
| 355 地理精微集 | 1函2册 | 480.00 | 九州 |
| 356 地理拾铅峦头理气合编 | 1函2册 | 480.00 | 九州 |
| 357 萧客真诀 | 1函1册 | 280.00 | 九州 |
| 358 地理铁案 | 1函2册 | 480.00 | 九州 |
| 359 秘传四神课书仙机消纳水法 | 1函2册 | 480.00 | 九州 |

| 书　　名 | 作　　者 | 定　价 | 版别 |
|---|---|---|---|
| 360 蒋大鸿先生地理真诠 | 2函7册 | 1480.00 | 九州 |
| 361 蒋大鸿仙诀小引 | 1函1册 | 280.00 | 九州 |
| 362 管氏地理指蒙 | 1函1册 | 280.00 | 九州 |
| 363 原本山洋指迷 | 1函2册 | 480.00 | 九州 |
| 364 形家集要 | 1函1册 | 280.00 | 九州 |
| 365 重镌地理天机会元 | 3函15册 | 3080.00 | 九州 |
| 366 地理方外别传 | 1函2册 | 480.00 | 九州 |
| 367 堪舆至秘旅寓集 | 1函1册 | 280.00 | 九州 |
| 368 堪舆管见 | 1函1册 | 280.00 | 九州 |
| 369 四神秘诀 | 1函2册 | 480.00 | 九州 |
| 370 地理辨正补 | 1函3册 | 680.00 | 九州 |
| 371 金书秘奥地理一片金合刊 | 1函1册 | 280.00 | 九州 |
| 372 阳宅玉髓真经阴宅制煞秘法合刊 | 1函1册 | 280.00 | 九州 |
| 373 堪舆至秘旅寓集 堪舆秘传 | 1函1册 | 280.00 | 九州 |
| 374 地学杂钞连珠水法合刊 | 1函1册 | 280.00 | 九州 |
| 375 黄妙应仙师五星仙机制化砂法 | 1函2册 | 480.00 | 九州 |
| 376 造葬便览 | 1函1册 | 280.00 | 九州 |
| 377 大六壬秘本 | 1函2册 | 480.00 | 九州 |
| 378 太乙统类 | 1函1册 | 280.00 | 九州 |
| 379 新雕注疏珞琭子三命消息赋 | 1函1册 | 280.00 | 九州 |
| 380 新编四家注解经进珞琭子消息赋 | 1函2册 | 480.00 | 九州 |
| 381 清代民间实用灵符汇编 | 1函2册 | 680.00 | 九州 |
| 382 王国维批校宋本焦氏易林 | 1函2册 | 480.00 | 九州 |
| 383 新刊应验天机易卦通神 | 1函1册 | 280.00 | 九州 |
| 384 新镌周易数 | 1函5册 | 1080.00 | 九州 |
| **增补四库青乌辑要[，全18函59册]** | 郑同校 | 11680.00 | 九州 |
| 第1种:宅经[1册] | [署]黄帝撰 | 180.00 | 九州 |
| 第2种:葬书[1册] | [晋]郭璞撰 | 220.00 | 九州 |
| 第3种:青囊序青囊奥语天玉经[1册] | [唐]杨筠松撰 | 220.00 | 九州 |
| 第4种:黄囊经[1册] | [唐]杨筠松撰 | 220.00 | 九州 |
| 第5种:黑囊经[2册] | [唐]杨筠松撰 | 380.00 | 九州 |
| 第6种:锦囊经[1册] | [晋]郭璞撰 | 200.00 | 九州 |
| 第7种:天机贯旨红囊经[2册] | [清]李三素撰 | 380.00 | 九州 |
| 第8种:玉函天机素书/至宝经[1册] | [明]董德彰撰 | 200.00 | 九州 |
| 第9种:天机一贯[2册] | [清]李三素撰辑 | 380.00 | 九州 |
| 第10种:撼龙经[1册] | [唐]杨筠松撰 | 200.00 | 九州 |
| 第11种:疑龙经葬法倒杖[1册] | [唐]杨筠松撰 | 220.00 | 九州 |
| 第12种:疑龙经辨正[1册] | [唐]杨筠松撰 | 200.00 | 九州 |
| 第13种:寻龙记太华经[1册] | [唐]曾文迪撰 | 220.00 | 九州 |
| 第14种:宅谱要典[2册] | [清]铣溪野人校 | 380.00 | 九州 |

| 书　　　名 | 作　　者 | 定　价 | 版别 |
|---|---|---|---|
| 第15种:阳宅必用[2册] | 心灯大师校订 | 380.00 | 九州 |
| 第16种:阳宅撮要[2册] | [清]吴鼒撰 | 380.00 | 九州 |
| 第17种:阳宅正宗[1册] | [清]姚承舆撰 | 200.00 | 九州 |
| 第18种:阳宅指掌[2册] | [清]黄海山人撰 | 380.00 | 九州 |
| 第19种:相宅新编[1册] | [清]焦循校刊 | 240.00 | 九州 |
| 第20种:阳宅井明[2册] | [清]邓颖出撰 | 380.00 | 九州 |
| 第21种:阴宅井明[1册] | [清]邓颖出撰 | 220.00 | 九州 |
| 第22种:灵城精义[2册] | [南唐]何溥撰 | 380.00 | 九州 |
| 第23种:龙穴砂水说[1册] | 清抄秘本 | 180.00 | 九州 |
| 第24种:三元水法秘诀[2册] | 清抄秘本 | 380.00 | 九州 |
| 第25种:罗经秘传[2册] | [清]傅禹辑 | 380.00 | 九州 |
| 第26种:穿山透地真传[2册] | [清]张九仪撰 | 380.00 | 九州 |
| 第27种:催官篇发微论[2册] | [宋]赖文俊撰 | 380.00 | 九州 |
| 第28种:入地眼神断要诀[2册] | 清抄秘本 | 380.00 | 九州 |
| 第29种:玄空大卦秘断[1册] | 清抄秘本 | 200.00 | 九州 |
| 第30种:玄空大五行真传口诀[1册] | [明]蒋大鸿等撰 | 220.00 | 九州 |
| 第31种:杨曾九宫颠倒打劫图说[1册] | [唐]杨筠松撰 | 200.00 | 九州 |
| 第32种:乌兔经奇验经[1册] | [唐]杨筠松撰 | 180.00 | 九州 |
| 第33种:挨星考注[1册] | [清]汪董缘订定 | 260.00 | 九州 |
| 第34种:地理挨星说汇要[1册] | [明]蒋大鸿撰辑 | 220.00 | 九州 |
| 第35种:地理捷诀[1册] | [清]傅禹辑 | 200.00 | 九州 |
| 第36种:地理三仙秘旨[1册] | 清抄秘本 | 200.00 | 九州 |
| 第37种:地理三字经[3册] | [清]程思乐撰 | 580.00 | 九州 |
| 第38种:地理雪心赋注解[2册] | [唐]卜则嵬撰 | 380.00 | 九州 |
| 第39种:蒋公天元余义[1册] | [明]蒋大鸿等撰 | 220.00 | 九州 |
| 第40种:地理真传秘旨[3册] | [唐]杨筠松撰 | 580.00 | 九州 |
| **增补四库未收方术汇刊第一辑**(全28函) | 线装影印本 | 11800.00 | 九州 |
| 第一辑01函:火珠林·卜筮正宗 | [宋]麻衣道者著 | 340.00 | 九州 |
| 第一辑02函:全本增删卜易·增删卜易真诠 | [清]野鹤老人撰 | 720.00 | 九州 |
| 第一辑03函:渊海子平音义评注·子平真诠·命理易知 | [明]杨淙增校 | 360.00 | 九州 |
| 第一辑04函:滴天髓·附滴天秘诀·穷通宝鉴·附月谈赋 | [宋]京图撰 | 360.00 | 九州 |
| 第一辑05函:参星秘要诹吉便览·玉函斗首三台通书·精校三元总录 | [清]俞荣宽撰 | 460.00 | 九州 |
| 第一辑06函:陈子性藏书 | [清]陈应选撰 | 580.00 | 九州 |
| 第一辑07函:崇正辟谬永吉通书·选择求真 | [清]李奉来辑 | 500.00 | 九州 |
| 第一辑08函:增补选择通书玉匣记·永宁通书 | [晋]许逊撰 | 400.00 | 九州 |
| 第一辑09函:新增阳宅爱众篇 | [清]张觉正撰 | 480.00 | 九州 |
| 第一辑10函:地理四弹子·地理铅弹子砂水要诀 | [清]张九仪注 | 340.00 | 九州 |
| 第一辑11函:地理五诀 | [清]赵九峰著 | 200.00 | 九州 |

| 书　名 | 作者 | 定价 | 版别 |
| --- | --- | --- | --- |
| 第一辑12函:地理直指原真 | [清]释如玉撰 | 280.00 | 九州 |
| 第一辑13函:宫藏真本入地眼全书 | [宋]释静道著 | 680.00 | 九州 |
| 第一辑14函:罗经顶门针·罗经解定·罗经透解 | [明]徐之镆撰 | 360.00 | 九州 |
| 第一辑15函:校正详图青囊经·平砂玉尺经·地理辨正疏 | [清]王宗臣著 | 300.00 | 九州 |
| 第一辑16函:一贯堪舆 | [明]唐世友辑 | 240.00 | 九州 |
| 第一辑17函:阳宅大全·阳宅十书 | [明]一壑居士集 | 600.00 | 九州 |
| 第一辑18函:阳宅大成五种 | [清]魏青江撰 | 600.00 | 九州 |
| 第一辑19函:奇门五总龟·奇门遁甲统宗大全·奇门遁甲元灵经 | [明]池纪撰 | 500.00 | 九州 |
| 第一辑20函:奇门遁甲秘笈全书 | [明]刘伯温辑 | 280.00 | 九州 |
| 第一辑21函:奇门庐中阐秘 | [汉]诸葛武侯撰 | 600.00 | 九州 |
| 第一辑22函:奇门遁甲元机·太乙秘书·六壬大占 | [宋]岳珂纂辑 | 360.00 | 九州 |
| 第一辑23函:性命圭旨 | [明]尹真人撰 | 480.00 | 九州 |
| 第一辑24函:紫微斗数全书 | [宋]陈抟撰 | 200.00 | 九州 |
| 第一辑25函:千镇百镇桃花镇 | [清]云石道人校 | 220.00 | 九州 |
| 第一辑26函:清抄真本祝由科秘诀全书·轩辕碑记医学祝由十三科 | [上古]黄帝传 | 800.00 | 九州 |
| 第一辑27函:增补秘传万法归宗 | [唐]李淳风撰 | 160.00 | 九州 |
| 第一辑28函:神机灵数一掌经金钱课·牙牌神数七种·珍本演禽三世相法 | [清]诚文信校 | 440.00 | 九州 |
| **增补四库未收方术汇刊第二辑**(全36函) | 线装影印本 | 13800.00 | 九州 |
| 第二辑第1函:六爻断易一撮金·卜易秘诀海底眼 | [宋]邵雍撰 | 200.00 | 九州 |
| 第二辑第2函:秘传子平渊源 | 燕山郑同校辑 | 280.00 | 九州 |
| 第二辑第3函:命理探原 | [清]袁树珊撰 | 280.00 | 九州 |
| 第二辑第4函:命理正宗 | [明]张楠撰集 | 180.00 | 九州 |
| 第二辑第5函:造化玄钥 | 庄圆校补 | 220.00 | 九州 |
| 第二辑第6函:命理寻源·子平管见 | [清]徐乐吾撰 | 280.00 | 九州 |
| 第二辑第7函:京本风鉴相法 | [明]回阳子校辑 | 380.00 | 九州 |
| 第二辑第8—9函:钦定协纪辨方书8册 | [清]允禄编 | 780.00 | 九州 |
| 第二辑第10—11函:鳌头通书10册 | [明]熊宗立撰辑 | 880.00 | 九州 |
| 第二辑第12—13函:象吉通书 | [清]魏明远撰辑 | 1080.00 | 九州 |
| 第二辑第14函:选择宗镜·选择纪要 | [朝鲜]南秉吉撰 | 360.00 | 九州 |
| 第二辑第15函:选择正宗 | [清]顾宗秀撰辑 | 480.00 | 九州 |
| 第二辑第16函:仪度六壬选日要诀 | [清]张九仪撰 | 680.00 | 九州 |
| 第二辑第17函:葬事择日法 | 郑同校辑 | 280.00 | 九州 |
| 第二辑第18函:地理不求人 | [清]吴明初撰辑 | 240.00 | 九州 |
| 第二辑第19函:地理大成一:山法全书 | [清]叶九升撰 | 680.00 | 九州 |
| 第二辑第20函:地理大成二:平阳全书 | [清]叶九升撰 | 360.00 | 九州 |
| 第二辑第21函:地理大成三:地理六经注·地理大成四:罗经指南拨雾集·地理大成五:理气四诀 | [清]叶九升撰 | 300.00 | 九州 |

| 书　　名 | 作　者 | 定　价 | 版别 |
|---|---|---|---|
| 第二辑第22函:地理录要 | [明]蒋大鸿撰 | 480.00 | 九州 |
| 第二辑第23函:地理人子须知 | [明]徐善继撰 | 480.00 | 九州 |
| 第二辑第24函:地理四秘全书 | [清]尹一勺撰 | 380.00 | 九州 |
| 第二辑第25—26函:地理天机会元 | [明]顾陵冈辑 | 1080.00 | 九州 |
| 第二辑第27函:地理正宗 | [清]蒋宗城校订 | 280.00 | 九州 |
| 第二辑第28函:全图鲁班经 | [明]午荣编 | 280.00 | 九州 |
| 第二辑第29函:秘传水龙经 | [明]蒋大鸿撰 | 480.00 | 九州 |
| 第二辑第30函:阳宅集成 | [清]姚廷銮纂 | 480.00 | 九州 |
| 第二辑第31函:阴宅集要 | [清]姚廷銮纂 | 240.00 | 九州 |
| 第二辑第32函:辰州符咒大全 | [清]觉玄子辑 | 480.00 | 九州 |
| 第二辑第33函:三元镇宅灵符秘箓·太上洞玄祛病灵符全书 | [明]张宇初编 | 240.00 | 九州 |
| 第二辑第34函:太上混元祈福解灾三部神符 | [明]张宇初编 | 360.00 | 九州 |
| 第二辑第35函:测字秘牒·先天易数·冲天易数/马前课 | [清]程省撰 | 360.00 | 九州 |
| 第二辑第36函:秘传紫微 | 古朝鲜抄本 | 240.00 | 九州 |
| 子部善本1:新刊地理玄珠 | 精装古本影印 | 380.00 | 华龄 |
| 子部善本2:参赞玄机地理仙婆集 | 精装古本影印 | 380.00 | 华龄 |
| 子部善本3:章仲山地理九种(上下) | 精装古本影印 | 760.00 | 华龄 |
| 子部善本4:八门九星阴阳二遁全本奇门断 | 精装古本影印 | 760.00 | 华龄 |
| 子部善本5:六壬统宗大全 | 精装古本影印 | 380.00 | 华龄 |
| 子部善本6:太乙统宗宝鉴 | 精装古本影印 | 380.00 | 华龄 |
| 子部善本7:重刊星海词林(全五册) | 精装古本影印 | 1900.00 | 华龄 |
| 子部善本8:万历初刻三命通会(上下) | 精装古本影印 | 760.00 | 华龄 |
| 子部善本9:增广沈氏玄空学(上下) | 精装古本影印 | 760.00 | 华龄 |
| 子部善本10:江公择日秘稿 | 精装古本影印 | 380.00 | 华龄 |
| 子部善本11:刘氏家藏阐微通书(上下) | 精装古本影印 | 760.00 | 华龄 |
| 子部善本12:影印增补高岛易断(上下) | 精装古本影印 | 760.00 | 华龄 |
| 子部善本13:清刻足本铁板神数 | 精装古本影印 | 380.00 | 华龄 |
| 子部善本14:增订天官五星集腋(上下) | 精装古本影印 | 760.00 | 华龄 |
| 子部善本15:太乙奇门六壬兵备统宗(上中下) | 精装古本影印 | 1140.00 | 华龄 |
| 子部善本16:御定景祐奇门大全(上下) | 精装古本影印 | 760.00 | 华龄 |
| 子部善本17:地理四秘全书十二种 | 精装古本影印 | 380.00 | 华龄 |
| 子部善本18:全本地理统一全书 | 精装古本影印 | 380.00 | 华龄 |
| 子部善本19:廖公画策扒砂经(上下) | 精装古本影印 | 760.00 | 华龄 |
| 子部善本20:明刊玉髓真经(上下) | 精装古本影印 | 760.00 | 华龄 |
| 子部善本21:蒋大鸿家藏地学捷旨 | 精装古本影印 | 380.00 | 华龄 |
| 子部善本22:阳宅安居金镜(上下) | 精装古本影印 | 760.00 | 华龄 |
| 子部善本23:新刊地理紫囊书(上下) | 精装古本影印 | 760.00 | 华龄 |
| 子部善本24:地理大成五种(上下) | 精装古本影印 | 760.00 | 华龄 |

| 书　　名 | 作　者 | 定　价 | 版别 |
|---|---|---|---|
| 子部善本25:初刻鳌头通书大全(上中下) | 精装古本影印 | 1140.00 | 华龄 |
| 子部善本26:初刻象吉备要通书大全(上中下) | 精装古本影印 | 1140.00 | 华龄 |
| 子部善本27:武英殿板钦定协纪辨方书(上下) | 精装古本影印 | 760.00 | 华龄 |
| 子部善本28:初刻陈子性藏书(上下) | 精装古本影印 | 760.00 | 华龄 |
| **子平遗书第1辑**(断命案例集甲子至戊辰全三册) | 精装古本影印 | 980.00 | 华龄 |
| **子平遗书第2辑**(断命案例集庚午至甲戌全三册) | 精装古本影印 | 980.00 | 华龄 |
| **子平遗书第3辑**(断命案例集乙亥至戊子全三册) | 精装古本影印 | 980.00 | 华龄 |
| **子平遗书第4辑**(断命案例集庚寅至庚午全三册) | 精装古本影印 | 980.00 | 华龄 |
| **子平遗书第5辑**(断命案例集辛丑至癸丑全三册) | 精装古本影印 | 980.00 | 华龄 |
| **子平遗书第6辑**(断命案例集甲寅至辛酉全三册) | 精装古本影印 | 980.00 | 华龄 |
| 风水择吉第一书:辨方(简体精装) | 李明清著 | 168.00 | 华龄 |
| 珞琭子三命消息赋古注通疏(精装上下) | 一明注疏 | 188.00 | 华龄 |
| 增补高岛易断(简体横排精装上下) | (清)王治本编译 | 198.00 | 华龄 |
| 中国古代术数基础理论(精装1函5册) | 刘昌易著 | 495.00 | 团结 |
| 飞盘奇门:鸣法体系校释(精装上下) | 刘金亮撰 | 198.00 | 九州 |
| 白话高岛易断(上下) | 孙正治孙奥麟译 | 128.00 | 九州 |
| 润德堂丛书全编1:述卜筮星相学 | 袁树珊著 | 38.00 | 华龄 |
| 润德堂丛书全编2:命理探原 | 袁树珊著 | 38.00 | 华龄 |
| 润德堂丛书全编3:命谱 | 袁树珊著 | 68.00 | 华龄 |
| 润德堂丛书全编4:大六壬探原 养生三要 | 袁树珊著 | 38.00 | 华龄 |
| 润德堂丛书全编5:中西相人探原 | 袁树珊著 | 38.00 | 华龄 |
| 润德堂丛书全编6:选吉探原 八字万年历 | 袁树珊著 | 38.00 | 华龄 |
| 润德堂丛书全编7:中国历代卜人传(上中下) | 袁树珊著 | 168.00 | 华龄 |
| 三式汇刊1:大六壬口诀纂 | [明]林昌长辑 | 68.00 | 华龄 |
| 三式汇刊2:大六壬集应钤 | [明]黄宾廷撰 | 198.00 | 华龄 |
| 三式汇刊3:奇门大全秘纂 | [清]湖海居士撰 | 68.00 | 华龄 |
| 三式汇刊4:大六壬总归 | [宋]郭子晟撰 | 58.00 | 华龄 |
| 三式汇刊5:大六壬心镜 | [唐]徐道符辑 | 48.00 | 华龄 |
| 三式汇刊6:壬窍 | [清]无无野人撰 | 48.00 | 华龄 |
| 青囊汇刊1:青囊秘要 | [晋]郭璞等撰 | 48.00 | 华龄 |
| 青囊汇刊2:青囊海角经 | [晋]郭璞等撰 | 48.00 | 华龄 |
| 青囊汇刊3:阳宅十书 | [明]王君荣撰 | 48.00 | 华龄 |
| 青囊汇刊4:秘传水龙经 | [明]蒋大鸿撰 | 68.00 | 华龄 |
| 青囊汇刊5:管氏地理指蒙 | [三国]管辂撰 | 48.00 | 华龄 |
| 青囊汇刊6:地理山洋指迷 | [明]周景一撰 | 32.00 | 华龄 |
| 青囊汇刊7:地学答问 | [清]魏清江撰 | 58.00 | 华龄 |
| 青囊汇刊8:地理铅弹子砂水要诀 | [清]张九仪撰 | 68.00 | 华龄 |
| 青囊汇刊9:地理唉蔗录 | [清]袁守定著 | 48.00 | 华龄 |
| 青囊汇刊10:八宅明镜 | [清]箬冠道人编 | 48.00 | 华龄 |
| 青囊汇刊11:罗经透解 | [清]王道亨著 | 58.00 | 华龄 |

| 书　名 | 作　者 | 定　价 | 版别 |
|---|---|---|---|
| 青囊汇刊12：阳宅三要 | [清]赵玉材撰 | 48.00 | 华龄 |
| 青囊汇刊13：一贯堪舆（上下） | [明]唐世友辑 | 108.00 | 华龄 |
| 青囊汇刊14：地理辨证图诀直解 | [唐]杨筠松著 | 58.00 | 华龄 |
| 青囊汇刊15：地理雪心赋集解 | [唐]卜应天著 | 58.00 | 华龄 |
| 青囊汇刊16：四神秘诀 | [元]董德彰撰 | 58.00 | 华龄 |
| 子平汇刊1：渊海子平大全 | [宋]徐子平撰 | 48.00 | 华龄 |
| 子平汇刊2：秘本子平真诠 | [清]沈孝瞻撰 | 38.00 | 华龄 |
| 子平汇刊3：命理金鉴 | [清]志于道撰 | 38.00 | 华龄 |
| 子平汇刊4：秘授滴天髓阐微 | [清]任铁樵注 | 48.00 | 华龄 |
| 子平汇刊5：穷通宝鉴评注 | [清]徐乐吾注 | 48.00 | 华龄 |
| 子平汇刊6：神峰通考命理正宗 | [明]张楠撰 | 38.00 | 华龄 |
| 子平汇刊7：新校命理探原 | [清]袁树珊撰 | 48.00 | 华龄 |
| 子平汇刊8：重校绘图袁氏命谱 | [清]袁树珊撰 | 68.00 | 华龄 |
| 子平汇刊9：增广汇校三命通会（全三册） | [明]万民英撰 | 168.00 | 华龄 |
| 纳甲汇刊1：校正全本增删卜易 | 郑同点校 | 68.00 | 华龄 |
| 纳甲汇刊2：校正全本卜筮正宗 | 郑同点校 | 48.00 | 华龄 |
| 纳甲汇刊3：校正全本易隐 | 郑同点校 | 48.00 | 华龄 |
| 纳甲汇刊4：校正全本易冒 | 郑同点校 | 48.00 | 华龄 |
| 纳甲汇刊5：校正全本易林补遗 | 郑同点校 | 38.00 | 华龄 |
| 纳甲汇刊6：校正全本卜筮全书 | 郑同点校 | 68.00 | 华龄 |
| 纳甲汇刊7：火珠林注疏 | 刘恒注解 | 48.00 | 华龄 |
| 古今图书集成术数丛刊：卜筮（全二册） | [清]陈梦雷辑 | 80.00 | 华龄 |
| 古今图书集成术数丛刊：堪舆（全二册） | [清]陈梦雷辑 | 120.00 | 华龄 |
| 古今图书集成术数丛刊：相术（全一册） | [清]陈梦雷辑 | 60.00 | 华龄 |
| 古今图书集成术数丛刊：选择（全一册） | [清]陈梦雷辑 | 50.00 | 华龄 |
| 古今图书集成术数丛刊：星命（全三册） | [清]陈梦雷辑 | 180.00 | 华龄 |
| 古今图书集成术数丛刊：术数（全三册） | [清]陈梦雷辑 | 200.00 | 华龄 |
| 四库全书术数初集（全四册） | 郑同点校 | 200.00 | 华龄 |
| 四库全书术数二集（全三册） | 郑同点校 | 150.00 | 华龄 |
| 四库全书术数三集：钦定协纪辨方书（全二册） | 郑同点校 | 98.00 | 华龄 |
| 增广沈氏玄空学 | 郑同点校 | 68.00 | 华龄 |
| 地理点穴撼龙经 | 郑同点校 | 32.00 | 华龄 |
| 绘图地理人子须知（上下） | 郑同点校 | 78.00 | 华龄 |
| 玉函通秘 | 郑同点校 | 48.00 | 华龄 |
| 绘图入地眼全书 | 郑同点校 | 28.00 | 华龄 |
| 绘图地理五诀 | 郑同点校 | 48.00 | 华龄 |
| 一本书弄懂风水 | 郑同著 | 48.00 | 华龄 |
| 风水罗盘全解 | 傅洪光著 | 58.00 | 华龄 |
| 堪舆精论 | 胡一鸣著 | 29.80 | 华龄 |
| 堪舆的秘密 | 宝通著 | 36.00 | 华龄 |

| 书　名 | 作　者 | 定　价 | 版别 |
|---|---|---|---|
| 中国风水学初探 | 曾涌哲 | 58.00 | 华龄 |
| 全息太乙(修订版) | 李德润著 | 68.00 | 华龄 |
| 时空太乙(修订版) | 李德润著 | 68.00 | 华龄 |
| 故宫珍本六壬三书(上下) | 张越点校 | 128.00 | 华龄 |
| 大六壬通解(全三册) | 叶飘然著 | 168.00 | 华龄 |
| 壬占汇选(精抄历代六壬占验汇选) | 肖岱宗点校 | 48.00 | 华龄 |
| 大六壬指南 | 郑同点校 | 28.00 | 华龄 |
| 六壬金口诀指玄 | 郑同点校 | 28.00 | 华龄 |
| 大六壬寻源编[全三册] | [清]周螭辑录 | 180.00 | 华龄 |
| 六壬辨疑　毕法案录 | 郑同点校 | 32.00 | 华龄 |
| 大六壬断案疏证 | 刘科乐著 | 58.00 | 华龄 |
| 六壬时空 | 刘科乐著 | 68.00 | 华龄 |
| 御定奇门宝鉴 | 郑同点校 | 58.00 | 华龄 |
| 御定奇门阳遁九局 | 郑同点校 | 78.00 | 华龄 |
| 御定奇门阴遁九局 | 郑同点校 | 78.00 | 华龄 |
| 奇门秘占合编:奇门庐中阐秘·四季开门 | [汉]诸葛亮撰 | 68.00 | 华龄 |
| 奇门探索录 | 郑同编订 | 38.00 | 华龄 |
| 奇门遁甲秘笈大全 | 郑同点校 | 48.00 | 华龄 |
| 奇门旨归 | 郑同点校 | 48.00 | 华龄 |
| 奇门法窍 | [清]锡孟樨撰 | 48.00 | 华龄 |
| 奇门精粹——奇门遁甲典籍大全 | 郑同点校 | 68.00 | 华龄 |
| 御定子平 | 郑同点校 | 48.00 | 华龄 |
| 增补星平会海全书 | 郑同点校 | 68.00 | 华龄 |
| 五行精纪:命理通考五行渊微 | 郑同点校 | 38.00 | 华龄 |
| 绘图三元总录 | 郑同编校 | 48.00 | 华龄 |
| 绘图全本玉匣记 | 郑同编校 | 32.00 | 华龄 |
| 周易初步:易学基础知识36讲 | 张绍金著 | 32.00 | 华龄 |
| 周易与中医养生:医易心法 | 成铁智著 | 32.00 | 华龄 |
| 增广梅花易数(精装) | 刘恒注 | 98.00 | 华龄 |
| 梅花心易阐微 | [清]杨体仁撰 | 48.00 | 华龄 |
| 梅花心易疏证 | 杨波著 | 48.00 | 华龄 |
| 梅花易数讲义 | 郑同著 | 58.00 | 华龄 |
| 白话梅花易数 | 郑同编著 | 30.00 | 华龄 |
| 梅花周易数全集 | 郑同点校 | 58.00 | 华龄 |
| 梅花易数 | [宋]邵雍撰 | 28.00 | 九州 |
| 梅花易数(大字本) | [宋]邵雍撰 | 39.00 | 九州 |
| 河洛理数 | [宋]邵雍述 | 48.00 | 九州 |
| 一本书读懂易经 | 郑同著 | 38.00 | 华龄 |
| 白话易经 | 郑同编著 | 38.00 | 华龄 |
| 知易术数学:开启术数之门 | 赵知易著 | 48.00 | 华龄 |

| 书　　名 | 作　者 | 定　价 | 版别 |
|---|---|---|---|
| 术数入门——奇门遁甲与京氏易学 | 王居恭著 | 48.00 | 华龄 |
| 周易虞氏义笺订（上下） | [清]李翀灼校订 | 78.00 | 九州 |
| 阴阳五要奇书 | [晋]郭璞撰 | 88.00 | 九州 |
| 壬奇要略（全5册：大六壬集应钤3册，大六壬口诀纂1册，御定奇门秘纂1册） | 肖岱宗郑同点校 | 300.00 | 九州 |
| 周易明义 | 邸勇强著 | 73.00 | 九州 |
| 论语明义 | 邸勇强著 | 37.00 | 九州 |
| 中国风水史 | 傅洪光撰 | 32.00 | 九州 |
| 古本催官篇集注 | 李佳明校注 | 48.00 | 九州 |
| 鲁班经讲义 | 傅洪光著 | 48.00 | 九州 |
| 天星姓名学 | 侯景波著 | 38.00 | 燕山 |
| 解梦书 | 郑同、傅洪光著 | 58.00 | 燕山 |
| 命理精论（精装繁体竖排） | 胡一鸣著 | 128.00 | 燕山 |
| 辨方（繁体横排） | 张明清著 | 236.00 | 星易 |
| 古易旁通 | 刘子扬著 | 320.00 | 星易 |
| 四柱预测机缄通 | 明理著 | 300.00 | 星易 |
| 奇门万年历 | 刘恒著 | 58.00 | 资料 |
| 图解新编中医四大名著：温病条辨 | 周重建、郭号 | 68.00 | 天津 |
| 图解新编中医四大名著：伤寒论 | 周重建、郭号 | 68.00 | 天津 |
| 图解新编中医四大名著：黄帝内经 | 周重建、郭号 | 68.00 | 天津 |
| 图解新编中医四大名著：金匮要略 | 周重建、郭号 | 68.00 | 天津 |
| 中药学药物速认速查小红书（精装64开） | 周重建 | 88.00 | 天津 |
| 国家药典药物速认速查小红书（精装64开） | 高楠楠 | 88.00 | 天津 |

**周易书斋**是国内最大的提供易学术数类图书邮购服务的专业书店，成立于2001年，现有易学及术数类图书现货6000余种，在海内外易学研究者中有着巨大的影响力。

通讯地址：北京市102488信箱58分箱　邮编：102488　王兰梅收。

1、学易斋官方旗舰店网址：xyz888.jd.com　微信号：xyz15116975533

2、联系人：王兰梅　电话：15652026606，15116975533，13716780854

3、邮购费用固定，不论册数多少，每次收费7元。

4、银行汇款：户名：**王兰梅**。

　　邮政：601006359200109796　农行：6228480010308994218

　　工行：0200299001020728724　建行：1100579980130074603

　　交行：6222600910053875983　支付宝：13716780854

5、QQ：（周易书斋2）2839202242；QQ群：（周易书斋书友会）140125362。

　　　　　　　　　　　　　　　　　　　　　　　　　　　北京周易书斋敬启